植民地帝国日本の法的展開

浅野豊美　松田利彦 編

信山社

はしがき

　近年、一国家一民族のパラダイムに立脚する歴史観の限界を乗り越えようと「帝国」が歴史の素材として注目されつつある。「帝国法制」という視角から帝国にアプローチしようとする本書が、どのような問題意識に基いて編纂されたものなのかをまず述べてみたい。

　現代はグローバル化の時代といわれるが、その歴史的位置付けについては未だ十分な考察が行われていないようである。かつて近代日本が帝国であった時代にも、国民や民族をまたいだ地域としての世界が、日本と西洋諸国の覇権の下に「満州」と呼ばれた中国東北地区から朝鮮半島・日本列島を経て中国大陸沿岸の開港場・居留地をまたいで存在していた。この日清戦後から第二次大戦終結による帝国解体までの五〇年は、日本人と周辺の人々との間のヒトの接触の数的規模という点で現代に優るとも劣りはしないが、その時代を現代から語るための言葉さえも、我々は十分に持っているとは言えない。しかしながら、この接触による社会的体験は、確かに現代にも様々な記憶として継承され、特に、その時代を直接体験された世代の生を、各国の国民社会の中で意味づけてきた。アジア諸国の経済成長と民主化、そしてそれに続いたグローバル化の中で明らかになったことは、アジア諸国民の記憶には、日本がかつて帝国として東アジアで「覇権」を誇った時代の抑圧と抵抗の「記憶」が、民族的体験の核心として刻まれているということであったのではなかったろうか。教科書問題や靖国神社参拝問題が、今でも大きな問題になるのは、そうした記憶の存在を生きて示す証拠である。しかし、その問題を語る際にはさまざまな摩擦・軋轢が生じるままであり、今もって具体的な解決への展望は開かれていない。「戦後」六〇年近く、そうした時代の記憶は、複数の国民的記憶に分かれたままとなっており、アメリカを媒介とする関係のみに偏重してきた時代に国際政治の上で封印されていた国民的記憶相互の摩擦が、グローバル化の中で今や深刻な問題となっているのである。

戦後日本社会においても植民地社会での体験や接触に伴う記憶は、長い間、一種の危険なタブーとして封印されてきたのではなかろうか。それは、現地で軍人として急遽招集された人を除外しても、民間人だけで三百万人余の人々を、占領下で食糧難が続く日本本土社会に収容し、国民再統合政策を実行する所から戦後日本は出発したからである。現代の若い世代により詠まれた、「満州に残せる琴をいとおしみ、母は象牙の爪を秘めいし」（〔将積祝子作、松平盟子選〕『NHK歌壇』）という短歌が物語るように、「琴」という満州での豊かな生活の思い出や暮らしぶりは、引揚時に持ち帰った琴の「爪」を見つめるまなざしの中に記憶され、引揚時の引き裂かれる辛さや艱難辛苦の記憶の影に隠れて、戦後日本社会の中でひっそりと生き続けることとなったように思える。むしろ、琴を泣く泣く手放し着の身着のままの難民として引き揚げてきた際の体験の方が、引揚者の弱者としての存在故に、植民地にまつわる日本社会全体の公的な記憶となっているように看取される（拙稿「折りたたまれた帝国」細谷千博・入江昭・大芝亮編『記憶としてのパールハーバー』ミネルヴァ書房、二〇〇四年）。

帝国の時代を語っていくためには、こうして全く対照的に分化してしまっているアジアの諸国民の記憶と日本社会の記憶との断絶を念頭に置きながら、その源流にあったはずの植民地での豊かな暮らしぶりや様々な体験を再吟味し、帝国とはそもそもどのような国家と社会から構成されていたものであり、いかなる問題を抱え込んでいたのかという課題を歴史的に明らかにする必要がある。つまり、グローバル化の進む現代を過去との対話の中に位置付け直し、未来志向の記憶同士の対話を進めていくためにも、今まで慣れ親しんできた戦後の日本社会と東アジア地域を帝国の時代とつなげて理解し、語ることが必要であると考える。

しかし、その取り組みをいかなる方法で行うかという問題は別個に検討される必要がある。なぜなら、観察し語る主体、観察され語られる客体という科学上の二分法が、十分機能しない研究テーマであるためである。観察する主体の側の認識の構造と「記憶」とは無関係ではあり得ない。むしろ、切り離し得ないものこそが、真の記憶と呼ぶにふさわしいものであろう。帝国意識や歴史認識の「ゆがみ」を排除し、帝国のノスタルジアにも流されず、また、形式的謝罪に終止することもなく、共に過去と向き合うための方策を探るための研究こそ、これからの未来に必要なものである。反面、それを国際的協力の枠組みの中で遂行していく際には、主体の側の認識や態度が常に問われ続けられる。ただ、単純に「民族」を相対化すれば済むというものではない。民族の形成を、「交流」や「接触」によって説明するという作業それ自体が、帝国主義の時代にあって、支配のイデオロギーとなったことも改めて記憶されなくてはならない。また、更にさかのぼって、日本としての独立自体が西洋列強への対抗として展開されたことをも視野に入れれろという日本人の保守的主張にも、ある程度は耳を傾ける必要があろう。

つまり、日本帝国の様々な影響下に、東アジアに拡大され、あるいは芽生えていったさまざまな国民的意識の起源を検証し、現代の我々が意識的無意識的に捉えられてしまっている国民的「他者」と国民的「自己」との関係を、過去の帝国の時代との対話の中に再構築することが必要であるにもかかわらず、その作業を行おうとすると、とたんに主体自身の問題が問われ続けるという構造の中に我々は生きている。だからこそ、帝国の法制という一見すると「無味乾燥」のようにみえる素材が有効なアプローチの手段となるのである。

記憶が拠って立つ所の「歴史」を問いかけるための視座を主体の認知構造の問題から極力切りはなすためにこそ、本書は「帝国の法制」という視点を設定した。これは、最近の歴史社会学的研究において流行しているところの、過去の言説を素材として現代的な価値に照らして論じるアプローチの対極をなすものである。それ故に、もしかすると、法制という材料を使うことそれ自体が、建前や形式に固執せんとするものと受け止められるかもしれない。しかし、ある種の基本的な概念と視角を設定して望めば、法制度に焦点を当てることは、様々な意味を付される「事実」と「事実」との関係、そして、その関係の集積から織りなされる「構造」と変化を、全体的な視点から意味づけ、国際的な次元で共有していくことを可能とする道を切り開くアプローチであることを信じてやまない。社会史的アプローチが流行し、言説分析が偏重され、ある種、感情や記憶が錯綜し混沌としているような状況においてこそ、本書が社会史偏重の欠陥を補い、歴史の幅を真に広げていく試みの展開に資するであろう。

本書が帝国の法制に焦点をあてるに際しては、近代日本の「光」と「闇」の交錯にかかわる以下の基本的な事実を前提として、それに基づいて得られるいくつかの基本概念を共通の説明枠組みとしている。

第一に重視すべき事実は、西洋国際体系としての「国際秩序」に対応した近代日本の国家と国民社会の形成が、「法制」の導入によって推進されていったという「光」の部分の様相である。それが一八九八年に完了して初めて、条約改正による「主権」の承認を受けることができた。「文明国」としての国内「法制」とは、行政と司法が分離され、外国人の生命と財産を保護するに十分な法典と司法制度の整備を前提としていた。こうした法制により国内の身分の垣根を越えた法的同化と国民社会の形成も促進されていったのであった。

　第二に重視すべき点は、こうして近代日本が離脱しようとしたところの「不平等条約」体制、即ち、東アジアでイギリスによって形成された「居留地」制度が、領域外の自国民に「属人的」に主権を行使できるとする「治外法権」制度を核として発展したものであったことである。西洋で国際秩序を構成していた列強諸国は、東アジアを周辺部分として「帝国秩序」に組み込むに際して、属人的な法の運用を行っていた。つまり、東アジアの帝国秩序においては、西洋人の目から見て十分な法制が存在しないため、それを理由として、居留地に滞在する自国民に対する属人的な法制が「領事裁判制度」という形で布かれ、自国民の生命と財産の安全を保障する場としての居留地の根拠となったのである。それは民事・刑事の基本法と領事裁判から、更に「領事行政制度」へと質的に拡大され、治外法権原理の中に行政権もが包摂されていった。関税行政から港湾一般や土木・鉄道の行政、商標・発明特許等の工業所有権行政、そして行政警察もが治外法権に取り込まれて成立したのが、租界であった。更に、居留地と租界が発展し、完全な属地的領域的支配が行われるようになると、それは租借地となった。それらの空間によって守られた都市が内陸へと影響力を拡大するにつれ、主権国家を保有するに十分な資格があるとは認められない「従属民族」全体は、帝国の垂直的秩序の中に組み込まれていったのである。これこそ「帝国秩序」であり、それは光に伴う闇のようなものということができる。

　第三に重要な点は、こうした事実関係の上に「国際秩序」と「帝国秩序」との交錯・共振という概念を設定することができる点である（本書酒井哲哉論文）。近代日本の条約改正は、西洋列強による「帝国秩序」に組み込まれていくことを拒否し、一元化された「国際秩序」の一角を担うに十分な文明的主権国家としての承認を得るため、それに必要とされた国内の法制をローマ法式法典継受と司法制度整備によって整備するところから開始されたといえるが、主権国家から構成される「国際秩序」は、「文明化」されていないとされた地域に対して、「文明国」が水平的に協調、あるいは時として競合しながら、列国共同租界に象徴される「帝国秩序」原理をもって臨んでいたのであった。こうした世界に進んで組み込まれていったことが、近代日本の「闇」をもたらしたのである。

近代日本が国内における法制の整備と条約改正に成功してのち、ほとんど同時に、帝国の建設へと向かっていったのは、こうした東アジア国際関係の基本的な構造を前提としている。つまり、こうした東アジア国際関係の中で、十分な主体として行動できるようになるためには、国内の法制整備によって「文明国」としての承認を受け国際秩序に対等に加わる資格を承認してもらうのみならず、植民地の獲得と文明国としての運営能力をも習得し、帝国秩序を支えうる名実共の帝国となることが必要であった。つまり、「近代化」に成功し国民国家形成に成功したとしても、西洋列強が周辺で帝国秩序を形成していたが故に、それだけでは中心における国際秩序の主要な担い手とはなれなかったのである。

つまり、世界的国際秩序の中で勢力均衡を担うに十分なパワーを有するためには、それに見合った、パワーの源泉としての植民地の獲得とその植民地を経営する能力が不可欠であった。この点で、国際秩序と帝国秩序は原理的に交錯しており、「脱亜入欧」という視点で両者を切り離すのではなく、両者の共振関係を捉えることが重要なのである（前掲、酒井論文）。その光と闇の交錯、つまりは国際秩序と帝国秩序の共振関係は、国際関係全体の構造に根ざすものであった。近代日本の場合には、植民地を完全な他者として統合するよりは、東洋文明の旗手として同化を促すという立場がとられたが、その背景には国際秩序が文明国クラブとしての規範的な側面を有すると同時に、一面で、勢力均衡を担うに十分な国力・パワーを有する列強諸国に支えられて初めて存在するという現実的な側面を有していたこと、そしてアジア主義的な感情ゆえに「植民地」として周辺地域を統治できなかったことも理由の一端に挙げることができる。

第四に、以上の事実を背景として、日本帝国の国家と社会には明治維新モデルの拡張と見られる部分と、西洋帝国の模倣と見られる部分が混在することとなったことも重要である（ピーティ『植民地』読売新聞社）。これは、西洋帝国と日本帝国との決定的な違いである。国際秩序を共に担った「文明国」としての西洋諸国が、ヨーロッパと北米という地域内部では国際秩序を形成し、アジア・アフリカという地域の外に植民地を有する帝国であったのに対して、日本帝国の場合には、周辺地域が日本の帝国秩序へと編入されていったため、帝国秩序は地域の中に埋め込まれ、植民地支配と国民統合との境界があいまいとなったのである。つまり、日本帝国の中心部分では、既に与件となっていた国際秩序を念頭にして、それに見合う「国民」の形成と主権の確立を進める一方、少し遅れて開始された周辺地域への膨張に際しては、帝国的社会の形成が、「同化」によって同時並行して進められていったと考えられるのである。これに対応して、国際秩序に対応した雑居のための法的空間である「内地」は、帝国秩序に属する「外地」や領事裁判地域と接続された帝国の中心を意味する「内地」へと再編されていった（本書、拙稿）。

法制を切り口として帝国秩序と国際秩序との交錯・共振を明らかにすることは、グローバル化時代における記憶の摩擦解消の糸口となるという以外に、国際政治史と外交史の展開の上でも重要な意味がある。

近年、国際政治学の展開においては、国内政治と国際政治の連動の構造を把握すべしとの問題が提起されている（藤原帰一「比較政治と国際政治のあいだ」『国際政治』一二八号、二〇〇一年十月）。藤原によれば、今までの国際関係理論においては、国内政治の変化を国際関係の変化から説明することや、その逆を行うことには、ウェストファリア以後に確立された「主権」という観念や、それを前提に国内政治と国際政治上の諸要因を異なる分析レベルとして峻別してきた国際政治理論が障壁となり、政治経済学等の限られた分野を除いて、十分に検討がなされてこなかった領域であるとされる。しかし、冷戦終結後の東欧諸国等にみられた民主化や途上国における内戦の激化という現実が、その異なるレベルをまたいだ構造的因果関係を理論化する必要性を促していると指摘されている。

こうした国際政治学における現代的な問題関心は、日本帝国の分析視角にもそのまま当てはまる。つまり、帝国も一般的には主権を有する国家であるとされ、帝国全体に主権という観念が投影されてしまうため、帝国の内と外、それぞれにおける政治的行為に作用する諸要因を、きちんとした構造的因果関係によって説明することが、地域史や外交史のアプローチから抜け落ちた問題となってきた。もちろん、個別的な指摘として、帝国の外部の要因と内部の要因を結びつけた事実が強調されたり（例えば、満州経営が危うくなれば朝鮮統治も危うくなるとの発言など）、経済史の大理論をもとにして帝国内部の政治経済的矛盾を外部への膨張と侵略に転化するというテーゼが強調されたりしたことは事実である。しかし、地域史という地域内部の「民族」を主体と位置付ける研究においては、帝国主義による支配と抑圧、民族主義による抵抗と運動の拡大という側面以外の問題は、「内部矛盾」の問題程度にしか扱われてこなかったように思える。

一方、戦後日本の外交史研究においても、日清・日露戦争から第二次大戦にかけて展開された、朝鮮・満州・中国を舞台とした勢力均衡や国際協調システムの盛衰等が論じられる時、戦勝の結果として日本帝国の公式領土に組み入れられた地域は、もはや、外交史の対象とはならなかった。基本的な関心は列強諸国との国際秩序にのみ注がれ、帝国秩序への関心は地域史研究者の領域という態度が存在していたように思う。

しかしながら、後藤新平、新渡戸稲造、阪谷芳郎、渋沢栄一に象徴されるように、帝国秩序の中でその経営に携わった人間達は、同時に、国際秩序の安定を指向した対外文化交流政策に従事した人間達でもあった。歴史的事実を踏まえれば、二つの秩序がどのように連結されていたのか、単なるエピソードや超越的な理論を以ってする結論に満足するわけにはいかない。国際秩序と帝国秩序の基本的構造の再編を左右した、政策の立案・実行について、帝国内部の法的な構造を切り口として、今こそ問いかけが行われなければならない。

次に、以上に説明した具体的な分析概念や視角に照らしながら、各個別論文の内容を三つの編ごとに紹介していくことにする。

第一編は帝国の法制を、どのような視点で論ずればいいのか、そもそも、日本帝国の法制とは、どのような存在であったのかという全体像に取り組んだ三本の論文から構成される。「文明国」という概念、「植民」という社会集団の移住や、植民者を保護する空間としての植民地を研究した植民政策学、それと国際秩序における規範としての国際法が合体したとも見なせる植民地法の基本的なあり方や再編の方向が、三本の論文の共通テーマとなる。

酒井哲哉論文は、本書全体の構成を論じるに際してのキー概念となる、「国際秩序」と「帝国秩序」を使って、戦後日本の国際関係論という学知が、戦前の外交史・国際法のみならず、植民政策学からどのように基本的な考え方や論理を継承して誕生したのかを論じたものである。「帝国主義と民族」を論じてきた戦後初期の日本の国際関係論の起源が、国際秩序に対応する外交史・国際法と、帝国秩序に対応する植民政策学という二大潮流が合体したところから生まれたことが、説得的に主張されている。「文明国」であるためには、国際秩序に対応した国際法と外交史という学知で十分であるが、条約改正後になると、植民政策学を創設した後藤新平や新渡戸稲造達により「東西文明調和」論が唱えられるようになり、東洋文明の旗手として東洋に帝国秩序を建設する指導的な立場に日本が立つことが正当化されると同時に、西洋列強に対して異質でありながら対等の立場を要求する言説が紡ぎ出されてくるとされる。

更に、第一次大戦後になると、国際関係の組織化と思想史上における社会概念の発見に対応して、国際秩序に対応する学知において、国際行政学の登場、主権の絶対性に対する批判、社会的職能集団への注目と多元的国家論の登場という変化が見られた。一方、帝国秩序に対応する植民政策学においても、移民・植民集団の移動に伴う社会的・経済的・文化的な相互作用やトランスナショナルな社会関係に注目する矢内原忠雄の植民政策学が登場した。他に、イギリスのコモンウェルス的な再編や多元国家論に対応した連邦制によって、帝国秩序内部の民族に、ある程度の主体性を認めていくような言説も現れたことが指摘されている。こうした社会の自律性に注目する議論は、満州事変以後、伝統的国際法に代わる地域主義の台頭と、主権国家体系への全面的批判を指向した広域秩序論への変質という状況の中で、帝国秩序を弁証する方向へと回収されていったと主張されているが、この点は波多野論文につながる問題である。また、日本の東アジア認識においては、国家からなる国際秩序に対する本質的不安定さが存在したが故に、社会への注目が多元的国家像として結ばれることなく、一気に帝国秩序を相互扶助的有機的共同体として肯定する議論へと転化していったとの興味深い論理も展開されている。そして、脱植民地化を、第一次大戦後から始まって第二次大戦以後の時代にまで拡がる長期的なプロセスとして捉え、その中で提出された帝国秩序の組み替えと国際秩序のあり方についての原理的な考察を現代のグローバリゼーションの時代から再発掘することで、国際関係論の新たな課題が発見されるのではないかとして締めくくられている。

長尾龍一論文は、ドイツがその統一以後のビスマルクの時代に植民地争奪戦に参入し、ウィルヘルム二世時代に展開された植民地統治の実相を、法的な側面を中心に論じたものである。日本の植民地法制が西洋帝国の法制をどの程度受け継いでいるのか、明治憲法体制のモデルとなったドイツとの比較によって論じられているということができよう。ドイツの植民地経営においては、「有色人種」の居住する地域を対象に行われたがために、国際秩序に属する文明国民と「白人」（やがて日本人もそこに包含される）を同一視することで、法の適用や裁判制度を属人的に分離する体制が、領事裁判法を根拠として展開された。こうしたドイツ植民地法の基本的な原則となったのは、カール・シュミットのいう「国際法は文明国間の法」であり、「文明人は世界のいずこにいても文明的法の適用を受ける権利を持つ」という属人法に基づく治外法権原理であったことが提示されている。また、こうした原理に基づいたが故に、ドイツ人と他の「文明国民」を文明的法によって保護すべく、ドイツ植民地法においては、本国政府と出先機関との権限分配に関する組織法、本国法の準用（依用）による白人法が大部分を占め、その一方、現代的視点から重要視される現地人に関する有色人種法については、様々な干渉権を留保しつつ現地の慣習に委ねる構造が生まれたと指摘されている。

また、ドイツによる植民地経営の初期においては、属人的管轄による領事裁判法の枠組みの上に植民法が築かれたが、一八八六年以後になると、皇帝の保護権の下で領事裁判法を準用するのが基本的な枠組みとなったと指摘されている点も重要である。また、ドイツの植民地は憲法施行領域から除外されることで本国と「法域」を異にし、植民地は本国に対して法的従属関係にあった。よって、本国で議会が有する「法律事項」は存在せず、あらゆる領域を皇帝の命令である勅令によって規律することができた。議会が必ず立法過程に参与するという法律の支配の原則は植民地では通用しなかった。他に、植民地は国内法上外国扱いで国際法上は国内扱いとする通説が誤りであるとも指摘されている。つまり、国内法上の「外国」に植民地が該当する場合もあれば、ドイツと諸外国が対等に締結した通商条約からは植民地が除外されるのが通例であった。

このほか、アルザス・ロレーヌの法的な地位は、憲法施行や国籍と人権の承認、選挙法の施行の点で、植民地と対照的であったこと、アフリカ植民地の法的な根拠とされていたドイツ植民会社と現地の「酋長」が締結した「条約」の法的な効力は条約に値しないという議論が提出されていたこと、植民地支配が「強度の権力性」を有していたこと、皇帝―総督という命令系統が軍事的指揮権と一体であったこと、そして、インド人とアラビア人の利用やミッションスクールからの総督府への人材供給の可能性があったこと、等々が言及されている。一九〇〇年の保護領法の制定以後も、一八八六年以来の法的構造は継続され、「原住民」は法の適用や裁判管轄、身分登録の上で、文明国民としての白人と区別された点は、日本の「同化政策」と全く異なるように見える。こうした問題は、姉妹書（後述）及び本書拙稿の基本的関心となっている。更に長尾論文では、日本人が条約改正によってドイツ本国法と領事裁判法が準用される「白人」に分類されたこと、その一方、原住民には、行政官である高等官が民事刑事に関する裁判権を行使することが許されており、司法権の独立とはほど遠い状況にあったことが指摘されている。この指摘は、姉妹書の森山茂徳論文が指摘しているところの保護国朝鮮の司法改革推進が司法権独立の理想の下に推進されたことと対照的で重要である。そのほか、無主地の国有化による土地収奪の枠組み、鉱業権、海軍の直轄植民地とされた膠州湾、国際連盟の委任統治にドイツ植民地が移管された経緯についても言及されている。

拙稿（浅野豊美論文）は、生命と財産を保護するとされた民事刑事の基本法とそれに基づく裁判制度を軸としながら、日本の「内地」が、国際秩序に対応した条約改正以後の文明国民との「内地雑居」（清国人の隔離継続）を柱として、一八九八年前後に生まれたにもかかわらず、日露戦後の本格的な帝国秩序形成のプロセスの中で、帝国秩序の中心である本土を意味する「内地」に変質していった過程を共通法の制定過程に即して論じたものである。大正七年の共通法は、新領土の領有開始に伴いそれまで台湾や朝鮮に存在していた西洋人の治外法権を排除して各地で臨機応変に形成された「外地」を、「内地」と接続するのみならず、内地を経由して周囲の領事裁判制度や国際秩序に接続するように再編したものであった。その再編のための法的枠組は、「外地」となる以前の周辺地域で日本人居留民と文明国民を保護した属人的原理にたつ治外法権制度と、主権国家間の国際秩序の原理である法律適用規則としての州際私法・準国際私法の原則を融合することによって生み出された。この二つの制度に対応するのが、共通法の「連絡規則」と「適用規則」であり、それによって「法域」に仕切られた帝国全体の法秩序が媒介された。また、この共通法の制定にあたっては、単に公式帝国内部の「内地」・「外地」の法的関係の定義や、各領域中で諸民族集団の権利義務確定が目的とされたのみでなく、非公式帝国に組み込まれつつある帝国外の周辺地域と帝国内「外地」との法的関係、そして「内地」と帝国周辺地域との法的関係の調整も指向されていた。列強との条約改正後に設定され国際秩序の中の内地雑居に対応した「内地」は、少なくとも民事・刑事に関して国際私法の容認した法領域である家族法等を除き、ヒトによって法を異にすることがない法的空間であったが、それをモデルとして、植民地化後にも依然として属人法を内包したままの「外地」の法的空間を内地のそれに、個別の法領域（単位法律関係—姉妹書）ごとに置換していくという再編の方向こそ、「内地延長主義」であったこと、それが実現するまでの過渡期の法秩序として共通法が機能していたこと、また、共通法により外地は内地を経由して周辺の領事裁判地域と結びつけられていったこと、そしてそれに伴う矛盾が論争の火だねとなったことも論じられている。内地・外地・周辺地域の法的な関係は、決して単純なる同心円構造ではなく重層的複合的関係の中に置かれていたことが、姉妹書拙稿とともに、改めて確認されるであろう。

第二編は、公式帝国の更に外側の周辺地域に対して、日本帝国が治外法権制度、即ち、領事裁判権と領事行政権を利用しながら、管理・コントロールを行っていった様相を、そのための制度の政治的再編過程に焦点をあてて論じたものである。特に、属地的行政管轄権の一種である鉄道管理権、即ち、満鉄付属地行政権と駐兵権、及び、中国大陸全土の居留地・租界での外国人の法的地位を根拠づけた治外法権とそれに基づいた領事裁判に関する法的な仕組みが、国際政治の中で、そして日本内部の政府間政治の中で、どのように扱われたのかという諸アクター間の政治過程が共通の焦点となる。その意味で、法を生み出す政治過程こそが第二編の中心である。

当時の中国は、国際秩序の担い手に足る国家としての承認を受けられず、不平等条約の下に置かれていたが、対等な国際的な地位を求める中国ナショナリズムの活発化や植民地の国際管理が進む国際環境という新しい舞台において、日本帝国の治外法権と治外行政権は、日本も含めた諸列強と日本帝国内部の関係諸機関、そして満州の日本人居留民という異なるレベルのアクターを巻き込んで、どのように再編されたのかという問題に議論の焦点は注がれている。

酒井一臣論文は、四国借款団実現からワシントン会議前後に台頭した中国の共同管理論を扱っている。国際秩序が「文明国」を標準とする一元的な構造を維持している状況においては、内乱で混乱している中国についても、主権の尊重と内政不干渉原則をもって臨むことがワシントン会議により定められたが、それを破ることを正当化する論理こそ共同管理論であった。つまり、中国の関税制度、財政、社会的インフラ等を中心に、列国が中国全土、もしくは一部を共同で管理し、主権国家の育成を助長するというプランこそが中国共同管理論であった。その理想主義的体裁にもかかわらず、この共同管理論は主権を保有するのに十分な資格がないと列強が判断する間は、その主権を委譲させる論理としても機能する「表裏の二重性」に満ちたものであった。この偽善的な側面は、最後の波多野論文中で田畑茂二郎が主張したとされるところの、普遍主義的に一元化された国際法が大国による力の支配を正当化してきたとする批判に通じる。酒井一臣論文は、やがてこうした批判を浴びていくことになる一元的な国際社会の構造の上に展開した国際政治を、日本の「対処」法を中心に論じたものということができる。

特に、共同管理論の前史として論じられていることの中で、日本が「対処」の一手法として中国での治外法権を率先して撤廃するとの構想が、一九一六年の寺内内閣期の段階で外務省により検討されていたと指摘されていることが注目される。これは、門戸開放主義をとった方が地理的な近接性故に日本に有利とする議論であり、分割を指向する中国共同管理論に対抗するものであったという。国際社会の一元的構造を前提に日本の突出を押さえようとする欧米側の共同管理に対抗して、地域主義的発想に基づき、アメリカの資本をも導入して、日中産業開発を計ろうとしたと考えることができよう。

こうした中国共同管理論を掲げた国際政治の展開の中で日本の足を引っ張ったものこそ、山崎・田浦論文が問題とする満州の特殊権益である。それについて、酒井論文は、満州は開放するものの、個別の権益を列挙して留保しようとする政策が日本側の基本的な政策となったとして議論を始める。ワシントン体制前後の議論では、共同管理論に対する中国世論の反発への対処法、行財政全てを管理するのか鉄道・郵便等の部分管理を行うのか否か、共同管理国の権力配分をいかにするのか等の問題が指摘されていたことが明らかにされているが、これは現代の国連暫定統治機構を連想させるものであるといえよう。また、共同管理を口にしながら、日本側でその実効性を信じる論者は見あたらなかったこと、共同管理論にも列国の権益の拡張と統一・整理のためのものと、アメリカの唱えたそれのように列国の特権を否定せんとするものがあったこと、日本の中国研究者において、共同管理論は中国非国家論と共振する関係にあったと指摘されていることも注目される。最後の部分では、一九二三年の臨城事件以後、それまで反対してきたアメリカをも巻き込んで高まってきた鉄道共管論に対する日本内部の関東軍と外務省との態度が分析され、関東軍が戦略上、鉄道の共同管理に反対して、中国の主権尊重を隠れ蓑とし、それに外務省側も引きずられていったと締めくくられている。この後、北京関税会議や北伐以後になると、中国側から治外法権撤廃交渉が列国に向けて提起されることとなり、事態は新たな局面を迎えるが、その過程は、馬暁華論文に詳しい。

山崎有恒論文は、満州で日本が南満州鉄道の沿線、幅二キロの地帯に行使した特殊権益である満鉄付属地行政権が、どのような法的性格を有したのか、行政権の一つである競馬場行政を含めた馬事行政権＝馬政に注目して論じたものである。焦点となるのは、競馬場行政権を行使する主体であるとの主張を、帝国内部のいかなる機関がどのような法的な根拠に基づいて展開したのかという点と、付属地を越えた内陸を管轄する中国側からの不平等条約改正の動きに対応して、日本側の諸機関の間でいかなる力関係の変動が起こっていったのかという点である。つまり、治外法権と治外行政権を行使する法的な構造と、それが満州という多民族的な社会の上でどのように対立をはらみながら運用されていたのかという点が議論の中心となっているということができる。

満州での競馬場経営は、その中心となった関東軍にとっては日本本土における競馬賭博に関係した不名誉を挽回する場であったと同時に、日露戦争によって暴露された良質の軍馬の不足を解消するための場でもあった。この馬匹改良という軍事目的遂行のため、競馬場という庶民の社会的娯楽が利用されたとされる点は非常に興味深い。関東軍とともに、馬に関連する行政一般である「馬政」に関与するようになったのは、満鉄（興業部）と関東庁（内務局）である。一九二三年当時、まだ、満鉄付属地と関東州の馬事行政権は分離されており、関東州に内地の競馬法を「依用」した「関東州ニ於ケル競馬ニ関スル勅令」は、大連競馬倶楽部という社団法人を一つだけ認可し、様々な行政指導によって、蒙古産牝馬のみによる競馬を誘導するものであった。メス馬、つまり牝馬による特異な競馬が実現した背景には、関東軍と関東庁、満鉄との密接な協力関係によって、優秀な牝馬を関東軍が蒙古から買い付け、補助金を与えて馬主に抽選配布し、最後に競馬の売り上げから捻出される経費を補助金に充当するという一種のシンジケートが存在していたという。この官民を一体化させたシステムにより、競馬から引退した後の牝馬は、満州各地の牧場で繁殖のために引き取られ、馬匹改良にとって致命的に重要な基礎牝馬が多数存在する社会的環境が作り出されたのである。こうした社会的環境を維持するための行政組織として、一九二六年になると、関東庁には馬政委員会が組織された。これは、次の田浦論文でその解体過程が論じられるところの、関東軍・関東庁・満鉄・外務省という四頭政治の代表的運用例ということができる。

　しかし、関東州における勅令を改正して適用範囲を拡大し、関東庁の馬事行政権を満鉄付属地へも拡大するという構想が付属地内競馬場設立をめぐって提出されると、どの法令に基づき、誰がその許認可を与えるかをめぐり、外務省と関東庁との間で激しい対立が展開されたとされる。関東庁・関東軍・満鉄は、一体となって関東州のみならず満鉄付属地にも、同じ内容の勅令を施行して内地の競馬法を依用して、関東庁と満鉄が行政権を行使することを主張したのに対して、外務省側は、内地の競馬法は賭博を禁止する刑法の付属法と位置付けられるから、領事裁判地域でもある満鉄付属地に当然適用され、それ故に競馬場の許認可は外務省の領事館の権限であるとして真っ向から対立したことが明らかにされている。これは、帝国法制のアキレス腱ともいうべき問題を提示しているように思う。つまり、両者の対立は、競馬法が、姉妹書及び本書拙稿で論じられているように、私法と公法にまたがる性格を有していたためであった。こうした性格は、長尾論文でわずかに言及されている鉱業法や、関税法・工業所有権法にも見られるものである。山崎論文では、その点が更に深く論じられており、関東庁等が競馬法を産業行政法とみなして自己の管轄権を主張したのに対して、外務省側が賭博に関連した刑法付属法として、付属地に内地の競馬法は「当然適用」されるべきと主張したこと、途中から、外務省側が折れ、馬事産業行政法部分に関する管轄権を関東庁に譲っていく過程の議論が抽出されている。恐らくは、競馬法全体の内部には、産業法としての性格を有する部分と、刑法付属法としての性格を有する部分があり、単位法律関係に分かれず混在していたと考えることができる。それによって、どのような混乱が引き起こされたのか、それが、満州国の建国によって、内地の法体系から切り離されたことで、どのような影響を蒙っていくのかについても展望が示されている。山崎論文の提示した以上のような視角は、植民地の在留邦人社会がいかなる社会経済的土台の上に築かれていたのか、官と民の関係、特殊法人の役割、現地人社会の変化に伴う摩擦等の問題について、法制を素材に論じることの有効性を余すところなく実証するものである。

田浦雅徳論文は、山崎論文が馬事行政権に特化したのに対して、満鉄付属地行政権を包括的に視野に収め、それが、「満州国」建国以後の日満特殊関係の設定、日本の対満機構の再編、それに続く、満州国への付属地行政権の返還過程の中で、いかに再編されていったのかを論じている。特に、後半は、付属地行政権の中でも、日本人居留民の生活を直接左右した徴税権の返還過程を、関東局の高級官吏であった武部六蔵の眼を通じて論じている。

オスマントルコからルーマニアやブルガリアが主権国家として独立した十九世紀の事例で示されているように、独立以前の本国である中国が諸外国に認めていた治外法権は、伝統的国際秩序が尊重されるなら、旧本国から一部地域が独立するに際しては継承されないはずである。しかし実際には、日本は、「満州国」を承認する際の日満議定書によって関東州租借地や治外法権・満鉄付属地行政権等他の特殊権益の継承を満州国に認めさせ、日満特殊関係によってそれを正当化した。それは、酒井哲哉論文に述べられているように、国際秩序の例外として、「満州」地域を諸外国に認めさせようとするアプローチの延長にあった。日本に続いて、もしも「満州国」を承認する諸外国が現れ、その外国が中国で治外法権他の特権を享受していれば、満州国でも同様に認めざるを得ない。外務省と関東軍が協力して治外法権特権を日本が率先して廃止すべしとする方向へと傾いたのは、こうした背景があったが故であったことを田浦論文は、日本の対満機構再編問題にさかのぼって詳細に論じている。

日本の治外法権は「自主的」に満州国に一九三七年に条約によって返還されたとされるが、実際は返還とは名ばかりで、日本人が完全な国民待遇を獲得して満州国民とも見なしうる状態が出現した。その一方、神社や教育行政権は全満州的に再編統合され日本大使館の管轄の下に残されたが、この領事行政権再編がどのような政策決定の枠組みの下で行われたのかについても詳しい。完全な国民待遇とは、拙稿で論じられているように、日本本土での条約改正後、治外法権を廃止した外国人に内地雑居が認められたことの代償として課された私権・公権に関する制限が、全く存在しない状態を指す。つまり、満州国での治外法権廃止後、日本人は、内地雑居はもちろん、「一切の権利の平等」と、土地所有権と公務就任権に関しても、完全な国民待遇を獲得したのである。こうした奇妙な法的な空間が生まれていった過程についても、田浦論文は、満州の日本人居留民が課税権まで満州国に移管されることに強力に反対したため、その意志を代弁する形で行動した関東局の武部の視点を切り口として明らかにしている。

最後の第三編は、近代日本が主権国家体系としての国際秩序において、東アジアの中心的担い手であることを公然と放棄し、単独で東南アジアも含めた拡大した東アジアに、地域主義的秩序を発展させていく過程とその方針変化、そしてその破綻の結末ともいうべき戦後の脱植民地化をテーマとしている。具体的には、広域秩序を建設しようとした際の国内外の政治過程に注目した論文二本と、圏域どころか旧来の「国際秩序」中で認められてきた公式植民地さえも喪失する過程で旧「外地人」の国籍がどのような法的枠組みで処理されたのかに焦点をあてた講演と討論の記録によって構成される。

馬暁華論文は、中国に治外法権が設定されたアヘン戦争後の不平等条約の量的質的拡大の流れを整理した上で、第二次大戦の中の国際政治において、治外法権撤廃問題が日本の対中国政策の延長として重要な位置づけを与えられており、それは、連合国においても同様であったことを論じたものである。

第一に、注目すべきことは、一九四三年一月に日本側が先んじて汪兆銘政権との間で治外法権撤廃を盛り込んだ条約に調印、二日遅れて連合国側が蒋介石政権との間で治外法権を撤廃した新通商条約に署名した際、その背後で、互いに相手の先を制し、中国の民族解放を支援するのはどちらの側であるのかを証明せんとする宣伝戦の心理が働いていたことを明らかにした点である。日本側では、治外法権撤廃というイッシューは蒋介石政権の抗日という正統性の根拠を奪い、汪兆銘政権への民衆の支持を高めるものとして明確に意識されていた。一方の連合国側でも、戦後の大国としての地位を中国に保証し、連合国陣営に留まらせるため、また、日本の戦争目的の正統性を奪うため、治外法権撤廃は非常に重要な問題と位置付けられていた。こうしたお互いの思惑の中で、相手陣営の治外法権撤廃の時期に関する情報は、戦時中の諜報活動の焦点となっていたと考えられる。お互いを意識することで、時期は早められ、撤廃の条件も緩和されていったのである。それは、あたかも、「文明国」としての資格という価値が、「投げ売り」によって競うようにディスカウントされていく過程と言うことができると私は考える。長尾論文と酒井一臣論文にいう「文明国標準」という硬い一元的規格は、未だ十分な「文明」的法制度を有せず、それを運用するための開放された社会経済的基盤も十分とはいえない中国と、世界大戦を戦う両陣営が個別に展開した交渉の中で、実質的に終焉を迎えたということができよう。

第二に重要なのは、大戦後の国際秩序形成の推進力となっていったアメリカと、中国の蒋介石政権が治外法権撤廃条約を締結するにあたって、アメリカ国内の中国人移民排斥法の撤廃要求が、中国側から持ち出され実現したことである。中国での治外法権撤廃に当たっては、日本本土や「満州国」での治外法権撤廃と同様、居留地を離れた内地での旅行・居住・営業の自由を認めるべしとアメリカ側は要求したが、それに対して、中国側は対抗的要求を持ち出し、アメリカで十九世紀以来存在してきた中国人移民差別法の改正、つまり、アメリカ国内で中国人の居留と営業活動を認めない移民法の改正を迫ったのである。国際秩序の原則が、「文明国」に象徴される一元的なものから変質しつつある時にも、相互主義の原則は依然として重要であったことを窺わせる。また、こうした観点は、日本が「満州国」と中国の汪兆銘政権に治外法権撤廃を認めた後、日本国内における「満州国人」と「中国人」の法的な地位がどのようなものとして設定されていったのかという疑問を投げかける視点である。

波多野澄雄論文は、大東亜共栄圏における基本的法秩序の目的や理念が、汪兆銘政権への治外法権撤廃に触発された大東亜新政策により戦争の途中から大きく変わっていき、それに対応して、国際法学会の中から、国家間の平等という観念を位置付け直し、指導国原理に実質的変更を迫る新しい学説が提示されていった過程を論じたものである。本書では、各論文がほぼ共通して治外法権に何らかの言及を行っているが、この点について波多野論文は重要な位置を有している。つまり、治外法権制度によって国際行政的な活動を強圧的に担保する仕組みが存在していたわけであるが、それが廃止された後には、いかにして平等対等な国家間の協力関係の枠組を維持していったらよいのか、つまり領域主権を有する国家と国家との平等な協力関係の法理という課題が生じるのである。この法理の探求を、戦争遂行の過程で軍事的な目的から提出された指導国原理と平等原理との矛盾を克服する形で、当時の外務省と国際法学会がいかに苦闘しながら進めていったのか、その軌跡に光を当てたものが波多野論文ということができよう。

この問題は、人口やGDPについて国家間には極めて大きな格差をかかえる一方、人権や平和という客観的価値を基礎とする国家間の確固たる結びつきが模索され続けるところの現代二十一世紀の国家間関係や地域主義の台頭という問題にそのまま直結する問題である。本論で言及される国際法学会の田畑茂二郎の戦中の著作が終戦後に発表されていることに象徴されるごとく、現代世界における主権国家間の平等な関係の上に築かれるべき協力のあり方と、治外法権に象徴される帝国秩序の消滅がどのようにつながっているのかについて、この論文は様々な示唆を与えてくれるものである。

東南アジアに対する日本軍政の目的は、国防資源の獲得による軍の現地自活に置かれたが、一九四三年九月に絶対国防圏が設定され長期持久戦の体制作りが模索されるようになると、外務省主導による軍政の早期撤廃と独立の早期付与による「大東亜国際機構」の創設と互恵平等原理にたった大東亜の秩序を理想とする政策体系に軍も同調する傾向が生じてきた。しかし、軍の現地自活のため指導国原理を強調しすぎることが対日不信を高めるのと同様に、外務省が主導する独立尊重と互恵「平等」を強調しすぎることは、他の圏内複数国の提携による対日離反につながる危険性を生じるものであったとされる。

こうした指導国原理と平等原理とをいかに調和させるのかという課題こそ、大東亜会議開催をにらんで開催された外務省内部の担当者の会合である「戦争目的研究会」と、外務省からの委託を受けた国際法学会での主要研究テーマとなった。最初に研究の焦点となったのは、近代国際法が「文明国」に象徴されるような一元的構造を有することを否定することであったとされる。田畑茂二郎と田岡良一らにより、近代国際法は普遍的なものであることが強調される一方、それは技術的なもので価値に無関係なものであると位置付けられ、大東亜国際法に体現される特定の価値や理念を前提とする特殊法秩序をその中に組み込むことができるものとされた。つまり、国際法は、没価値的で多元的な構成をとりうるがため、大東亜国際法が、大東亜の理念と歴史的現実の上に建設されることが正当化されたと指摘されている。

この前提の上に、国家平等観念の本格的な検討が田畑によって行われた。田畑によると、近代国際法における主権国家が平等であるべしとする観念は、天賦の権利と義務を対等にするという自然法的存在ではない形式的なものへと変化しており、形式的平等としての条約締結権等の「法形成能力の同一」を意味するにすぎない。国際法自体からも自然法的な性格が一掃され、国家間の合意した条約と慣習のみが国際法であるとされるようになっている。それは「客観的価値基準」を認めない「形式的平等観念の当然の結果」であった。これに対して、大東亜国際法は、客観的価値と理念の上に建設されるべきものであり、その価値と理念の実現にどのくらいの責任を負えるかの違いにより、各国家の法的な地位や享有し得る能力は異なるとされたという。

共栄圏理念がなぜ客観的価値であるのかについて明確な説明がなかったことを波多野論文は指摘しているが、戦後の田畑の言説をみれば、その中には、主権の担い手としての人民や民族の自決原理が含まれていたからであると考えることができる（酒井哲哉「戦後外交論の形成」北岡伸一・御厨貴編『戦争・復興・

発展』東大出版会、二〇〇〇年）。民族自決権の肯定の下に、大東亜の構成員たる諸民族に独立を付与し、広域圏への自覚を各自立的主体の間に高め、それを形成していく責任を負うものこそ指導国の使命であり、こうした「民族相互の規範的意識の合致をもたらす客観的価値を定礎」する広域圏という理念に指導国も拘束されるとしたのであった。この理念を背景として、大東亜会議においては、政治体制と経済体制の基本的なあり方が宣言されたし、また、大東亜会議後にも、複数の地域機構とゆるやかな「世界連合」からなる世界平和機構の研究が同じ組織により継続されていったと提示されていることも興味深い。波多野論文は、民族自決主義の評価、及び、普遍主義に立脚する大国中心の地域主義ともいうべき帝国主義批判を基調とする国際秩序認識が、戦後日本社会で主流となっていく（前掲酒井哲哉論文）過程に、道筋を付けたものということができるであろう。

最後の大沼保昭講演会は、公式帝国内部の民族までもが、アメリカの掲げた普遍主義的国際秩序のもとで解放された結果として生じたところの、在日韓国・朝鮮人の国籍問題処理についてのものである。大沼講演は、第二次大戦後の世界的脱植民地化の際の旧植民地人国籍処理の法的枠組みについての英仏帝国等との比較の観点から、在日韓国・朝鮮人の国籍処理の問題点を焦点に行われた。講演の前提となった論文は、東信堂から近日中に再訂版復刻予定と伺っている。講演後の討論は、サンフランシスコ講和会議前後の法務省通達の問題点から始められたが、その後の討論では、朝鮮人・台湾人の戦後における国籍の喪失に絡まる様々な問題が、豊富な英仏米等の西洋諸国の脱植民地化の事例、日本帝国解体に伴う民族の解放状況と日本人引揚の状況とともに、自由闊達に議論されている。現代の東アジア国際関係の具体的なあり方について、人権という普遍的な価値について、そして、日本植民地帝国の法制を研究することの現代的な意味について、さまざまな視点を織り込んで議論することができたと考える。

最後に、本書が発行される直接のきっかけとなった研究会について説明させていただきたい。それは、京都の桂にある国際日本文化研究センター（略称「日文研」）で二〇〇一年度に開催された共同研究会（「日本植民地法制度の形成と展開に関する構造的研究（代表 浅野豊美・幹事 松田利彦）」）である。これは、近代日本が形成した帝国の内側と外側に視点をすえ、帝国がいかなる国家と社会との関係によって構築され、且つ、当時の周辺地域の国際秩序とどのような関係にあったのか、その解明を目指したものであった。大沼講演会とその後の討論は、この研究会の雰囲気の一端を伝えてくれるものと確信する。

本書は、この研究会の成果の中で、帝国を全体として外側から、つまり、帝国を支えた学知である植民政策学や、治外法権制度と帝国法制の基本的な関係、周辺地域における治外法権廃止問題、帝国秩序の再編としての広域秩序形成等を焦点に扱った論文をまとめ、編集したものである。なお、公式帝国の内側における植民地社会内部の変化や国家としての帝国法制の基本構造という問題を論じた論文は、姉妹書『植民地帝国日本の法的構造』（信山社、二〇〇四年）として既に刊行されている。外側と内側は、密接不可分なものとして連動している。ぜひ、姉妹書についても、参照していただきたい。

この日文研の研究会は、最後の大沼保昭講演に象徴されるように、私がしどろもどろの司会を務め、松田利彦さんが黙々と事務を遂行されるというスタイルで続けられた。メンバーの一人、田浦さんからは、この研究会の実態は長尾龍一ゼミであり、酒井哲哉・森山茂徳・水野直樹先生他の有力コメンテーターがついているようなものだねとの的確なコメントを頂いていた。今も、全くその通りであったと思う。

よくぞ、このような研究会を続けてこられたものと、改めて今までの軌跡を振り返ると、最初にご参加を確約いただき激励を頂いたのみならず、本書をまとめるにあたって支柱となった枠組みについて研究を進められている酒井哲哉先生の御支援の数々を忘れることができない。個人的なことで恐縮だが、現職の中京大のポストが突然内定した際、ほとんど同時に合格を頂いたこの日文研研究員のポストについては、その責任がいかに重いものであるのかが徐々に判明していき不安が募っていったのが四年前の冬であった。それを、ともかく自分の力でやってみるようにと酒井先生からアドバイスを頂いたことがこの研究会の出発点である。

また、六回の研究会を開催させていただいた日文研で御世話になった関係の先生方と職員の皆様にも、改めて感謝申し上げたい。日文研の研究環境、特にくつろぎ空間と図書館は、見事という他はなく、夏休みは二ヶ月近くも押し掛けて、京都見物と併行しながら研究を続けさせていただいた。ここに報告をまとめることができたことは、そうした数々の御支援無くしては全く不可能であった。

そのなかでも、同じく編集を担当した幹事役の松田利彦さんへの感謝は特筆すべきものである。研究会は、二ヶ月に一度、ほとんど、土曜日の午前中から夕方まで一日中開催されたが、ハードなスケジュールを踏み越えながらここまで来ることができたのは、寛容の精神でもって影に日向に支えてくださったおかげである。同じような研究テーマをかつてやったに過ぎず、面識のなかった私からの突然の依頼を快く受け入れて下さったところから、研究会は一片の合格通知の段階を脱したのであった。

その後、各位から次々にご参加を頂いた際、そして研究会が済んで原稿を頂いた際の思い出についても尽きることはない。本来なら、一々お名前を挙げて感謝すべきところであるが、本書の刊行をもってそれに代えさせていただきたい。

最後に、不慣れな編集業務と併行しながら、自分自身の原稿がなかなか書けなくて苦しんでいる時に、いつも、緊張を解きほぐし、はっとする言葉を投げかけ続けてくださった信山社の村岡侖衛氏と、ディスカッションを常に強力に前に進めていただき、不偏不屈の研究姿勢を常に模範とさせていただいている長尾龍一先生に、改めて感謝申し上げたい。

二〇〇四年二月二一日未明
中京大学豊田キャンパスにて

浅野 豊美

浅野豊美・松田利彦編『植民地帝国日本の法的展開』

目　次

目　次

Ⅱ　領域外隣接地域の管理と法の属人・属地的延伸

Ⅲ　領域主権と重層的大東亜法秩序構想

目　次

I

国際秩序と帝国秩序

「植民政策学」から「国際関係論」へ

戦間期日本の国際秩序論をめぐる一考察

酒井哲哉

はじめに

本稿は、戦間期日本の国際秩序論を中心に取り上げながら、帝国秩序と国際秩序の媒介関係を少し考察するものである。(1)一般に国際関係論の学説史は、戦間期の理想主義と現実主義との対立を国際関係論におけるパラダイム論争の起源として位置付ける叙述形式をとっているが、それらの大半は冷戦後のアメリカ合衆国において制度化された国際関係論像を遡及的に戦間期の議論に投影したものであり、国際現象を扱う知識が実際にどのような存在形態をもっていたのかを歴史内在的に考察した研究は極めて乏しかった。こうした傾向は、国際関係論の成立史において帝国秩序を扱う知識が果たした位置をめぐる議論において、とりわけよくあてはまるように思われる。国際関係論研究者は、国際関係を主権国家間の関係と等値することをしばしば自明の前提としているが、いうまでもなく脱植民地化の達成される以前の世界においては主権国家の数は限定されており、帝国秩序の構成をどのように考えるかということは、世界秩序を論ずる際に極めて重要な意義を持っていた。アメリカ合衆国における国際関係論の成立過程を初めて本格的に歴史的に検討したB・シュミットは、合衆国における「植民統治論」の系譜にその著書の一章を割きながら、「しばしば無視されるか、あるいはごくわずかの注目しか与えられていないが、政治学内部において植民統治論は、国際政治をめぐる言説のかなりの部分を占めていたのである。(2)」と、その存在の重要性に注意を喚起している。

「帝国主義と民族」という問題設定に示されるように、合衆国とは異なり伝統的にマルクス主義的な帝国主義論の影響の強かった日本の国際関係論（特に国際関係史）研究においては、帝国秩序の重要性自体は意識されてきた、と一応はいえよう。しかしながら、そこで前提とされてきたのは、帝国主義とそれに対抗する自決権ナショナリズムという対抗図式であり、このような枠組に収まりきれない議論は事実上関心の外に置かれる傾向が強かった。例えば、民族自決の理念は掲げられながらも帝国秩序は残存していた「植民地なき帝国主義」[3]を特徴とする戦間期の国際秩序論においては、帝国再編をめぐる議論は今日考えられるよりはるかに大きな比重を占めていたが、こうした側面は十分に論じられてきたとはいえない。また、日本の国際関係論の成立史において植民政策学が占める位置についても、必ずしも明確な位置付けがなされてきたわけではない[4]。確かに、日本の国際関係論の成立史における植民政策学の比重の大きさについてはこれまでも言及されてはきたが[5]、それらは多くの場合大学における講座の沿革史にとどまり、より広い思想史的文脈のなかでこの問題を扱うものではなかった。

こうした問題関心を念頭におきながら、以下の叙述では、まず国際現象を扱う知識の存在形態を概観したうえで、戦間期日本の国際秩序論における帝国をめぐる議論の位相を振り返ってみたい。それを通して、いわば「植民政策学」から「国際関係論」へ、という国際認識の展開過程を、日本の思想史的文脈のなかに描き出すことを本稿の目的としたい。従って、本稿は、個々の論点を詳述するよりも、いわば問題の文脈を鳥瞰することに主眼がおかれていることを、付記しておきたい。

一　「学知」の存在形態

主権国家間関係として国際関係論を捉える学知として、最初に制度化されたのは国際法学であった。幕末のいわゆる不平等条約により西欧国家体系に編入された近代日本の成立事情からして、それは当然のことであったといえよう。文明国標準主義を内包した近代国際法を習得することは、「文明国」として日本が西欧国家から認知されるための前提条件であり、明治期の国際法学徒は、日本の対外的実践をそうした認知の試みと結びつける課題を担っていた。その典型的な事例は、戦時国際法研究である。いうまでもなく、近代日本において、戦争は日本の対外的地位の上昇と密接なかかわりをもっていたが、明治期の国際法学者は軍隊に戦時国際法を遵守させる役割を果たすとともに、戦時期における日本の国際法遵守能力を進んで海外に誇示したのであった。[6] 一八九六年に出版された有賀長雄『日清戦役国際法論』は、日清戦争の経緯を述べながらそこでどのように戦時国際法が適用されたかを論じた書物であるが、同書はまずフランスで公刊され、「仏国学士院之ヲ評シテ以テ五十年来ノ珍書ト為ス」[7] との評価を受けたことが誇らしげに序言で述べられている。日清戦争を「文野の戦争」と名づけた福沢諭吉と同様の視座を、そこに見ることができよう。日本の国際法学会は一八九七年に設立されたが、『国際法外交雑誌』という現在の学会誌名が示唆するように、本来国際法学と外交史学は緊密な関係をもっていた。西欧国家体系の規範的側面を国際法学が、実践的側面を外交史学が対象とする形で、両者は相互補完的関係にあった、といえるだろう。外交史から国際法に転じた立作太郎の軌跡は、その現れである。

日清・日露の戦勝は日本の不平等条約改正をもたらしたが、それは同時に日本の帝国主義化を伴うものであった。これを受けて、一九〇三年には京都帝国大学に植民政策の講座が設置され、一九〇九年には東京帝国大学にも同講座が設置される。かくして、広義の国際現象を扱う学知は、主権国家間関係を扱う国際法・外交史と、帝国秩序を扱う植民政策学の二本立ての編成をとることになった。先にも述べたように、二〇世紀初頭の政治学では、植民政策学は従来考えられているよりも大きな比重を占めており、この点については日本と欧米の間に大差はない。とはいえ日本の場合、国際現象を扱う学知において植民政策学の持つ重要性はより大きかったのではないか、と思われる。その理由の一つは、近代日本外交における植民地の持つ地位の特殊性にある。日本の植民地統治に関する優れた概説書を記したマーク・ピーティーは、近代日本の政策決定者における安全保障関心の際立った高さを指摘しつつ、「近代植民地帝国の中で、これほどはっきりと戦略的な思考に導かれ、また当局者の間にこれほど慎重な考察と広範な見解の一致が見られた例はない(8)」と、述べている。日本本国と植民地は近接した位置におかれ、両者は安全保障関心から緊密な関係のもとにおかれていた。満州も朝鮮もいずれも日本外交にとって重要な外交的舞台であり、それらの地域の安定は日本の対外政策の展開にとって不可欠の課題とみなされたのである。その意味で、日本の政策決定者や知識人にとって、帝国秩序は、国際秩序の「外部」に位置するものではなかった。

このような主権国家秩序と帝国秩序の媒介関係を象徴的に示しているのは、後藤新平とその周辺の人脈である。試みに、後藤の足跡を辿ってみれば、近代日本が「帝国」としてとして国際社会に台頭していく際の、いわば「知的インフラ」の大半が、何らかの形で後藤に繋がる形で創設されていることに気づくであろう。両帝国大学に設置された植民政策学講座の初代担当者であった新渡戸稲造は、後藤の下で台湾統治に携わった人物であり、東洋史学の礎を築いた白鳥庫吉を中心とするいわゆる満鮮史研究は、後藤の肝いりで開始されたものであった。しかも後藤により創設された知的装置は、植民政策学のような狭義の帝国内統治に限定されない広がりをもつ。後藤周辺には、国際文化交流に従事した知米派の政治家・実業家・知識人が実に多い。先にあげた新渡戸自身は、まさに植民政策学と国際文化交流の双方にまたがる活動に従事した人物であった。

新渡戸の世代に共通するのは、対外領域における日本の国民的使命を、「東西文明調和論」に置くことである。すなわち、伝統的文化を保持しながら近代化を達成した日本は、東西文明の架橋となるべき使命を担っている、と彼らは主張するのである。今日では陳腐に響くこの議論は、日本が日清戦争後に「帝国」として国際社会に登場した際に、その位置を弁証するために構築された言説であった。そもそも、日本の独立すら危ぶまれる明治初期においては、日本政府の指導者が「アジアの代表」たることを自称することはありえない。「アジア」は「西欧」から名づけられる他称であって、それは西欧中心的な「文明」の論理からすれば、せいぜい「半開」に位置する地域に過ぎないからである。従って、明治政府は、自らを「文明」国として定義することに全力を注がざるを得ないのである[9]。

「東洋」ないし「アジア」の代表としての日本という言説が紡ぎ出されてくるのは、日清戦争後の現象である[10]。「東西文明調和論」は、西欧に対しては東洋文化の独自性を強調することで、いわば文化的相対主義に基づく対等性を要求し、他方、中国などのアジア諸国や日本帝国内部の植民地に対しては、文明の論理で日本の優越性・主導性を承認させる内容を持っている。すなわちそれは、帝国秩序と国際秩序を媒介する複合的な論理構造を有しているのである。近代日本における国際文化交流を支えた言説とは、このような「東西文明調和論」であった、と言っても過言ではない[11]。それは、帝国主義化による「脱亜」の完成が却って「アジア主義」的心性を発露させるというジレンマに、一応の解決を与えるものでもあった。

その意味で、近代日本において「脱亜」と「アジア主義」は単純な二項対立図式をとっていたというよりも、多くの場合「東西文明調和論」のような形で、両者が共振しあうような言説的編成をもっていた、と見るべきであろう[12]。国際法・外交史と植民政策学の二本立てからなる国際現象を扱う学知も、巨視的に観れば、こうした言説的編成のなかに位置していたのである。

二　第一次大戦後における再編

第一次大戦の勃発は、それまで国際秩序の準拠枠組であった勢力均衡に基づく西欧国家体系の自明性の喪失をもたらした。大戦末期にウィルソン米大統領から提示された講和の原則は、来るべき戦後秩序が単なる勢力均衡による国益の調整ではなく、普遍的理念によって定礎されるものであることを予期させた。また、ウィルソンによって提起された民族自決の理念は、ロシア革命後のレーニン主義の台頭とあいまって、植民地ないし半植民地的地位に置かれた地域における反帝国主義的ナショナリズムの機運を増進させた。当然のことながら、こうした事態は国際現象を扱う学知の再編を伴うものであった。

伝統的国際法・外交史から区別された国際政治学の出立が、第一次大戦後に設立された国際連盟を柱とする国際機構論にあったことは、よく知られている。こうした欧米における動向を受けて、一九二四年には東京大学法学部に「国際政治学」を内容とする「政治学政治学史第二講座」が設立され、南原繁によりカントの恒久平和論を中心とした国際政治思想史が講じられた[13]。一九三二年には、早稲田大学で信夫淳平担当の「国際政治論」が開講されている[14]。だが、当時の日本で国際政治学の実質的な定礎者と呼ぶべき存在は、東京大学法学部における初代行政学講座の担当者であった蠟山政道である。一九二〇年代における蠟山は、イギリスにおける多元的国家論の展開を視野に入れながら機能主義的な国際政治論を展開していた。一九二八年に出版された『国際政治と国際行政』は、フェビアン協会の国際問題研究家であったレナード・ウルフの議論に触発されながら、アジア・太平洋における機能主義的な国際統合の可能性を模索した極めて先駆的な業績である。(15) 蠟山の議論の背景には、大正期の政治学における伝統的な国家学からの離反という潮流があった。それはしばしば、国家主権の絶対性に対する批判を、国家から自立した「社会」概念を提示することで行われた。蠟山政治学における鍵概念をなしたのは、多元的国家論における職能概念であり、そこでは政府の役割は社会諸集団によって担われる、いわば機能の束として理解されていた。こうした職能説における機能概念は、国内のみならず国際社会にも妥当するものと蠟山は見なしたのである。

「社会の発見」と称されるこのような大正期の社会概念の析出状況は、政治学と同じようにドイツ国家学の影響のもとに出発した植民政策学にも影響を及ぼした。新渡戸稲造の後を襲い東京大学の植民政策学講座を担当した矢内原忠雄は、そうした影響関係を最もよく示す存在である。矢内原の植民政策学における最大の特徴は、その植民概念にある。すなわち、矢内原は植民現象を理解するにあたって、「形式的植民」と「実質的植民」を区別し、後者を重視する姿勢をとった。「形式的植民」とは、宗主国と植民地との間の政治的支配・従属関係に関るものであり、本来国家学の一分野として出発した植民政策学が対象としてきたのはこのような統治政策の領域であった。これに対して、矢内原は植民概念を拡大し、社会群の移動に伴う社会的・経済的・文化的な相互作用としての植民現象を捉えようとした。これにより植民政策学は、国家の統治政策という実践的要請を離れ、社会科学としての自立性を持つことができると、矢内原は考えたのである。[16] このように、矢内原の植民政策学には、蠟山の場合と同様に、国家から自立的な社会集団のトランスナショナルな相互作用の場として国際関係を捉える視点が共有されており、こうした視点から帝国内関係を再構成する問題関心を矢内原はもっていたといってよい。[17]

帝国再編への矢内原の強い関心は、同時代のコモンウェルスに対する態度によく表れている。一九二六年に出版された『植民及植民政策』の終章に、矢内原は「植民政策の理想」と題する章を置いた。矢内原はここで、植民政策を従属主義・同化主義・自主主義と類型化した上で、自主主義的植民政策の理想の実現可能性を論じた。矢内原はその際、自由主義も社会主義もこのような自主主義の理想を実現するものではない、と述べている。[18]

冷戦期に矢内原の著作に接した研究者は、ここに東西両陣営の間で呻吟する良心的知識人の姿を読み込んだかもしれない。だが、矢内原の議論はここで終わらない。矢内原は自由主義と社会主義の双方を論じたすぐ後に、国際連盟と英帝国の検討を置くのである。しかも、矢内原の英帝国に対する評価は国際連盟に対するそれより高い。矢内原はこう語る。

「英帝国は国際連盟内の国際連盟、国際連盟の結合更に鞏固なるものとして見らる。各ドミニオンは一の自主国民であって英本国は之に対し植民地領有関係を有するものではない。……かくして植民地と本国とはもはや領有支配関係に基かず、さりとて孤立的関係にもあらず、自主的結合による一大共同体の組織を実現すること、英帝国の示せる傾向に赴くべきことは、近世経済の発展が一大経済地域の基礎を要求するによりて推察し得られる。かくの如き自主的結合は功利主義的立場よりいふも植民地本国連結の唯一合理的基礎たるのみならず、又集団的人格の尊貴を尊重する社会正義の要求する処である。[19]」

英帝国に見られるようなコモンウェルス的結合関係が、国際共同体のモデルとして位置付けられていることが窺えるであろう。今日では忘れられやすいが、戦間期において帝国は国際協力の雛型になるものとしてしばしば理解されていた。第一次大戦における英帝国内の防衛協力の経験は、英帝国のコモンウェルス的な再編を促すとともに、様々な領域における国際協力の可能性をも示唆するものとして理解されたのである。例えば、南アフリカ連邦首相としてコモンウェルス的な帝国再編を推進したスマッツは、同時に熱心な国際連盟主義者でもあった。(20) このように国際連盟主義者であるとともに円卓会議論者であるような事例は、当時の英帝国の知識人には少なからず存在していたであろう。しかも、このようなコモンウェルスの推進者であった知識人は、多くの場合十九世紀的な自由放任主義に対する批判者であり、イギリス思想史の文脈で言えば、トーマス・H・グリーン以後の功利主義批判の系譜を引いていた。(21) 矢内原の場合でも、「利己心と協同心」という問題設定から窺われるように、(22) 功利主義的結合関係を超えた高次の協同体としてコモンウェルスが捉えられていることに留意する必要がある。矢内原が同時期に示した、イギリス労働党の主催による帝国労働会議への着目は、(23) 資本主義な方式を越えた新たな帝国的結合を矢内原が模索していた証しである。敢えていえば、コモンウェルスの建設は帝国の社会主義化への途であると、矢内原は考えていたのであろう。

しかしながら、このような矢内原のコモンウェルスへの関心は、同時に、矢内原が単純な民族自決論者ではなかったことをも意味している。矢内原が最初に発表した論文は、シオニズムに関するものである。矢内原はそこで、パレスチナに入植したユダヤ人の協同組合の実践に着目するとともに、ユダヤ人とアラブ人が共生するコモン・ホームの建設にパレスチナ問題の将来を見ていた。そこには、協同経済と民族共生という矢内原の関心の原型が窺われる。(24) 矢内原の思考は、分離主義的な自決権論よりも民族共生に基づく帝国再編論に、より親和性が高かったのではあるまいか。確かに、矢内原は日本の植民統治を論じた一九二六年に発表された有名な論説「朝鮮統治の方針」において、仮に朝鮮が分離独立してもそれは日本にとって悲しむべきことではなく、日本統治下で朝鮮が独立国家として自立する実力を涵養することができたならば、それは日本国民の名誉である、と述べ、最終的には朝鮮の分離独立を示唆する発言を行っている。(25) だが少なくとも、矢内原が当面考えていたのは、朝鮮議会のような植民地議会の設置による植民地自治の達成であり、それを媒介とした帝国的結合関係の再編であったように思われる。それは矢内原の目には、同時期における英帝国の再編と二重写しになって映っていたことであろう。

大正期の社会概念の析出状況は、様々な形で主権的国民国家への再考察を促した。例えば、まだアナキズム的大正社会主義の陣営に位置していた時期の山川均は、ロシア革命に際して、フィンランドの自治要求やウクライナの独立宣言に着目しつつ、革命ロシアが「国民国家」ではなく「自治連合」たることに期待を寄せていた。(26) また、一九二二年に出版された法理学者中島重の『多元的国家論』では、ホブスンの「ナショナル・ギルド」論を紹介しながら、ギルドと国家との共同経営的な関係が、「アイルランド、スコットランド、ウエールス其他の植民地が各自独立自治の団体にありながら、各自の代表員を出せる一つの帝国議会に従属」していることに、たとえられている。(27) 多元的国家論に触発された関心が、連邦制や複合国家のような国家形態への関心と結びついていく事例は、大正期日本の思想界には少なくない。

けれども、このような社会の自律性という発想と帝国秩序との関係は、極めて両義的なものであったことにも、眼をそらしてはならない。そもそも、分業関係に基づく社会連帯論的な理論装置に依拠しつつ、本国と植民地の階層的な分業関係と有機的結合性を主張したのは、「協同主義」と呼ばれるフランスの植民政策論であった。本国と植民地の階層性を前提としたこの議論は、フランス啓蒙思想の産物である普遍主義に基づく同化主義的植民政策に対する批判として登場した。(28) こうした主張は、「比良目の目に鯛の目はつけられない」という比喩で、性急な同化主義を批判し、旧慣を尊重した植民統治の正当性を主張した後藤新平の植民統治政策に親和性の高いものであった。後藤の最初期の著作である『国家衛生原理』は、国家有機体説と社会進化論を下敷きにしたものであるが、この著作から、国家理性と闘争的政治観を読み取る通説的見解[29]への批判として、近年の研究は、寧ろ後藤の「統合的政治観」を強調している[30]。この指摘は的確なものであるが、より巨視的に思想史的文脈から観たとき、この問題は日本の社会進化論受容に関わる問題であるように思われる。近代日本における社会進化論受容が、一般に言われるような社会ダーウィニズム的闘争説が支配的な形でなされたかは、はなはだ疑問である。こうした代表的事例としてしばしば挙げられる加藤弘之も、その晩期においては、世界政治が高次の統合状態に至る「宇内統一国」論を展開していた[31]。晩期加藤弘之に潜在的に見られるような、社会進化を有機的調和の実現に求める傾向は、社会ダーウィニズムを批判したクロポトキンの相互扶助説に依拠しながら、国家有機体説と区別された社会有機体説により明治期の国家至上主義を否定した大正社会主義者により継承されている。「協同主義」と呼ばれるフランスの植民統治思想は、こうした近代日本の思考体質に適合性が高かったのである[32]。

一九二五年に出版された東郷実の『植民政策と民族心理』は、ウィルソン主義的な「一民族一国家」という議論を、現代の文明国の多くは複雑な歴史的民族からなる多民族国家であることを理由に排しつつ、民族自決要求にさらされる植民地帝国の危機の打開策として、植民地の民族心理に適合した法制度を制定し母国と区別した統治単位を植民地に構成する、「分化政策」を提唱している。この「分化政策」に基づき、植民地に適当な時機と程度において内政上の自治を認める一方で、外交・軍事・財政などに関する事項は本国が掌握し、本国と植民地の有機的協同を強めるべきことを、東郷は力説する。こうして東郷は、「母子国両者の関係はダーウィンの『生存競争』(Kampf um Dasein)にあらずして、寧ろクロポトキンの

『相互扶助』（Gegenseitige Hilfe）に在る。而して吾人は列強の殖民運動と植民地土人《ママ》の独立運動と両者共存共栄の原理からして、互いに一個の調和点を発見し得べきことを信じて疑はぬ」[33]と、結論づけたのである。東郷の議論は、一見寛容なように思えるが、その内実は本国と植民地の格差を前提にしたものであり、東郷の植民地住民に対する態度は極めて人種主義的なものであった。[34]ここでは、大正期の思想界の特色である社会進化論を相互扶助原理に引きつけて読む思考様式が、本国と植民地との階層的秩序の正当化のために動員されていることが理解できよう。[35]その意味で、大正期の社会概念の析出状況は、帝国秩序の再編に様々な志向性をもたらしたのであった。一九三〇年代における広域秩序論の登場は、そうした様々な志向性の一つでもあったのである。

三　広域秩序論の登場とその意義

満州事変の勃発は、国際問題を論じてきた日本の知識人にとって衝撃的な事件であった。彼らのうち、満州事変に対して真先に敏感に反応したのは、国際法学者であった。ワシントン体制や国際連盟を中心とする国際法秩序を前提としてきた彼らにとって、満州事変に伴う一連の事態が、どのようにして既存の国際法秩序のなかに位置付けられるかは、深刻な問題であった。日本の国際法学者の多くは、満州事変における日本の行動を自衛権の行使として正当化する立場をとり、満州事変と既存の国際法秩序との衝突を回避しようとした。ケルゼンの純粋法学を継承し、一九三〇年代を通して国際連盟体制を擁護する姿勢を保持し続けた横田喜三郎のような例外的事例はないわけではないが、概して日本政府の立場を基本的には追認ないし正当化したのが国際法学会の大勢であった、といえよう[36]。それは、ひとまずは伝統的国際法学の枠組で、満州事変における日本の対外行動を説明しようとした試みであった、といえる。

こうした動向に対して、国際連盟脱退前後から、新たな概念装置で東アジア国際政治の現状を説明しようとする試みが次第に見られ始めた。それらの多くは、地域主義的な国際秩序の構成をとる点で共通していた。この代表者が蠟山政道であり、そもそもこの「地域主義」という用語自体、蠟山によって提唱されたものに他ならなかった。蠟山において、地域主義は、まず日満関係に代表される極東国際政治の特殊性を正当化するものとして導入された。満州における日本の地位を国際法的観点から既存の条約上の諸権益を集積したものとして捉える見解を批判して、満州の社会的発展段階においてはそもそも近代国家を前提とした国際法が適用できる領域は限られており、満州問題は条約解釈や法理的擬制によってではなく、事実関係を基礎とした「新たなる国際政治的意思の表現たる立法」によって解決されるほかにない、と蠟山は断じた[37]。さらに蠟山は連盟脱退以後においても、日本外交と国際連盟との紐帯を保つために、地域の特殊事情を考慮に入れた国際連盟の極東組織としての性格を持つ地域的平和機構の設立を提唱した。このような組織原理を、蠟山は地域主義と名づけたのである[38]。それは、当初の蠟山の意図に則していえば、あくまで極東の特殊事情の例外性を強調することで、国際連盟体制と極東の事態との全面衝突を回避しようとしたものであった。

しかしながら、一旦導入された地域主義は、日中戦争以後は現行国際秩序の普遍性に対する根本的批判へと転化していく。それは広域秩序論という形で、主権国家体系に対する原理的批判にまで発展していった。広域秩序論は、いわゆる「近代の超克」論によって理論武装されており、原子論的な契約構成に基づく近代主権国家体系そのものを否定する。ウィルソン主義的な民族自決原理はその機械的適用が却って世界政治の混乱を招いたとして否定され、ナショナリズムは一九世紀的政治意識の産物としてその旧さが仮借なき批判の対象となるのである。[39]だが、まさにそのこと故に、広域秩序論は大正期の様々な主権概念批判を取り込む形で成立している。その最も象徴的かつ問題的事例は、平野義太郎の「転向」に他ならない。

戦前期における平野を論じた従来の研究は、講座派マルクス主義の総帥であった平野がなぜ戦中期は大アジア主義の信奉者へと転向したのか、という視角からなされてきた。[40]だが、「転向前」と「転向後」を貫く平野の発想を理解するためには、一九二四年に出版された平野の処女作『民法に於けるローマ思想とゲルマン思想』[41]を振り返る必要がある。シュペングラーの『西欧の没落』第二巻の引用から始まるこの本は、ギールケの『ドイツ団体法』に拠りながら、ドイツ私法学におけるローマ思想とゲルマン思想の対立を、明治期の法実証主義と大正期の社会法学との対立に重ね合わせた著作である。そこには、社会法学的視点からの法実証主義批判を通じて、明治国家の否定とリベラリズム批判が同時に追及される視座が窺われる。そしてこの視座には、シュペングラーとギールケの結びつきに象徴的に見られるように、協同体的社会構成による契約的社会構成の置換のなかに、「近代の超克」を読み込んでいく指向性が内包されていたのである。

平野の大アジア主義は、実はこうした初期平野の指向性が、広域秩序論の中で全面的に開花したものである。ギールケの『ドイツ団体法論』がイギリス多元的国家論の形成に大きな影響を及ぼしたことはよく知られているが、日本の場合、多元的国家論が提起した問題の多くは、同時代的には、寧ろ協同体的社会構成に引きつけて理解される傾向が強かったのではないか。アナキズム的大正社会主義の理論装置でアジア主義を基礎付けた例は、決して少なくない。『大アジア主義の歴史的基礎』において平野が高く評価した橘樸も、その一人である。[42]橘の中国研究の端緒をなしたのは、民国政府の行政制度を克明に紹介した

『支那研究資料』の刊行であったが、これは後藤新平の主導により開始された台湾旧慣調査の一貫をなす織田萬『清国行政法』の続編をなすものであり、事実後藤の資金援助をうけて出版されたものであった(43)。平野自身もまた、このような後藤―橋―平野という知的系譜を十分意識していたように思われる。一九三八年には鶴見祐輔により浩瀚な後藤新平伝四巻が完結されたが、これを手にした平野はいたく感銘を受けている。既に、講座派マルクス主義から大アジア主義への転向途上にあり、「地政学」(Geo-Politik)に因んだ「民族政治学」(Ethno-Politik)の樹立を企図していた平野が、後藤新平伝のなかに見出したのは、「政治の対象たるべき社会の徹底的な研究と現慣行の尊重」に対する後藤の洞察力であった(44)。実際、太平洋戦争期に入って出版された、人類学者清野謙次との共著『太平洋の民族=政治学』において平野が称揚したのは、後藤の生物学的政治観と、先に触れた同化主義の批判から生まれたフランス植民政策の「協同主義」だったのである(45)。これは、大正期における社会の自律性という主題が、広域秩序論を介して帝国秩序の弁証へ結びついていく、典型的な事例というべきであろう。

このように大正期の主権概念批判が帝国秩序に回収されたことは、全く故なきことではない。国際現象に関する学知が、主権国家関係を扱う国際法・外交史と帝国秩序を扱う植民政策学の二本立て編成をなしていることは既に述べた通りであるが、その両者の関係は欧米と日本とではかなりの違いがある。近世以来主権国家からなる地域秩序の伝統を持つ「ヨーロッパ秩序」においては、主権国家秩序と地域秩序は重なり合っており、「ヨーロッパ秩序」の外にある帝国秩序は、「国際」関係から外部化されたものとして、一応は扱いうる。だが、地域に自生した主権国家の伝統を持たず、またその大部分が植民地として欧米帝国主義秩序に編入されたアジア世界において、帝国秩序は外部化されえるものではなく、いわば地域秩序のなかに埋め込まれたものであった。しかも、東アジアの広範な領域を占める中国が、日清戦争前は「帝国」として、辛亥革命後のある時点からは「国家」ではない「社会」として表象され得る存在であったことは、主権国家からなる「国際」秩序像の本質的不安定さを、近代日本の対外認識にもたらしたように思われる。「国家」ではない「社会」という広範囲にわたる地理的空間を表象することは、裏を返せば、社会構成の原理がそのまま地域秩序の構成原理へと転化する認識的機制を生む。橘や平野のアジア主義がそうであったように、中国の基底をなす村落秩序の解明という主権国家秩序の論理からすれば、「地域研究」の対象とはなりえても、「国際関係論研究」の対象とは無関係に思われる領域が、国家主権を迂回して「国際共同体」の構成原理へと直結してしまうところに、実は東アジアの国際関係の複雑さがあったことが、知られねばならない。こうした構造では、主権概念批判は、そもそも「帝国」的言説に回収されやすいのである。

だが、大正期の主権概念批判が帝国秩序に回収されたことは、東アジア固有の地域的特性にとどまらない戦間期世界に共通した事情もある。矢内原忠雄が『植民及植民政策』の終章において国際連盟と英帝国の双方を比較して、英帝国の方をより高次の世界秩序として位置づけたことは既に述べたが、このような問題設定は戦間期の国際秩序論では頻出するものである[46]。このことは、当時の日本の知識人において、帝国秩序の残存した現段階では、主権国家間関係を規律する国際機構たる国際連盟は所詮部分的な秩序でしかありえず、帝国秩序の組替えこそが本質的問題である、という認識が共有されていたことを意味している。しかし、戦間期世界は完全に脱植民地化された世界ではない。それは、いわば、植民地を完全に主体化することを拒みつつも、部分的な主体化を許容することで帝国秩序の相互性を主張していく世界である。もし自決権の賦与という形で完全な主体化を認めれば、形式的には同型の主体からなる水平的な国際秩序原理がそれなりの説得力をもつが、植民地を半主体化させた状態で帝国秩序を組替えていく段階では、有機的協同体原理が説得的であると考えられやすい(47)。コモンウェルスという語感が、功利主義的結合を越えたものとして社会主義者にとっても魅惑的に響くのはそのためである。その限りにおいては、昭和一〇年代における日本の国際秩序論の常套文句であった「水平的」／「立体的」という二項対立図式は理解可能な図式ではある。

だが、いうまでもなく、大東亜共栄圏はコモンウェルスではなかった。広域秩序原理は、通常、広域・主導国・圏外諸国の不干渉という三要素で構成されるが(48)、その際中心とされるのは主導国概念であって広域概念ではない。すなわち、その「地域主義」的外観にも拘らず、広域秩序原理においては、主導国の自存・自衛の論理が地域秩序に優先する理論構成がとられていたのである。こうした広域秩序原理は、太平洋戦争期に入り圏内諸国の独立争点が浮上することによって動揺し始める。主導国原理にどこまで固執するか、新興独立諸国に国家平等をどこまで認めるか、この対立こそが太平洋戦争期日本の政策決定者を原理的に規定したものであった(49)。こうして広域秩序の内部矛盾は、広域秩序論の内側から、戦後日本の国際関係論研究の主要動機であった「帝国主義と民族」という問題設定を産んでいったのである。それは、国際法・外交史と植民政策学の二本立ての編成をとっていた国際現象に関する学知が、「国際関係論」へと一本化される過程でもあった。

おわりに

ポツダム宣言の受諾による日本の降伏は、大日本帝国の解体を意味した。日本はこれにより植民地を喪失し、植民政策学と名を冠した講座も姿を消した。だが、そのことは、戦後の国際関係論研究が、戦前の遺産と何ら無関係に発足したことを意味するものではない。「植民政策学」講座は、多くの場合「国際経済論」という名称に改組された。それは必ずしも揶揄されることではなく、矢内原忠雄に代表されるように、戦間期の植民政策学が当時の帝国再編の動向と連動しながら、南北関係をも含んだ国際関係の総体的認識に、それなりに取り組んでいたからでもあった。矢内原は一九四九年の「国際経済論の回顧と展望」において、「植民地をすべて失った日本が今後経済的に行くには国際経済への平和的再加入が絶対に必要とせられること、並に日本が平和国家として立つためには国際平和と国際経済の密接なる関連が意識せられることによって、国際経済の学問的調査が今後の重要課題として考えられるに至っている。[50]」と、述べている。こうして学際的研究を呼びかけた矢内原の手によって、一九五二年東京大学教養学部に「国際関係論」研究・教育のための機関が設立されたのであった。

このような戦後日本における国際関係論研究の成立を、本稿で扱った「植民政策学から国際関係論へ」という展開過程に則してみたとき、そこにはどのような特色がみられるであろうか。最後に今後の研究のための課題設定をもかねて、いくつかの要点を指摘しておきたい。第一に、戦前期日本における国際現象を扱う学知のうち、植民政策学の占めていた比重の高さが、戦後は別の形で継承されたことである。すなわち、合衆国における戦後の「国際関係論」(International Relations)が「国際政治」(International Politics)と等値されるような形で成立したのに対して、戦後日本の国際関係論は、地域研究・歴史研究の比重が相対的には高く、現在においても、日本国際政治学会は、国際政治・地域研究・歴史研究の三部構成を基本的にはとっている。[51]こうした傾向は、戦前期の帝国秩序に対する関心が、帝国主義論や開発論といった形をとりながらも継承されているため、と考えられよう。欧米とは異なる日本の国際関係論の特色は、一つには本稿が指摘したような、アジアの国際関係における帝国秩序の占める位置と恐らくは関連していよう。第二に、こうした一般的な特色を念頭に置いたうえで、戦中期の議論がどのように戦後の文脈に継承されているかを、より緻密に考察する必要がある。矢内原忠雄は、一九五一年の学界展望において、満鉄調査部や東亜研究所・太平洋協会などの戦中期における地域調査研究を概観しながら、「以上は若干の例示にすぎないが、このほか外国の権威ある著書が数多く翻訳され、両者相まってまことに偉観であった。このことを、日本が中国に関するほとんど何らの科学的研究らしいものをもたずに、中日戦争に突入したことと思いあわせれば隔世の感がある。[52]」と、述べている。すなわち、矢内原においては、戦中期は地域研究の躍進の時代と戦後においても捉えられていたのである。矢内原の後進にあたる植民政策学者には、東畑精一や板垣与一など、アジア経済研究所の創設を始め、戦後日本のアジア開発政策にも影響を与えた人物が少なくない。こうした事例について、その光と影の両面を見据えた着実な実証研究を、今後も積み重ねていくことが必要であろう。[53]

日本の脱植民地化は、ポツダム宣言の受諾に伴う帝国の解体によって、いわば「他律的」にもたらされたため、そのことが研究史の空隙をもたらしてきたことは、既にいろいろな形で指摘されている。[54]ただし、二〇世紀の国際関係史において、脱植民地化の過程自体は極めて長期にわたるものであったし、その中間段階においては様々な国際秩序についての考察がなされていたのであった。それらを、歴史的文脈に位置づけながら、なおかつ、そこで問われている原理的問題を現在のグローバリゼーション下の現実を前に再考察すること。そうした試みのうえに、新たな国際関係論研究の課題は見出され得るのではないか。いささか牽強付会ではあるが、これを以って本稿の結語としたい。

(1) なお、戦間期日本の国際秩序論に関する筆者の論文としては、次のようなものがある。「『東亜協同体論』から『近代化論』へ——蠟山政道における地域・開発・ナショナリズム論の位相」(『年報政治学一九九八・日本外交におけるアジア主義』岩波書店、一九九九年)、「日本外交史の『古さ』と『新しさ』——岡義武『国民的独立と国家理性』・再訪」(『国際関係論研究』第一三号、一九九九年)、「戦後外交論の形成」(北岡伸一・御厨貴編『戦争・復興・発展』、東京大学出版会、二〇〇〇年)、「アナキズム的想像力と国際秩序——橘樸の場合」(『ライブラリ相関社会科学7・ネイションの軌跡』、新世社、二〇〇一年)、「『国際関係論』の成立——近代日本研究の立場から考える」(『創文』四三一号、二〇〇一年)、「後藤新平論の現在——帝国秩序と国際秩序」(『環』二〇〇二年冬季号、藤原書店)、「国際関係論と『忘れられた社会主義』——大正期日本における社会概念の析出状況とその遺産」(『思想』二〇〇三年一月号、岩波書店)。

(2) Brian C. Schmidt, *The Political Discourse of Anarchy : A Disciplinary History of International Relations* (N. Y. ; State University of New York Press, 1998), pp. 124-125.

(3) ピーター・ドウス「植民地なき帝国主義」(『思想』一九九二年四月号、岩波書店)。

(4) 日本の国際政治学史については、山影進「日本における国際政治研究の一〇〇年」(国際法学会編『日本と国際法の一〇〇年第1巻・国際社会の法と政治』、三省堂、二〇〇一年)が、優れた概観を与えている。

(5) 例えば、川田侃『国際関係研究』第一巻(東京書籍、一九九六年)、三七二—三八五頁。

(6) 明石欣司「日本の国際法学『対外発信』の一〇〇年——欧文著作公刊活動を題材にして」(前掲『日本と国際法の一〇〇年』第一巻、二一〇—二一一頁。

(7) 有賀長雄『日清戦役国際法論』(陸軍大学校、一八九六年)、一頁。

(8) マーク・ピーティー『植民地』(読売新聞社、一九九六年)、二六頁。

(9) 松田宏一郎「『亜細亜』の『他称』性」(前掲『年報政治学一九九八・日本外交におけるアジア主義』)。

(10) なお、このような「東洋」という言説の構築過程については、Stefan Tanaka, *Japan's Orient : Rendering*

Pasts into History (L. A.; University of California Press, 1993), Cap. 2が、示唆的である。

(11) 芝崎厚士『近代日本と国際文化交流——国際文化振興会の創設と展開』（有信堂、一九九九年）、第二章。

(12) 「脱亜」と「アジア主義」をめぐる研究史の整理として、前掲拙稿「日本外交史の『古さ』と『新しさ』」、一二—一六頁。

(13) なお、南原の恒久平和論については、苅部直「平和への目覚め——南原繁の恒久平和論」（前掲『思想』二〇〇三年一月号）。

(14) 川田前掲『国際関係研究』第一巻、三四一頁。

(15) 蠟山政道『国際政治と国際行政』（巌松堂書店、一九二八年）。

(16) 矢内原忠雄『植民及植民政策』第一章（『矢内原忠雄全集』第一巻、岩波書店、一九六三年、初出は一九二六年）。

(17) 矢内原の植民政策学については、村上勝彦「矢内原忠雄における植民論と植民政策」（『岩波講座・近代日本と植民地』第四巻、岩波書店、一九九三年）、米谷匡史「矢内原忠雄の〈植民・社会政策論〉——植民地帝国日本における「社会」統治の問題」（前掲『思想』二〇〇三年一月号）。なお、矢内原の植民政策学は、講座の継承関係のためか、国際経済学の前史として位置付けられることが多いが、その方法的可能性に則してみたとき、それにとどまらず、そこには「ヒトの移動」に伴うトランスナショナルな文化的・社会的相互作用を対象とする社会学的視点が内包されていることに留意する必要がある。戦後の国際関係論研究の文脈では、日本の満州移民の研究から国際文化論へ移行していった平野健一郎の研究は、ある意味でこうした矢内原の方法的可能性をグローバリゼーション下の国際関係に持ち込んだものと見なしえよう（平野健一郎『国際文化論』（東京大学出版会、二〇〇〇年）。

(18) 前掲『矢内原忠雄全集』第一巻、四七一—四七八頁。

(19) 同上、四七八、四八二—四八三頁。

(20) スマッツについては、旦祐介「国際連盟をデザインした男―南アフリカ首相Ｊ・Ｃ・スマッツ―」（『創文』四三四号、二〇〇一年八月）。

(21) 中西寛「二十世紀国際関係の始点としてのパリ講和会議――若き指導者たちの国際政治観(一)」（『法学論叢』第一二八巻第二号、一九九〇年）、六五―六六頁。なお、太平洋問題調査会を中心に戦間期の国際文化交流を分析した近年の研究が、戦間期の国際主義者たちが、古典的な自由放任主義的リベラリズムを区別された「新自由主義」的信念を奉じていたことを強調している点も、興味深い。Tomoko Akami, *Internationalizing the Pacific* (London ; Routledge, 2002), pp. 8-10.

(22) 前掲『矢内原忠雄全集』第一巻、四八〇頁。

(23) 「第一回英帝国労働会議」、前掲『矢内原忠雄全集』第一巻。米谷前掲論文、一四三―一四四頁。

(24) 「シオン運動（ユダヤ民族郷土建設運動）に就て」、前掲『矢内原忠雄全集』第一巻。

(25) 同上、七四二―七四三頁。

(26) 三谷太一郎「大正社会主義者の『政治』観」（三谷太一郎『大正デモクラシー論』、中央公論社、一九七四年）、九八―九九頁。

(27) 中島重『多元的国家論』（内外出版社、一九二二年）、八五頁。

(28) 小熊英二『〈日本人〉の境界』（新曜社、一九九八年）第七章は、陸羯南の愛読書であったルロワ・ボリューから平野義太郎に至るまで、このような「協同主義」が持った文脈を整理しており極めて示唆的である。

(29) 溝部英章「後藤新平論――闘争的世界像と〝理性の独裁〟」(一)(二)（『法学論叢』第一〇〇巻第二号、第一〇一巻第二号、一九七六年、一九七七年）。

(30) 北岡伸一『後藤新平――外交とヴィジョン』（中公新書、一九八八年）。

(31) なお、この点を強調した研究としては、田畑忍『加藤弘之の国家思想』（河出書房、一九三九年）がある。同書の議論は明らかに、当時の東亜協同体論の展開を念頭に置いたものである。高田保馬や中島重など大正期に社会進化論の影響を受けた論者たちは、社会進化による高次の統合状態の帰結として東亜協同体論を基礎付けた。戦後の加藤弘之研究が専ら天賦人権説との社会進化論との対抗関係に焦点を絞り、晩期の加藤の思想を無視する傾向があることや、大正社会主義における社会進化論の位置について踏み込んだ考察が少ないことは、こうした昭和一〇年代における言説空間の構図と関連しているように思われる。

(32) なお、フランスについては、闘争より調和的を求める傾向が共和主義とカトリック双方に強く、また社会主義者の階級闘争理論を否定するためにも、共和主義者の多くは社会連帯論を必要にしたため、社会進化論は英米ほどフランスの思想界を席巻しなかった。この傾向は、アングロサクソンほど個人主義の強くないフランスの思想土壌のうえに、実証主義の社会倫理が愛他主義を強調したことで加速化された、との指摘がなされている（米原謙『近代日本のアイデンティティと政治』、ミネルヴァ書房、二〇〇二年、一三五―一三六頁）。

(33) 東郷実『植民政策と民族心理』（岩波書店、一九二五年）、三二七頁。

(34) 小熊前掲書、一八〇―一八一頁。

(35) 拙稿「帝国日本の形成」（『岩波講座・世界歴史23・アジアとヨーロッパ』、岩波書店、一九九九年）、二九一―二九二頁。

(36) 三谷太一郎「国際環境の変動と日本の知識人」（三谷前掲『大正デモクラシー論』）、二三一―二三六頁。

(37) 蠟山政道『日満関係の研究』（斯文書院、一九三三年）、二三四―二三五頁。

(38) 蠟山政道『世界の変局と日本の世界政策』（巌松堂書院、一九三八年）、一〇二―一〇三頁。

(39) 前掲拙稿「戦後外交論の形成」、一二三―一二六頁。

(40) 秋定嘉和「社会科学者の戦時下のアジア論――平野義太郎を中心に」（古屋哲夫編『近代日本のアジア認識』、緑蔭書房、一九九六年）、盛田良治「平野義太郎の『転向』とアジア社会論の変容」（『レヴィジオン』第二輯、社会評論社、一九九九年）。

(41) 平野義太郎『民法に於けるローマ思想とゲルマン思想』（有斐閣、一九二四年）。

(42) 平野義太郎『大アジア主義の歴史的基礎』（河出書房、一九四五年）、二二五頁。
(43) 山本秀夫『橘樸』（中央公論社、一九七七年）、三六－三八頁。
(44) 平野義太郎「鯛の目と比良目の目」（『改造』一九三九年一〇月号）。
(45) 平野義太郎『太平洋の民族＝政治学』（日本評論社、一九四二年）、二三二－二三六頁。
(46) 代表的な当時の英帝国論として、鈴木成高『歴史的国家の理念』（弘文堂、一九四一年）。なお鈴木は、一九四六年に発表された論説においても、「英帝国はその構成において連邦組織である。アメリカ合衆国が連邦組織であることは今更いふまでもない。即ちアングロ・サクソン的世界秩序は連邦的構成原理に従ってゐる。然るにソヴィエート的秩序の世界もまた性質は異るにしても連邦的構成の世界である。……秩序の問題がいまや世界史最大の課題となりつつある今日において、既成の二つのミクロコスモスがそれぞれに連邦組織をとりつつあるといふことは、世界の将来に何物かを示唆しつつあるかのごとく考へられないであらうか。」と、述べている（鈴木成高「世界機構の要請――バランス・オブ・パワーへの批判」、『展望』、一九四六年九月号、一七－一八頁）。ここには、世界秩序を広域秩序の上に定礎し、帝国秩序を広域秩序と同質の問題と捉えつつ、その内部に連邦制組織原理を読み込む、鈴木の戦中期から戦後へかけての関心の持続性が、くっきりと現れている。
(47) なお、コモンウェルスの熱心な主唱者であった南アフリカ連邦首相スマッツにおいては、近代諸科学を「全体論」（ホーリズム）的方法に基づき再統合する運動の推進者でもあった。スマッツにおいては、世界秩序の再編自体が、こうした有機体・全体論的認識枠組に定礎されていたのである（前掲日論文、六頁）。
(48) 安井郁『欧州広域国際法の基礎理念』（有斐閣、一九四二年）、七七頁。
(49) 前掲拙稿「戦後外交論の形成」、一二八－一三五頁。
(50) 『矢内原忠雄全集』第五巻（岩波書店、一九六三年）、三七六頁。
(51) 山影前掲論文、二六九頁。
(52) 「わが国国際経済論の回顧と展望」（前掲『矢内原忠雄全集』第五巻）、三八二頁。

(53)　なお、東畑精一については、盛田良治「東畑精一における『植民政策学』の展開」(『大阪大学日本学報』第一七号、一九九八年。

(54)　三谷太一郎「まえがき」(『岩波講座・近代日本と植民地』第八巻、岩波書店、一九九三年)、vii頁。

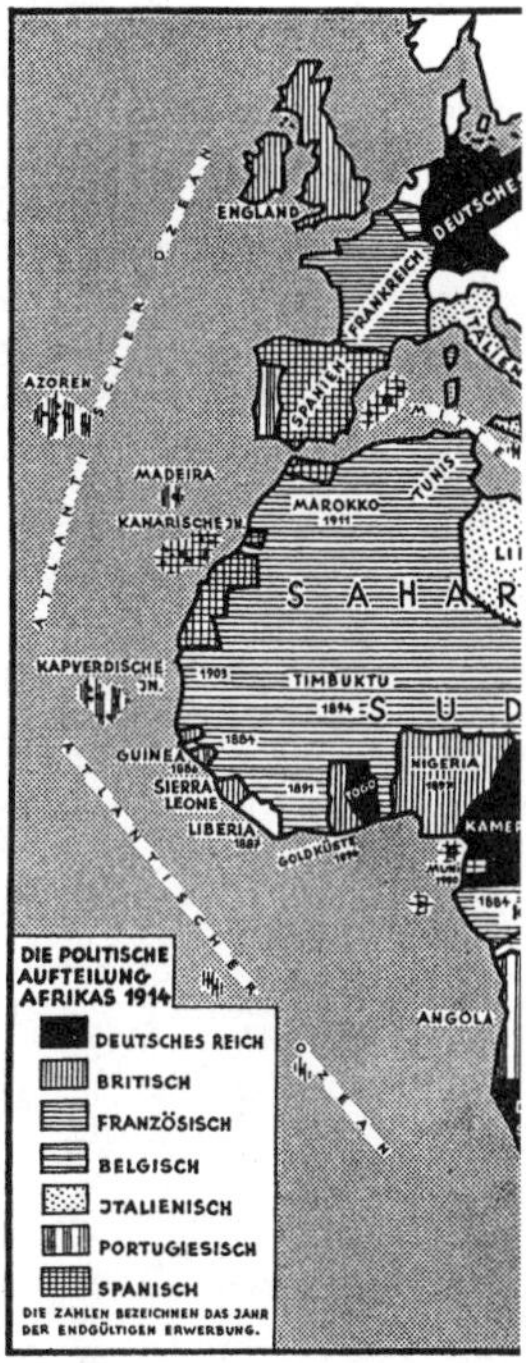

ドイツ植民地法ノート

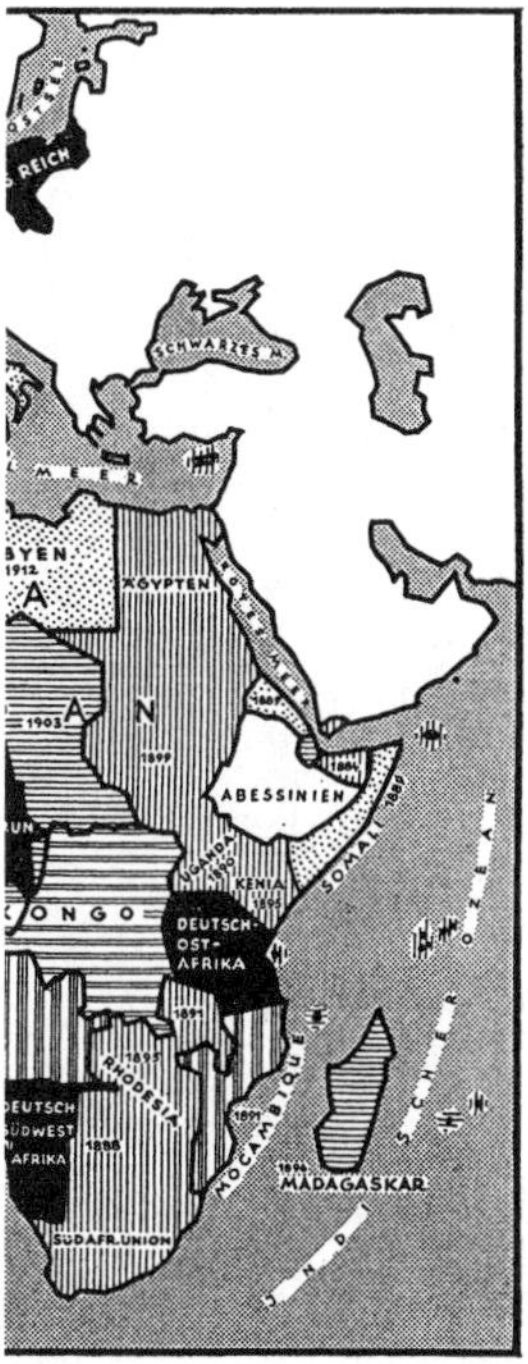

長尾龍一

ドイツが、国家として植民地争奪戦に参加したのが一八八四年、そして獲得した植民地は、一九一四年の第一次大戦開戦後ほどなく、敵国によって奪取された（東アフリカやカメルーンでは、その後も抗戦が続けられたが、「植民地支配体制」は開戦早々に終焉を迎えたと見て差し支えない）。ちょうど三十年＝一世代が、ドイツ植民地支配の歴史である。この間ドイツ人は、大いに張り切って、着々と体制作りに励んだ。本稿はその努力の中の、法体制作りの概略を回顧しようとするものである。

一　三十年の夢の跡

十九世紀ドイツは、「大ドイツ主義」のオーストリアと「小ドイツ主義」のプロイセンの対立を軸に、多民族国家オーストリア＝ハンガリー帝国と、プロイセンを最強国として、多数の王国（Land）や都市によって構成される「小ドイツ」の間で角逐が続いていた。一八六〇年代より、ビスマルクの決断によって、プロイセンはデンマーク（一八六四年）、オーストリア（六六年）、フランス（七〇―一年）と戦火を交え、その勝利によって、小ドイツ主義に基づくドイツ帝国を発足させた。

統合されたドイツ諸邦の中で、多少とも海に面しているのはプロイセンと、それにデンマークより奪ったばかりのシュレスヴィッヒ＝ホルスタインのみで、ドイツは基本的に内陸国家であった。そして、国家統一という内向きの主題に精力を集中して、外に眼を向ける余裕をもたなかったから、七〇年代から再び始まったヨーロッパ列強の植民地獲得競争にも、差し当って埒外にいた。

宰相ビスマルクは、帝国主義競争に参加することに消極的で、「ドイツにはまだそのような余裕はなく、特に植民地を防衛するに必要な海軍をもたず、そして植民地支配は、費用と労苦に見合った利益に乏しい。人材をアフリカや南洋などに使うのはもったいない」と、議会答弁などで繰り返していた。一八七三年三月十五日、ベルリンを訪れた岩倉使節団の一行を前にした演説においても、「英仏諸国ハ、海外ニ属地ヲ貪リ、物産ヲ利シ、其威力ヲ擅ニシ、諸国ミナ其所為ヲ憂苦ス」と反植民地的発言をしている（久米邦武編『米欧回覧実記』(三) 岩波文庫、三三〇頁)。

このビスマルクが変心して、ドイツが帝国主義に乗り出したのが一八八四年で、それには色々な要因がある。論者たちは、

① ハンブルクなどに拠点をもつ冒険商人や、帝国主義的野心を抑え切れない活動家たちが、勝手にアフリカや南太平洋の「酋長」(Häupting) たちと条約ないし契約を結び、広大な土地の統治権ないし所有権を取得して、それを「帝国に寄付する」と言い出していたこと、

② 彼らの活動が英国の妨害を受けて、世論が沸き立っていたこと、

③ 社会民主党の進出、労働運動の興隆などの内的問題の眼を外に外らす思惑もあったこと、

などさまざまな要因を挙げるが、根本的には、ビスマルク自身が、世界地図のそここにドイツ領を見出して自己満足に耽りたいという、次元の低い欲望に屈服したことこそ、その中心的理由であろう。

こうして獲得したドイツ植民地は、アフリカに四箇所（トーゴ、カメルーン、南西アフリカ（ナミビア）、東アフリカ（タンガニーカ））、南太平洋諸島及び膠州湾で、その各々に様々な来歴がある。膠州湾は一八九八年、中国（清朝）より九十九年租借という名目で取得したものである。

このビスマルクを権力から放逐した「素人政治家」ヴィルヘルム二世は、海軍拡充など民族的虚栄心に身を委ね、遂に国を滅ぼした。実際三十年後に元の木阿弥になって顧みれば、ドイツは結局植民地を防衛

ドイツ人アフリカ探険家たち

出来るだけの海軍をもてず、出費ばかり多く、その帝国主義は、民族的自尊心の満足以外に得るところが殆どなかった。江木翼は言う、

各植民地を通観するに、非常なる精力を揮て獲たる各地を、非常なる勤勉を以て経営せるに拘はらす、其発達の顕著なるものなきを看るへし。蓋し独逸か殖民的国家として其政策を確立したるときは、時既に遅く、末領地にして、其為に残れる所の者は渾て熱帯地方のみなりしなり。

熱帯地方の殖民の成功に就ては殖民政策学者間常に疑を存するもの多く、其白人の為に恰当なる殖民地に非さるを説くもの多し。独逸の殖民地に付て之を見るも、其白人の稀少なる点のみを観るも、其成功にあらさるを知るに足るへし。又其の地の収入は支出を蔽ふに足らす。其創設以来十数年を経たるに拘はらす、年々国庫より補助する所のもの多きに上り、而かも成績を収むること極めて少なきに観るも更に明なり。

加之亜弗利加の土人は慓悍治に易からす、其土地豊沃なるは稀に、而かも各国の利権の範囲は既に定まるありて、今又如何とも施すべきもののなきの状況に在り。

翻って南洋の諸島を観るに、地限りあり、土又豊沃ならず、其海を踰へ〔ママ〕て堺を接するの国は英米蘭等にして又大に乗すへきの機なし。……之を要するに独逸の殖民は成功を距る遠きに在るなり。

（「独逸の帝国主義と極東」『明義』第五巻九号（一九〇四年、六四・五頁、句読点を適宜付した））

要するに最初にビスマルクが抱いた危惧はすべて当っており、彼はもう少し消極論で頑張るべきだったという結論にならざるを得ないのである。

二　植民地主義と国際法

カール・シュミットによれば、十九世紀前半の国際法においては、「国際法はキリスト教国家間の法である」という定義が定説的地位を占めていた。ところが、クリミア戦争の事後処理に当った一八五六年のパリ会議において、トルコが family of nations に取り込まれると、従来の定義が妥当しなくなり、そこで「国際法は文明国（civilized nations）間の法なり」という新たな定義が導入された（「現代帝国主義の国際法的諸形態」（一九三二年）『現代帝国主義論』（長尾訳）福村出版、一九七二年、四八・九頁）。

そこで世界の地域や民族は、文明・半文明・非文明に分類され、文明国は主権国家、半文明国は不平等条約を強いられる半主権国家、非文明地域は植民地という位置づけが法原則となった。またそれより派生した、「文明人は世界のいずこにいても文明的法の適用を受ける権利をもつ」という原則によって、治外法権・領事裁判権制度が行なわれることになったのである。中国・日本・トルコがこの「半文明国」の代表である。

植民地立法の条文においては、文明人は白人と同一視され、文明人対非文明人という対比は、白人対有色人という仕方で法に現れる。もっともやがて、註の形で、解放されて米国市民となった黒人は白人として扱われるとか、（一八九八年の条約改正以後は）日本人も白人として扱われるとかいう留保が付されることになった。

ドイツ植民地法も基本的にこの枠組の中にある。植民地法は、①本国政府と出先機関との権限分配に関する組織法、②本国法の準用を骨子とする白人法、③現地人（有色人）の慣習に委ねることを骨子とするが、諸々の干渉権を留保している有色人法によって構成される。

①は、議会を要素とする本国の立法手続から独立した植民地支配体制の樹立を骨子とするが、その論拠としては、現地の習慣や必要に基づく独自の法体制の必要、叛乱に備える非常事態法制の必要、それに現地人有色人への憲法上の権利の否認などがある。②において、本国法の準用が不完全にならざるを得ない理由は、何より人不足である。

植民地支配研究という現代的関心からすると、関心の対象となるのは主として③であるが、植民地法に関する当時の文献は、大部分①②について論述している。実際現地人を法的にどう処遇したかの実情は、現地統治者の偽善と自己欺瞞を突破する実証研究によってのみ知りうるところで、書斎の法学者の手に負えない主題である。実際当時の法律書におけるこの点の叙述は粗略で、ホフマンも「従来のドイツ植民地法の論述において、原住民法（Eingeborenenrecht）は顧慮されず、本書も顧慮していない」と言っている（Edler von Hoffmann, *Deutsches Kolonialrecht*, Göschen, 1907, p. 11）。

実際法学者の間での、原住民に対する無関心は驚くべきもので、パウル・ラーバントは、何の根拠も示さずに、帝国の保護義務は現地のドイツ人と文明国民にのみ及び、原住民には及ばない、と言っている（Paul Laband, *Das Staatsrecht des deutschen Reiches*, 5th ed., 2nd vol., J. C. B. Mohr（Paul Siebeck）, 1911, p. 280）。

植民地支配の実態を研究しようとすれば、植民地支配者と現地住民が残した現地資料の研究が必要であろうが、筆者にはその用意がない。本稿はあくまで、当時の法学文献の論述を概観し、その中で眼についた論点を紹介するに尽きるもので、甚だ魅力の乏しい作品であることは自覚している。

三　植民地法の概念

『広辞苑』の「植民地」の項目を見ると、colonyと英語が付された上で、「ある国の海外移住者によって新たに経済的に開発された地域」とある。珍妙な定義である。「新たに開発された」というから、他国の植民地を譲受され、または奪取した場合のように、従来から開発されていたものは、この定義からすれば、植民地でない。ある土地を占領しても、「開発された」といい得る段階に至るまでは、植民地でない。

同辞典には、別人が書いたと思われる「植民」の項目があり、「ある国の国民または団体が、本国との政治的従属関係にある土地に、永住の目的で移住・開拓し、経済的活動をすること」と定義している。政治的従属関係のない場合、例えばブラジルに移住した日本人や、サンフランシスコのチャイナタウンなどは、「移民」ではあるが、「植民」ではないということなのであろう（ラテン語colonusの原義は前者である）。

両項目に共通なのは、「移住」「経済」の二要素である。「移住」は、人口過剰となった都市国家が、住民の一部を集団で送り出し、新都市を建設させるという古代以来のイメージと結びついているが、十九世紀帝国主義においては、軍隊と官僚（その相当部分は、定住せず、任期が終ると帰国する）による支配、及び場合によって大企業の進出（その職員も多く任期制である）などが植民地支配の骨格で、アフリカや南太平洋への庶民の集団移住などという現象は起らなかった。

「経済」という点に関して、植民地支配の動機が経済的なものであったか、実際に植民地支配が経済的に引き合ったか、という問題がある。少なくともドイツに関しては、主要動機は国家の「威信」（Weltgeltung）で、結果としては全くの経済的無駄であった。当時のドイツ人でさえ、植民地統治の当初の動機は「事業好きの人民等が獲得したる土地を失はしめざらんとするに在っただけ」であったと言っている（Curt von Burgsdorf, "Die Entwicklung der kolonialen Rechtspflege," 1911（富田豊訳「独逸国植民地司法制度の発展」（司法省秘書課『司法資料二八二号・独逸国植民地司法制度の発展及び植民地法の統一』一九四三年）二頁）。

ところで、法学者の植民地定義は、これらとは似ても似つかぬものである。

① 「植民地とは本国法と法域（Rechtsgebiete）を異にする地域である」。ホフマンはこれをもう少し厳密に「原則として本国と法域を異にする地域」（p. 9）、「例外的にのみ本国と統一的法域を形成する地域」（p. 7）と定義している。

この「原則」「例外」という概念について、彼は次のような例で説明している。即ち、フランスで立法が行なわれた場合、それは原則としてフランス本国全体に適用される。もしパリ市をその適用領域外に置こうとすれば、特別な立法措置が必要である。ところが、その法律は、当然には仏領コンゴには適用されない。仏領コンゴに適用しようとすれば、特別な立法措置が必要である、と。

② 「植民地は本国に対し法的従属関係にある」。シュテンゲルは、この従属関係を国内法的従属関係と国際法的従属関係に分類し、前者が固有の意味での植民地で、後者は保護領（Protektoratsländern）であるという（Karl Freiherr von Stengel, *Die Rechtsverhältnisse der deutschen Schutzgebiete*, J. C. B. Mohr（Paul Siebeck）, 1901, p. 2）。この定義は、カナダやオーストラリアは英国の従属国か、否逆にこれらは既に従属していないから植民地でなくなったのか、という、言葉の問題と関連す

る。

③「植民地支配国は文明国であり、被支配地域住民は非文明人・野蛮人である」。このことを、こういう形で表明した当時の文献は見当たらないが、当然の前提とされているものと思われる。なぜなら、一八七一年にフランスから奪取して併合したアルザス＝ロレーヌは、一八七四年に憲法が施行されるまで、異法地域であってドイツに従属していた、即ち①②の条件を充たしていたが、これを植民地とは誰もよばなかったからである。

①の異法地域という点については、日本の「六三問題」との関連で、憲法の植民地への適用という問題がある。ただ日本と異なり、帝国憲法第一条がプロイセン以下の適用領域を列挙していて、条文上植民地への憲法適用はあり得ないことになっている。しかしそれでも、一国の最高法規が支配下の地域に全く適用されないのはおかしいとして、色々な説が出てくる。「憲法の条文の中には、『性質上』国家主権の支配下のすべてに及ぶものがある。例えば領土に対する攻撃に対する皇帝の宣戦権（十一条）などはそれだ」などという説もある。

植民地は「国際法上は国内、国内法上は外国である」という言い方については、多くの学者がその後半に反撥するが、法が「外国」について定めている場合について、植民地をそれに該当すると解するか否かは、「ことの性質上」から判断する他ない、という（cf. Hoffmann, pp. 22-25）。

「国際法上は国内」という点に関しては、ドイツが締結する条約は、通常植民地を包含せず、特に犯罪人引渡条約や通商条約はたいてい効力を本国に限定するなど必ずしも当てはまらない（江木翼「膠州湾論」（一九〇六年）『江木翼論叢』（一九三八年）二七九頁）。

四　ヨーロッパ内の異民族支配

そこで、主題に立ち入る前に、ドイツの白人に対する支配と有色人に対する支配を対比するために、帝制ドイツのヨーロッパにおける他民族支配の状況を一瞥して見よう。

一八七一年から一九一九年まで四十八年の寿命を保った帝制ドイツにおいて、ヨーロッパ内における少数民族としては、東のポーランド人、北のデンマーク人、そして南のフランス人がいた。ポーランド人は一八世紀に三度に亘って行なわれた「ポーランド分割」の結果として、デンマーク人は一八六四年、シュレスヴィッヒ＝ホルスタイン併合に伴って、フランス人は一八七〇・一年の普仏戦争によるアルザス＝ロレーヌ併合に伴って、ドイツに編入された。

ドイツは彼らの同化を試み、言語を強制したりした。この点について有名なのは、アルフォンス・ドーデ（Alphonse Daudet, 1840-97）の短編小説『最後の授業』（*La dernière classe : Récit d'un petit alsacien*）である。

余り優等生ではなく、遅刻癖・さぼり癖のある少年が、さぼろうかどうしようかと思いながら、つい遅刻して教室に入ってみると、何となくいつもと様子が違う。アメル先生は叱らないし、雰囲気が厳粛だ。先生は言う、

「皆さん、私の授業は今日が最後です。アルザスとロレーヌの学校では、ドイツ語以外教え

てはならないという指令がベルリンから来たのです。明日新任の先生が参ります。今日がフランス語の最後の授業なのです」

「フランス語は、世界で最も美しく（belle）、明晰（claire）で、きちんとした（solide）言葉です。君たちはこのフランス語を守り、忘れないで下さい。ある国民が奴隷の境遇に陥っても、言語を保っている限りは、監獄の鍵を握っているようなものです」

やがて昼の教会の鐘がなり、プロイセン兵の演習再開を告げるラッパがなる。先生は「フランス万歳！（Vive la France !）」と黒板に大書して教室を去る。

この作品は、戦後日本の小学校国語教科書でしばしば取り上げられたが、「愛国心は危険だ」という戦後教育思想の中で、このような愛国文学が教科書に取り上げられた理由はよく分らない。ドイツや日本の愛国心は悪だが、連合国側の愛国心は百年前に遡っても善だということを教えるためか、愛国的教科書編集者が、何とかタブーを潜り抜けて愛国的主題を取り上げたいと工夫した結果か、言語を失う苦しみを子供たちに伝えることによって、朝鮮民族の言語を奪おうとしたことの贖罪としようという趣旨か、どの説明にも、もう一つ腑に落ちないものがある。

ところでこのドーデの文章において注目すべき点は、主人公の少年の名がFranz、先生の姓がHamel、他に名前が出てくる二人はWachterにHauserで、皆ドイツ系の名であることである。彼らは概して親仏派であったといわれるが、少なくともドイツ側から見ると、彼らは本来ドイツ人で、教育や教化によって、やがて「ドイツ人に立ち返らせる」ことが可能だと思ったに相違ない。アルザス語はドイツ語の方言で、生徒たちもバイリングァルだったといわれる。

アルザスを帝国の直轄領として、他のラントと区別する制度は一九一一年まで続いた。その間皇帝の任命による「代官」（Statthalter）が行政権を行使するなど、危険地域扱いが続いたが、併合直後の一八七一年六月に既に、住民にドイツ人としての国籍と人権を認める憲法第三条が施行され、七四年からは下院に十五名の議員を送る選挙法も施行されて、住民を基本的にドイツ人扱いする立法措置は、極めて早くよりとられていた。要するに、日本の朝鮮統治の用語を用いるならば、「同祖論」に基づく同化主義が、一貫してとられていたのである。

しかし「同祖」でないポーランド人やデンマーク人、そして、名前もフランス的な、ドイツ人から見て「生粋の」フランス人などにも、言語の押しつけなど同化努力が行なわれた。このような政策がどの程度成功したかは、よく分らない。スコットランドやウェールズに関連する英国の状況を見れば分るように、異民族の完全な同化などは、僅か数十年で実現する訳がない。

しかし、「成功」概念の水準を低くして、言語の押しつけの成功と、統治の正統性のある程度の受容をもって成功とみるならば、全く成功しなかったかどうかは、よく分らない。第一次大戦後、ドイツの支配から解放されたデンマーク人が、「プロイセン人であることの喜びよ」（Ich bin froh, *ein* Preuß zu sein）という歌を歌わされたが、「プロイセン人でないことの喜びよ」（Ich bin froh, *kein* Preuß zu sein）と歌っていた、などと回想しても、体制下においてどこまでその統治を甘受していたかは、分らない。

五　「酋長」との条約・契約

ドイツのみならず、当時の各国の植民地支配は、現地の「酋長」［「差別用語ではないか」と怒る読者もいるだろうが、法学教科書等が用いている原語のHäupting自体が差別用語である］たちとの契約ないし条約［ドイツ語ではともにVertragである］によって開始されることが多かった。ガラス玉やら酒やらを贈物として持参し、それと交換に、契約・条約を締結するのである。その一例として、カール・ペータースが東アフリカのスルタン・ムイニ・サガラ（地名で同時に人名）と、一八八四年十二月四日に締結した契約・条約の冒頭部分を引用してみよう。

ムイニ・サガラ地区、……地区の首長にして、全ウサガラ地区の唯一絶対の首長であるムイニ・サガラは、ドイツ植民会社代表カール・ペータース博士と、永遠の友好契約・条約（Freundschaftsvertrag）を締結する。

スルタン・ムイニ・サガラは、贈物を嘉納し、また未来に約束された更なる贈物を嘉納する。それによって、ドイツ植民会社及びその代表者の保護を受ける。

スルタン・ムイニ・サガラは、その絶対的で無限の権力に基づいて、ドイツ植民会社代表カール・ペータースに対し、植民者をウサガラに移住させる唯一にして排他的な権利を譲渡する。

ドイツ植民会社代表カール・ペータースは、この権利を行使する義務を負う。

そのために、スルタン・ムイニ・サガラは、全ウサガラ地区に完全・無限定の私法的権利を行使

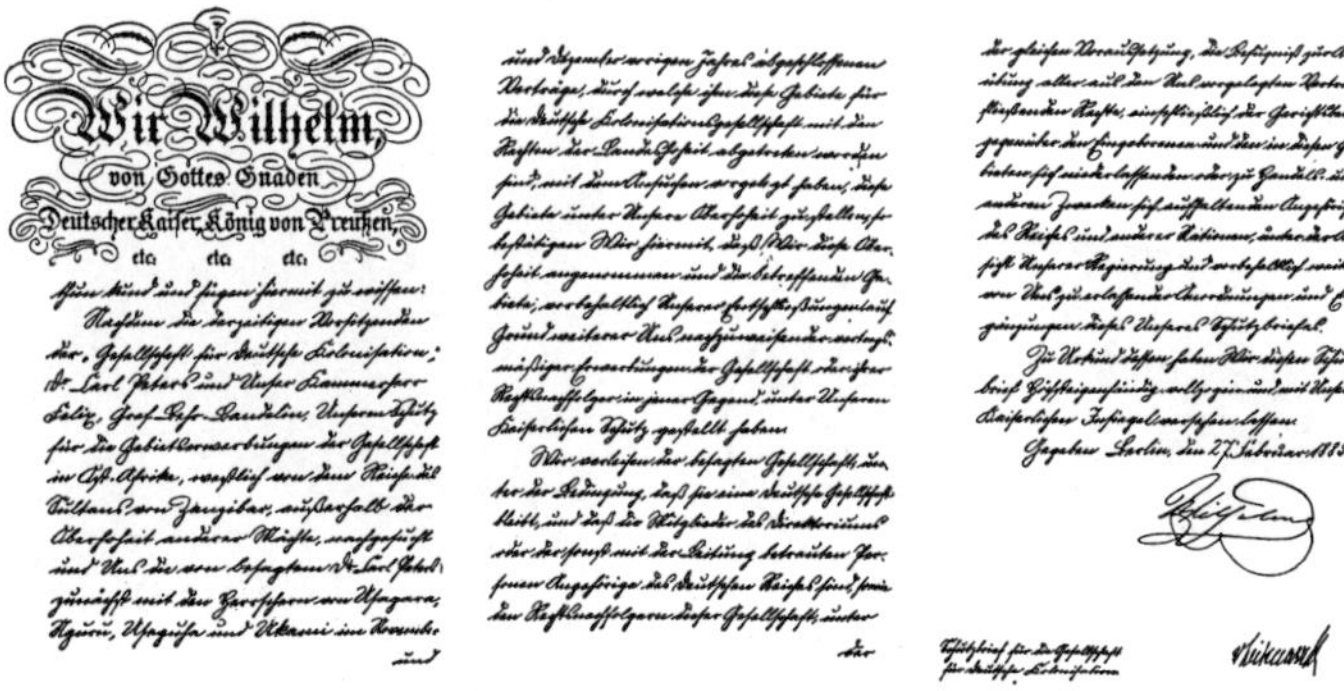
Wir Wilhelm,
von Gottes Gnaden
Deutscher Kaiser, König von Preußen,
etc. etc. etc.

ドイツ植民会社への勅許状（1885年2月27日）

する唯一にして排他的権利を、ドイツ植民会社代表ペータースに譲渡する。

そのあとに鉱山開発権・水利権・要塞構築権・関税権・徴税権・司法権・行政権・軍事権の譲渡も定められ、ムイニ・サガラとその息子及びペータースが署名している（Rochus Schmidt, *Deutschlands Kolonien: Ihre Gestaltung, Entwicklung und Hilfsquellen*, Schall & Grund, 1898, pp. 13-14）。

当時法学者たちが議論したことの一つは、このような条約＝契約の法的性格である。

十六・七世紀のスペインは、新大陸先住民の法的主体性を否定し、彼等の占有や所有の法的効力を否定して、それらを無主物として扱った。これがヴィトリアやラス・カサスの非難を招いたのであるが、ヴィトリアは、彼等を権利能力はあるが、行為能力が制限された未成年者と同等に処遇することを主張した。英国が奴隷制を廃止したのが一八〇六年で、米国は一八六〇年代に至って、内戦を通じて漸く奴隷制廃止を実現した。「権利能力なき人間」という思想は、十九世紀まで、生き延びている。

もっとも、彼等もアフリカ有色人全体の権利能力・行為能力を否定したのではなく、奴隷を売る権力者や奴隷商人とは契約を締結し

カール・ペータース

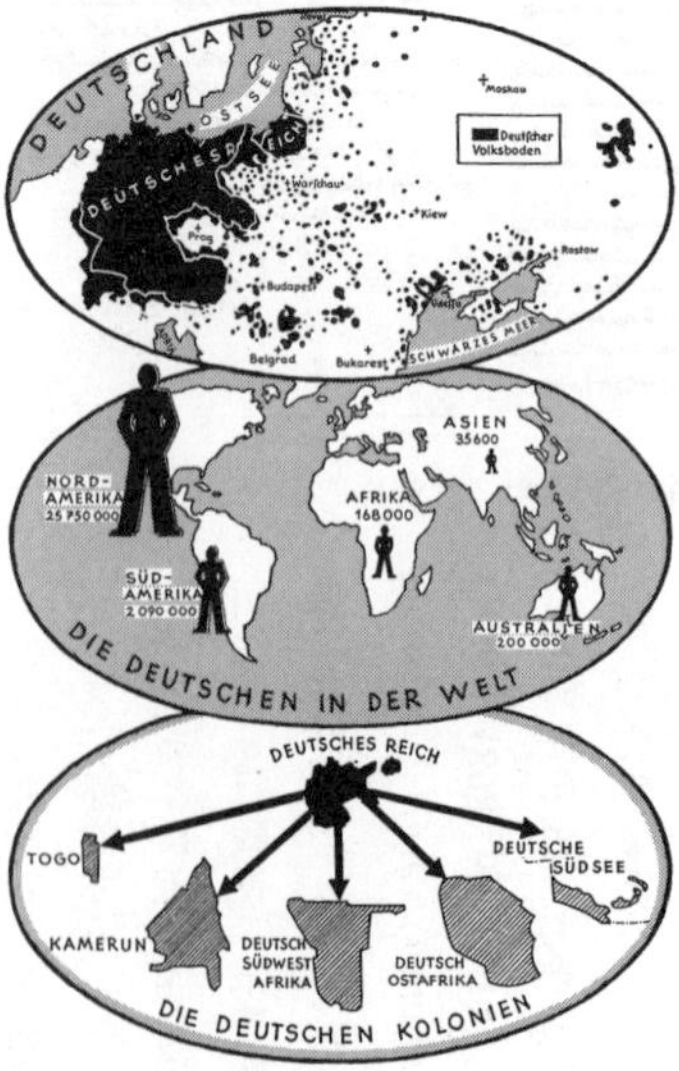

「世界に雄飛するドイツ人」

ている。有色人の中で、誰が権利無能力者で、誰が行為無能力者ないし半行為無能力者で、誰が行為能力者かの法的区分は、充分整理されていなかったと思われる。フランスやベルギーの「同化主義」とは、若き日より修道院で育ち、キリスト教徒となり、フランス語が自由に話せるような有色人に市民権を与えたことを意味したのである。

　そこで問題となるのは、「酋長」たちの行為能力である。当然、これについては、法学者たちの学説が対立する。実際に現地で何が起っているかには関心が薄い法学教授たちも、こういう問題になると熱心になる。

　①　無効説：彼等は「野蛮人」であるから行為能力がなく、彼等と締結した条約ないし契約は、法的意味をもたない。

そもそも彼等は国際法上法主体性をもたないから、その土地は国際法上無主地で、その領有は、法的には無主物先占であると、ゲオルク・マイヤーのような大学者が主張している（Georg Meyer, *Die staatsrechtliche Stellung der deutschen Schutzgebiete*, Duncker & Humblot, 1888, pp. 29-32）［もっとも彼も、彼等は国内法上は一定の行為能力を有し、その占領容認は法的意味をもつというから、②の「私法的効力説」となる］。

② 有効説：彼等も一定地域の支配者として法的存在であり、それと締結した条約・契約は有効である。この説は更に、契約説（私法的効力説）と条約説（国際法的効力説）に分れる。

③ 中間説：「酋長」たちは「半文明人」で、彼等と結んだ条約・契約は、完全な意味での法的条約・契約ではないが、全く法的に無意味でもなく、「半条約」「半契約」というべきものである。

学説は対立しているように見えるが、「野蛮人」は軽蔑するが、彼等からかすめとった契約書は利用したいという動機においては、大体一致している。

この点について興味深いのは、帝制期最大の公法学者パウル・ラーバントの、アダムという人物に対する批判である。アダムはある法律雑誌で、「野蛮人」（Barbaren）は、内容を全然理解していないから、彼等と締結した契約・条約は法的意味がなく、その法律行為は「表見的行為」（Scheingeschäfte）に過ぎない、と主張した。ラーバントは、叱りつけるような口調で、何をいうのか、それではまるで、皇帝やその代表者たちが詐欺を働いたかの如くではないか、と非難している（p. 283）。アダムが「その通りなのだ。我がドイツ皇帝陛下のみならず、英国・ベルギーの国王陛下や、フランスの大統領閣下なども、みんな彼等に詐欺を働いているのだよ」と応答したのかどうか、資料が見つからない。

六　権力機構

ドイツの植民地支配は、基本的に英国流を踏襲したといわれている。即ち自国の文明を押しつけるフランス流でなく、可能な限りは現地の慣習に委ねるという主義である。しかし、本当に英国が自国の文明を押しつけなかったのか、フランスが押しつけたのか。それは「文明」の領域によっても異なり、所詮は程度の差である可能性もある。

このような大局的議論とは別に、ドイツ植民地法の特色の一部は、当初におけるビスマルクの逃げ腰的で中途半端な姿勢に由来する。

第一に、「植民地」（Kolonie）という言葉でなく、「保護領」（Schutzgebiete）という言葉を用いた。これは、灼熱のアフリカや南太平洋は、「植民」を大量に送り出す場所でないという認識、抑圧・搾取といったイメージを伴う「植民地」という言葉を避けようとする偽善、「保護」するだけなのだから、英仏の植民地支配体制に割り込もうとする意図は乏しいという印象を与えようとしたこと、などによるものであろう。

第二に、当初、政府は直接責任をとらず、植民会社に統治権を委ねるという体制を試みた。実際に公権力を賦与されたのはドイツ・東アフリカ会社（Deutsch-Ostafrikanische Gesellschaft）とニューギニア会社（Neu-Guinea Compagnie）の二つで、これに準ずるものとしてマーシャル諸島のヤルート社（Jaluit Gesellschaft）がある。

これは政府への直接の風当りを避け、英仏などよりの非難を緩和しようとの趣旨であった。しかし、英国やオランダなどの先例が示すように、営利を本質とする会社に公権力の行使を委ねることは、結局虻蜂とらずとなり、そもそも全然儲からない事業であることから、大赤字を出して、ほどなく公権力の賦与は撤回された（Hoffmann, pp. 15-18)。

第三には、当初は本格的な植民地立法を制定せず、領事裁判法の枠組の上に法体制を築いた。ところが領事裁判法は、中国・タイ・トルコ、それに条約改正前の日本の開港地などにおける在外ドイツ人に対し、属人的に管轄を及ぼすもので、属地的に支配する植民地体制とは異質なものを含んでいる。当然有色の現地人に関する法はその埒外である。これは、植民地を租界の延長としてとらえていることを意味している。

植民地を対象とする立法としては、一八八六年の法律が嚆矢で、同法は四条からなる簡単なものである。第一条は「保護領における保護権は、帝国の名において皇帝が之を行使する」と一般原則を表明し、第二・第三条は領事裁判法の準用を定め、第四条は現地ドイツ人の身分登録について定めている。

第一条の「保護権」（Schutzgewalt）は国権（Staatsgewalt）と同義であると、通説は言う（Laband, p. 279; **Philipp Zorn**, *Das Staatsrecht des deutschen Reiches*, **J. Guttentag, 1895, p. 573**)。つまりは、**Schutzgebiete** は、国際法上の **Protektorate** でもなければ、現地住民を保護するものでもなく、ただ単純な国家権力の美称（euphemism）だという訳である。即ち、ドイツの植民地支配が、英国流の間接統治であるといっても、好むときに、この「保護権」に基づいて、原住民の自治を蹂躙できるのである。

植民地支配はもとより権力支配である。支配者と被支配者は文化を異にし、善意の通わない関係であるから、常に叛乱の危険を妊んだ状態にある。従って植民地支配体制は、強度の権力性を特色とする。

第一には、前述したように、植民地からは、基本的に憲法の適用が排除される。憲法に適用領域の規定のない日本と異なり、第一条で適用領域を明示しているドイツ帝国憲法の下では、この点は明文が解決している。

そのことから生ずる第一の帰結は、植民地立法における「法律（議会が参加した立法）の支配」の修正である。保護領法第一条の保護権は国権と等しく、国権は立法・行政・司法の三権を含んでいるから、皇帝は植民地に対する原則的立法権を有している。

もっとも議会が関与した法律が制定されれば、それは勅令に優越し、その意味では「法律の支配」は一応貫徹しているが、議会が専有する「法律事項」は存在せず、本土において法律事項である領域も勅令によって定めることができる。

第二には、帝国憲法第三章が保障する人権は、第一章に列挙されたプロイセン、ザクセン等の「邦」（Land）の籍を有する者にしか保障されず、植民地原住民はそれから排除されていることである。

こうして皇帝─総督という命令系統は、立憲的手続に煩わされずに貫徹される。皇帝は帝国最高の軍司令官、総督は保護領の軍司令官である。もっとも軍隊は、南西アフリカ、東アフリカ及びカメルーンにおいては、帝国防衛隊（Kaiserliche Schutztruppen）という、帝国陸海軍から独立した組織であった。

これはもともと自警団のようなものから発達し、軍事のみならず、道路工事・要塞構築・病院建設など、様々なことに貢献する「何でも屋」（Mädchen für Alles）的性格をもっていたらしい。南西アフリカの防衛隊長として活躍した一人が、ナチ幹部ヘルマン・ゲーリングの父親（八五─九〇年総督）であるという（Paul H. Kuntze, *Das Volksbuch unserer Kolonien*, Georg Dollheimer Verlag, 1938, pp. 58-63）。一九〇三─〇六年のヘレロ族・ホッテントット族の大叛乱を鎮圧し、十万近くのヘレロ族を殆ど絶滅した（約一万人生存）のも彼等である。

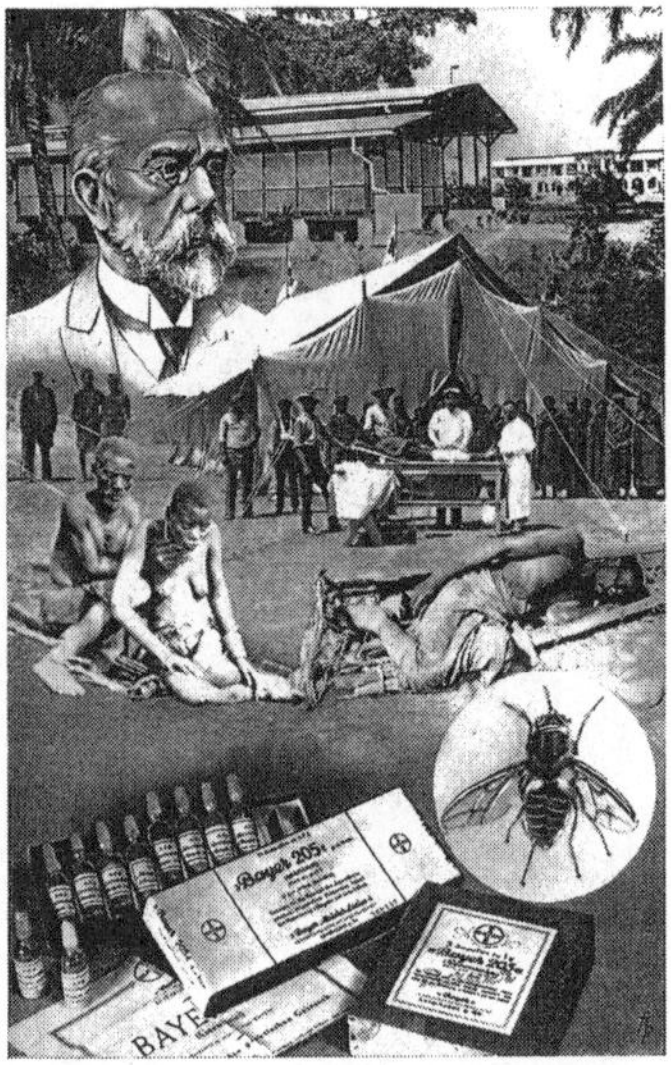

ロバート・コッホ（Robert Koch, 1843—1910）と熱帯医療

現地人教育

植 物 資 源

畜産とリンデクィスト総督
（Friedrich von Lindequist, 1862—1945）

総督の権限行使には、諮問機関のようなものが置かれることがある。主要なメンバーは、官僚と在住ドイツ人の中から総督が任命した者であるのが普通である。英国植民地では、これに原住民代表を少しずつ加えていき、一九五〇年代、独立直前の頃に、原住民代表が過半数になるところもあった。ドイツの支配は、到底そんな段階に達しないうちに終ってしまった。

官僚制の実態はよくわからない。官僚エリートを志す青年たちが大勢熱帯にやってくるということは考えられないから、まず起ることは人不足、人材不足であろう。下級官僚で本土の三倍の給与、それに年金計算において、期間を本土の倍に計算するというような優遇をしたという（Kuntze, p. 164）。

そこで下級官僚に有色人を採用することが不可避となる。原住民の子弟で、幼児から西洋語の教育を受け、一応語学の障碍がない者は珍重されたに相違ないが、このような人材の養成は、何よりミッション・スクールに仰ぐことになったであろう。「植民地支配と宣教」という主題の一局面である。

英領の例から考えると、アフリカでは、インド人とアラビア人が、原住民との中間的存在として、植民地支配の手足となることが考えられる。彼等には英語が得意な者が多いが、ドイツ語のできる者は稀であろう。背に腹は代えられず、彼等を雇傭して、英語で事務を行なわせたのではないか。南太平洋における華僑についても、同様の可能性がある。

法学者先生たちの著書からは、このようなことは窺うすべもないが、「アフリカでは、インド人とアラビア人には体罰が禁止される」（Hoffmann, p. 91）、「有色人警察官の白人に対する権能は、殆どの植民地で限定されており、単独で白人を逮捕するとはできない」（p. 47）などという記述から、片鱗が窺われるのみである。

原住民への徴税が果して、またいかに行なわれていたのかも分らない。まず現地首長との契約・条約によって、従来通りの彼等の特権を認める場合が多かったから、彼等は従来通り徴税を続けたであろう。その税収の「上前をはねる」ようなことは困難であったと思われる。現地人から租税を取るとすれば、手数料的なものが多かったのではないか。

もっとも本国財務当局が、余りの一方的持ち出しに閉口して、「少しは現地で稼げ」と尻を叩くことは、植民地支配に一般的に見られる現象で、何らかの税収を得ようとして、色々工夫したということは有りうる。しかし保護領法が現地人の戸籍制度の整備を定めていないこと（保護領法七条、後述）から見ても、所得税のようなものは不可能だったであろう。

七　白人司法と有色人司法

一八八六年の最初の植民地立法の後、幾度か改正があり、一九〇〇年九月十日に「保護領法（Schutzgebietegesetz）」という基本法が施行されたが、皇帝の保護権と白人向けに領事裁判法の準用を定める基本構造は変っていない。第四条に「原住民」（Eingeborene）について、特別の勅令がなければ、白人向けの裁判権に服さず、白人向けの法の適用を受けないと定めており、第七条に身分登録制度についても、原住民には原則として適用がない旨を定めている。

もっとも保護領法自身は「白人」「有色人」という用語を用いていない。第四条二項には「勅令で指定した他の住民は、之を原住民と看做すことができる」旨の規定があり、この「他の住民」が即ち原住民以外の有色人なのである。

肌の色の区別を明文で導入しているのが一九〇〇年十一月九日の勅令第二条である。

外国人である有色人（die Angehörigen fremder farbiger Stämme）は、保護領法第四条及び第七条三項の定める原住民と看做す。但し総督が帝国宰相の同意を得て除外例を定めた場合はその限りではない。日本人は有色人とは看做されない。

こうして、植民地における人間は、法の適用において、①白人（ドイツ人と他の文明国民）、②有色人（原住民と他の有色人）という二種類に分類された。日本人は二年前の一八九八年に不平等条約改正を達成し、「名誉白人」となっている。ホフマンによれば、ドイツ国民たる黒人、米合衆国民たる黒人、それに総督によって白人たる待遇を認められた者（東アフリカにおけるセイロン人、ボーア人、パルシ人［インドのゾロアスター教徒］）がそれに当る（p. 26）。

白人に関しては、裁判手続も適用法規も、基本的に領事裁判法を準用している。領事裁判法は、遠隔地であることと人不足から、本国法を簡略化して適用しようとする趣旨のもので、植民地における白人についても、その態度が踏襲されている。細部に亘っては立法の偶然に由来する様々な解釈問題があって、法学者たちが解釈技術を競った。特に適用法規について、領事館法十九条が「プロイセン一般国法（Allgemeines Landrecht）中の民法規定」を挙げていることは、解釈論の混迷を招いたようである。

有色人については、例えば美濃部達吉は、シュテンゲルの前掲書とフロラックの著書（Franz Florack, *Die Schutzgebiete, ihre Organisation in Verfassung und Verwaltung*, J. C. B. Mohr（Paul Siebeck）, 1905）を参照して書いた論文において、次のように言っている。

土人ニ対シテハ白人ニ対スルトハ全ク其ノ取扱ヒヲ異ニシ、概シテ言ヘハ旧来ノ土人間ノ裁判制度ヲ維持スルコトヲ主義トシ、之ト共ニ保護領ニ於ケル高等ノ官吏ニモ民事並ニ刑事ニ関シテ或ル

［程？］度ニ於テノ裁判権ヲ与ヘタリ。然レトモ各保護領ニ於ケル文化及ヒ社会状況ノ如何ニ応シテ土人ニ対スル裁判手続モ成ルヘクハ白人ト近似セシメントシ、随テ各保護領ノ状態如何ニ依リテ其ノ制度ハ各々相異ナ［レ］リ。（「独逸保護領制度の梗概」『国家学会雑誌』二一巻六号（一九〇七年）七七六頁）

「土人」（ドジン）は、「ジ」にアクセントをおけば差別用語であるが、「ド」にアクセントをおけば、単なる native、Eingeborene の訳語ということであろうか。

「土人間ノ裁判制度ヲ維持」したとは、「西洋的正義」から見て好ましからぬものでも、現地の平和のためには容認するという姿勢である。イエスの処遇をサンヘドリンに委ねたピラトの態度といえるかも知れない。

しかし「之ト共ニ」「高等ノ官吏」に裁判権を与えた。現地人に委せ切れない重大事件、当事者が現地人の裁判に不服である場合、現地人自体が分裂している場合（アフリカのどの国を見ても多人種・多部族国家であり、部族共同体を超えた紛争は、解決を委ねる第三者が見当らない場合も多い）等がこれに当るであろう。

「高等ノ官吏」とは行政官である。司法官は西洋的法理論や実定法に拘束されて、「場」を異にする状況で妥当な判断ができるかどうか分らない、現地人には「司法権の独立」などという観念はない、高級官僚なら、ある程度の法的判断もできるのではないか、というような思想によるものであろう。

「裁判手続モ成ルヘクハ白人ト近接セシメン」とした。所詮帝国主義者は文化相対主義者でないから、西洋的法制度の優位への信仰を棄てるはずはなく、教育目標としては、西洋型裁判制度を習得させようとしたのであろう。

そして何より、白人と有色人の間の争訟は、白人の裁判所ないし官僚が裁判する（Hoffmann, p. 105)。総論的話はこれに尽き、あとは各植民地の制度の各論ということになる。

八　土地と鉱山

征服欲の中心は、恐らく土地獲得欲で、そこに住んでいる人間を支配したいという願望は、仮に存在するにしても、二次的・三次的なものである。土地は、征服して公法的に支配するのみならず、所有して私法的にも支配したいという願望を伴うであろう。

そのために工夫された法的枠組は、「無主地の国有化」という単純なものである（Hoffmann, p. 118)。そして「無主地」とは何人も（私人も、法人も、酋長も、原住民共同体も）所有権を主張しない土地だという（p. 123)。

狩猟・牧畜民族においては、西洋法のような意味での土地所有という概念が存在しない。あるいは存在しても、西洋法の概念とは甚だ異なるものである。それに西洋法の概念を当てはめれば、多くの土地は無主物とされてしまう。

それに、「所有権主張」の手続が問題である。ドイツ語で掲示しても読めるはずがないし、無文字文化であったり、識字率が低かったりすれば、何語で掲示しても同様である。仮に随分良心的に周知徹底の手段を取ったつもりでも、届け出という習慣がなくて、届け出ない者も多いであろう。こうして広大な土地が「王地」(Kronland) とされ、業者に払い下げられた。

当局としては、無知な原住民が土地を買い叩かれたりすることを防ぐために、土地取り引きを規制したり、買い叩かれて住む場所がなくなることを防ぐために、白人が買うことを禁止する「保留地」(Reservate) を設けたりする。ホフマンによると、これが「正義と人道」(Gerechtigkeit und Menschlichkeit) の要請である (p. 117)。これはアメリカ先住民に対して合衆国やカナダが取った政策とよく似ている。取るべきものを取ってしまった後で、「正義」や「人道」を云々する点でも。

鉱山には、(後に述べる膠州湾を例外として) 本国の鉱山採掘権の規定が適用される。即ち他人の土地で特定の金属を採掘しようとする者は、当局の許可を得て、採掘することができる。採掘者は私人でも公共団体でもありうる (pp. 133-139)。

九　膠州湾

アフリカ・南太平洋の植民地経営がはかばかしくないドイツにとって、宣教師の殺害を口実として清朝より租借した膠州湾は、極東の要衝にある巨大な潜在的価値をもった土地であり、江木翼も「其巨資を投して経営に熱中せるもの抑も故なくんばあらず」と言っている (『明義』前掲六五頁)。この膠州湾の軍事的・経済的意義については、別稿に委ねるとして (長尾「ドイツ植民地の三十年」『政経研究』三九巻四号)、その法的問題点のみを概観する。

この、「九十九箇年」の「租借」を定める一八九八年三月六日の独清条約については、これは実際上は

膠州湾を攻撃する日本軍

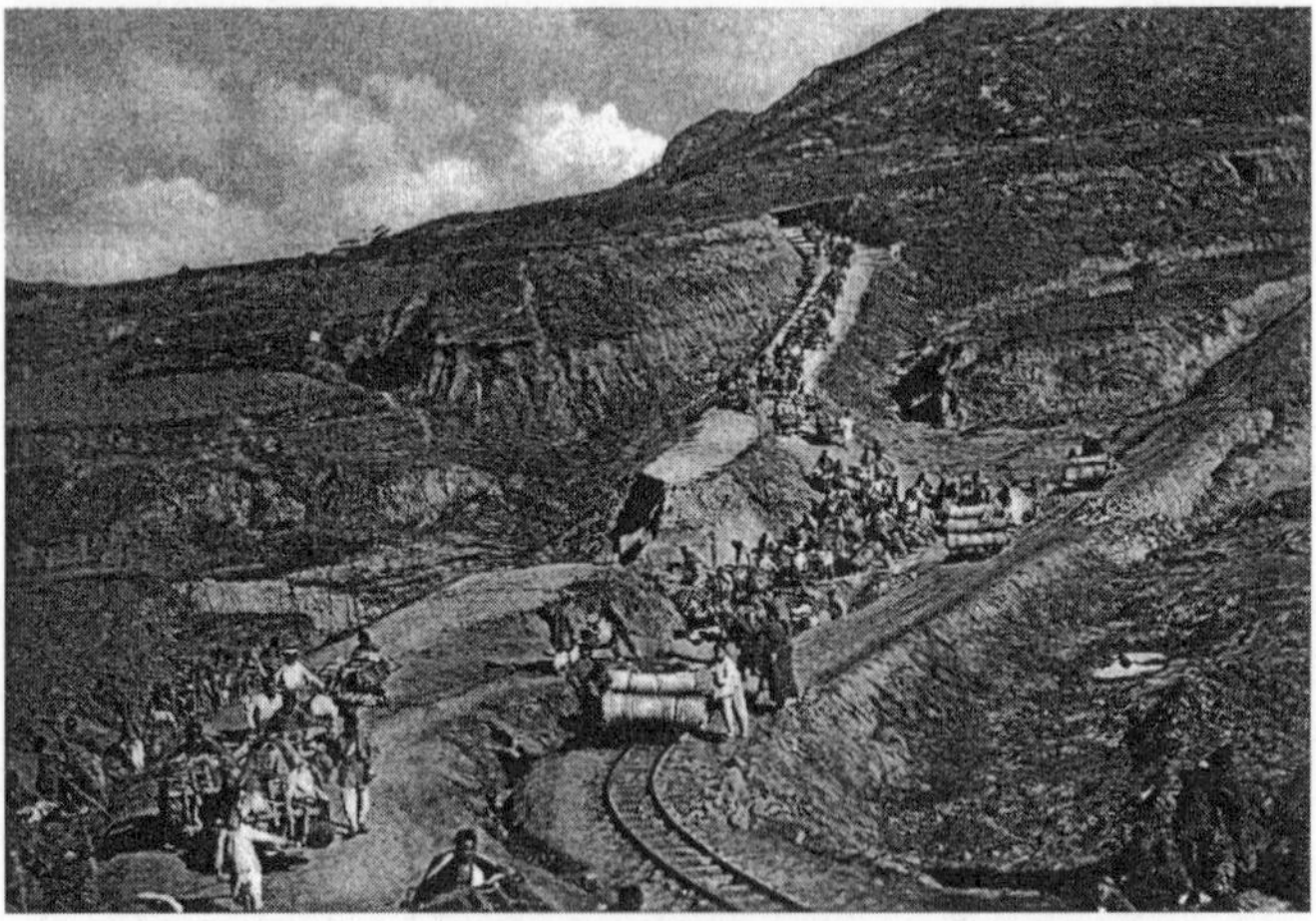

日本軍の軍事物資輸送

永久的な割譲であって、「九十九箇年」も「租借」も修辞に過ぎないとする観方が当時有力であった。たとえばシュテンゲルはこれを「偽装された割譲」（verschleierte Abtretung）と性格づけている（p. 23）。それに対しラーバントなどは、租借期間中清朝は主権の「行使」（Ausübung）をドイツに委ねたのみだと主張した（p. 274）。ラーバント説は、美濃部達吉によれば、「条約ノ文言ヲ以テ其ノ文字通リニ解シ」たもので、それによれば、膠州湾在住の中国人は中国国民で、ドイツは同地を第三国に割譲することができない、と言う（五四頁）。美濃部はこのような文字通りの解釈の批判者で、この言い方にはラーバント流の形式主義的法学への皮肉が潜んでいる。

一八九八年四月二七日、ドイツ皇帝は膠州湾をドイツの保護領とする旨宣言、これによって同地は保護領法（当時はそれに先行する法律）の適用を受けることとなった。これに対し清国も抗議しなかったから、膠州湾もこれで保護領並みとなったのである。

ドイツは、この膠州湾領有を迎えて大いに張り切り、多額の費用を投じて組織的造林を行ない、造林学校を創設、ハンブルク＝アメリカ汽船に補助金を出し、ヨーロッパとの低廉な往復を可能にした。このために日本郵船など他国の船会社は大きな損害を受けたという。また全経費の四分の一を投じて港湾を整備し、青島―済南間の鉄道など大鉄道工事に着手して、一九〇一年には営業を開始した。炭田の開発も鉄道と連結して推進し、日本より輸入していた石炭を放逐した。

制度上注目すべきは、他の植民地は外務省植民局の管轄としたのに、膠州湾は海軍省の管轄としたことである。一九〇六年夏、日本政府に派遣されて同地に調査旅行した江木翼は、「民政の一部長」にその理由を訊ねたところ、部長は莞爾と微笑み、「是れ唯占領当初の惰性のみ別に故あるに非ず」と答えた（「膠州湾論」二九五頁）。これはもちろん知らばっくれで、一八九六年極東艦隊を率いたティルピッツ（Alfred

Tirpitz, 1849-1930）が、海軍拡充と極東経営の壮大な構想を皇帝に吹き込み、自らその責任を引き受けたからに他ならない。総督は現役海軍少将をもって当て、破格の給与をもって遇した。

法的側面については、事業の集約度と中国人の文明の高さの両面から、他の植民地と対比する必要があろう。ただ、ラーバントはもとより、シュテンゲル、ホフマンなども現地について無知で、記述は非体系的、筆者［長尾］の手元の資料では周到な叙述は困難である。

断片的に知りうるところでは、土地について、小邑であった青島が大都市に発展することを早くより予想し、諸事業に必要な土地を、後にも占領時の価格で取得し得るように工夫した。中国人に向っては、地価高騰の不当利得を得ようとすることは不正である旨を強調したようである。そこで占領と同時に土地移転を禁止、移転希望者については、政庁が占領前の価格での先買権を留保した（Hoffmann, pp. 126-7；江木、三〇五頁）。

鉱山については、一定の鉱物資源を埋蔵する土地は地主の処分が禁止され、採掘権は政庁が独占した（Hoffmann, p. 134）。

十　終　末

ウドロウ・ウィルスンの提唱した終戦十四項目の第五項に、植民地問題の条項がある。不明確な内容で、「あらゆる植民地要求（colonial claims）」の「自由かつ予断なく（open-minded）、絶対的に公平な（absolutely impartial）」「調整（adjustment）」を宣言し、「主権問題（questions of sovereignty）の決定」に当っては、関係人民（populations concerned）の利害が「政府の正当な要求（equitable claims）」と「対等の重み（equal weight）」をもつという原則に、厳格に従わなければならない、その要求の正当性に基づく支配権（title）の判断は今後行なわれる（is to be determined）という。

英国に遠慮した甚だ歯切れの悪いものであるが、少なくともドイツ植民地を剥奪するとは明言していない。ドイツはこれを受諾した後も、植民地の返還を主張し続けたが、連合国側からは、（以前から行なわれていた）ドイツ植民地統治の非人道性という宣伝が、激烈に行なわれた。そしてヴェルサイユ条約一一八・一一九条で、ドイツは全植民地を、連合国のために（in favour of）放棄した。

連合国も露骨な植民地奪取には多少の後ろめたさがあり、それが結実したのが、連盟規約二十二条に定める「委任統治」の規定である。

今次ノ戦争ノ結果従前支配シタル国ノ統治ヲ離レタル殖民地及領土ニシテ近代世界ノ激甚ナル生存競争状態（streneous conditions of the modern world）ノ下ニ未タ自立シ得サル人民ノ居住スルモノニ対シテハ、該人民ノ福祉及発達ヲ計ルハ、文明ノ神聖ナル任務（sacred trust of civilisation）ナルコト、……此ノ主義ヲ実現スル最善ノ方法ハ、該人民ニ対スル後見（tutelage）ノ任務ヲ先進国（advanced nations）ニシテ資源（resources）、経験又ハ地理的位置ニ因リ最此責任ヲ引受クルニ適シ且之ヲ受諾スル者ニ委任シ、之ヲシテ連盟ニ代リ受任国トシテ右後見ノ任務ヲ行ハシムルニ在リ。

streneous conditions を「生存競争状態」と訳したのは、訳した外務官僚が社会ダーウィン主義の影響を受けていたからであろう。そのダーウィン主義と「神聖」という宗教用語が一つの文章に収まっているのも、壮観というべきか。resources とは、統治に必要な軍事力・経済力、異民族支配のノウハウ、人材育成機関などを意味し、実際上植民地支配の経験を既にもつ国を意味する。

要するに、戦勝国側の植民地支配国家が、「神聖」な任務という名目で、敗戦国の植民地を略奪したのである。

〔付　記〕本稿は、筆者の旧稿（ホフマンの著書の紹介）「ドイツ植民地法覚え書き」（『日本法学』六六巻二号（二〇〇〇年九月））を基礎としたもので、「ドイツ植民地の三十年」『政経研究』（三九巻四号（二〇〇三年三月））の姉妹編である。

国際秩序と帝国秩序をめぐる日本帝国再編の構造

共通法の立法過程と法的空間の再定義

浅野 豊美

一　共通法――帝国秩序と国際秩序の媒介

本論は、帝国の法制度全体を調整する役割を果たしていたと考えられる「共通法」（大正七年法律第三九号）の制定がどのような議論に基づいて行われたのかを分析の切り口としながら、それを通じて日本帝国の法的な構造が、国民国家としての法秩序原理と帝国としての法秩序原理とのいかなる論理的接合により生み出されたものなのかを論じようとする試みである。言い換えれば、本論は帝国秩序（本書の酒井哲也論文参照）と国際秩序とがいかなる結合をした結果として、近代日本帝国法制の基本構造が生まれたのかを、共通法制定を契機に展開されたところの、諸機関とそれを代表した法律家の間での議論を材料として論じようとするものである。

姉妹書拙稿で明らかにしたとおり、帝国法制の要の役割を果たした共通法は、帝国内部の複数の法域から裁判で適用すべき法令を選び出す「適用規則」と、帝国内部の異なる法域に分かれた法令の間で「依用」により内容を同じくしている単位部分の効力を司法上共通にする「連絡規則」という二つの性格を有していた。本論で詳述するが、こうした視角から共通法の性格を端的に位置付ければ、前者の適用規則としての側面は、帝国内部の地域同士を形式上対等に結びつけるという点で、北米アメリカ内部の州際私法やドイツのラントをまたぐそれのように、国際秩序に対応するものであったということができる。その一方で、後者は、外地法が内地法を依用している場合、つまり、「民事」や「親族」等、ある単位の法的関係に関して「内容」が同じ場合に、「形式」の上でも地域をまたいで同じ法律が延長されている状態を作り出す点で、本国の法令を周辺に在住する自国民に属人的に及ぼすという治外法権の原理を修正したものと見なすことができる。つまり、その点で後者は、法的な同化を指向する日本帝国の内地延長主義という枠組みの中に、治外法権原理が換骨奪胎され変質したものであり、日本独自の帝国秩序に対応した機能と考えることができる。

しかし、こうした適用規則と連絡規則によって媒介され体系的に結合された部分は、帝国法制度全体の一部にしか過ぎない。本論で明らかにするように、民事法令と刑事法令が共通法で結合される一方、行政法、経済法、社会法という公法と私法の間に位置する法分野は除外されることになった。公法に関しても、刑事法と、裁判効力、起訴に関わる検察制度の一部が連絡されたに過ぎず、臣民の権利・義務上重要な参政権に関しては、帝国法制全体から属地的に「外地」を除外し、徴兵義務に関しては属人的に「外地人」を除外した制度が作られていた。この公法上の基本的な構造は、植民地領有の開始から第二次大戦による総力戦と帝国解体の危機が迫るぎりぎりの時期まで維持されるが、共通法が上記の分野に限って導入される前は、参政権のみならず、民事・刑事等のあらゆる法領域において、公式帝国内部の法制度は「法域」とよばれる地域的な枠組みで効力を分断され、且つ、「日本人」と「外国人」が、陸奥条約改正後の内地雑居を念頭に整備された戸籍と身分登記簿によって区分されるのみであった。国際秩序に対応して生み出された雑居後の「内地」においてヒトを法的に把握するシステムは、これ以外には存在しなかったのである。共通法は「法域」の分断を民事・刑事という分野で連絡し、適用規則を定め、且つ、「家」を通じた帝国臣民の「地域」への所属を定義し、「外地人」と「内地人」の区分を定めることで民事・刑事中心の特定の分野の法令に限ってのみ帝国全体としての法的な統合を実現したものとなった。こうして、国際秩序に対応した内地雑居の体制が、国際関係の中で存在する帝国としての整合的な秩序へと絞り込まれていくことになるのであるが、その共通法の制定の過程とはいかなるものであったのであろう。

この問題を、本論では、(1)内外地の法令を適用し連絡するための法としての共通法が、どのような種類の法令を対象にそれを行うべきとされたのか、(2)その過程で「内地」「外地」という法的空間を意味する「法域」がどのように議論されていたのか、(3)国際秩序に対応した「法域」は、帝国秩序に属する領事裁判とどのような関係にあると理解されていたのかという三点の問題に絞り込んで、共通法の制定過程での議論をたどっていくこととする。それを通じて、帝国の法秩序の基本単位となった「内地」と「外地」という法的な空間とそこに所属するヒトの集合体が、国際秩序と帝国秩序の交錯の上にどのように法律として（律令制令としてではなく）再定義されたと考えられるのかを論じてみたいと思う。

共通法が機能する前提となったのは、帝国内部に複数存在した「法域」である。それは、法の定立・運用・適用にかかわる立法・行政・司法制度が、地域により程度の差があるものの明治憲法の定めた枠組みが機能する「内地」から領域的に切断されたことによって生まれた。行政制度の根幹をなした基本法令は、台湾の六三法や朝鮮の明治四四年法三〇号に見られたように、明治憲法下の内閣各省の行政機関から分離され、首相や拓殖務大臣の手を経て（時代によって変遷する）天皇に上奏する権限を有した総督による総合行政権の下に置かれた。また、その総督の命令である律令（台湾）や制令（朝鮮）によって外地の法院（裁判所）が設置されることで、司法機関も明治憲法体制から分離された。更に、その行政機関は前述の基本法を根拠として特殊な命令を発することができ、当該「法域」内に限定はされるが、憲法上の法律事項までがそれらの命令に委任されたのであった。

こうして法令の定立・運用・適用の枠組みが「内地」から分断されたことにより、「外地」という「法域」は成立したが、その分断を越えて内外地の憲法的枠組みを結びつける役割を果たしていたものこそ、憲法上の機関としての「天皇」であった。しかし、この天皇は内地においては憲法上の諸機関の協同によって初めて立法・行政・司法権を行使するとされていたが故に、内地において天皇と協同する枢密院や内閣、帝国議会は、内地でのそれに比して程度は劣るとはいえ、外地統治に一定の関与をすることとなった。即ち、貴族院令、徴兵令（のち兵役法となる）、外地総督府官制などの憲法的枠組みを作用する重要勅令の制定変更に関しては枢密院が外地統治に関与したし、また帝国議会も、毎年の予算審議や外地にも施行され得る法律の審議を通じて、外地の行政官庁である総督府の行政と、そこに組み込まれた委任立法のあり方に一定の発言権を有することとなった。

共通法は、こうした枠組みを直接左右するものではなく、この憲法的枠組みに従って生み出された法律、勅令、そして総督府による律令と制令等の行政命令、外地の法院と内地の裁判所の判決が、その効力を法域の内部に地域的に限定されたが故に必要とされた。つまり、各法域をまたいだ帝国臣民間の権利・義務関係を帝国全体として調整し不都合を除去すべく、民事・刑事を中心とした特定の法令分野に限り、法域間の橋渡しをするために制定されたのであった。つまり、法域間の適用と連絡規則を提供することで、帝国の法制にある程度の一貫した体系を与えたのが共通法であった。

しかし、どこに橋を架け、どのような一貫性を与えるのかに関しては、共通法が準備された当初から、幅広いコンセンサスが決して得られていなかったことは、やがて本論から明らかとなろう。「外地」と「内地」という言葉の基礎となる「法域」自体が、共通法の制定過程で帝国法制度の一貫した体系を追求していく中で、国際私法や準国際私法上の概念を借用して再定義されたと考えられるのである。西洋起源の国際秩序の中の法的概念を借用した「法域」は、本来、対等な地域同士の関係であり、共通法も形式上はそうした体裁をとっている。

その一方、日本帝国内部の法域間には決定的格差が「内地」と「外地」の間に存在した。それは、法域の内部に立法機関を有しているかどうかという点であった。立法機関の有無に注目すると、当該法域の中に憲法的立法機関である帝国議会を有する法域である「内地」と、行政機関である総督府の命令に憲法上の法律事項が、当該法域内部でのみ有効なものにすぎないにせよ、委任されている法域、即ち「外地」の差は、水平的な関係ではあり得なかった。明治憲法を改正して台湾に帝国議会と対等な立法機関を作り出すという構想は草案として一九〇〇年代初期に存在したにもかかわらず、それが実現を見ることはなく、外地独自の憲法的立法機関が存在しなかったが故に、内地の帝国議会の協賛を経た法律が、外地に勅令で施行される一方の関係であった。確かに、一九〇七年から施行された三一法以前なら、外地の行政機関が議会の委任を受けて発する命令と議会の法律は対等であったが、それ以後になると、委任された命令では既に外地に施行された法律を修正することはできなくなった。つまり、内地の水面は外地に比して常に高く、個々の法律ごとに水門が切られて低い側へと水が落とされる関係にあった。また、内地の立法機関は、外地にも直接適用される法律を制定する権限を依然有する一方、「外地」の行政機関が帝国議会の委任を根拠として発する命令は、属地法として当該法域のみでしか効力を有しなかった。法域にも強い法域と弱い法域の二種があったことが分かる。

こうして内外地で格差のある法域が形成されたが、それでもヒトの移動が自由にできるようであれば、それはさほどの「抑圧」を生み出さなかったかもしれない。しかし、ヒトの移動は、時代によって変遷はあるものの、物理的面で比較的自由であったにもかかわらず、身分関係を公証することによりヒトを識別する戸籍法令上での移動は、極めて限定された事由においてしか認められなかった。即ち、養子縁組と婚姻離婚等の身分関係の変動の際以外には、自由意志で、私法上公法上個人を把握する基礎となる地域的な所属を変えることはできなかった。ヒトが家に所属し、家は必ずどこかの地域に所属する、そして、地域毎に異なる法域が存在した。つまり、個人の権利と義務、及び、個人が所属する家の公法上私法上の位置は区別され、民事・刑事法のみならず、司法手続きや、社会法、経済法に至るまで異なる実体法の下に置かれていた。そうした意味で法域の存在は、領域的に分断された帝国法制を生み出すのみならず、全ての帝国臣民をどこか一つの法域にのみ所属させて、「内地人」「朝鮮人」「(台湾) 本島人」等として識別し、個人の単独の意志のみによってはその所属を変えられないシステムを生み出したのである。

よって、物理的にヒトが移動して、他の法域に所属するヒトとの間で、民事上の契約を結んだ際、また、刑事上の犯罪を他の地域で構成した際には、どの法域の法令によって裁判が行われるべきなのかを定め、契約や犯罪の発生した場所や裁判所の存在する場所によって異なる結果が生じないような工夫をすべく、法域間の法令の適用規則を定めることが必要となる。また、外地の法域においては、単位法律関係と呼ばれる、法的規律対象となる事項ごとに、内地の当該法令を依用して外地官庁の命令の中に組み込んでいる場合が一般的であるため、形式上も法廷地の法令が他の法域にも及んでいるかの如き状態を作り出す連絡規則が必要となったのである。

こうして共通法によって最終的な「かたち」を与えられた帝国法制の一貫した構造が、強弱のある法域と、法域へのヒトの所属によって形成される際には、国際私法以外の別な原理が存在していたと考えられる。それこそが、国際法上の治外法権制度を支えた属人主義原理である。これは、法令をヒトが背負っていくため、どの地域においても、そのヒトに適用される法令は、その人が所属する地域の法令となるという原理である。治外法権は、西洋国際体系を構成する本国の主権が、主権国家の領域外にも属人主義の原理によって及ぶことを根拠としていた。西洋と他の地域との関係で登場し帝国秩序を支えた国際法上の属人主権原理が完全な属人主義であるとすれば、国際秩序の中に組み込まれている国際私法、準国際私法を支えたのは、領域主権が優先する限定された属人主義であると解釈する秋山雅之介の見解があったことは、姉妹書拙稿で述べたとおりである。大韓帝国の併合以前、朝鮮に居住した日本人居留民が享受していたのは、完全な属人主義原理に従う治外法権であった。それに従って日本の法令が朝鮮に居留する「日本人」に属人的に適用されていたし、台湾でも、陸奥条約改正後をにらんだ新条約体制に包摂された際、台湾に居住する西洋外国人と内地人のみには、日本の法令が属人的に適用されるという法令の基本構造が持ち込まれた（明治三一年律令第八号）。こうした構造が、公式植民地化以後に当該法域内部で民事令、刑事令が制定されて以後にも、実質的に継承されていったのである。それ故に、外地の民事令、刑事令においては、内地の民法と刑法の依用を前提として、「朝鮮人の」とか、「（台湾）本島人の」という属人的限定句をつけて、「民事」一般（初期）や「親族」・「相続」等の巨大な単位法律関係全体を除外して、旧慣に「依ル」とする規定が一般的となったのである。また、属人的な限定をせずに、あくまで属地法令の形式で「土地」という巨大な単位法律関係を、依用された内地の民法から除外して旧慣に委ねることも行われたが、これも、法規を属人法と属地法に分類する立場に立ち、本国主権の属人的な延長という治外法権原理にどうしてもなじまない分野を例外として除外したものと位置付けることができる。

つまり、内地の法制が、国際秩序の一部としての領域的主権の確立を念頭に、西洋の治外法権を排除するかたちで成立したのに対して、外地の法制は、西洋の帝国秩序原理である治外法権制度を利用し拡張して生まれたものである。当該地に居住する日本人居留民を念頭に属人主義的な原理によって延長されていた法体系と領事裁判制度を拡張して、現地の住民と外国人一般に対する属人的管轄権を獲得したことによって、外地という法的な空間は生み出された。「内地」が属人主義原理を排除することを目的に属地主義に基づいた法典と司法制度を確立したとすれば、「外地」は属人主義原理を究極まで押し進めて、現地の住民をも法的管轄の中に取り込むことによって、属地的主権行使のための民事・刑事法令の基礎を定めたが故に、現地の住民の属人的な法令の方を例外として位置付けた外地の法令が誕生したのである。

では、共通法の「連絡」規定は、こうした起源の異なる法的な空間である「内地」と「外地」をどのように連絡し、それぞれの法的な空間を、国際秩序と帝国秩序の狭間にどのように再定義したといえるであろうか。本論の意義は、まさに、この点を中心に前述した三つの視点を軸にして、帝国の法的な構造が確立されるにあたっての論理を明らかにする所にある。ここでは、まず共通法制定に絡まる具体的な議論の通時的概観を行っておくことにしたい。

共通法制定をどのような法理論に基いて行うかという議論の直接の起源となったと考えられるのは、姉妹書拙稿冒頭で紹介した一九一一年五月の法理研究会での美濃部達吉の講演とそれに続いた討論であった(1)。そこで議論されたとされる以下の論点は、共通法が国際秩序と帝国秩序の狭間に生み出されたことを示しているかのようである。例えば、法律上から見た植民地の定義は「法域」に求められるべきなのか、それとも憲法の施行に求められるべきなのか、「内地人と土着人との区別」を行う戸籍・国籍法令が未整備であるため、外地が外国よりも遠い法的関係にあるのは不自然ではないのか、外地での裁判に適用される実体法規はどのようなものであり、その判決は内地において効力を有するか否か等々の問題であった。これらの問題は、共通法の制定に携わった論者達が帝国法制全体の構造を視野に入れつつ共通法のあり方を議論していく中で煮つめられ、共通法として結実していくこととなるのである。

諸論者の中でも、共通法の制定に最も活躍したのは、東京帝国大学の国際私法担当教授であった山田三良であった。山田は法理研究会の会員として美濃部の講演と討論に参加しており、その直後に自ら法理研究会で報告を行い、その成果を法学協会雑誌第三〇巻（一九一二年）二・三・八・一一号に「植民地法と内地法との関係について」と題して発表している。

法理研究会の会員には、山田以外にも、朝鮮併合に際して拓殖局長を務めた江木翼がおり、美濃部と共に政府の「共通法規調査委員会」に名を連ねることになる。この「共通法規調査委員會」は、法理研究会での植民地法についての講演から一年後の一九一二（明治四五）年四月二九日、法制局長官の岡野敬次郎を委員長として発足した政府の委員会である。その委員となったのは、法制局参事官としての美濃部達吉と松村眞一郎、拓殖局部長の江木翼、司法省参事官の豊島直通、司法省参事官の横田五郎、東京帝国大学法科大学教授山田三良の六名であった(2)。憲法学で機関説を唱え、植民地への明治憲法適用問題を考察したことで知られる美濃部達吉が法理研究会での講演に続けて、この調査委員会の委員に選出されていることが注目される。美濃部の植民地法制に対する関心はこの委員としての議論から派生していることは疑いがなかろう。また、山田三良は制定過程において終始一貫して委員を勤め、この委員会の設立前に発表された前述の論文のみならず、共通法が一九一八年に制定された年にも法学協会雑誌第三六巻（「共通法案に就て」㈠㈡㈢、一九一八年）上で共通法を論じている。

この委員会における原案作成の経緯は以下のようなものであった。まず、岡野委員長の下で一一回の会議が行われ、拓殖局案を「参酌」しながら、「民事ニ関スル実体規定ヲ定メ、刑事ニ関シテハ処断地法ヲ適用スルノ主義」を採用してそれに関連する「手続規定ヲ起草」した。しかし、岡野委員長の更迭により、一応の案（以下「岡野草案」と呼ぶ）を作成したにとどまった。その後一九一三年一月九日から岡野委員長に代わり一木喜徳郎委員長が就任し、また、江木翼委員に代わり後の台湾総督中川健蔵が就任して議論が続けられた。しかし、一木委員長のもとでも法案は完成せず、わずかな「条項」ができたにすぎなかった。その後二月から、一時岡野委員長が復活したものの、委員会は一年四ヵ月にわたって中断した。この中断は、大正三年に戸籍法が改正され、明治三一年の戸籍法に定められた身分登記簿が廃止されたことと関連していると考えられるが詳しいことは不明である。戸籍法改正を論じた衆議院の委員会では、当時の奥田義人司法大臣が、「台湾にも戸籍法を実施したいと云う考が当局者に始終あった」が、それまでの戸籍法は身分登記簿と一緒であった故に、複雑で費用がかかるゆえに困難であったことを述べ、身分登記簿を削除した戸籍法が新に制定されれば、戸籍の「統一」も行われるであろうと観測していた(3)。

中断の後、大正三年六月に国際法学者の高橋作衛が委員長に指名され、拓殖局廃止に伴う外地官庁の監督権が外務省と内務省に移管されたことで両省の高等官が新たな委員として加わった(4)。この高橋作衛委員長の下で、「第一草案（以下「高橋第一草案」と呼ぶ）」が作成され、一九一四年一二月一〇日に関係各庁に送付され、その回答を参照して、一九一六年六月三〇日から六回の委員会が開かれた。その際、「特別委員」が指定され草案がまとめられ、その「特別委員会案」をもとに更に委員会で討議した結果として、最終的な委員会としての草案がまとめられ、同年九月九日に内閣に上申（「委員会最終草案」）された。そして、約一年半かけて法制局で関係省庁との打合せが行われ、大正七年一月に政府の法案（「共通法政府法案」）(5)が貴族院で若干修正の上衆議院でも審議可決された。これは、第三条の家の出入に関する規定を除いて、一九一八年四月一七日に公布され、同年の勅令第一四四号により六月一日から施行された(6)。

二　帝国的法秩序の基軸――共通法の規定対象

以上の制定経過の中で、共通法の基本的な性格を決定した重要な論点として、本稿が第一に注目するのは、共通法が規程する範囲を公法や行政法にまで広げるのか否かという問題である。これは、岡野委員長時代に政府委員、内閣法制局、植民地当局の間で議論となったのみならず、正式の草案が政府から提出された後に、帝国議会という公開の場においても大きな争点となった。

この共通法が何を規定するべきかという問題は、近代日本が孤立した帝国として東アジアに存在し、且つ、帝国内部の法秩序のモデル自体が多様であったため、複雑な議論として展開された。つまり、共通法の規定対象を極大化して公法と行政法にまで拡大せよという主張と、それと全く反対に、極小化して、国際私法である法例の改正ですませてしまえとする主張が混在することになった。

極小化の方向を執るべしとの議論に理論的な根拠を与えたのは、英米法学の立場に立った人々であり、彼らは国際私法と準国際私法を同じ統一された準拠法として作成すべきと主張していた。「州際私法」という概念の紹介を行った京都大学の跡部定次郎は、共通法の範囲を極小化し法律という形式さえなくし、日本全体の国際私法である「法例」（明治三二年法律一〇号）を改正して帝国内部の異法地域間の関係にもそれを準用すれば十分ではないかとの議論を提出していた[7]。また、こうした学説に立って、帝国議会の衆議院において意見を展開したのは前田米蔵という代議士であった。前田は、内地の府県の発する命令同士が相互に衝突する際には準拠法が必要となるし、また、朝鮮でも平安道とそれ以外の地方では慣習が違うし、更には、台湾でも対岸からの移民の入り方により各地で慣習が違うことを指摘し、その上で、以下のように共通法の不要である理由を述べた。「準拠法は一つで宜しいと思うのであります、法例を改正して外国という文字さえ抜いて、法の異なる場合に於ける準拠法なるものを御拵えになれば、共通法という特別の法律を拵える必要」さえなくなるからというのであった。前田は更に、英帝国も、植民地と本国とが法律を異にしているにかかわらず、日本の法例に該当する法律と別な、帝国内のみのそれと異なる準拠法を施いていないとした(8)。

一方、こうした議論とは反対に、共通法の規定範囲を極大化して行政法の統一連絡まで行うべしとの議論が提出されていた。一九一二年の五月一日から開始された岡野委員長の下での共通法規調査委員会の議論で、最初に問題とされたのは、共通法がどの範囲の法令の連絡を図るかという問題であった。当初は、「廣ク行政法規ニ亙リテ其ノ適用ノ聯絡ヲ圖ルコト固ヨリ必要ナリ」との認識が一部に存在したとされている。しかし、この意見（恐らく江木によるものであることは後述する）に対しては、「最モ急要ヲ感スルハ民事及刑事ニ関スル事項」であるとして、議論からこの種の行政上の連絡が除外され、民事・刑事法の連絡のみに焦点が絞りこまれた(9)。また、委員会以前に「拓殖局に於て起案したる案」においても、行政法規一般は既に除外されていたため、委員会は「先つ民事刑事の事項に付き法案を編制することとして議事を進行」させたとされる(10)。

こうして一端、対象は絞りこまれたが、高橋委員長の下に設けられた特別委員会に寄せられた高橋第一草案に対する各省回答には、こうした限定を無視するものがいくつか寄せられている。一九一六年七月に農商務省が回答を寄せた際、農商務省はむしろ自らの保険行政に対する監督権を外地へも延伸させることで、この混乱を回避したいと願っていた。共通法の成案は、第四条で民事商事上の法人認可についての規定を置き、第五条でその法人の地域を越えた移動についての規定を加え、同種の法人であれば、法人の法域を越えた移転が可能としたが、この案の骨子が高橋第一草案で示された際、農商務省はそれに反対した。その理由は、もしも、内外地の各主務官庁の免許を受けた保険業者が、「内外何れの地域でも自由に営業し得る」としたら、事業者は「相率ひて監督の最寛大なる主務官庁の免許を受け」るか、もしくは、「免許を受くることなくして事業経営の能力を獲得したる後其の営業所を他の地域に移転するの策を講するに至る」[11]からであった。これでは、「内地に於ける保険事業監督上大なる支障を来たし十数年来適当の監督の下に健全に発達し来れる内地の保険事業界に一大混乱を惹起する」ことになるというわけである。そこで、農商務省が提案したのは、保険事業に関しても、「郵便、電信、貨幣、銀行、関税等に於けるか如く内地と殖民地とを通して一法域と為し其の監督事務に付ては明治二九年勅令第八六号（台湾ノ郵便電信事務ハ逓信大臣之ヲ監督ス―原文）及明治三〇年勅令第一九号（台湾ニ於ケル貨幣、銀行、関税及粗製樟脳、樟脳油ノ専売ニ関スル政務ハ大蔵大臣之ヲ管理ス―原文）等の如く農商務大臣の管理に帰せしめ現在の複雑せる状態を統一する」ことであった。つまり、両総督府の総合行政権から除外して、保険事業の監督を東京の農商務省の下で統一し、帝国全体としてそれを行うべきという意見であった。

実際に、台湾での郵便・電信・貨幣・銀行・関税等は、姉妹書拙稿の領事行政権の展開のところで述べたように、東京の大臣の行政権が直接延伸されることで、台湾総督府の総合行政権から除外され、内外地行政一元化が早々と実現していた領域であった。また、保険会社は、実際上、商法の中で特別な章が設けられてある領域であり、私法上の存在でありながら社会の公益を担う性格も帯びている。共通法によって内地商法と外地の依用された商法の効力が無条件に連絡されることを回避すべく、これを契機に保険に関する行政権自体を統合すべしと、農商務省は極大化の方向に議論をもって行こうとしていたのであった。

朝鮮総督府逓信局（上）と大韓帝国通信院（下）

内地の逓信省の通信行政と切り離されていたことは姉妹書140頁の商標行政と対照的である。

こうした行政権の統一に関わる各種の行政基本法の統一や連絡も可能とするような共通法を制定すべしとの主張は、帝国議会において、貴族院の江木翼と衆議院の小川郷太郎によって行われた。江木の議論は、内地における市町村制、選挙法という公法の上で、台湾人と朝鮮人をどのように扱うのかという問題[12]と、税法と船舶法を念頭とした行政上の一元化に関する問題についてのものであったが、後述する地域内部の属

人法にも深くかかわっている。一方の小川も内地の公法の問題について激しく質問を浴びせるが、特徴的であったのは、日本人とは何か、朝鮮人と台湾人とは何かについて山田三良政府委員に問いただした後、植民地領有以前の段階で、のちに「内地」を対象に制定されたところの、選挙法、徴兵制、市町村制等の公法上で台湾人と朝鮮人をいかに処遇するのかを中心に「民族の同化」に関する長期的な方針を立てて共通法の制定を行うべしとした点であった(13)。

この小川の議論によって、共通法とは何であるべきなのかという問題が正面から議論されることとなったが、焦点となったのは、共通法制定が、そもそも植民地統治の根本問題にかかわる問題なのか、それとも、それとは別個の技術的な問題なのかということであった。政府側は、江木の議論を受けて、帝国全土における公法の基本的あり方に関しては、個別の法律で個々に対処するとした原則を固めていたが、それに対して小川は、「公法上の連絡と云うことは、自然に法規を俟たずして差支がないと云うのであるか、それを決するには、此台湾なり、朝鮮なり、其他の植民地に対する根本政策と云うものが極まらなければならない(14)」と主張したのであった。なぜなら、共通法は、日本戸籍法、台湾戸口規則、「朝鮮民籍規則」(当時)という法令の間の連絡を規程しているため、「共通法の適用問題ばかりでなくして、実際植民地に対する根本政策に触れて来る」からであった。つまり、「民刑事のみに付て連絡を図ると云う立法の趣旨」は誤っており、「根本政策」に基いて、「行政法其他の公法上の連絡を図ると云うことも必要ではないか」と小川は主張したのであった。

地域を越えたヒトの移動を規律する故、根本問題に係わるのだとするこの小川の主張に対して、政府委員の馬場鍈一は以下のように答弁している。

今日の植民地即ち朝鮮、台湾、関東州等の制度は各地域に於ける公の秩序を見まして、（それは――浅野、以下同じ）行政の便宜……（つまり）其地域内の秩序、其地域内の必要に基づいて立法され、行政されて居るのであります。それを今日直に内地に於てどう云う効力を持つとか、或は内地に於て或る免許、或る認可を得たものを、朝鮮、台湾島に於て直ちに認めると云うことは、今日の場合に於ては事情が非常に違いますからして、到底其は穏当な結果を得ないと思うのであります、……固より行政の範囲に於きまして共通連絡を取る必要のあるものもあろうと思います、それは所謂個々の法律なり勅令なりに依て連絡共通を取って行けば宜いので、共通法という一片の法律を出して、一般的の共通連絡を致しまするのには、余りに各地域の公法的、行政的秩序が違って居るのでありますに故に、共通法に於ては民事刑事に限って連絡を取ったのであります。

内地と朝鮮・台湾との間で、許認可の効力等の行政的連絡や公法上のそれを共通法によって図り、一気に帝国の内部の公法上の統合や行政一元化を進めていくことは、「各地域の公法的、行政的秩序」を壊してしまうもので、個々の法律・勅令の制定や法律の勅令施行によって統一を図ればいいというのが政府側の見解であった。

これに対して、小川は前述の論点をくり返し、たとえ「民刑事のみに限」ろうとしても、共通法三条が人間集団を定義する各地の戸籍法令間の連絡を規定し、家を媒介とした戸籍の転換が可能である以上、「矢張民刑事以外の問題に触れて来る」とした。具体例として言及したのは、徴兵制が内地人男子のみに行われている点であった。徴兵制を見る限り「民族を以て台湾なり朝鮮なりに日本人を分けて、民族区別主義を以て統治しようと云う風に無論解釈も付く」がそれでいいのかと小川は追求した。第二は参政権で、それを「台湾人なり朝鮮人なりに許さぬ」というように異法人域の中に入れてしまっていいのかという点を小川は更に追求した。

政府側の有松英義は、そうした公法上の措置自体については、沖縄や北海道を例に挙げ、「今日の所では」「相当」とした。つまり、一時的なものであることを強調しつつ、「同化を努むると云う事は怠らずやって居りますなれども、全く同化し得るには尚時期のあることでありまして、今日直ちに主義として内地人と同一に取扱を致すと云うことは、事実の許さざる所であります」とし、共通法の対象からはあくまで外す立場を表明した。これに対して、小川は、朝鮮人、台湾人が実際は民族を異にしているにもかかわらず、政府はいずれ「異にしないと云う精神で収めて行く」つもりなのか否か、また、共通法が実施されれば、少くとも家を通じて内地人になる朝鮮人・台湾人が現れるのであるから、そうした人間に対して、帰化した外国人同様の公法上の制限が必要なのではないかという点にこだわった。

特に、小川が日本内地で高い教育を受けた朝鮮人に排日思想が高まっている事実に言及し、こうした状況で内地戸籍に入った朝鮮人に内地人として参政権を与えるのは危険であり、「日本人になりました所で、本当の根性は変わらぬ」と自己の偏見を表明している点は、政府の内地延長主義に基づく、法制度を手段主義的に用いていく姿勢を厳しく批判したものであった。つまり、政府が同化を進めるとはいいながらも、実際は場当たり的な政策に終始し、共通法を制定しても公法上の制限を民族別に付すかどうかという問題に触れずに、民事・刑事の問題の最低限の問題除去を行おうとするのに対して、小川は、それだけでも統治体制に穴をあけるかもしれない重大な問題に発展するかもしれないとの主張を戸籍の問題から行っているのである。結婚や養子により内地人の籍に入ってしまえば、国際秩序において認められる国籍の離脱も可能となることについても小川は注意を怠らず、「根本方針として朝鮮人や台湾人をどう統治するか、それが矢張り共通法の規定せらるる時に定めて置かなければならぬ」としたのであった。

これに対しても、政府側は、「本当の根性」が変わるのか変わらないのかという点など、公開の議場で「判然たる」「答を考通りに公に致す」ことは「躊躇致す点」があり、「公の場所において、朝鮮人台湾人に対することを余りに明瞭に御答を致すことは、甚だ当惑を致す」とした上で、「要するに共通法の問題とは全く別途に御考を願」いたいとした。また、「台湾、朝鮮なりの統治上の政策、並に内地に於て朝鮮人、台湾人を如何に遇するや、又其日本に対する感情等がどうであるかと云うことは、是は別な政策に関係致すことであり」、「将来の統治の根本政策迄定めると云うことを目的と致して居りませぬ」と締めくくった。小川は、それでも身分資格の問題で公法の問題と関係がないというわけには行かないとし、両者は平行線に終わる。小川の主張を支えた各地域の戸籍法令の連絡がはらむ問題がいかに検討され成案となったのかについては次節で検討する。

以上の点から、共通法とは何か、統治の根本方針とどのように係わるのかという基本的性格に関しては、法案提出前の段階から、保険業に関する行政法の統一要求等、官僚組織内部で意見が分かれていたのみならず、公開の議場においても同じ問題が、今度は、公法に属人的な原理を取り入れるか否かという問題をめぐって展開されていたことがわかる。

政策決定過程での議論に対応するかのように、国際私法・法律抵触についての学問そのものにも、様々な見解の相違があった(15)。山田三良によると、少なくとも国際「私法」には、二つの両極端の学説があったという。一方は、公法を除くのは勿論、私法の中でも商法まで除くとして範囲を縮小するものである。しかし、その一方では、国際私法の範囲を拡大して、法律の衝突一般を対象とし、公法としての「刑法の抵触問題、刑事訴訟法の共助、犯罪人引渡等に関する問題」まで当然含むとする学説があったともいう。しかし、山田によれば、一般的には、民法商法に加え公法の中の民事訴訟法と破産法を含むとする説が通説であったという[16]。

実際に制定された共通法は、単なる法律適用規則ではなく、連絡規則としての側面を半分合わせもち、民事、商事、刑事について、それぞれの単位法律関係毎に、何をどのように連絡するのかという規定を置いていたことは、姉妹書拙稿の**三 3 (2)**で述べた通りである。制定過程の議論を分析することでわかるのは、地域内部に形成された律令と制令の体系と内地法を連結し高次の帝国法制を形成するにあたって、共通法がいかなる種類の法令を対象として、いかなる形でそれを連絡し、あるいは適用規則を定めるのか、その範囲と方法が大きな焦点となっていたことである。結果として、共通法は、行政法の統一や参政権等への関与という可能性を消去して生み出されてきたものなのである。

しかし、そうした結論へとたどりつく過程は、それほど単純ではない。小川の議論で常に戸籍法令と公法上の差別が「根本問題」と関連して言及されていたことからも、共通法の規定する法令の範囲という問題はこの二つの問題と密切な連関を有していたことが分かる。よって、共通法の性格と「内地」と「外地」という法的空間の意味を左右し植民地統治の根本問題に触れる可能性があった問題を次の二点に分けてとりあげ、論じていくこととしたい。第一は、朝鮮と台湾の民事令の中で、「朝鮮人の」とか「(台湾本島人の」という属人的な限定詞を付けて、その主要な部分が「旧慣」に留保されていた「親族・相続」の中の「家」に関する規定を連絡させた第三条が、どのような経緯から生まれたのか、それは、公法との関わり故に統治の根本にかかわると帝国議会で指摘されたが、委員会段階の立案過程でどのように議論されていたのかという問題である。第二は、姉妹書拙稿の同じ箇所で明らかにしたように、民事に関しては、ある単位事項について外地法が内地法に「依ル」場合、共通法は二つを連絡する一方、互いに異なる

「内容」を有する単位法律関係については法例が準用され、法例が民事に関して本国法主義を採用している部分（姉妹書、一二五頁）に関してのみ、地域内部の属人法が帝国大の属人法となったが、こうした地域内部の属人法を、民事を離れて刑事や参政権等の公法においても帝国大の属人法として認めるのか否かという問題についてである。

まず、この二点を中心に六四頁で提起した(2)内外地の法域をめぐる議論とその落ちつく過程を明かにしていくこととする。次の(3)「法域」と領事裁判の関係についての問題は地域内部の属人法が帝国大のものとなるのか否かという(2)の問題と深く関連している。(2)の問題が、**三**・**四**で論じられ、(3)の問題は**五**で扱われることになる。

三　帝国秩序の不安定要素——ヒトの地域への所属システム

日本植民地帝国の差別が転籍の不可に由来する台湾人・朝鮮人・内地人の固定化であったとする研究は多いが、そうした構造が最初から意図され、必然的な過程として形成されたものではないことに注意する必要がある。そうなった理由を、政策決定過程から論じていく研究はまだ緒に就いたばかりである。[17] 共通法第三条は、「一の地域の法令に依り其の地域の家に入る者」について、それは「他の地域の家を去る」との規定を置いた。つまり、日本帝国臣民である「人」は、共通法制定以後、全て一つの「家」に属し、その「家」は内地、台湾、朝鮮（樺太は内地に含まれ、関連州にはその地域に属する戸籍法令がなく、在留者取締規則による戸口調査簿に準じた行政文書があるのみであった）という三つの地域の中の一つに属することになった。なぜなら、各地の戸籍法令において、他地域の「家」に入ることが「人」に認められ、その手続がある場合、つまり、婚姻や養子等の身分行為によって他の地域にある「家」に「人」が地域をまたいで所属を変更する場合には、元の地域の家、つまり戸籍から除かれるからである。つまり、「家」という単位法律関係に当たる部分を、この第三条はそうした条件により連絡していた。大事なことは、あくまで「其の地域の家」「他の地域の家」を媒介としなければ、「人」は地域を越えていくことができないことになった点である。しかしながら、共通法案が立案される過程においては、家を媒介としない形で、新たに他の地域に一家を創立することや、「家」全体が地域をまたいで本籍を移動する「転籍[18]」を認めるべきか否かという問題も真剣に検討されていた。

この転籍の問題に関しては、意外にも、台湾総督府と朝鮮総督府が非常に積極的であった。高橋委員長による第一草案が一九一四年一二月に出された際、台湾総督府民政長官内田嘉吉は、内務省地方局長渡辺勝三郎宛に、「左記事項を除くの外は異議無之候[19]」として、「内地人にして台湾に本籍を定め得ることに関し相当規定を設けられた」いと修正要望を寄せた。これは、内地人が台湾に一家創立もしくは、転籍により本籍を移せるようにして欲しいとの希望であった。これは後藤新平の時代から構想されていた問題であり[20]、その実現を要望したものといえるであろう。しかし、この草案段階の台湾側の要求の中に、逆に台湾人が日本内地に本籍を移動できるようにするという構想が含まれていたか否かは明確ではない。それは、台湾に定住する日本人の便宜のための転籍を主とする主張であった。

大量の日本人を台湾へと移民させる前提で、台湾総督府の側は、台湾において内地人と本島人とが相互に婚姻、養子等を行うことを可能とする法秩序を準備していたということができる。しかし、旧慣立法は内地延長主義と矛盾しない。確かに、「台湾親族相続令[21]」と「台湾戸籍規則案[22]」という二つの旧慣立法が、準備されてはいたが、それは、「本島人のみに適用するの目的を以て起草」したものにすぎないと草案の序文に述べられている。つまり、旧慣立法とは、内地の民法親族・相続編と内地戸籍法の台湾への延長施行という内地延長主義に全面的に取って代わる存在では本来的にないということができる。台湾の旧慣調査会が後藤新平の台湾着任以来進めてきた成果をまとめ上げた律令案は旧慣立法の代表である。しかし、それは一九〇八年の台湾民事令という属地法から除外され旧慣に委ねられた「本島人及清国人ノミノ間ノ民事」や「土地」という枠、つまり単位法律関係の中においてのみ、親族・相続について、あるいは合股と呼ばれる商慣習、あるいは祭祀公業について規定するものであったと考えられる。以下では、「本島人」等「のみの間」として属人的に限定され除外された「親族相続」などの巨大な単位法律関係についてどのような成文化を行ったのかを見ていくことにしたい。台湾親族相続令第二草案には、それが「本島人のみに適用するの目的を以て起草」されたとことわり書きが添えられている。それを裏付けるように一九〇八年台湾民事令で内地民法親族相続編に「依る」とされている内地人が、本島人との間で「婚姻、養子」を行うに際しての要件と効力は「本島人籍法」、及び、「内地法（と）本島人ノミニ適用セラルル法律トノ間ノ抵触ヲ解決スル法律」という二つの特別な法律によって規定されるとされていた。この点からも、総督による律令に委ねられていたのは、台湾民事令によって「本島人及清国人のみの間の」として属人的に限定され、且つ、「民事」一般として指定され旧慣に委ねられた部分にすぎなかったことがわかる。

　一九〇八年の台湾民事令とそれに続いた「旧慣立法」が、こうして依用された内地法を標準に置くものであったということは、台湾への内地人の大量移民による「同化」という構想と背後で結びついていたためであろう。台湾親族相続令、合股令、祭祀公業令としてまとめられたところの、旧慣を実定法化した草案は、内地人が台湾に定住し本籍を定め、その数が増えれば増える程、「同化」によりいずれ自然消滅していくであろう、台湾本島人のみの間という「人域」（後述）の法にすぎなくなっていったはずと考えられるからである。こうした法秩序の基本的構想があったからこそ、共通法の立案初期に台湾総督府は内地人の転籍を求めたと考えることができる。民事に関する属人的例外人域を真に例外たらしめるには、その担い手となるべき大量の内地人を本土から移民として呼び込む必要があったからである。

大量の内地人社会を台湾に形成する前提であったからこそ、二つの集団の内部で通用する法の間の抵触を解決するための法、つまり、台湾本島人と内地人の間で婚姻や養子を行い親族関係を結ぶための統一された「本島人籍法」という法律、そして台湾民事令により依用される内地民法と台湾親族相続令の間の抵触法を法律として制定することが必要となったのである。

『戸籍ニ関スル仮案』には、律令による「台湾戸籍規則」案と共に法律による「本島人籍法」案が収められている。(23) それによると、本島人籍法は帝国議会での法制定を以て制定されるべきもので、その第一条には、「戸籍法及び台湾戸籍規則第一条第二項の規定は其の効力を共通す」ることが予定されていた。この「共通」の意味は、共通法のいう連絡の意味であろう。実際、内地人に依用される内地の戸籍法と台湾「本島人籍法」により「効力を共通」させるはずであったところの、「台湾戸籍規則」案の第一条第二項では、「内地人相互間、内地人外国人間の身分関係及び内地人本島人間の婚姻関係（入夫〔婚〕姻を除く—原文）に付ては戸籍法に依る」とされていた。つまり、ここでは依用されているだけの戸籍法が、この人籍法の規程により、この内地人が関与する場合だけ台湾に適用されているのと同じになるのであった。一方、「但し内地人が本島人の籍に入る場合に於ては本令に規定あるものは其の規定に従う」とされており、その第一条第一項で、以下の規程は台湾民事令によって属人的に除外された本島人と清国人のみの間の身分関係に適用するとの大前提を掲げていたことから、一条二項前段で「内地人相互間」等が属人的にこの律令から除外され、内地の戸籍法に連絡されていたことがわかる。
では、「本島人籍法」と共に構想されていたところの、「内地法本島人ノミニ適用セラルル法律トノ間ノ抵触ヲ解決スル法律」とはいかなるものであったであろうか、これについての当時の構想は不明である。ただ、これが次節で述べる地域内部の二つの属人法を規定する法律の問題であったこと、共通法は、後述するように結局その問題を対象としないこととなったこと、最終的には、台湾民事令が廃止され、一九二二年の勅令四〇六号による民法の全面施行と、勅令四〇七号による特例によって、「本島人ノミノ親族及相続」や祭祀公業が、属人的な異法内容を有する単位法律関係として、勅令施行されたはずの同一の法律の中に存在するようになったことのみを述べておくこととしたい。

一方、共通法の制定過程における転籍の問題に戻ると、実は朝鮮総督府の側からも、高橋委員長第一草案に対して、一九一五年二月一七日に児玉秀雄官房総務局長の名前で修正要求が出され、転籍に関する注文がつけられていた。その趣旨は、朝鮮併合によって同じ待遇を受けられるという確信によって朝鮮人は日本の統治を支持したのに、国籍法上の帰化に準じた手続きをとるようなことになれば、「永ク外国人ノ取扱ヲ受クルカ如キ誤解」を生じ、治安を悪化させるとするものであった[24]。そして、国籍法の準用をやめて、以下の考慮をしてほしいと具体的な要求を掲げていた。

㈠　帰化の條件を探て以て国内間の転籍を律するは不可なり故に原則としては転籍の自由を認め監督其の他特殊の事情の下に多少の制限を置くこととせられたし

㈡　国務大臣以下官吏の任命は大権の発動なり[25]、又帝国議會議員の如きは貴族院令又は選挙法等の施行に於て自ら制限あり、故に国籍法第十六條の如き制限は必要なしこのように、朝鮮総督府が転籍の自由を認め、転籍後の公務就任権制限を、少くとも明文で行うことに反対していたことは注目に値する。

しかし、両総督府からの転籍肯定の意見に対して、内地の司法省は一九一六年六月に以下のように反論している。(26)

第一條を改め第二條に依る法例準用上必要なる事項のみを規定すること

新附の民を實質上外国人と同様の規定を以て律すへきや否やに付ては朝鮮総督府の意見にある所なり而して本法案は這般の行政上の主義を定むるを目的とするに非すして法の抵触に関する疑義を避くるか為之を必要とするに止まるを以て殖民地の政策に影響ある事項は之を当局に委し右立法の目的に副ふに必要なる事項に付てのみ明なる規定を設くるを可とすへし

両総督府と司法省の意見は、真向から対立していたのであった。そもそも、この論争が展開した契機となった高橋第一草案の第一条は、「内地人、朝鮮人、台湾島人、樺太土人又は関東州人の身分に関しては国籍法及び明治三十一年法律第二十一号の規定を準用す」として、内地では内務大臣が、外地では朝鮮・台湾総督と関東都督が内務大臣に代わって、外国人が個人として帰化する際の要件に準じて転籍申請を審査し、その上で申請対象地域の「身分」を与えることを許可するというものであった。これは、家を経由せずに、直接個人を住所地主義によって、当該地域に属させることを可能にする条文と読むことができる。(27)つまり、外国人の帰化に準じて、個別の行政権による許可制の下ではあるが、内地人・外地人の身分が個人を単位として登録される道が高橋第一草案によって開かれようとしていた。これに対して、両総督府は自由な届出制を主張し、一方の司法省は「行政上の主義を定」めることを目的とすべきではないとして、これに正面から反対したのであった。

こうした対立がどのように収められたのかは不明であるが、共通法規調査委員会が最後に下した一九一六年九月の委員会最終草案では、転籍を可とする意見が、許可制ではあるが、全面的に盛り込まれた。委員会の最終草案は、議会で実際に成立した共通法とほぼ同じ条項が第一から三条まで続いた後に、第四条として、「一の地域に本籍を有する者は他の地域に転籍することを得、転籍に必要なる条件は各地域の法令の定むる所による」とした。つまり、本籍の移動を個人に認める形で、「人」＝「者」を単位として、その「者」が「転籍」を自分の意志のみで行えるとしたのであった。更に、それに続く委員会最終草案第五条では、戸籍の届出に関して自分の属する地域以外でも行うことができるとの規程が置かれ、その後に、成案となったものとほぼ同じ条項が、二条繰り下がる形で六条以下に続いた。委員会最終草案の最大の特徴は、この転籍を可とした第四・五条にあった。

しかしながら、この最終草案に対して、台湾総督府は、それでも「生ぬるい」との趣旨の批判を提出している。それは、草案の第三条と第四条で、それぞれ身分行為に伴う籍の移動と自由意志に伴う転籍を規定するに際し、但し書きで、「転籍に必要なる条件は各地域の法令の定むる所による」との条件が付されていたからであった。これによりせっかくの転籍規程が有名無実になってしまうとして、その但し書きを削除し、無条件で転籍が出来るようにしてほしいと台湾総督府は以下のように提言していた(28)。

本條は台湾統治上の根本主義に繋るものにして内地人台湾人と云へる種族の区別を永遠に持続せんとすれは格別、然らすして台湾人を開発し漸次之を内地人に同化せしむるを以て政策となす以上は、寧ろ奨励的に相互各地域の入去を自由にするを以て得策なりと信す。

台湾総督府は、この但し書きにより内地の法令で台湾人の内地への転籍が制限され、それにより「種族の区別」が持続され「同化」が妨げられることはよくないとしたのであった。同化政策の推進を真剣に考えるなら、こうした条件をはずせという主張であった。

もしも、この共通法案が実際に帝国議会に提出されていれば、歴史的に公開された場で討論が行われたはずであるが、残念ながらそうはならなかった。その後の政府内部の議論の詳細は不明であるが、一九一六年九月末に高橋委員長から委員会最終草案が提出された後に、内閣法制局で一一月一日から一二月二七日まで十四回の会議が有松英義法制局長官と参事官全員で開催された。その結果として同年一二月にまとまった「法制局第一草案」では、既に転籍の規定が削除されている。[29] 草案は、更に各省の参加を求めて修正された後、内閣に提出された。

山田三良は、相手方の地域の法令の定める条件という制限付きではあったものの、本籍を他の地域に移動することを可能とした転籍規定が法制局で削除されたことに不満を有していた。委員会最終成案が完成した一九一六年に東京帝国大学で行った山田の講義教科書には、当時の山田の共通法にかけた熱意を伺わせる記述が多数見られる。

戸籍は国籍を有する者が之を定め得べき者にして戸籍を有する者が国籍を有する者には非らず。故に我戸籍法上戸籍を有せざるも即無籍の者は日本臣民たる以上は戸籍法の規定に従いて新たに戸籍を設定し得べき者也。然るに現在行政上に於ても司法上に於ても斯の如き結果を否認し殖民地人は内地に移住するも内国人たることを得ず。内地人は殖民地に移住するも尚依然として内地人にして旧本籍のある土地に有名無実の戸籍を保存せしむか如きは殖民地に移住民を奨励する政策上より云うも甚だ矛盾せる結果と云わざる可らず……要之現行の慣例は権利の享有夫自身と戸籍の有無とを混同するもの也。台湾朝鮮等に戸籍法の実施なきか故に内地人か之等の地方に移住するも其地に本籍を設定し其地方の人民となり得べからざるものとする也。併し朝鮮台湾等に於ても戸籍全くなきに非らず。只不完全なる戸籍法が存在するにすぎざれば、之がために其地方に本籍を移し得べから

訪台した昭和天皇と並んだ
台湾総督田健二郎

（1923年４月27日総督官邸　井出季和太『台湾治積志』1937より）

ずとすること能はず。況や殖民地人が内地に移住する場合には内地の戸籍により戸籍を設定し得べきものなれば戸籍の有無のみによりて斯る選別をなすことは甚だ不当なるものと云わざる可らず。[30]

つまり、山田は個人に依拠する国籍を有するものが戸籍を有するのであり[31]、その戸籍法令を地域ごとに分断し、「植民地人」が内地で戸籍を設定できないことに反対していた。外地の戸籍が整っていないので内地人は外地に戸籍を移せないというのも不当であるし、況や、その逆に台湾人・朝鮮人が内地に移住して、既に完備してある内地戸籍の中に就籍できないというのは更におかしいと指摘しているのであった。

委員会最終草案が修正され骨抜きにされたことに対して、山田がいかに憤懣やるかたないものを有したかを窺わせる記述であると考える。山田は、こうした感情を抱えながら、政府委員として帝国議会での前述の答弁に立っていたのであった。転籍規程が委員会案で盛り込まれたにもかかわらず、政府案の段階で削除されたことについては、自らの論文においても、「政治上軍事上並に経済上より更に考究を要する」「大問題」で、「幾多の行政法規」に変更を加える必要が生じるため、「遂に本案に規定すべき事項にあらず」とされたと、さらりと説明するのみである[32]。

転籍や他の地域での一家創立を可能とした委員会最終草案が内閣法制局で修正されてしまった理由は、推測の域を出ない。しかし、前述した帝国議会での有松法制局長官の答弁で問題なしとされた身分行為に伴う家を媒介とする籍の移動が、個人の自由意志による転籍まで含めて可能になれば、小川郷太郎から指摘された徴兵や国籍離脱を管理するための当時の体制である本籍地主義にあいた穴を、ますます拡大してしまうことになったためであると考えられる。民事上で「共婚」（通婚の意味）ができないという現実の問題を最低限是正するにとどめ、いくら、台湾と朝鮮の両総督府が要求しても、個人の自由意志での本籍

台湾の居留地、大稲埕（現在の台北市迪化街）

（竹越與三郎『台湾統治誌』1905より）

移動は、こうした理由から見送られたのであった。実際、沖縄県民の中には、本籍を鹿児島に移すことで差別を免れようとするものが存在していたとされるし、台湾人の中でも共通法制定以前に、山田の言った就籍によって東京都等に本籍を移した平埔族が多数あったと台湾の人類学研究者の間ではうわさされている。転籍を認めることは、こうした潜在的な人の移動を顕在化させ、帝国の法秩序にあいた「不安定な穴」、ほころびを大きく引き裂く可能性を有していたと考えられる。

四　帝国秩序における「外地」に封印された民族的属人法と「内地」の意味

転籍が帝国法秩序を脅かす「不安定な穴」となってしまうのは、そもそも「外地」の内部に本籍地主義に基づく属人的な法体系が存在し、異法人域法を形成しているからである。異法人域は、「台湾人の」とか、「朝鮮人の」という属人的限定詞をつけた上で、「親族」「相続」、「犯罪即決」等の単位法律関係と呼ばれる事項を指定した部分から構成されていた。具体的に民事、刑事のどこにそれが存在していたのかという問題については、姉妹書拙稿中の属人的性質を有するか否かの分類についての箇所で述べた通りである。転籍が政治性を帯びた判断を要求されてしまったのも、こうした異法人域法、属人的性質を有する単位法律関係の体系が外地という地域内の民事・刑事法令にあり、更に徴兵制等に関しては帝国大の公法の中にまで拡大して、帝国法秩序の根幹を構成していたという構造があったればこそのことであった。つまり、その構造が存在するからこそ、たかだか、民事法上で「戸」を公証するに過ぎない戸籍法令が、帝国法制全体の実質的な扇のかなめの役割を果たし、「不安定な穴」ともなりかねない状況が生まれたと考えられるのである(33)。帝国史研究の中で戸籍に注目する研究は多いが、この点は見過ごされがちである。では、地域内部で「人に依って法を異にする」場合の法の選択システム、つまり地域内部の民族的属人法同士の関係は、共通法制定に際してどのように議論されたのであろうか。

この地域内部の民族的属人法は、二つの具体的な問題と密接な関連を有する問題であった。第一の問題は、国際法上の治外法権的制度から転化して「外地」内に形成された属人法を内地にも受け入れるのか否か、受け入れるとすればどのように受け入れるのかという問題であった。これは、共通法の範囲が公法や行政法にも及ぶか否かを論じた箇所で既に言及したが、視角を変えてみれば、それは、外地にある地域内部の属人法を内地にも及ぼすか否か、植民地領有以前に形成された内地の町村制や選挙法という公法体系の中に、属人的な制限を設ける規定を編入するか否かの問題であった(34)。第二の問題は、外地内部の制令・律令という「形式」の上に存在しているにすぎない属人法を、帝国全土の実質的属人法へと法律という形式上の根拠を与えて昇格させるのか、それとも、外地の属人法をあくまで制令・律令の上での存在にとどめ、最終的にどのような手法で解消する方向へ持っていくのかという「同化」のダイナミズムにかかわる問題であった。

前者の問題は、内地に「異法人域」を認めるのか否か、認めるとすればどういう分野にそれを設定するのかという問題とまとめることができる。これは、共通法の規定範囲のところで一部言及したが、その根底には、主権国家間の国際秩序において存在する外国人法との深い結びつきが存在している。

内地においても、国際関係上、外国人の公権は認められておらず、選挙権や公務就任権等の公権は外国人には与えられていなかった。更に、内地雑居後に西洋外国人により経済的社会的に圧倒されることを恐れたが故に、公益性を有するとされた私法や、社会法・経済法上の権利についても、外国人や外国法人がそれを行使することには制約が加えられていた。そうした新しい体制が条約改正と共に「内地」で形成される以前には、西洋外国人は本国の治外法権の下で、本国と同様の権利を享受していた。治外法権廃止に伴い内地における私法と公法の体系は、条約改正に際して文明国としての基準を満たすのに十分な国内法秩序として整備され、文明国国民としての外国人であっても国際慣習法の許す範囲での権利しか与えられないこととなった。それによって内国民の権利と、ある制限の下にある外国人の権利とが、二つの属人的体系として併存していたのである。即ち、条約改正によって、民法第二条では、「外国人は法令又は条約に禁止ある場合を除く外私権を享有す」と定められ、公権は制限されたし、以下のような法令によって外国人の私権にも制限が加えられた。日本銀行条例によっては、「日本銀行の株式は総て記名券となし、日本人の外売買譲与するを許さす」とされ、横浜正金銀行条例では、「横浜正金銀行の株式は日本人の外売買譲与することを許さす」、更には、鉱業法に「帝国臣民又は帝国法律に従い成立したる法人に非されば鉱業権者となることを得す」、船舶法にも、「日本臣民の所有に属する船舶を以て日本船舶とする」との規定が置かれていた(35)。更に、外国人の土地所有は、ようやく法律案が一九一〇年にまとまったにもかかわらず、依然施行されていなかった。こうした外国人の権利に関する法令はまとまって外国人法を形成していたとされる。国際慣習を前提とするが、「国内法上の問題」として外国人の権利が内国民と同様に認められる範囲が決定されて初めて、法例によって、内国法を適用するか、外国法を適用するか、いずれの法を選択するかが決定されることになるのである(36)。

内地での外国人の私権公権の範囲よりも、内地での外地人についてのそれの方が、共通法以前の段階でもはるかに広かったことは恐らく確かであろう。外国人の権利が属人的に制限されている領域は、公法的性格を帯びた私法と、行政法、公法の中に広がっていたのであるが、朝鮮人・台湾人が内地に居住する場合に、こうした外国人と同様の制限を受けるのか否かが先ず問題であった。つまり、内地法域の中で、外国人法（以下「外人法」と記す）と同じ範囲に、外地人の私権・公権を制限するか否かが議論となったのである。やがて、第二次大戦後に日本帝国が解体され、帝国の中心部に当たった沖縄を除く「旧内地」が日本国として「独立」した際、そこに居住した「旧外地人」は今度は国籍の剥奪によって「外国人」となり、外人法が適用されていくことになる。私見では外国人法が極めて窮屈なものであったことが問題を一層複雑にしていったと考えられるが、そのことを想起する時、この外人法と外地人法の範囲の比較対照の問題は極めて現代的な議論である。

帝国議会での討論において、江木翼は西洋帝国内部で人が住所地を移動した際、どのくらいの期間を経ていかなる手続きでその地の市民権を獲得するのかに興味を示しつつ、改めて、共通法がなぜ民事刑事に限られたのかと不満を述べている。つまり、「行政法規の関係等に於て既に必要が非常に迫って居るものが随分ある」(37)し、「公法関係の基礎」も重要なので、共通法は行政法と公法についても規定すべしと江木は主張した。具体的な問題として指摘したのは、公法上の市町村制や衆議院議員選挙法から台湾人・朝鮮人が除外されていること、及び、行政法上の税法や船舶法が不統一で課税や取り締まり上の脱法行為を招く恐れがあるという点であった。

こうした江木の主張が「法系」という理論に立って、市民権と本籍地主義、内地法域内部での公法の基本的なあり方と外地法域内部における民事刑事の属人法を縦横に結びつけて展開されていることに注意する必要がある。つまり、江木は、共通法の制定を機会に、内地という法域において、外地に属する「人」である「外地人」という存在をどのように位置づけるのかという問題を、外地という法域で内地人をどう位置づけるのかという問題と合わせて考察すべきとしていた。言葉を換えれば、「外地人」「内地人」という異法人域と「外地」「内地」の異法域をどのように調整するのか、統治の根本政策に立脚した理念に照らして考察すべし、場合当たり的な対応ではだめだと江木はしていたのである。それに対して、政府側はあくまで、その都度その都度個別の対応をすればいいという態度であった。

こうした江木の理念的思考に対して場当たり的対応を繰り返す役人を後目に、政府委員として法域に基づく立場で法理論的反論を試みたのが山田三良であった。「法域」論を植民地関係者の間の「常識」として広めていく起点となったのが山田であったと考えられる。山田は立法権の違いに基づく「法系」をそのまま「外地人法」と無条件に結びつけ、地域内部の属人法を帝国全土に拡大してしまうようなあり方に批判的であった。内地において外国人に対して加えられている「私権」の制限が、内地に居住する外地人にも加えられるのかという江木翼の質問に対して、山田は内地での私権は原則として「人」に平等に享有されており、且つ、外国人と異なり、公的な性格を帯びた私権の制限を行う法令の対象に朝鮮人・台湾人がされることはないと明言し、前述した銀行や鉄道の株式保有等についても一切制限を設けないとした。よって、朝鮮人・台湾人が完全な私権を享有するとの規定さえ不要であると答弁している[39]。山田は大学での講義に用いた教科書でも、「内地人が各殖民地に於て各種権利を享有する如く植民地人が内地に移住し来れる場合には外国人に非らざる故私権の享有に対し何等の制限なきことは勿論なり従て土地所有権を享有し得べく其他外国人の権利制限に対する一切の規定は何等の制限をもなさず」とした。つまり、たとえ「植民地人」であろうとも、私権は内地においては一切平等でなければならないとした。

しかし、その一方で公権について、山田は、「此点は現今に於いても実際上一般に認めらるる所なるが、公法上の権利の享有殊に政治上の権利の享有に付ては内地人に非らざる故之を享有し得ざるものとする」ことを教科書中で認め[40]、実際の議会での答弁でも、法律で朝鮮人台湾人を対象に特別の規定を行えば公法上の制限は可能であるとの見解を示している[41]。しかし、それは法律によらねばならないと条件をつけている点に窺われるように、山田の政府委員としての立場に立った苦しい答弁であったと考えられる。山田は、「法理上に於ては斯る選別をなすべき何等根拠なきもの」との基本的立場も議会であわせて表明している[42]。山田は、内地における属人法の導入を、公権に関しても認めるべきではないとする立場をその東京帝大における国際私法の教科書で明言している。

外国人の権利制度に関する公法上の各種の規定も殖民地人に対しては適用なきものと云はざるべからず。然るに現今我行政上又は司法上に於て殖民地人が内地に移住し内地の市町村住民となるも尚ほ公民権を享有し得す（ざ）るものとし、従って選挙権をも享有し得ざるものとし内地人に非ずとなし居るが、只戸籍法上に殖民地人が内地に本籍を設くること能はずとする結果也(43)。

内地戸籍の有無が公法上の権利の享有と混同されていることを山田が批判していたことは前述したが、内地における公権の差別を戸籍で行うことこそ、山田が最も批判する対象であった。こうした内地における公法に属人的体系を導入するか否かに関しては、共通法制定を契機として内務省で研究が開始されたこと、その結果、一九二〇年の衆議院議員総選挙で在日朝鮮人にも参政権が付与され、参政権と市町村制上の差別が撤去されたこと、しかしながら、行政的な手法で管理が強化された面があることが既に松田利彦氏の研究によって明らかにされている(44)。つまり、後述するが、内部に属人法を一切有しない地域こそ、内地であったことがここから確認される。しかし、私法に関しては、法例が本国法準用を認めている単位法律関係についてのみ、外地内の属人法が内地でも依用されていたことには注意が必要である。

属人法の内地への導入はこうした形に落ちついたが、第二に、内地への依用がその方式や範囲について問題とされていたところの、外地内部の属人法と共通法の関係について次に考察することとしたい。共通法の対象にそれを含めるべしと主張していた江木は、本書の長尾論文の扱うドイツの保護領(45)法を中心としたドイツ植民地の研究や、トルコと保護国韓国の領事裁判制度の研究(46)を行った経験があった。そして、そうした経験から学びとった「法系」の理論を根拠として、地域内の属人法を内地の公法や行政法にも積極的に導入し、更に、帝国外部へも拡大することを指向していたのであった。

先ず、民事について、江木は外地内部の二つの属人的法体系の間にも法例を準用するべきことを主張し、それも共通法の規程に盛り込むべしとしていた。この主張の前史として注目されるのは、一九一四年の高橋第一草案第二条で、地域により法律を異にする場合の法例他の準用と合わせ、「同一の地域内に於て人に依り法律を異にするときは法例を準用す」との規定が行われていた点である。しかし、一九一六年の特別委員改案では、この規定が削除されてしまった(47)。その理由は、山田の議会での説明に依れば、同じ地域の中で人に依り法令を異にする場合に法例を準用しようとしても、法例にある「行為地法」が内地には属地法として存在するが、外地では存在しないためであった。なぜなら、民事実体法自体が属人的に分離されているので、婚姻方式を行為地法で行おうとしても、例えば、朝鮮人男性と日本人女性が朝鮮で婚姻しようとする場合、朝鮮の旧慣と日本民法のいずれによって婚姻を法的に有効なものとなすかは不明であったからである(48)。

この議論を蒸し返したのが、帝国議会における江木翼であった。江木は、一つの地域内部で「人に依り法律を異にする」場合、つまり、複数の「異法人域」が一つの地域的「法域」の内部に同時に存在する場合であっても、法例を準用して不都合はなかろうと次のように主張していた。

「民事に関し地域に依り法令を異にする」「地域に依り」という文字が如何にも当てはまらぬように思う、同じ地域であっても法が異なって居る、例えば、朝鮮に行って居る所の内地人と、朝鮮人とは法規を異にして居る、即ち朝鮮民事令の第十一条の如きになりますと、親族相続若くは能力と云うに付ては朝鮮には適用がない、是は当然さうなくなちゃならぬ、此点に付ては人種に依って違うのである、どうも地域に依って法令を異にすると云う、此「地域に依り」と云う字が如何にも穿鑿《せんさく》

ありますか。(49)が足らぬかのように思いますが、殊に此「地域に依り」と云う文字が使われたのはどう云う意味で

これに対して、帝国議会で答弁に立った山田の立場は、共通法第一条にある「地域」を、「一の区画をなして居るもの」として、「それを受けて各地域に依って法律が異なる」時に「法域」間の連絡と適用をするのが共通法であるとするものであった。やがて、「法域」という言葉は一般化し、外地に勤務した役人達の常識となっていったが、この当時、まだ「法域」という言葉は耳なれぬ言葉であったことがわかる。

更に、山田は江木の人域法の考えに対して、以下のように見解を表明している。

人に依って異なる時もありますが、しかし其の場合でありましても、全体に付て申せば、台湾朝鮮に於る朝鮮人又は台湾人に関する特別の法律は、内地台湾朝鮮と、相互の関係に於て言いますれば、矢張り土地によって法を異にする、…同じ地域に於て人に依って法を異にする、斯う云う関係も起こることもありますが、さう云う点に付ては各地域内の関係として各地域内に於て特別に規定する、こういう考えの方がこの法の趣意に合うと信じます(50)

つまり、山田の指摘は、「全体に付て」見ると、「人域」は所詮外地という地域的「法域」の中でしか存在していないとするものであったということができる。つまり、「人」に依って法が異なるという属人的「法系」の理論は、外地の地域内部に限定されるべしとしていたのであった。この立場からすれば、地域内部の属人法について共通法は関係がないものとなる。

しかし、民事については、共通法が、法例で本国法を適用すると定めている単位法律関係についてのみ、外地地域内部の属人法といえども、本籍地法として帝国全体に波及することを承認していることは確かである。[51]それは、帝国全土に広がる属人的な人域法としてではなく、あくまで本籍地のある地域の法令として、しかも、共通法の中の適用規則を根拠として、帝国全体に効力を拡大するにすぎない。山田も、共通法第二条について、「慣習に依る所の能力、各々の違った所の属人法に依ると云うことが、矢張り第二項の意味であります、人に依って法が異なる場合でありましても、さう云う場合に於きましては法例を準用しまして、各々其の所属する所の（地域内部にある—浅野）属人法に依る」[52]としている。地域の内部に、実際は異なる人域があり、それが「台湾人の」とか「朝鮮人の」という限定を付した親族・相続やその手続きを規定している戸籍等、個々の単位法律関係中に存在していたとしても、それは、あくまでその地域の法令という枠の中でのことにすぎない。法域が土台にあって、人域はあくまでその上に乗っているにすぎず、人域が法域を無視して直接には横に結びつかないというのが山田の立場であった。これに対して江木は、人域を横に結びつけ、「法系」という概念でまとめようとしていたのであった。

では、刑事に関する外地内部の属人法は、帝国全土、あるいは周辺地域において、いかに適用されるべしとされたのであろう。実は、地域内部の属人法は共通法と関係なしとする山田の答弁に江木が反論した際に持ち出したのが、「刑事の所に至りますれば私は必ず問題が起こ」ると思うとの主張であった。[53]

刑事に関する部分に関し、議会に提出された法案は実際の成案とほとんど変わることがなかった。第一三条で、帝国内のいかなる地域で犯された犯罪でも、他の地域でそれを処罰できるとされ、第一四条では、「刑事に関し一の地域に於て他の地域の法令に依ることを定めたる場合に於ては各地域に於て其の地の法令を適用す」とされた。つまり、外地法が内地法に「依る」と規定されている単位法律関係に限って、裁判所のある地域の法令がその地域に、内容のみならず形式上も施行されているかのような状態が作り出された。これは、民事に関する共通法第二条と同様である。これにより、朝鮮と台湾の刑事令が、内地の刑法の依用を基本とするものであったので、内地刑法の定める罪は共通法一四条で完全に連絡される。

しかし、江木が問題にしたのは、台湾の匪徒刑罰令や朝鮮の併合以前の旧法令である保安法など、台湾人・朝鮮人のみに属人的効力を有し、地域内部で異法人域を形成していた刑事法令であった。その治外法権が存在した時代の法令の属人的効力が外他内部に限定されてしまっていいのかと江木は問題にしたのである。これに対して山田は貴族院で法案を逐条解説し、朝鮮という地域全体で一律に内地人も含めて適用されていた刑事関係の制令をも念頭にして、「地域に依って、刑罰に付きましても規定が違って居る所がありますす、……法が既に違って居るのでありまして、さうしてそれを尚処分すると云うのでありますから、是は先づ犯罪地の法律に依る外ないのであります」とした[54]。つまり、犯罪地の法による裁判を帝国内のどの地域の裁判所でも行うことができるという原則を立てれば、江木の指摘した問題は解決されるのであった。江木の指摘は確かに重要視されており、そうした目的を法域の考え方の上に立って解決すべく、「犯罪地法」による処罰という規程が行われたことがわかる。それが、一四条二項、つまり、他の地域の犯罪を処罰する際には依用に関する「前項の場合を除くの外、犯罪地の法令に依る」との規程であった。ただし、笞刑に関する規定は此の限に在らす」とされ、笞刑に関してのみ例外として、犯罪地でなく処断地の刑罰を「其の規定により」、つまり属人的に課すとした[55]。

以上、民事と刑事において地域内の属人法がどのような共通法上の仕組みで帝国全土において拡大して用いられるようになったのかを述べた。こうした仕組みを支えた「法域」論とはいかなるものであったのだろうか。それはアメリカの州と州の関係のような水平的関係として帝国内の地域と地域の関係を位置付けようとするものであったと考える。こうした位置付けに矛盾する外地において現に存在する地域内部の属人法は、外地内部の立法政策の問題であると山田は議会で述べている。こうした法域論の根底には、地域ごとに異なる公序良俗原則という視点があり、その観点から法例の認めない外地内の属人法や外地の特殊法令は内地での適用を排除されたのである[56]。山田が人域を認めたとしても、それは外地においてのみであり、内地においては人域を私権についてのみ、しかも法例で本国法を認めている範囲に限定し、一方公権に関する人域は極力排除されるべきとしていたことは、「内地延長主義」の私法上の意味を浮かび上がらせている。つまり、人域法が国際私法で認められる範囲以上には存在しない地域こそ「内地」であり、その内地を拡大していくことによって、外地における異法人域を消滅させていくというのが、内地延長主義の基本的意味であったと考えられるのである。

地域内部の属人法とは、正確に言えば、属人的性質を有する単位法律関係の体系として「異法人域」として編成されている律令・制令中の部分である。つまり、それはそれが乗っている法形式上の容器である制令・律令が、やがて内地法律の勅令による延長施行によって消滅すれば、その根拠を失ってしまう[57]。共通法は、あくまで地域ごとに効力を限定され編成された「形式」の異なる法令の間の連絡と適用規則であったが、もしも、修正が加えられて、溶かしていく主体である内地の中にも人域が存在するような事態になったり、もしくは、一つの外地という地域内部に存在しているところの、「人域」を異にする法令同士の間で共通法が機能するようになれば[58]、それまで外地内部における律令・制令の上に、つまり、いずれ内地法の延長により溶かされてしまう弱い容れ物である外地の特殊法令という「形式」の中に存在してきた異法人域は、法律上の存在に強化されてしまい、法理論上の混乱が生じかねないのである。

内地延長が実行されていくことは、外地内に法律と律令・制令が共存する事態を招くものであった。つまり、ある分野の外地に施行された法律は内外地で法域をもはや有しなくなる一方、他の分野においては、内地では法律、外地では律令・制令という「形式」の違う法令により「法域」を画したままとなり、両者が共存することとなったのである。こうした混在状態の一方で、外地法という場合には、もはや「法域」を有しない法律も含まれ、外地「において」効力を有する法令は「形式」の違いにより分類されることとなった（姉妹書拙稿）。しかし、こうした分類は共通法制定の時点においては確立されておらず、帝国の諸法令を体系づけるにあたっては、ある地域に効力を有する法令を「法域」としてまとめるのがよいのか、それとも、制定形式の違いにもとづく「法系」としてまとめるのがよいのかという論争が展開されており、それが「内地人」、「外地人」の地域内の属人法の位置づけに深く関連していたのである。江木翼は以下のように主張している(59)。

成るほど、制令なり律令なりに依って一つの或る系統の法律関係ができて居る、是は別な法系を成して居る、法域にあらずして、一つの法系を成して居る、即ち共通法規を設けらるる趣意は法域に依って区別せらるるにあらずして所謂法系によって、純粋なる憲法に基づいて普通の手続きに依ってなす所の法系、さうして一種の特別法規制定法、即ち律令とか制令とかいうような権限を特に委任せられ居る所の系統、此の間の調和を図ると云うものが共通法規の必要なことではないかと思う。

つまり、江木は外地において効力を有する法令の「形式」に注目して、議会制定の法律で外地に「当然適用」される法律と、委任立法による律令・制令の間の関係を調整するのが共通法と理解していた。その具体例として、陸軍刑法と朝鮮・台湾の刑事令とのあいだの二重処罰問題を挙げたことは姉妹書拙稿の通りである。

これに対して、政府委員で法制局長官の有松英義は、「法域を異にすると云う文字を使いましたのは、立法の手続きが既に異って居るのみならず、之を適用いたします機関が全く系統を異にして居りまして、別々の地域に於て別々の、互に通せざる裁判をして居ります為に、法域を異にすると云う言葉を使ったのであります」とした。つまり、いくら外地に法律が延長施行されても、その法律を運用する行政やその適用を行う司法機関が異なるので、「法域」と使う方が「法系」と使うよりも良いとした。つまり、いくら当然に適用されるとしても、実際の行政・司法機関が同じでない限り、法域論は依然有効であるというわけである。

しかし、江木のいう法系理論で見れば、外地に勅令で延長施行された法律や当然適用の法律は、あくまで内地法系に属しており、法域というものを前提とはしない。共通法が外地という地域の内部で「人に依って法を異にする」場合に、法例を準用することを規程すべしと江木が主張したのもそうした背景故であった。

五　国際関係における属人法と帝国内「外地」における属人法

外地で活動する内地人には内地の法系がしかるべき分野で適用されるように異法人域の必要性を強調し、その逆に、内地で活動する外地人には外地の法系が及ぶように、属人法を内地内部に組み込み、それらを地域内部の異法人域間の抵触問題として共通法の規定によって法律上の存在へと強化しなければならないと江木は主張したが、その根拠とされたのは帝国法制内部の整合性のみではない。むしろ、日本帝国の周辺地域において行われている領事裁判制度を強化し、日本内地人のみならず、朝鮮人・台湾本島人をも日本の領事裁判制度に組み入れるために、帝国内部の法秩序を属人的法制、法系の理論によって編成し直すべしと江木は主張していた。江木のこうした主張とは逆に、山田の視点から見れば、外地という地域内部に存在した属人法は、属地法原理に立つ内地や法域という水平的な地域関係に対して真っ向から対立するもので、両者は水と油、油の中の不純物のようなものである。つまり、山田の法理からすれば、外地内部の属人法はやがて消滅させられなければならない存在であった。しかし、外地を飛び越えた帝国の外側の周辺部において法系に基く属人法は、朝鮮人、台湾人の居住や営業を保証する上での領事館による裁判と行政の基準として比較にならない重要な役割を実際に果たしていたと考えられる。恐らく、それ故に江木はここに訴えて自らの論を補強していくことになった。こうした帝国外周辺地域における属人法の必要は、帝国内部での同化政策の進展を左右する大きなファクターであったと考えられるが、この観点は、近年の帝国史研究の盲点となっている部分である。つまり、一国民国家の物語から、単なる一帝国の近代化の成功や抑圧を解く物語に脱することなく、世界を不可分のものとしてその中の地域の近代化のあり方を論じていくためにも、帝国は周辺の秩序との関係において論じられなければならない(60)。

江木は、法系の理論を地域内部の属人法をめぐって展開するにあたり、その議論を補強するテコとして、しばしば帝国外部における属人法の重要性に言及している。

今一遍法域とか法系とか云う点に付きまして伺いたいと思いますのは、……何故今一段進んで此領事裁判権を行はるる所の区域との共通と云うものを企てられなかったのであるか、……日本が海外領土と云うものを多く有しなかった場合に於きましては領事裁判関係の事項其他の法律関係事項と云うものが接触する場合が少なかったのでありますが、（朝鮮併合後の今日ー浅野）満州の如き、或いは朝鮮の如き、直ぐに此一歩、一足出れば領事裁判区域に属する所の場合に於ては此領事裁判によって、何故此法律関係の場合、朝鮮なり関東州なりの間に於ける所の共通関係と云うものが当然設けられて差し支えないように思いますが……(61)

日露戦争と朝鮮併合前には、領事裁判は内地と直結され、内地から移民した日本人のみを対象とするもので問題がなかったが、今日、朝鮮と関東州が各々公式の領土と租借地にとなったため、領事裁判を内地に結びつけるよりは、帝国内部の朝鮮や関東州と結びつけた方がいいのではないかという主張である。

これに対しては、直ぐに山田三良が、「領事裁判の法の適用は属人的」であって、「土地には関係がない」こと、それ故に共通法に新たに領事裁判地域を加える必要はないと反論を加えた。しかし、法例準用が共通法で認められるため、その法例の中の本国法適用が規定されている単位法律関係においてのみ、「場合に依りまして、朝鮮人は属人法の運用を適用される」ということを山田も補足している。この見解に対しては、逐条審議に入った際に、再び江木から以下のような反論が提出された。

例えば一台湾の土人が其対岸なる福州福建省、福州若くは廈門とかの土地に於いて或る民事なり、刑事なりの事件が起こった場合に仮に属人的の法のみに依って之を裁判するとなれば、それは台湾の律令に依って裁判を受けることになるので、其場合其事件が上訴されて長崎の控訴院に来た場合に於いては、長崎の控訴院は尚且つ此律令を適用されるであろうか、律令と云うものは台湾に於いてのみ効力を有する所の法令であるのでありますが、之を適用されることは出来ないのであります。さうしますと、是が適用が出来るようにするとかと云うだけでも一種の法規を必要とするものではないか……(62)

江木は、律令が帝国内では台湾という地域内部に限定されていることを了解した上で、それを帝国周辺地域での領事裁判に適用することは可能であるし、そうした裁判をむしろ行うべきであること、しかし、可能でも帝国の内部の司法制度でそれに見合った措置を執り、長崎控訴院でも台湾の律令を適用できるようにしなければならないとしたのであった。ここでは、帝国内の外地の、更にその中にある属人法を、共通法によって内地においても効力を有するようにしなければ、帝国外での領事裁判制度に矛盾を来すという論理が使われている。これに続けて江木は、「台湾人と日本人との法律行為」と「共犯」を念頭に、「対岸福州の領事の管轄区域内に於いて事件の起こった場合には何とか一種共通法規を要するものであろうと思う、殊に其事件が長崎に於いて判決せられる場合に於いてはどうしても或る法規と云うものがなければならぬ」と述べている。

これに対して、山田は、「領事裁判としては律令を適用すると仰しゃることが……私にちょっと分らぬ」とした上で、以下のように述べている。

刑事に付きましては……律令制令は其地域内に於てのみ認められたる特別の規定でありまするから、其地域外に於ては何等の効力を認めて居らないのであります、支那に於て若しも台湾の本島人が犯罪行為をなしました場合には、仮令台湾人でありましても台湾の律令に依って処分を受けるよりも、内地の刑法の規定に依って台湾に於て領事裁判所の処罰を受けるのである、だから領事裁判で適用する法律は内地刑法である、……台湾に於てのみ限られて許されたる刑法は、同地に於てのみであって、本邦人は其特別なる刑法に依るものではない、帝国の普通の刑法に依って処断せられる

これに対して、江木は、そもそも領事裁判にいかなる法律が適用されるのかについての規定を含む通則を定めた、明治三二年法律第七〇号「領事館ノ職務ニ関スル法律(63)」を取り上げその問題点を指摘している。江木はそれを「頗る不明の廉の多い法律だと」して以下のように述べた。

制令（「慣例」の誤り―浅野）と法令及び条約の規定に従う其法令と云うのはどの法令を意味するのであるか、領事の裁判と云うものを属人的に一体裁判を管轄するならば、……内地人なり台湾人なりと云う者は、自分が生まれて常に適用を受けて居る所の法律を外国まで背負って行くものと見て裁判をすると云うことが、是が領事裁判の謂わゆる属人的効力の裁判と看なされる普通の解釈ではないか、……内地の法律によって処断するのは……刑事の場合には簡単でございませうが、是が民事の場合になりまする と……内地の民法の相続並に親族権を適用することは出来ない……。刑事に付ても矢張り属人的のものであって、此刑法は何処までも担いで外国へ行くものである、さうでなければ例えば台湾の土人が、土匪でも、土匪討伐令の事犯を生じた場合に於て、それが直ぐ台湾に（から―浅野）逃げて行ってしまう、さうすると内地の刑法でやると云うことでありましては、折角大きな刑罰令を設けた目的というものは少しも達しない、是はどうしても対岸と台湾との間の刑事関係と云うものはどうしても同じ法規に依って処断すると云うような具合にならなければ、

目的は達しないと思います、是は何処までも台湾人に対しては、台湾人に適用すべき所の刑罰令と云うものは何処までも付て行く、斯う云う性質のものであろうと思います…此区域の中に領事管轄区域を一の区域として取り扱うとするならば、大概のことの運びが出来はせぬかと思います、

政府委員としての山田の最終的な答弁は、「土匪討伐令（正しくは「匪徒刑罰令」）」による処罰は領事裁判所ではやらないので、「若し事件が万一ありますれば台湾の裁判所に事件を送致する外はない」、そもそも領事裁判は、居留する臣民の生命と財産を守るためのものなので、「元来地域のないもので」あり、共通法の規定する地域間の連絡や適用規則とは「全く結び付きようがない」とするものであった。[64] 確かに、領事館の職務に関する法律の上では、「本国の法律を適用するか何れの地方の法律を適用するか規定はない」が、共通法によって、民事に関しては、法例で本国法準用が認められる範囲内で属人法が適用されると説明された。刑事に関しては、共通法によってこの問題は解決しておらず、別な法律によって法律適用の原則ではなく司法制度を変え、領事裁判所を内地の裁判制度ではなく、外地のそれの下に置くことにより、この問題は解決されるとした。[65]

山田が別な法律としたのは、江木も言及した一九〇八（明治四一）年法律第五二号「満州ニ於ケル領事裁判ニ関スル法律」と、明治四四年法律第五一号「間島ニ於ケル領事館ノ裁判ニ関スル法律」である。[66] 山田によれば、更にその前提をなす明治三二年法律第七〇号の「領事館ノ職務ニ関スル法律」は領事裁判を行う際に適用されるべき法令を規程したが、それにより内地の全ての法律と命令がいつでも領事裁判に自動的に適用されていくことを意味するのではないという。司法制度上の裁判管轄をこれらの法律で、それぞれ関東都督府（大正八年以後は関東庁）と朝鮮総督府の法院（裁判所）へと変更すれば、少くとも領事

裁判の上級審が外地の法院で開廷される際には、外地の制令・律令やその内部に含まれる属人法を適用することも可能であるし、実際に満州ではそうなったと山田は認めていた。更に、「恰も（中国の―浅野、以下同じ）他の地方に於る（領事裁判が）即ち長崎控訴院等に来るが如くに、便宜上近い所の地域の特殊の裁判所に所属せられたりする所の特別の法律の結果でありますするから、其点で問題が解決されて居ると見るの外はなかろうと思います(67)」と述べている。この二つの法律で、領事裁判の控訴や上級審判が帝国内の外地の法院で行われるようになっているからこそ、領事裁判にも、実質的に外地の律令・制令が適用できる体制ができたと山田がしたことの背景には、犯罪地の概念を拡大していく方法や領事館令中に外地の法令を組み込む方法が存在したと考えられる。いずれにせよ、その特別な法律による効果をも共通法に組み込もうとするのは、「誠に複雑な結果を来す」というのが山田の最終的な答であった。

これ以後、江木の反論は、もっぱら民事の親族・相続の適用に重点が置かれてしまい、自らの説を自滅させてしまうような方向へと向かっていった。つまり、江木は法系の理論に立って、帝国内部の民事に関する地域内属人法と領事裁判の際の属人法は同じ法系として直接に結びつけられるべしとするのであるが、これは、山田によって容易に反論され、法域の理論に立つ準国際私法の原理によって、あくまで本籍地のある地域の法として地域内属人法を適用すれば、何も問題はないということが示された。つまり、国内に複数の異法地域がある際に、法例を準用して、その枠の中で本国法の代わりに、本籍地のある地域の法、即ち本籍地法を使えば、本籍地としての外地の内部は属人的な法に分かれていようとも、何も矛盾は起こらないとして、法系の理論は退けられてしまう。法域か法系かの議論は、その後も続けられ、前述した内地内部の公法領域における異法人域の設定、陸軍刑法と刑法に依る朝鮮台湾の刑事令間の二重処罰の問題等を焦点に外地内の属人法という前述の問題について議論は展開されていくことになった。

実際に、領事管轄区域に居住する朝鮮人・台湾人には、どのような法令が適用されていたのであろうか。民事に関しては前述の通り議論は落ち着いた。一方、刑事に関しては、山田の答えが、どこまで現実を反映していたのかは今後の研究に待つより外に仕方はない(68)。恐らく、中国各地では、それぞれの領事館管轄区域毎に、異なる公式帝国内の法律・制令・律令が領事館令により、若くは慣行により指定されたであろうと推測される。その中でも、間島と満州に関しては、それぞれ朝鮮総督府と関東州内部の法令が裁判においても用いられていたことは、山田の発言から分かる。

少なくとも、一九〇八年の時点では、外務省の法令専門部局ともいうべき取調課でさえこの問題に関しては明確な答えが出せていなかった。取調課の安達峯一郎（後の仲裁裁判所裁判官、パテルノストロの通訳もかつて務める）課長の下には、電信課長兼務の幣原喜重郎と、菊池駒次書記官がいたが、菊池が保護国朝鮮や関東州領有後の問題を念頭に執筆した論文には(69)、「清国並朝鮮国駐在領事裁判規則」（明治二一年勅令第七一号）が改正され、「領事官ノ職務ニ関スル法律」（明治三二年法律第七〇号）が制定された後も、①領事官の適用すべき内国法令の範囲が明確でないこと、②領事裁判に服すべき人民に関する規定が不明確で、適用法規が曖昧であること、③通常裁判所を設置して領事官管轄区域内の裁判事務を代行できないこと等の問題が指摘されていた。

この中で、刑事法規に関する注目すべき指摘は、①と②をうけて、「台湾総督府の法制は内地人と本島人との間に刑罰の種類を区別するに拘わらず、領事館の裁判及び其上訴については同島人にも内地法制を適用するの外なく如何なる場合にも特殊刑罰を加ふる能はさるの不便あり」とされていたことである。つまり、江木の言うように属人法をもって、新たに国民となった人民に対する領事裁判を行おうとしても、それは、国際秩序の中の領事裁判モデルに従ってきた今までの例に反するという理由から困難とされていたのである。それを受けて、③の裁判制度に関しては、「当事者の種族に従い裁判機関の系統を異にするの必要」ありとして、裁判制度を種族毎に二重にして、内地人は従来通り長崎控訴院に控訴できるようにし、台湾人や一九〇八年当時の保護民としての韓国人は、台湾総督府法院や韓国の裁判所[70]で事件を管轄すべしとさえ主張されていた[71]。その後の展開は今後の検討課題としたい。

以上のように、領事裁判地域を共通法の対象に新たに加えるべきかどうかの議論は、地域内部において人に依って法を異にする部分があることを前提に、それを今度は国際秩序の中で認められている治外法権の根拠となる属人法と接続していこうとするものであった。逆に言えば、接続することで、広義の国際関係レベルと帝国内部の地域をつないだ、属人法としての体系を一貫させようとするのが江木による法系の議論であった。

しかし、江木の法系の議論は、地域と地域の異なる形式と内容の法令を連絡し、適用規則を定めるという共通法が前提とした法域の議論とは、属人法の位置づけにおいて大きく異なっていた。法系の理論では属人法を標準として帝国内外に一貫した体系を築くことが指向されたのに対して、法域における地域内の属人法は、あくまで外地内部に一時的に宿っているものに過ぎず、領事裁判とも直接は結びつかなかった。江木が、国際関係から生まれた属人主権の原理を復活させ、その上に帝国法制の基軸を据えようとしたのに対し、山田は属人法を地域を単位とする国内の異法地域である外地にのみ制限し、社会的「同化」を実現していくために十分な法制度面での内地延長を国際関係から遮断して推進する体制を構築せんとしていたということができる。

六　内地と外地の再定義と日本帝国の法的構造及び展開

以上、帝国内外の法制全般にわたる問題が集約され、いくつかの重要な分岐点を曲がった結果として共通法が制定されていったことが明らかとなった。最終的に、共通法は外地の法令を一切変更しないという原則の上に築かれることとなり、形式の異なる法令によって分断される内外地の間で、それらの間の最低限の連絡と適用規則を定めたものとなった。[72] しかし、その制定過程においては、こうした機能へと特化されることに反対して、農商務省、両総督府、拓殖局の元担当者である江木から、植民地統治全体の再定義の構想、それと関連した重要な行政法の一元化の構想、そして、本籍地の移転を可能として内地からの植民者を外地へと移民させるための構想など、植民地統治の根本を揺るがせるような帝国再編のあり方を指し示す問題が提出されていたことが明らかとなった。

帝国議会での公開された討論は、こうした政策決定の見えない部分における諸構想の主役達[73]を表舞台に出し、それまでの共通法案で検討された問題を再提出させ、また、各法案の背後にあった法理的問題を浮かび上がらせることとなった。特に、初期の段階で拓殖局の第二部長をしていた江木は、[74] ドイツの領事裁判法をモデルにしながら、律令・制令という形式を有した外地官庁の民事刑事の命令の中で、属人的に限定され、旧慣や「従前の例」によるとされていた特殊内容部分、つまり、異法人域に着目して、それを律令・制令によって、その「形式」の中に封印されている状態から再び帝国の内外に解き放って、立法手続きの違いに基く法系を人域に結びつけることを指向していた。それ故に、地域内部で、人に依って法を異にする場合にも法例を準用し、更に、領事裁判の際にも、人域に依拠する共通法が機能するようにしようとしたのであった。つまり、江木は、領有や併合の段階で日本とそれ以外の西洋列強の属人主権が無効となり、一旦外地の制令・律令の中に封じ込められた属人的、つまり人に依って異なる民刑事の法制を日本帝国全土、そして帝国の周辺外部における日本の領事裁判制度へと再び解き放つことによる帝国秩序の構築を指向していたのだといえる。

こうした立案のプロセスを理解するためにも、「人域」という概念をここで整理したい。姉妹書拙稿で明らかにしたように、外地における律令・制令は、民事・刑事の基本法制について、日本内地の民事刑事の実体法と訴訟法の依用を原則とした上で、「(台湾) 本島人の」とか「朝鮮人の」という属人的限定を施して、「民事」や「親族相続」という単位法律関係に属人的な形で特殊な「内容」を盛り込む一方、「土地」に関する権利義務という単位法律関係には旧慣を属地的に認めるという基本構造を有していた(75)。また、行政法と社会法、公法の主要部分においては、外地に居住する内地人と現地の住民を一律に規定する多くの属地的規定を設ける一方、阿片取締、言論出版取締、教育制度、外地官僚制度の中の加俸制等について、属人的規定を有した。こうした法秩序全般にわたる外地地域内部の属人法部分、つまり、正確に言えば、属人的な性質を帯びた単位法律関係こそ、地域内部で「人に依って法を異にする」「人域法」を形成していた部分である。江木は、共通法の中で「人に依って法を異にする場合」にも法例を準用すべしとしたが、それは、例外とされていた地域内部の属人法に地域内部の法秩序の柱としての地位を与え、且つ、属人的性質を有する部分を法系の理論によって、帝国全土及び周辺の領事裁判権制度にも波及させ内外法制再編の柱としようとしたのであった。「法域」を中心に考えれば、制令・律令という容器は、個々の法律が勅令によって外地に施行されるにつれてやがて消滅していくはずのものであったが、江木はその容器から属人法を取り出して、帝国内外に首尾一貫した属人法の体系を築くことを柱にする法制面の帝国秩序再編を意図していたといえよう。

生活世界を規律する地域内部の属人的法令と、国際関係レベルの法令とを、こうした考え方で接続しようとする構想があったこと、そして実際に制定された共通法がこうした法系の考え方は採用しなかったものの、法域という考え方の上に立ちつつ、それとの論争の過程で提出された問題を共有し、それらを解決していったことは、帝国の法秩序再編のダイナミズムを象徴的に示唆している。帝国の法秩序は、「同化」への貢献のみならず、新たに領有した地域内部に設けられた民族的属人法の部分と、帝国の外における領事裁判制度に適用される属人法部分とを結びつけ架橋するという課題の下に再編されていったと考えられるのである。つまり、各地域内部における内地型社会への法的同化という国際秩序の単位としての帝国にとっての課題と、帝国周辺部の「満州」や中国の開港都市において、日本人のみならず朝鮮人・台湾人にも延伸されている日本の属人主権を根拠とする領事行政権と領事裁判制度の拡張による国力の増大、勢力の拡張という帝国秩序建設上の課題とが交わり、重なり合う連立方程式こそが、帝国法制再編の基本構造であったと考えることができる。領有や併合により各地域個別の事情によって、臨機応変に形成された地域内部の属人法を内地延長主義により解消し、帝国を国民国家化するという国際秩序に対応した課題と、日本帝国外の周辺部における領事裁判権や領事行政権に必要な法制度という帝国秩序に対応した課題との間に、帝国の法秩序再編の方向は議論されていた。

実際に完成された共通法は、帝国秩序を優先する江木の「法系」の理論を排し、「法域」の考え方に立つものであったが、その法域論のモデルとなっていたのは西洋国際体系と共に確立していったところの、内部に法的統一を実現した主権的国民国家であったといえよう。外地においては、法によって国家から社会への働きかけを行う行政機関と、民事・刑事の基本法を現実社会に適用する司法機関が内地と異なる体系によって編成されていたが、法域論はそうした統治の枠組みを激的に変更することなく、漸進的に帝国内外の情勢の変化に柔軟に対応して内地法令の外地への延長施行を進めていくことを前提としていた。帝国全体が国民国家化するまでの「過渡期」の法秩序として帝国の法秩序は位置付けられていたということができる。過渡期とは、山田三良がヨーロッパの各国における法的統一を論じた際に用いた言葉である。山田は、「仏国を初め法典を編纂したる諸国に於ては国内の法律が法典編纂によりて統一せられたる結果として国内に於ける法律の抵触問題が消滅」したことを強調する一方で、「法典統一の尚完成せざる諸国に於ては内外国間に於ける法律の抵触問題を解決するか為めに所謂国際私法を必要とするのみならず其の国内に於ける地方間の法律の抵触を解決するが為めにも亦同一の法則を必要とす[76]」としていた。つまり、法典によって国家の内部が統一され、当該国内の「内地延長」が完成していく過程において法域は存在するものであり、その過渡期にこそ抵触を解決する国際私法的適用規則が必要とされていたのである。共通法の二つの機能の中の一つである適用規則は、過渡期において帝国内の法域間で生じる法の抵触を解決するためのものであった。

他方で、共通法は連絡規則としての規程を備えており、これは内地延長を補う性格と同時に帝国秩序を支える機能も果していたと考えられる。共通法の連絡機能の一半は、内外地で法令の形式が異なるにせよ、実体法の「内容」が依用によって同じになった部分、即ち単位法律関係について、帝国全土にその同一の法令があたかも施行されているかのような状態を作り出すものであった。つまり、勅令による内地法律の外地への全面施行という方法以外にも、共通法による連絡という方法で、法的内地延長は部分的に行われることになった。これは、各地の法域にある裁判所がその法廷地法を他の地域にも施行されていると見なすことを可能とした規程で、内外地の法令が法域なく延長施行されている状態を司法の上で作り出すものであった。しかし、立法面で、外地の制令律令は、内地法に「依る」としている部分を自由に修正し、改変することが可能であった。即ち司法上の便宜と立法上のそれを巧みに合体させたのがこの規程であった。外地官庁の行政上の都合により立法が左右される可能性を残していたことが、帝国秩序の構築にこの連絡規程が一定の貢献をしていたと考えられる理由である。

その一方で、依用でないにもかかわらず、共通法には内外地の形式の異なる法令の効力を連絡すると定めている単位法律関係が個別に列挙されていた。そうした連絡規則に該当するものは、民事関連の三条から一二条までのなかの七条二項・八条一項を除く部分で、三条の戸籍法令上の「家」や四条以下の「法人」と「会社」、九条の民事裁判管轄、一〇条の破産、一一条の裁判判決効力、一二条の公正証書があった。(78)また、刑事に関しては、一三条で「一の地域に於て罪を犯したる者は他の地域に於て之を処罰することを得」るとの規定が置かれたが、これも「罪」や「処罰」に関する連絡法規であった。そこから、一四条二項と三項を除いた一九条まで、刑事裁判管轄、検察官の職務、判決・処分の効力に関する地域間の刑事法、訴訟法の連絡規定が続いた。

つまり、「民事の依用部分」については共通法二条が無条件で連絡する一方、法人や会社、民事・刑事の訴訟法に関しては、共通法の個々の連絡規定に定めてある範囲と条件でのみ内外地の法令が相互に「共通」の効力を有するに過ぎなかった。共通法のほとんどの規定は、内外地の相互連絡の効力を、どこに、どれだけ認めるかという連絡規則によって占められている。特に、民事・刑事以外に、複数の個人によって構成される「法人」の設立や運営、そして犯罪・破産・民事刑事の裁判判決の効力に関する連絡規定が大部分を占めていたことが注目される。この点で、共通法が内外地の法の抵触にかかわる国際私法的な存在以上のものであることは、實方正雄の主張するところである。タイムスパンを広げてみると、それは、かつて領事裁判が存在した時代に治外法権と属人主権原理により本国と周辺地域が結合されていたにもかかわらず、領有や併合という国際関係的契機によって諸外国の治外法権共々切断され法域に分断された内外地法令の形式の違いを、司法面で克服しながら法令の改廃を外地官庁が単独で行う便宜を依然留保したものと定義することができよう。

参考までに、共通法の中の適用規則に該当したのも、民事に関する二条二項の規程のみではない。これは、民事に関するある単位法律関係に付いてそれが属人的に限定されたものか否かを問わず、外地法が属地法としての形式中に独自な内容を旧慣や従前の例に基づいて有する場合には、法例で本国法を適用すると定めてある範囲で「当事者の属する地域」である本籍地の法令が共通法を経由して適用されるとしたものであったが、共通法の中には、この民事に関する法例準用を定めた第二条二項以外にも適用規則が存在していた。法人の合併に関して各地域の法令自体に判断を移譲するとする七条二項、法人役員への過料に関して法令を直接指定する八条一項、刑事に関して「犯罪地」の法に依るとの規定を置いた第一四条二項と、笞刑をその例外とした同条三項がそれであった[79]。これらは準拠すべき法令を直接指示する規程ということができる。

議論を連絡規程に戻そう。適用規則が帝国内の複数地域の法令が抵触するに際して、適用されるべき法令を選び出すための間接的規範であるのに対し、連絡規則は民刑事において「依ル」とされる部分の効力を共通にし、且つ、「家」、「法人」、「罪」など各地で異なる内容を有する法令上の単位をどのような条件で接続するのかを直接に定めたものであった。この点で實方正雄は、適用規則を準国際私法に、連絡法規を外人法に該当する存在であるとしていた[80]。これは共通法の帝国秩序を支える性格をより根本的な次元で説き明かすカギである。山田三良も、国際私法が存在できるのは、外国人に一定の私権を実定法として認めているためであるとしたが、外国人に認められる私権と社会法・経済法上の権利について、本国法準用の範囲を定め、且つ、単位法律関係ごとに具体的な内容により外国人の権利義務を定めるのが、実定法としての外人法である。近代日本の外人法は外国人の本国からの属人的主権を排除し、それに代えて私権の享有については、土地所有権等の一部を除外して原則的に認め、社会法・経済法については個別に制限を加えるという形式を取った。つまり、こうした外人法は、一定の範囲においてのみ外国人の本国の法令が時としてあたかも国内に及ぶことを認め、他方で、領域主権の行使によりその権利義務を直接定めたものということができる。これに対して、植民地における領域的属地的主権の確立は、領有や併合という国際法上の契機によって当該地域に居住していた日本人社会に及んでいた属人的主権が、現地の住民にも、そしてそこに居住していた西洋人社会にも実質的に拡張されたことによって実現された。確かに国際法上の契機により、西洋列強のみならず日本の属人主権、即ち治外法権も当該地域で無効となるが、領域的主権を改めて取得することで、台湾と朝鮮の民事令・刑事令は、現地の日本人と西洋人を主たる対象とした内地の民法・刑法の依用を前提として、その上に当該地域の実情に合わせた固有の外人法令、そして固有の現地（人）法令を拡大していったと考えられるのである。共通法における連絡規則は、異なる背景に基く各地域の法令の効力を一般的に承認するのではなく、依るという規程を置いている民事・刑事の実体法の中の各単位法律関係、及び、前述した法人と会社、そして訴訟法、「法人の合併」や「破産」などに限って相互に効力を及ぼしあうことを認め、その他の事項、例えば、許認可を要する保険業や鉱山会社の営業活動に関する法令上の効力は、法域を越えては一切認めないという原則をとった。これは、あたかも条約改正時の民法典編纂の折りに、外国人の私権は法律で指定した事項についてのみ認めるべしとした事項限定主義と同じ原則である。条約改正の際、山田三良は、民法典の起草に穂積陳重や梅謙次郎等とともに加わり、民法第二条の私権の享有を外国人にも当然認めることを原則とすべしとする論陣を張ったが[81]、それから、二〇年の時を経て制定された共通法においては、内地法域での私権享有は外国人にもほぼ同様に認められ、外地法域内部でも民法の依用により私権は外国人にも認められたが、内外地の法令の連絡には事項限定主義が採用され、個人の私権と法人・会社以外は外地での独自の立法に委ねられたのであった。

民事・刑事に関する朝鮮と台湾の基本法が、時代によって変遷はあるものの、内地民法と刑法の依用を前提として現地住民のみに適用される属人的例外規程を置き、共通法が依用部分と重要単位を接続・連絡したことは、日本内地人と西洋の外国人の生命と財産を外地においても内地とほぼ同様に保護する上での便宜を提供するものであったということができる。つまり、国際法的契機により一旦は切断された日本本国からの属人主権が、国民国家拡大と矛盾しない範囲で共通法により連絡され復活したといえる。その一方、地方自治体や特殊法人・会社を含む団体法や民事・刑事の訴訟法において、事項限定主義に依る連絡が規定されたことは、内地人等を含めたその地域社会内部の組織や自治の基本的あり方に関して各地の総督府、政府による社会的コントロールが、共通法によって揺らぐことがないように配慮されていたことを示すものである。

そもそも、地域内部の属人法は、居留地での民刑事法と租界での行政・経済法に関する属人主権原理、即ち治外法権と治外行政権制度を、本書長尾論文で示されたドイツの保護領制度をモデルに近代日本が学んだ成果ということもできる。つまり、「敵の武器を我が武器とする」べく、国際法上の属人主権原理を国内法化して本国の法権を属人的に内地人と西洋外国人に対してのみ延長することで、新領土での条約改正を行ったことが起源となって地域内部の民事・刑事に関する属人的規程を特徴とする近代日本の帝国法制は生まれた。即ち、総督の命令によって、台湾と朝鮮の民事令・刑事令は属地法としての「形式」を有していたが、この形式（容器）内部の各条文においては、「親族」や「民事」等の単位法律関係に関して、「（台湾）本島人の」とか、「朝鮮人の」という属人的限定を施す方式の定義が行われ、それを旧慣や旧法令に依るとしたり、「従前の効力を有する」と規定することで、異なる「内容」がその中に盛りこまれることとなった。そうすることによって、地域内部の土着社会に根ざした旧慣や法令が、新しい律令・制令という形式の中に引き継がれていったのである。また、外地においてのみ有効な律令・制令という形式の上に、現地の特殊事情に対応した集団毎の私権の制限や特殊な刑事取締が行われることとなった。十分研究されていない分野であるが、台湾や朝鮮における西洋外国人に対する特殊な属人的法令もこうした地域内属人法の一種である。こうして植民地という領域に封じ込められ、依用される内地法の例外部分となった地域内部の現地人に関する属人法を、帝国全土、そして帝国外へと拡大する属人法へと「展開」させるのか否か、帝国法制全体の「構造」に絡んだ問題が各界から提出され、その議論を総合する形で制定されたのが共通法であった。故に共通法による連絡をいかに行うかという議論は帝国秩序の基本的あり方を左右するものであった。現地住民にのみ適用される地域内の属人法を、内地内部にもそれと同様に公権上で設けて内外地で横に連絡することも法系の理論においては可能であったと考えられるが、実際の共通法によって連絡されたのは、一般的原則として内地の民法・刑法と同じ「内容」を有する部分と、各地の内容の異なる法令を接続する基本単位の部分であった。

共通法の制定過程では、共通法が特別に連絡する対象に行政法も含めるか否かの問題が議論されていたが、そもそも行政法の中には、その機関や事業に伴う属人的性質を全体として有するものが少なくない。これは、内地の法律で設立された公法人としての政府機関や特殊法人が直接の主体となって外地や帝国周辺地域において活動するためであり、それに伴って内地の公法人の設立や活動の根拠となる法律が、あたかも団体としての法人の属人法となって外地に行われたのであった。行政法の統一は、法律による公法人のみならず、私法人に関する許認可をも統一し、国家的社会的活動をより組織的にかつ大規模に行うことを可能とするものであったが、実際に設けられた公私法人の活動についての連絡規定は、共通法第五条で「各地域の法令の定むる所」に従って移転や設立が可能となるものに過ぎず、各地域における総督府の総合行政権はそのまま残された。各地域における国家機能の連結をはかることで、帝国大の社会を法人という中間団体を単位として形成していく道が大幅に制限されたことは、地域内部の民事・刑事に関する法令が内地のそれと同じ内容である部分について共通法により帝国大へと拡張されていったことと比較すると対照的である。

つまり、領事裁判権の復活に対応した民事・刑事に関しては、共通法の連絡・適用規則により帝国大の社会の形成が試みられたにもかかわらず、法人という国家と社会の中間に位置する団体に関しては、その設立の根拠を与えている各法令が地域毎に分かれたままで、行政上の許認可によって設立が認められた際の地域から、他の地域へ移動するには、当時まだ存在していた朝鮮会社令など、その地の法令に改めて服さねばならなかった。私権の一部として民事の範囲で自動的にそれが認められたのではなく、あくまで、他の地域で当該権限を行使する官庁の意向に従わねばならないものに過ぎなかった。こうした構造は、労働力としての人の移動を帝国全体で、あるいは帝国の外へと向かって活発にしても、社会を形成していく推進力となる中間団体である法人の組織は地域の中に限定する傾向が共通法制定時には一般的で、地域外への拡張と帝国大での活動に関しては、行政的な枠がはめられていたということができる。

その一方、外地内部の民事・刑事に関する法令が「属する地域」の法令となって、朝鮮人・台湾人の帝国周辺地域での活動に適用される道が開かれたことは、法域論の枠の上ではあっても、実質的に一つの地域の内部の属人法が帝国周辺部の属人法と連結され、江木翼の考えた一つの「法系」が、外地から内地を経由せず、直接に帝国周辺部へと延伸され形成されたのと同じ効果を生み出したと考えられる。つまり、日本の植民地帝国は、その外部の国際関係から遮断されていたわけではない。制定プロセスの議論から明らかにされたところの、外地における民事・刑事に盛り込まれた地域内部の属人法とその帝国大、更には帝国外への拡大を模索する議論の構造は、国際関係の中で膨張した帝国としての性格を如実に反映しているといえよう。

法域と、民事に関してヒトが属する地域の法令を本国法とするという方式で、ナショナルな次元をはさみ込む上位と下位の属人法が結びつけられたことで、清宮四郎のいう外地人法が形成されていたと考えられる(82)。外地地域の内部は、内地法の施行を目指して、所謂同化の進展が、宗教や教育行政を通じて政策として進められている領域であったにもかかわらず、外地の法制は帝国の周辺部分と内地を経由して結びつき、民族別に展開される領事裁判の行われる周辺部分での活動を支えていくことになった。帝国全土レベルの法的統合を念頭に置いた長期的枠組みと、帝国外への拡張主義的利害に基く属人的法適用を念頭に置いた短期的枠組みとの微妙なバランスの上に、一九二〇年代の帝国法制は安定していたということができよう。帝国の内部の重層性は、単なる「入れ子」ではなく、入れ子になっているはずの内奥の内地を介して、外地の法制が帝国外部の国際関係上の紛争に適用されていくことによりもたらされた。台湾では、南洋華僑や福建広東の対岸との間で、ヒトとモノの交流が盛んだったことは過去も現代も同様であり、朝鮮でも満州との間で間島という不安定地域を抱えながらも、移民が盛んに行われていた。そうした構造を維持しながら、住民の同化を促し、拡大されたネーションを形成すべく、帝国の主権の下にある地域同士の法的関係が、法律の延長施行、共通法による「依る」部分の民事・刑事上の連絡、事項連絡主義による団体法・訴訟法の連絡、民事、刑事に関する法域毎の特殊内容部分に関する適用規則、婚姻や養子等の家を通じた人の地域をまたぐ限定的移動の枠組みによって用意されたのである。内地延長主義は、こうした過渡期的法秩序としての共通法を中核として、地域内部に人に依って法を異にする異法人域を抱えていないという意味での「内地」を、個々の法律毎に外地に拡大し内外地の法的一元化を図っていくものであったということができる。延長されるべき「内地」の意味は、住民の大多数の民事刑事法令に属人的例外が存在していないということにあったと考えられる。

立法者の一人山田三良によれば、共通法の目的とする理想は、各地域の現状を直接変更するのではなく、政策と社会的反応次元での「植民地の文化開発」の促進によって、地域の法令相互が「融合統一」することに奉仕することであった[83]。共通法自体が究極の目的ではなく手段であると述べられていることからしても、共通法が法的同化にとって重要であり、共通法が「臨時的」帝国法制の中核となって「永久的」法制を指向するものであったことがわかる。法域の考え方を導入したことにより、あくまでも外地官庁と内地政府による行政的な主導権を認めながら、具体的な個々の政策と社会的対応によって、社会的同化が進んでいくことを前提に、そうした一種の国民形成政策に奉仕するため、当面のほころびである民事・刑事の各地の基本法の「形式」の違いに基く矛盾を法域を前提とする連絡と適用規則によって是正したのである。生命と財産の保証、個人の自由意志と契約を根幹とする市民社会の基本を担うはずの民事・刑事法は、そうした過渡期の構造の中で、行政的な手法による社会形成に奉仕すべく、関連国家機関の協同により、外地社会に導入されていったのである。

また、外地の法令が内地の法律に「依る」という規定を置いている場合に民事・刑事法が連絡され、その反面、属人的な限定をつけて、初期においては民事一般、後期においては親族等の単位法律事項が除外されたことは、外地の住民に対してのみ有効な律令・制令の根拠を作る一方、内地人及び「文明国」に所属する外国人の生命と財産を尊重する体制が内外地をまたいで作られていたことを示唆している。

条約改正史をひもとくまでもなく、最初の問題提起で述べたごとく、「内地」の民事・刑事の基本法は、西洋列強諸国が行使する治外法権、即ち属人的主権の排除を目標として、外国人を含めた「文明国民」の生命財産を保護すべく生み出された。これに対して、「外地」においては、当該地域に居留する日本人を念頭にした治外法権、属人的主権運用に用いられていた民事・刑事の法典と領事裁判制度に、西洋の「文明国民」を服従させ、更には、現地の住民までをも包摂したことによって、公式植民地化以後の民事令、刑事令の基礎は作られた。つまり、内地が属人的主権の運用、属人主義を排除して形成された「法域」であったのに対して、外地は属人主義を究極まで拡張したことによって生み出されたそれであった。

共通法は、この両極にある起源の異なる法的な空間を接続するための法令であったと考えることができる。「内地」という法的空間は、この両極にある空間を接続した結果として、本来国際秩序に対応して生み出された法的空間が変質して生まれたと考えることができる。つまり、国際秩序の中で領域的主権を承認させるのに十分な法典と司法制度を備え明治憲法の機能する領域的な空間こそ、西洋人との雑居を念頭とした「内地」の本来的起源であった。しかし、帝国秩序の中に周辺地域を公式・非公式に包摂する際には、その空間が帝国の本国にふさわしい空間として再定義され、帝国の中心にあるという意味の「内地」として確定される必要があったと考えられる。明治憲法発布時の空間がやがて「内地」と呼び慣わされ、「外地」に対応するものとなった際には、そうした呼称の変化に伴う「法域」の変化があった。つまり、主権国家を単位とする国際秩序に対応して、西洋外国人との雑居を属地的に保障するために編成された法域が、帝国秩序における本国の法域として、周辺として組み込まれた地域との整合的関係の中で再編成されたのである。「内地」の法律が、勅令によって外地に施行されるという方式や、部分的に外地で依用されている場合には、「連絡」されるという方式によって、内地の法制度は外地に対して、事項別に、そして裁判の際のみ、拡張されることとなった。その一方、依用が行われず、法域によって民事・刑事の基本法が異なる際には、属している「家」の本籍が置かれている地域によって「外地人」と「内地人」が定義され、各法域をまたいだ関係に適用される法令を選び出す適用規則が共通法で提供されたのである。

一方、「外地」という空間もまた、共通法による再編によって、帝国秩序と国際秩序の二つにまたがる性格を有することになったと考えられる。「外地」の起源が、在外居留民に対する日本本国の属人主権が国際法上の契機によって拡張され、現地の住民と外国人一般にも及ぼされたことにあることは前述した。しかし、植民地化の過程そのものが、一旦は大韓帝国や清国の一部として、つまり、西洋の治外法権は存在するものの形式上は国際秩序の中に組み込まれていた地域に対して行われ、そこには西洋人が既に居住し営業し、且つ現地人と民事・刑事上の関係を生じる状況であったが故に、日本が当該地域に公式の領域的主権を行使するにあたっては、国際秩序原理において要求される法典と司法制度を、国際秩序の中の「文明国」として要求される水準に合わせて、開港場のみならず属地的領域的に整備することが必要であった。外地に在住する外国人の権利義務を規定した外人法一般は、内地の外人法とは土地所有権や鉱山経営権等において異なるものとなったが、それにもかかわらず、外人法の機軸が内地民法と刑法の依用によって行われたことは、国際秩序の中に外地も置かれていたことを物語っている。その一方、外地の現地住民の権利義務は、帝国秩序原理により本国の民法と刑法を依用し共通法によって連絡されるところの、現地の民事令・刑事令の中で、巨大な例外と位置付けられたのである。また、その例外としての存在は、当初は旧慣に委ねられていたが、内地民法に吸収されていく道しか、開かれてはいなかった。当面、吸収され得ない事項の中で、必要なものが総督の委任立法に委ねられることとなったのである。

近代日本による周辺地域の植民地化は、西洋によるアフリカ・アジアのそれのように、法的な真空状態で起こったのではなく、「半文明国」ではあれ、既に国際秩序の一部と位置付けられていた地域を舞台として展開された。故に、帝国秩序原理に従い、日本本国から見た「外地」と、国際秩序原理に従い国際社会の一部として定義される「外地」とが融合し、それぞれ異なる法的性格を有する空間が共通法により整合的に編成された所に、実際の「外地」は生み出されたと考えられる。共通法は、こうした起源の異なる内地と外地を接続し、それぞれの法的空間を変質させた。帝国本国地域を構成する「内地」に、各地域は共通法による連絡と適用規則によって、つまりは、国際私法原理と、再編された帝国秩序原理で結びつけられ、その「内地」をハブとして介しながら、各地域は改めて国際秩序と結合され直したのであった。

こうした観点からみれば、内地延長主義は外地の内部における社会的同化の進展を各地の行政機関による政策に委ねる一方で、社会的コミュニケーションの進展による機能的統合が進むことを予定調和的態度で待つものであったといえよう。そうした楽観的期待は、国際関係上の安定と周辺地域への勢力拡張を強圧的には行わない前提で初めて現実のものとなったはずであったとも考えられる。つまり、地域内部の属人法を周辺地域における属人法と結びつけ大いに拡張のために利用していくアプローチと、それを外地という容器に封印したまま溶かしていく内地延長主義的アプローチのバランスの上に帝国法制の構造は築かれていたと考えられる。満州事変以後になると、強圧的拡張とその後の満州国育成が朝鮮人をも構成要素として行われるようになるが、それは前者が優勢になっていったものと考えられる。地域内部の属人法や地域的法令が帝国的次元で属人法となる仕組みは、更に後の大東亜共栄圏の時代において、ヨーロッパ植民地法制研究との比較の中で日本帝国中に再発見されていくことになった(84)。それが内地延長主義が否定したはずの西洋帝国の植民地法秩序における本国に対する従属的な法域として、しかも山田の義弟にあたる江川英文によって再発見され、清宮四郎等の外地法研究を活性化させたことは、皮肉なことであった。対等であるはずの法域は従属的なものであり、法系の考えとさほど変わらない姿を日本帝国の法制は現すことになっていくのである。

(1)　『法学協会雑誌』第二九巻、第六号、一九一一年六月、一六二頁。

(2)　「共通法案及起草経過」『公文類纂第三十六編明治四十五年大正元年巻二』2A-11-1135（国立公文書館所蔵）

(3)　法律新聞社編纂『戸籍法改正寄留法制定理由』法律新聞社、一九一四年六月、一三四頁。

(4)　高橋作衛は日米関係の専門家でありながら、日本の韓国併合に関するアメリカ社会の世論動向に関心を注いだり、カリフォルニア一州における「帰化不能外国人」である日本人の土地所有権禁止を、日本帝国各地における外国人の土地所有権問題と相互主義の原則によって対処すべしとする主張を唱えていた。高橋作衛『日米文新関係』博文館、一九一〇年。高橋が委員長に任命されると同時に外務省の委員が加わっていることは、共通法制定を国際秩序との関連の中で論じなければならない必要を暗示しているかのようである。外務省からは書記官松田道一、内務省からは参事官潮恵之輔が任命され、法制局からも参事官、原象一郎が一人増員され、司法省からは参事官山内確三郎が任命された。

(5)　第三条は、大正一〇年勅令第二八三号により、大正一〇年七月一日より施行された。

(6)　この法律は、後に大正一二年法律第二五号、昭和一七年法律第一六号、昭和一八年法律第五号および同第一一〇号による改正がなされている。

(7)　共通法規調査委員会は衆目の関心を浴び、その設立直後の一九一二年の論文では、跡部定次郎が、「我国地方特別私法の衝突は法例を準用して之を解決することを得、又法例を準用す可きものなり、従て此点に付て特別の立法は必ずしも之を為すの要なし、即ち目下調査中に係る所謂共通法規の内容は……若し民事に付ては単に法例の規定を準用すと云うが如き概括的規定を設くるに止まるとせば、余輩は……其必要を認めざるなり。……此際寧ろ進んで法例の一般修正を為すの可なるを信ず。而して二者共に法の適用に関する規則なるを以て、併せて之を一と為し、其一半に於て国内地方特別法適用規則を規定し、他の一半に於て内外国法の適用規則を定むること猶ほ瑞西居住居留民法の如く為すこと、立法の体裁に於ても可なるなきか……」跡部定次郎「国内地方特別私法適用規則」『京都法学会雑誌』第七巻、第一〇号、一九一二年一〇月、一三一一四頁。

（8）「（衆議院）共通法案委員会議録第三回　大正七年三月五日」九頁、『帝国議会衆議院委員会議録一七』臨川書店、一九八三年、二五七頁。

（9）同右、山田三良の議会での説明による。

（10）前掲「共通法案及起草経過」九頁。

（11）「農商務省意見（文第二二四二号、農商務次官上山満之進より法制局長官法学博士高橋作衛宛）」大正五年七月二十二日（前掲「共通法案及起草経過」）。

（12）松田利彦『戦前期の在日朝鮮人と参政権』明石書店、一九九五年、二〇一二二頁。

（13）「（衆議院）共通法案委員会議録第四回大正七年三月七日」、前掲『帝国議会衆議院委員会議録一七』二七四一二七七頁。

（14）同右、二七五頁。法務省民事局第五課「共通法案審議録（抄）（十五）」全国連合戸籍事務協議会編『戸籍』第二六一号、一九六八年一一月、二九一三一頁。

（15）山田三良『国際私法』早稲田大学出版部蔵版（一九一〇年?）、六六頁。

（16）山田の立場は、こうした公法における法の抵触は、国家刑罰権の抵触問題であるから、国際公法と私法にまたがる問題で独立した学科として分化させ、「国際刑法」として扱うべきとするものであった。

(17) 栗原純「台湾と日本の植民地支配」『岩波講座世界歴史20アジアの近代』岩波書店、一九九九年、及び、水野直樹「国籍をめぐる東アジア関係―植民地期朝鮮人国籍問題の位相―」古屋哲夫・山室信一編『近代日本における東アジア問題』吉川弘文館、二〇〇一年。
(18) 後の時代に同一戸籍法令内の移動である転籍と区別し、異なる種類の戸籍法令上の戸として移動する意味の「移籍」として正確に定義されることになる。
(19) 「共通法案に対する各庁意見　大正三年一二月二一日　台湾総督府民政長官内田嘉吉より内務省地方局長渡辺勝三郎宛」(前掲「共通法案及起草経過」)。
(20) 拙稿「近代日本植民地台湾における条約改正―居留地と法典導入」(『台湾史研究』一四号)一九九七年一〇月、八四頁注(78)参照。
(21) 臨時台湾旧慣調査会『台湾親族相続令第二草案』一九一二年七月。
(22) 戸籍令案の制定過程については、栗原前掲論文(七八―七九頁)で、内田文庫収蔵史料を使って詳しい分析が行われている。
(23) 「法律案」と律令としての「台湾戸籍規則」の二本立ての構成を執っている。台湾総督府『戸籍ニ関スル仮案』一九一三年一月(台湾大学法学院図書館所蔵)、一頁。
(24) 「朝鮮総督官房総務局長伯爵児玉秀雄(内務省地方局長　渡辺勝三郎殿)回答、同秘第三八号大正四年二月一七日　共通法規制定ノ件」(前掲「共通法案及起草経過」)。
(25) 国籍法第一六条は、帰化した人物の公権制限の規定であった。
(26) 前掲「共通法案及起草経過」一九頁。
(27) 前掲「共通法案及起草経過」二二頁。
(28) 「共通法案に対する台湾総督府意見(大正五年一〇月)」(前掲「共通法案及起草経過」)。
(29) 「法制局第一草案　大正五年一二月共通法草案」『公文類纂第三六編明治四五年大正元年巻二』2A-11-1135

（国立公文書館所蔵）、「共通法草案」（大正五年一一月）『鈴木三郎文書』九―一一（国会図書館憲政資料室所蔵）にも同様の修正が行われて、転籍は削除された項目に記されている。

(30) 山田三良『国際私法』大正五年版・下巻、五二六―五二八頁。

(31) 姉妹書の山口輝臣論文にはそれに関する研究史が整理されているので参照されたい。

(32) 山田三良「共通法に就て」『国際法外交雑誌』第一六巻第八号、一九一八年五月。

(33) 正確には、「台湾人」「朝鮮人」という枠組みを維持する機能を担ったのは、日本国籍取得の経緯という国際法に由来する国内の公法上の地位である。それを以後も維持する役割を、本来は私法に属する戸籍法令が担ったということだと考えられる。しかし、戸籍法令は、警察の治安対策文書という性格もあり、国内の警察法・行政法とも深い関わりがある。

(34) 前掲松田利彦『戦前期の在日朝鮮人と参政権』二一〇―二一二頁。

(35) 法務省民事局第五課「共通法案審議録（抄）（四）」前掲『戸籍』第二四五号、一九六七年九月、一七頁。

(36) 国際私法が「外国人が一定の権利保護を享有することを前提条件として存在」しているものであるため、その前提条件の範囲を明らかにするのが外人法であり、それがあって初めて、法の抵触の原則が説明出来るとしていた。つまり、内外人平等に私権を享受できる分野では、国際私法である法例に基づき、本国法や行為地法、法廷地法等の選択が行われる一方で、内外人を差別することは、主権に属する国内法の一方的決定として、相互主義的制約を覚悟しながら行うことができるとするのが山田の立場であった。前掲山田三良『国際私法』（大正五年版・下巻）九八―九九頁。

(37) 「貴族院共通法案特別委員会議事速記録第二号　大正七年一月二八日」一〇頁（『帝国議会貴族院委員会会議録　第四十回議会（二）［復刻版［八］］大正七年』臨川書店、一八九二年）。以下、「貴族院共通法案特別委員会議事速記録（二）大正七年一月二八日」とのみ記して、議事録のページ数を掲げる。

(38) 同右、六頁。

(39)「貴族院共通法案特別委員会議事速記録（三）大正七年一月三十日」二五－二六頁。
(40) 山田三良『国際私法』大正五年版・下巻（東京大学法学部所蔵）、五二六－五二八頁。
(41)「貴族院共通法案特別委員会議事速記録（三）大正七年一月三十日」二五頁。
(42) 前掲山田三良『国際私法』大正五年版・下巻、五二六－五二八頁。
(43) 山田三良『国際私法』大正三年版・下巻（東京大学法学部所蔵）、五六三－五六五頁。
(44) 前掲松田利彦『戦前期の在日朝鮮人と参政権』二二頁。
(45) 江木は共通法案審議の際、本論では取り上げなかったが、関東州の法的構造を問題にしつつ、ドイツは憲法施行領域を憲法で定義しているにもかかわらず、憲法区域外に適用される保護領法を法律として制定したことを強調した。それは、「独逸帝国の国権の発動」が憲法によって発動するので、「或る事項を規定し、法律を要する場合に於いては、法律に依るという主義」をとっているからであるとした。江木が外地にも効力を有する法律にこだわり、法系の理論を主張した背景が窺われる。ドイツ保護領法の詳しい内容に関しては、本書長尾論文、及び以下を参照。長尾龍一「『ドイツ植民地法』」覚え書き」日本大学法学会編『日本法学』六六巻二号、二〇〇〇年九月。
(46) 江木翼には、それまで『膠州湾論』（読売新聞日就社、一九〇七年）、『殖民論策』（東京：聚精堂、一九一〇年）等の著作があり、後者においては保護国朝鮮の法制にも言及されている。また、共通法制定の直後には、インドの法律関係やイギリス植民地法の研究を発表している。
(47) 前掲「共通法案及び起草経過」二一－二九頁。山田三良「共通法に就て」『国際法外交雑誌』第一六巻第八号、一九一八年五月。
(48) 前掲「貴族院共通法案特別委員会議事速記録第三号　大正七年一月三十日」二五頁。
(49) 前掲「貴族院共通法案特別委員会議事速記録第四号　大正七年二月二日」三五頁。
(50) 同右、三六頁。

(51) 松村眞一郎「共通法案に付て」『法学士林』第二〇巻第二号、一九一八年、二頁。
(52)「貴族院共通法案特別委員会議事速記録第四号　大正七年二月二日」三六頁。
(53)「貴族院共通法案特別委員会議事速記録第四号　大正七年二月二日」三七頁。
(54)「貴族院共通法案特別委員会議事速記録第三号　大正七年一月三十日」二〇頁。
(55) 第三項で「犯罪地の法令に依り処断する場合に於て処断地の法令に笞刑に関する規定あるときは其の規定に依り笞刑の言渡を為すことを得」とされていた。「貴族院共通法案特別委員会議事速記録第六号　大正七年二月七日」五二頁。
(56)「已に法律の施行区域定り其施行地域を標準として立法せられたる以上は一地方の公益に適する法律が必ずしも他の地方の公益に適するものと断定することを得ず。例えば台湾に彩票条例あり或意味にて賭博を公認する場合に、台湾に於ける富藏より発生せる債権債務が内地に於いては富藏に関する行為を本法となす以上、之に関する債権債務を認め得べからざるものなり。何か公の秩序、善良の風俗に反するかは之を訴訟地の法律により定むるものなれば内国に於ける地方の法律の適用に付ても尚法例三〇條の（公序良俗原則の－浅野）準用を認めざるべからず」山田三良『国際私法』大正五年版・下巻、五三三頁。
(57) しかし、実際は、一九二二年勅令四〇六号による台湾への民法施行以後も、今度は民法という法律の中にそれを新しい容器として巣くうこととなった。その根拠は、法三号とそれを根拠に「民事に関する特例」を「本島人の親族相続」と属人的に限定して認めた勅令四〇七号であることは姉妹書拙稿を参照。
(58) 制令・律令の中には、必ずしも属人的ではない、属地的なものが土地法などにあった。属人的な制令・律令の全体を帝国外でも外地人の属人法とする傾向があった。地域内の属人法部分は、こうした「形式」上の制令・律令の中の一部として存在していた。
(59) 前掲「貴族院共通法案特別委員会議事速記録（二）大正七年一月二十八日」八頁。
(60) 平野敬和「〈帝国史〉研究と応答責任」『〈歴史認識〉論争』作品社、二〇〇二年、一七四頁。

(61)「貴族院共通法案特別委員会議事速記録第三号　大正七年一月二十八日」九頁。
(62)「貴族院共通法案特別委員会議事速記録第三号　大正七年一月三十日」一三頁。
(63)実際、その法律では、裁判権行使を含む領事の権限を「法律に抵触せざる範囲」(第一条)と限定しながら、「法律の規定なき時」(第二条)には、命令で必要な規定を定められるとしている。その一方、「法令及び条約の規定」には従わねばならず、「国際法に起因する慣例又は駐在地特別の慣例」には従うか、自ら命令を発する必要があった。
(64)「貴族院共通法案特別委員会議事速記録第三号　大正七年一月三十日」一三頁。
(65)同右、一三頁。
(66)同右、一二頁。
(67)同右、一三頁。
(68)田中隆一「帝国日本の司法連鎖」(『朝鮮史研究会論文集』三八号、二〇〇〇年一〇月、七四四頁)には、領事裁判の控訴・上告が行われる台湾総督府法院においては、本来台湾地域の律令が適用されるべきであるが、特例として、領事裁判管轄区域の法令を適用する規程を設けたことが言及されている。領事裁判は、本来、属人的な原理で行われるにもかかわらず、「管轄区域の法令」が存在するような事態になったのも、中国での属地的支配の慣行が積み重ねられていったであろうことが示唆されるように思う。
(69)菊池駒次「領事裁判に関する現行法制の不備を論ず」『国際法外交雑誌』六巻七号、一九〇八年。
(70)統監府法務院又は理事庁裁判所か、それとも、一九〇八年時点ではまだ存在していた韓国裁判所か、菊地は明言していない。属人法と裁判管轄のねじれは、更にこの問題で深まったと推測される。
(71)菊地前掲論文、三八頁。属人的に二重の司法制度を設けようとする構想に関しては、本書姉妹書中の文論文を参照のこと。
(72)「(衆議院)共通法案委員会議(速記)第五回　大正七年三月九日」三一頁。

(73) 本文では、少し触れただけであったが、共通法制定委員会の委員長を務めた岡野敬次郎や高橋作衛も議会で質問を行っている。特に、岡野は、梅謙次郎と共に民法典を制定した富井政章と共に、連絡規則において何を同じと見るのかについて、つまりその単位となる法律関係のまとまりについて何度も質問をしている。「貴族院共通法案特別委員会議事速記録第二号 大正七年一月二八日」一〇頁。

(74) 台湾島内の司法と、対岸の領事裁判制度における司法を、満州や間島同様に接続してはどうかとの通牒が、拓殖局第一部長から台湾総督府へ明治四四年に送られたが、そのときの第二部長は江木である。この通牒は、以下の文書に収められている。「司法制度関係書類」『天理図書館所蔵下村宏文書』319-341-93。

(75) この点は姉妹書拙稿で詳述した所であるが、以下の論文でもそのポイントが梅謙次郎の朝鮮における活動と共に詳述されている。大河純夫「外国人の私権と梅謙次郎」『立命館法学』一九九七年三・五号（二五三・二五五号）。

(76) 山田三良『国際私法』大正五年版・下巻、五〇八頁。

(77) 實方正雄「共通法」（末弘厳太郎編『新法学全集　第三十一巻　国際法Ⅲ』日本評論社、一九三九年）。

(78) 實方前掲書、四―一〇頁。

(79) 實方前掲書、六頁。

(80) 實方前掲書、六頁

(81) 山田三良「外国人の地位」『法学協会雑誌』第一五巻、一八九七年。

(82) 清宮四郎『外地法序説』有斐閣、一九四四年、三〇頁。

(83) 山田三良論文（本書七〇頁参照）、一九一八（三）、八〇頁。

(84) 以下のような研究が行われている。齋藤武生「準國際私法の性質について」『国際法外交雑誌』第四八巻、五号、一九四九年一一月。田中次郎「国法の地域的効力の限界―特殊法域に於ける法形式の研究―」『法学協会雑誌』第六二巻、第八号、一九四四年七月。江川英文「佛印に於ける原住民の適法法規」『法学協会雑誌』第六二巻、第八号、一九四四年三月。福井勇二郎「佛印に於ける原住民の身分について」『法学協会雑誌』第六二巻、第八号、一九四四年三月。こうした大東亜共栄圏建設の際の議論をたどるためには、本書の波多野論文と以下の各地植民地法制に関する基礎資料が大いに役立つであろう。浅野豊美編集解題『大東亜法秩序・日本帝国法制関係資料（全36巻）』龍溪書舎、二〇〇四年（近刊）。

II

領域外隣接地域の管理と法の属人・属地的延伸

中国共同管理論の展開

「文明国標準」と協調外交

酒井一臣

一　「中国とは何か？」

一九二一年一一月一九日、ワシントン会議極東問題総委員会第二回会合でフランスの全権ブリアン(Aristide Briand) は、以下のように述べた(1)。

中国が主張する数多くの議題は、たしかにそれぞれの観点から一般的討議にかける価値があります。例えば、中国の領土保全について、フランスは全面的に受け入れるものでありますが、この問題は、中国の国境が確定されてはじめて重要性をもつものであります。

この意見は、中国に対して列強諸国が抱いている疑念、すなわち中国が「国家」の体をなしているのかということを表明したものであった。国家主権は、その領域内における絶対的な権力であり、外交政策を独占的に決定するものである。近代の国際社会は、国家をもっとも基本的な構成要素としている以上、主権の確定していない地域は、国際社会のなかでほかの国家と同等に扱いにくいというのが現実である。またしてワシントン会議は、欧米列強諸国の植民地支配と、それを正当化する西洋文明中心の国際政治がようやく転換しはじめたときである。領域すら確定できない地域は、「文明国標準」に達していないものとみなされ、区別されて当然であるという発想が根づよくあった。よって、ブリアンの発言は、一一月一六日の第一回会合での中国代表団による広範な権利回復要求への拒絶であるのみならず、中国を文明国として扱ってよいのかという意味のより痛烈な疑問を呈したものであった。

アメリカ全権ルート（Elihu Root）は、中国問題に対するいわゆるルート四原則の原案を発表した後、ブリアン発言に次のように答えた。[2]

ブリアン氏は、「中国とは何か?」という問いを発せられました。私は、中国本土と周辺領域を区別する方が望ましいと考えます。なぜなら、もしこの委員会で中国の周辺領域を扱えば、混乱を引き起こすだけでしょう。周辺領域を後に扱うことはできましょうが、本土と同時というのは無理でしょう。

ルートは、満州権益や山東問題を抱えていた日本への配慮からこのような発言をしたのだが、「中国とは何か?」ということが問われるほど、当時の中国の主権は不安定なものであった。よって、本土と周辺という区別はないとする中国側の抗議も結局無視された。第一次世界大戦後のアジア太平洋地域の国際秩序を調整するために開催されたワシントン会議では、中国の主権を尊重し政権運営を安定させるという原則には、日本を含めた列国はいずれも賛成した。一方で、既得権益の維持と自国に有利なかたちで中国問題を解決したいという現実的目標も同時に追求された。くわえて、欧米諸国にとっては、日本の中国進出をどこまで抑制できるかということも大きな関心事であった。

この原則と実益の双方を達成できるものとして、ワシントン会議前後に注目されたのが、中国を国際的に管理するという方策であった。中国共同管理論（以下、中国共管論と略す）とは、中国を全般的もしくは部分的に、権益をもつ諸国が共同で管理して中国に安定した政権ができるのを援助するという発想であった。表面的には、中国支援を目的とした共同管理をすることで、既得権益に関わり続けることができるうえに、日本も組み入れてその動きを抑制することもできるため、列国には原則と実益の間を調整するには格好の方策であった。

そこで問題となるのは、主権を尊重するという原則を強調しておきながら、共同管理のためには一時的に中国の主権を列国に委譲させる必要があるということである。この矛盾を乗り越えるために、中国がいまだ近代的国家でないため、原則の即時適用は不可能で、文明国により指導すべきであるという論理（「文明国標準」論）が強調されたのである。アメリカの国際政治学者クラズナー（Stephen Krasner）は、ウェストファリア体制に起源をもつ主権国家システムは、大国に都合がよいときにはたてまえとしての主権尊重がうたわれるが、そうでないときは弱小国の主権は無視されてきたとしている。(3) このような主権をめぐる「みせかけの構造」は、列強諸国のアジア進出の典型となって現れたと主張する。

たしかに、国家主権は、パワーゲームに翻弄され、たてまえと実態は乖離したものであった。しかし、列強諸国の植民地支配に利用された「文明国標準」論は、主権尊重の原則の表裏の二重性を隠すものというより、そもそもその二重性を国際政治のなかで、法的にも政治的にも、かつ道義的側面においてすら正当化したものであった。

「文明国標準」とは、ヨーロッパ起源の国際法の適用を、欧米諸国が文明国と認定した国家にのみ適用することである。本来、これは、ヨーロッパキリスト教世界内の論理であった。それが、最初はトルコ、そして一九世紀になりアジア諸国への本格的進出という、非キリスト教の「他者」との遭遇のなかで、これらの諸国がヨーロッパ文明にどこまで近接しているかということをはかる基準となっていったのである。(4)

ここに、いわゆる「文明の使命」という発想が重ねられることによって、「文明国標準」は、たんに国際法体系の議論を越えたものとなり、社会制度にはじまり、生活や慣習など文化面までもの西洋文明化が「正しい」ことであるとする論理に発展していった。

一方で、「文明国標準」を適用される側の非ヨーロッパ地域の諸国にとっては、圧倒的な経済・軍事力を背景に迫ってくる欧米諸国を前にして、程度の差はあれ、西洋文明化は不可避な選択肢と浮かび上がってきた。一九世紀後半に近代国家システムに参入した日本も例外ではあり得なかった。

維新政権にとって、主権国家となるためには、近代化が急務であり、実際それに邁進したことはあらためて指摘するまでもないが、国際社会のなかで主権を安定できるかどうかが、国際法ではなく、国力の強弱にかかっていることも認識されていた[5]。日本は、日清・日露戦争をへて、近代国家として急速に発展し、第一次世界大戦後には世界の五大国の一つに挙げられるまでになった。これと平行して日本には、ほかのアジア諸国とは異なる文明国・一等国であるという意識も高まっていった。ワシントン会議を迎える頃には、欧米に向かっては「文明国標準」の遵守と達成を示しつつ、アジアに向かっては相手を見下し文明化を誇示するという日本外交の基本姿勢が確立していた[6]。

従来、中国共管論への日本の関与は、それが実現しなかったこと、最終的に反対したことなどから、一エピソードとして簡単に触れられるにすぎなかった。しかし、文明国として「遅れた」地域の管理をすることは、「文明国標準」に敏感で、欧米諸国との協調外交を選択せざるをえなかった日本にとっていかなる意味があったのかという点からは再考の余地が残されていよう。また、この時期、植民地政策は、利権や勢力範囲が錯綜する地域を国際社会が共同して管理する方向に移行しつつあった。日本も、赤道以北の南太平洋諸島の委任統治権を得て、新四国借款団にも参加し、必ずしも共同管理方式に反対ではなかった。本論では、こうした観点から、ワシントン会議前後の中国共同管理論に対する日本外交の方針を議論していきたい。

二　前　史

1　一八九八年の衝撃

今回三国干渉の突来するや、まさに日清講和条約批准交換期日已に迫るの時にあり。而して政府は三国および清国に対するの問題を一時に処理せんため百方計画を尽したる後、遂に乱麻を両断し彼此各々錯乱せしめざるの方策を取り、その清国に対しては戦勝の結果を全収すると同時に、露、独、仏三国の干渉をして再び東洋大局の治平を攪擾するに至らしめざりしものにして、畢竟我にありてはその進むを得べき地に進みその止まらざるを得ざる所に止まりたるものなり。余は当時何人を以てこの局に当らしむるもまた決して他策なかりしを信ぜんと欲す。(7)

陸奥宗光がこの有名な一節を残した三国干渉は、日清戦勝に沸いていた日本が、列強諸国の前には無力であることを確認させた事件であった。その余燼さめやらぬ一八九八（明治三一）年には、ドイツの膠州湾の租借に始まり、ロシアは大連湾、フランスは広州湾と、中国の領土保全を掲げて日本に遼東半島の還付を要求した三国が要地を租借し、中国分割を進めだした。主権尊重という原則が、現実のパワーゲームを前にしたとき、いかに無意味であるかということを、日本があらためて思い知らされる事件であったといってよい。山県有朋は、翌九九年五月の意見書で以下のように述べた[8]。

清国の情勢を見るに欧州列強至る所清国の版図内に其利益線を張り終に清国の地図は変して赤黄青の色分けとなるに至るへきは明なり…我国も予め此の未来に処して出来得る丈けの利益線を拡充するの措置に出さる可らさるは勿論なれとも…目下我国の国情は財政整理軍備拡張の時期なるを以て我外交政策は最も円満の方針を取り数年間は汲々として財政整理軍備拡張を是務め可成外国と釁を開くことを避けさる可らす

山県は、中国に分割の危機を見つつも、列強諸国との対立は不可とする点では、陸奥の「他策なかりしを信ぜんと欲す」という苦渋の選択に同意するしかなかったのである。こうして、三国干渉と一八九八年の衝撃を受け、中国ばかりか「利益線」としていた朝鮮半島での勢力維持も危うくなるという認識から、将来に向けての大陸政策が積極的に講じられるようになった[9]。

伊藤之雄が詳細に論じているように[10]、この時期外交論は、朝鮮半島を保護国化すべきだとする点では議論はほぼ一致していたが、対中国政策については、「支那保全論」と「支那分割論」に議論がわかれた。「支那保全論」は、日本の安全保障上の理由はもちろんのこととして、思想的には、日中が連帯して欧米諸国の侵略に対抗すべきだという発想に近いものであった。「支那分割論」は、列強による中国分割が進行している以上、日本も傍観せずそれに参加すべきであるというものであった。その際、中国共管論は「支那保全論」の文脈で現れたが、後述のように、保全ということは、とかく表面的な大義名分となりがちで、現実には分割論との区別は明確ではなかった。

ところで、たてまえはともかく、保全論も分割論も中国の主権や行政自主権の軽視という点では程度差の問題であったし、欧米諸国との協調という点では、保全論もそれを完全に否定するものではなかった。よって、保全か分割かという枠組みは、必ずしも対外政策の論議のありようを正確に反映していたわけではなかった。つまり、日本外交の二大方針であった、国際協調主義対アジア主義という対立軸を横断するかたちで、保全論と分割論が錯綜していたのである。にもかかわらず、この後、保全か分割かということは対中政策論争の基本的な枠組みとして引き継がれ、ここに日中提携論や中国の主権回復の機運がからまることで、対中政策論の混迷は続いていくことになった。

一方、一八九八年前後に独仏露三国が積極的に中国進出を開始したことは、それまで中国市場で圧倒的優位を占めていたイギリスにも衝撃を与えた。基本的にイギリス政府は、企業や銀行の行動を自由放任の原則にゆだねていたが、しだいに香港上海銀行との関係を強化し、独仏露三国との競争に備えるようになった。しかし、競争の激化は結果的にイギリスの勢力圏への他国の介入にもつながることから、列国協調の必要性が認識されるようになっていった。こうして、日露戦争による情勢変化をきっかけに、イギリスは本格的にフランスとの協力を開始し、一九一〇（明治四三）年、英米独仏四国間で規約が結ばれ、翌年の対中四国借款団の成立にいたるのである。この過程で示されたイギリスの国際協調策の特徴は、「金融力という兵器」を活用した、揚子江流域を中心とする自国の勢力圏と商業的権益の維持を第一とするものであり、一九二〇年に成立した新四国借款団にまで引き継がれる方針となった[11]。このような勢力均衡を基調とした対中政策における協調は、中国の事実上の分割を前提とした議論であり、中国の保全は、あくまで各国が勢力圏からの収益を安定させることを目的として唱えられたのである。

一八九八年の衝撃は、当初日本の中国進出の道を閉ざすものと思われたが、日露戦争により南満州に権益を確保した後、日本では、満州の護持が最重要課題として認識されるようになった。一九一一（明治四四）年に勃発した辛亥革命は、期待通りの効果をあげない対中政策に関する議論を高めるきっかけとなった。しかし、第二次西園寺公望内閣は、当初清朝支援に傾くものの、基本的には事態を傍観して英国との協調を重視した。対満政策に関しても、革命勃発直後の一〇月二四日の閣議決定では「満州問題の根本的解決は一に我に最も有利なる時期の到来を待つこととし…漸次我目的を達せんことを期するを必要なりと信ず」として積極策はとられなかった(12)。

他方、中国の混乱は、いわゆる大陸浪人の活動を活発化させ、総合雑誌の論文にも中国の統一問題や満州の処遇をめぐる記事が多く現れた。特に、前年成立していた四国借款団は、借款団に満州への投資の優先権が与えられていたため、日本の満州権益侵害になるのではないかと懸念されていた。また、列強諸国による借款は中国分割につながるものとして警戒する議論が高まった(13)。こうした情勢下で、中国保全論は、理想主義的なアジア連帯論として語られることが多く、よって満州を分離して日本に併合することにも否定的であった。また、「各列国が申し合わせたらんが如く領土拡張主義の百害ありて一利なく、経済的膨張主義の却つて安全有益なるを認識するに於て殆んど一致するに至れる今日、領土瓜分の憂い固より昔日の甚しきが如くに非ず」というような理想論的国際政治観からも、中国分割論は批判的に論じられたのである(14)。一九一三（大正二）年には『太陽』で「分割乎保全乎対支那大陸の根本政策問題」という特集が組まれ、黒龍会の内田良平や大倉組の大倉喜八郎らが、日本の影響力保持のために中国分割に反対する立場から記事を寄せ、満州への過度な介入を避け商権拡張を第一に考えるべきだとする見解が示された(15)。

これらの議論では、中国侵略に積極的だとされるアジア主義に近い立場が、四国借款団などによる列強諸国の中国共管論への対抗から、中国保全を強調したといえる。しかし、国際協調主義が常に基本方針として日本外交を拘束していたことも事実であった。ここにいたって、日本は中国進出にあたって、いかに欧米諸国との対立を避けつつ満州から中国本土に勢力を拡張し、かつ中国の領土保全という原則を大義名分として掲げ続けるかという融和しにくい問題の共通解を求めなければならなくなったのである。

2　勢力圏撤廃論から満州権益相対化へ

日露戦後、南満州における権益護持が日本外交の最優先目標となったことは、すでに反論の余地のない問題であるが、満州が、当初から「日本の生命線」とされ、経済的な権益のみならず、領土的な勢力圏としても絶対死守されるべきだとされたわけではなかった。満州権益を護持するとはいえ、国際協調を決定的に破綻させることは、少なくとも日露戦後から戦間期にかけての日本外交にはあり得ない選択肢であった。いいかえれば、日本の課題は、国際協調を維持するためにどこまで満州権益を相対化し、かつ中国本土への日本の勢力拡張を認めさせるかということであった。

第一次世界大戦で列強の中国進出の勢いが弱まったことから、二十一箇条要求をはじめとして、日本の対中政策は積極化したが、これは中国からの反発はもちろん、国際社会からの非難を浴びることになった。一九一六（大正五）年に成立した寺内正毅内閣は、こうした情勢の好転をめざし、「日支親善と日支経済的提携」を掲げ(16)、親善策の一貫として中国における治外法権の撤廃とそれに関連した各国の勢力圏撤廃問題が検討された。治外法権「制度の存在は今日の支那としては従前に比し一層苦痛且不快とする所」であるし、「米国の如きは其の従来の対支方針の態度に鑑みるも或は率先之か撤廃を提唱する」かもしれないので、「日本は列国に率先し誠意治外法権撤廃を提唱すること極めて得策と認」めるというのが、その基本方針であった[17]。そして、「治外法権撤廃せられ外国人の支那内地雑居自由となるに至らは帝国の支那に対する地位竝地利よりして結局最も多く此の自由を利用して実利を収め支那内地全般に亘りて広く実勢力を扶植するものは日本人[18]」であるということが治外法権撤廃推進の根拠とされた。なお、治外法権が撤廃されれば、中国の主権が全土に行使されるため、勢力圏撤廃と議論が結びつくことになった。

ところで、寺内内閣期の勢力圏（治外法権）撤廃論には、満州への言及が避けられていたが、日本の勢力圏である満州にも大きな影響を与えることは明らかであった。一九一七（大正六）年に締結された石井＝ランシング協定交渉時、石井菊次郎特派大使はアメリカに日本側から中国における勢力圏撤廃を提案することを具申した[19]。

元来支那に於ける勢力範囲は門戸開放主義と調和すること困難なるのみならす門戸開放主義の下に他国との競争に於て確かに勝算を有する我国としては各国をして悉く其勢力範囲を撤廃せしむること寧ろ有利なるへく況んや一方に於て日本の特殊地位を承認せしむるに於いては我従来の地歩を損傷するの憂なきにおいてをや

この石井大使の具申には、中国に近接している日本が勢力圏を撤廃しても不利にはならないという議論の原型がみられるが、これに対する外務省の回訓は「支那に於ける勢力範囲の放棄は帝国の将来に及ほす影響極めて重大にして何分帝国政府の同意し難き所」で、「殊に御承知の如く帝国は露国と累次の秘密協約に於て両国各自の特殊利益地域を擁護することに関し相互に支持すへき旨を約したる関係上…到底前記の地位を放棄すること」はできないというものだった[20]。ロシアとの間で擁護しあう「特殊利益地域」が満州であることは明らかで、すなわち、勢力圏撤廃は満州の地位に影響を及ぼすため認められないということであった。

ところが、寺内内閣ではしだいに勢力圏撤廃容認に意見が傾いて、前述のような諸調査が行われるようになったが、石井＝ランシング協定交渉時の経緯からみても、このことが満州権益のある程度の相対化を含む議論となることはたしかであった。森川正則が検証しているように、西原借款などの寺内内閣期の中国進出策は、必ずしも「日支提携」による自給自足圏をめざしたものではなかった。むしろ、アメリカの資本導入をも視野に入れた、日本主導の日中両国の産業開発にその主眼があった[21]。ただし、中国の幣制改革を進め、円為替圏設立を視野に入れていた寺内内閣にとって、西洋列国が干渉する「支那共同管理を招くか如き形成を阻止するは勿論[22]」のことであったし、陸軍出身で朝鮮総督をつとめ、満州を領土的に確保しておくことを重視していた寺内首相が、満州権益の相対化の可能性に言及することはなかったのである。

日中提携を名目にして、積極的に中国に進出しようとした寺内内閣の方針を批判して、一九一八（大正七）年九月末に成立した原敬内閣は、アメリカからの新四国借款団設立の提案などを受け、従前以上に満州の処置策を深刻に考慮せざるを得なくなった。同年一二月八日の臨時外交調査委員会でパリ講和会議全権に決まっていた牧野伸顕は、講和会議にのぞんで「帝国の世界的地位に一新紀元を画すへく従て此の機に於て帝国の国際的信義を十分表明すること極めて緊切なる根本要義たり」として、「之か為には治外法権の撤去支那に於ける外国特に我軍隊の撤退の如きは帝国に於て卒先之を提唱し其の実現に力を致すこと政治経済上結局帝国に取り有利」であるする外交方針案を提出し、全委員の同意を得た[23]。

こうした情勢のなか、満州権益の扱いについて、おおよそ次のような方針が考えられていたことが、外務省の調書よりうかがわれる。すなわち、勢力圏撤廃に伴う機会均等主義については、「南満洲に於ける帝国臣民の来往居住及営業権東部蒙古に於ける合弁農業権亦同様にして帝国臣民以外の外国人と雖も均しく之を享有得へし[24]」として、原則は満州の開放もやむなしというものであった。しかし、例えば治外法権については「帝国は同地域（南満州：筆者注）に対し政治上経済上特殊の地域にある」ため、「列強との共同を離れ且南満洲を限り帝国単独に本件を処置するは相当の理由あり[25]」とするなど、「条約上の明文に基く権利に何等の影響を及ほささる旨の留保の下に所謂勢力範囲の撤廃を見るに至る様措置すること[26]」という条件をつけたものであった。

この、総論としては満州の開放を認めるが、個別の権益については、それを一々とりあげて留保するという発想は、時期を同じくして交渉が進められていた新四国借款団での日本の譲歩策であった満蒙権益「列挙主義」と同根のものである[27]。このように原内閣では、寺内内閣より一歩踏み込んだかたちで満蒙権益の相対化が論じられたのである。

三　中国共同管理論の諸相

1　「支那共同管理問題」

中国で欧米諸国との協調を維持しつつも、日本の権益維持拡大をいかにして行うかという問題の共通解として、これまでの議論を総括する可能性をもっていたのが中国共同管理論であった。中国共管論は、欧米諸国にとって、日本の中国での独走を抑制する意味合いがあり、日本側もそのことを認識して警戒していた。他方、満蒙権益相対化論が、地勢的に欧米との競争に有利で、不足しがちな資本の導入にも、欧米諸国との協調行動進展が必要とする論理から、対中外交の一方策として議論されていたことは、すでに述べたとおりである。

第一次世界大戦で戦勝国となった日本は、ドイツ領であった南太平洋諸島の委任統治権を獲得した。また、一九一七（大正六）年にアメリカが提唱した、新たな国際借款団設立交渉の際、日本は、優先権のある事業を個別に列挙して借款団から除外する以外は満蒙権益を解放するという譲歩を行い、中国の政治・経済援助を目的とした国際コンソーシアムへの参加を決定した。これらはいずれも植民地を国際管理によって処理することで列強間の対立を回避しようとする国際協調外交に、日本が積極的に関与しようとした姿勢の現れであった。こうした国際協調主義の定着とそれへの日本の協力を期待して開催されたのがワシントン会議であった。ここでは、その準備過程で中国共管論がどのように論じられたかを検証していく。

ワシントン会議は、パリ講和会議で解決しきれなかったアジア太平洋地域における国際秩序安定を企図して開催された[28]。議題は、日英同盟改廃、軍備縮小、中国問題が中心となることが予定され、一九二一（大正一〇）年七月頃から会議開催の方針が米英両国から日本に打診されはじめた。同年七月二八日付の外務省調書「アジア局関係問題を中心として見たる太平洋会議方針[29]」では、共管問題が反対の立場からとりあげられた。

そこでは、ワシントン会議で「共同管理論の提唱を見るへしとは殆と推考し難し」とされ、「帝国は宜く先つ支那は自立し得ること及び其の覚醒しつつあることを指摘し行政乃至財政の国際管理論の如き内政不干渉の甚しきものにして極めて考慮を要するものなるを力説」すべきだとされた。ただし、鉄道の国際管理については、中国本土での日本の鉄道は「規模甚た小にして…広く自由活動の地域を獲得せむか為には」有益であると論じられた。それでも、現状の「利害関係の厚薄に依り軽重の別を設けむとする」ような案は、「地理的勢力圏を変して事業的勢力圏を形成するものに過きす…賛同し難き所」と述べ、総じて中国共管には消極的であった。

ところが、八月八日、フィラデルフィアのパブリック・レジャー（Pubulic Ledger）紙にワシントン通信員ワイル（F. W. Wile）の、中国共管論がアメリカ政府内で「或る確なる筋に於て起案中」とする記事が掲載されたことで[30]、これへの具体的対応が求められることになった。その結果作成されたのが、外務省調書「支那共同管理問題」[31]である。三〇〇頁に及ぶ調書は、この時期の中国共管論の概要をまとめた上で、日本の対応策を包括的に論じたものである。ワシントン会議の参考資料として作成されたもので、外務省内でどのような位置づけであったのかは不明であるが、ここまで述べてきた、勢力圏撤廃論や満蒙権益相対化論と議論が共通した点が多く、孤立した見解が述べられているわけではない。また、アメリカが起草中とされた共管論に対応してまとめられているため、前出の「太平洋会議方針」にくらべ、より具体的であり、当時の対中外交の譲歩の限界を知ることもできる内容である。

さて調書は、そもそものきっかけとなったワイルの中国共管案の紹介からはじまる。その要点は次のようなものであった。

一　中国の主権を不可分のもの認め、領土保全を保障すること。
二　中国が自力で独立と領土保全の能力がないことを認めること。
三　中国共同管理の国際理事会を設置し、列国の権利行使は理事会の承認を得ること。

四　日本の人口過剰を認め、中国の主権を損しない限りで、その経済的進出を認めること。
五　日本は進出地域において、門戸開放と機会均等を実施すること。

また、ワイルの記事と同日にニューヨークのサン（Sun）にアメリカ商務長官フーヴァー（Herbert Hoover）の中国共管案が報じられたことにも触れ、これらはアメリカ政府が「支那及日本等の輿論に対する瀬踏を為したるものなりと推測」だとする見解に言及している。フーヴァー・ワイル案は、日中両国から批判されたため、アメリカ政府は関与を否定したが、その後もこの案は具体的な中国共管論として注目されることになった(32)。調書では、そのほかの海外の中国共管論も紹介されたが、中国自体には混乱状態を解決する能力がないという点で諸論は一致しており、いずれも中国政府の腐敗に対する失望が表明されていた。

問題は、中国の自力での主権維持が無理であるとしても、どのような管理方法をとるのかということであった。問題の第一は中国世論の反発、第二は行財政のすべてを管理するか（一般的国際管理）、鉄道・郵便などを部分的に管理するかということ、第三は共同管理参加国の公平な権力配分であった。第三点は、日本の発言権を維持し得るのかということからも、新たな勢力圏分割にならないのかということからも、重要な関心事であった。これらの問題点を受けた日本の国際管理案は以下のようなものであった。

要之国際管理は或は支那及列国に対し諸提案者の高唱するか如き福利を招来するやも計られす然れとも国際管理は哲学上の議論に非す…今回の華府会議に於ては北京政府を相手として交渉するの外なきも現在の中央政府は甚た無力なること…支那の現状と曩に「パブリック、レッヂャー」発表案に対する支那の世論とに顧み支那の一般的国際管理案の実行は不可能なるは勿論なり…従て目下実行し得へき案は(イ)支那を本位として支那人の自尊心を傷つけさる方式に於てすること(ロ)地方督軍等の利益に急激なる変化を及ほさす彼等より激烈なる反対を招かさる程度のものなること(ハ)外国援助に依る改善の道程を徐々たらしむること(ニ)従て之を小仕掛にし成るへく目立たぬ方法に依ることを要す

まず「中国とは何か?」という問題がここでも指摘された。(ロ)に関しては、中国の内乱を収束するためには、各地に割拠する軍閥を監視し、裁兵（軍閥軍の解散・整理）を借款などを条件に速やかに行うべきだとする意見が、海外の共同管理論では強く主張されていた(33)。この問題は、軍閥に顧問を派遣して影響力を強めている日本に対する牽制策でもあった。よって、日本、特に軍部にとっては、裁兵が本当に実現されれば、大陸での影響力を減ずることにもつながったのである。また、「支那の開発又は和平の維持は之を支那政府の努力又は外国の援助にのみ委ねて完全に其の目的を達し得へきに非さる」ものであり、経済的・社会的に発展するのを待たねばならないため、「改善の道程は徐々」でなくてはならないということであった。

このような漸進的な案を提示した上で、日本はいかに対応すべきなのか。そこではまず、立国の基本方針を変更する時期にきたことが指摘された。満蒙への進出については、「日本植民を容易にする能はさる種々の理由存在し殊に生活程度の差異、賃金の高低等の原因よりして日本の労働者は支那の労働者に対抗するを得す植民遅々として成功せさるは従来の経過に徴し明らかなり」と「満蒙経営悲観論」が挙げられた(34)。よって、「従来の農業立国主義を変して商工立国主義に転する必要」があり、そうすれば「恐らく現在の人口の数倍を日本に於て養ふこと」ができる。そして「日本か商工立国主義を執る以上は支那は日本に対する食料及原料品の供給国たらさると同時に日本製品に対する販路の提供者たらさる」を得ないため、「列国と協調進退」して中国問題を解決すべきだというのが、「商工立国主義」の眼目であった。経済発展に成功すれば、人口を国内で吸収できるため、大陸に領土的拡張をしなくてもよく、原料の供給地と製品の販路としての中国との関係安定が実現できるという発想である。

その上で、もし共同管理案が浮上すれば、公平な部分的国際管理ならば「絶対的に反対の理由なきか如し」として、「満蒙の特権の廃止を承諾するも今日日本か実際上占拠せる特殊の地位は之を急激に失ふの恐」はなく、「諸国の特権も全部拋棄せられ従来英国の勢力範囲たりし揚子江領域は勿論其の他の地方に対しても列国等しく其の勢力を注入するの機会を得而かも其の機会は日本人に於て外国人よりも有効に利用せらるる望み」があると論じられた。

一般的国際管理には断固反対すべきだとしていたとはいえ、調書の議論は、地理的近接と歴史的経緯から実質的な利益を確保することができれば、領土的・軍事的野心は放棄すべきだとする満州権益相対化論を明確に打ち出し、列国協調のなかで中国進出の一端を担うというかたちで、日本の大陸政策の方向性に一つの解答を与えたものであった。

ただし、そもそも共同管理は、中国が近代化できない遅れた国であるということを前提にした議論で、文明国による非文明国の指導という発想が中心にあったことは否めない。調書では、まさにこの点が中国の体面を損なうため、共同管理の実施は困難であるとしていたが、一方で次のような皮肉な分析を示していた。

支那か共同管理の結果余りに有効に国内の統一を得完全なる独立国たるのみならす一の強大国家と

為りたる場合は支那は必すや日本に対し旧怨を晴らすへく…然れとも支那の共同管理か此の如く有効なる成績を挙くることは恐らく空想に過きさるへく…仮に自立独行し得るに至るとするもそは長き年月を要すへし若し支那か此の如き強大国となる徴候を示すに至るに於ては其の時に於て更に適当の対策をするも遅からさるへし

寺内内閣も原内閣も、中国の領土保全と国内の安定化を望むとして、常に日中親善を掲げていたが、これはその内実がよく現れた一文であり、中国の自主的改革に疑念を抱いていた列国政府の本音でもあった。西洋文明を基準にした近代化を指導することで中国を改革しようとする「文明国標準」主義よりも、既存の帝国による支配の確定・持続こそが重要であった。

一九一七（大正六）年九月、ときの寺内首相に原敬は次のように言い放った。[35]

余は支那を統一ある国となし文明に導き富国強兵の国となすべしなど云ふ事は実は表面国際的の言ひ分なり、他国は勿論世間にも公にすべきにはあらざるも、我国の利害より打算せば支那は文明国にならずとも富国強兵にならずとも差支なきなり…支那の内部は表面統一を勧誘するも実際統一出来ずとも可なり、要は我国を敵視する悪感を起さしめざる事に注意せば、彼等の間の争は少々之ありたりとて我に害なきのみならず、其間隙に乗じて我利益を収むる事を努むべし

中国の主体性やナショナリズムを無視した考え方こそが、共管論に代表される中国善導策の限界であったが、近代化の進んだ日本が指導するいう発想のレベルでみれば、中国分割論や保全論とて同様であった。

結局、ワシントン会議で中国共管論が議論されることはなかったが、ルート四原則にもとづく諸決議は、「原則と現実」[36]の間で妥協がはかられ、中国の諸制度が「西洋諸国の同制度に適合せしむる」[37]まで、列強諸国の具体的権利放棄は延期された。これが非文明国を援助するという原則を掲げる「文明国標準」の列強が主導する国際協調の現実であった。

2　中国非国論

日本が中国共管論に反対した理由の一つは、欧米諸国には、主権の尊重や領土保全というたてまえの裏に、勢力圏の維持と分割の継続という本音があるということであった。しかし、この反対論自体がたてまえであったことは、日本が鉄道の共管を既存の勢力圏への進出に有利だとして、賛成しうるとしていたことから明らかである。また、中国共管論がワシントン会議で論じられなかったのは、中国への配慮というより、勢力圏の現状維持という「現実」が優先されたことで、その撤廃を「原則」に掲げねばならない共管論を論じる状況にいたらなかったからであるといってよい。いずれにしろ、こうした事態に通底していたのは、中国の主権尊重が、列強諸国の都合のなかで軽視され、中国を近代国家として認めるか否かということ、すなわち「中国とは何か?」という問題であった。

では、中国が主権国家ではないという論拠は、いかなるものであったのか。以下、中国共管論に関係する範囲で、当時盛んに唱えられた「中国非国論」をとりあげて考察していきたい。

当時最も影響力のあった中国共管論者ブランド（J. O. P. Bland）の見解は以下のようなものであった[38]。

一　北京政府には、中国を統一する実力がなく、財政も自力で運営し得ない。

二　政府官僚の腐敗。青年層の諸活動も、猟官活動にすぎず、官僚になれば腐敗する。
三　中国人自身で現状を救済することは不可能である。

これを批評した中国史学者矢野仁一は、ほぼブランドの分析を受け入れつつも、共管の結果、「支那人は却つて之を便利とし…何時までも、外国人に管理せしめて、之を利用すると云ふ考へを止めないと云ふことになる」とした[39]。また、中国で列国のもつ特権は、諸制度を「支那人自ら之を保持する力が無い為めに、外国人の管理に帰したものである」から、従来の中国共管論は「寧ろ列国の特権を拡張し、統一し、整理するも、之を廃止し或は拋棄せしむることを要しなかった訳である」と主張した。しかし、アメリカの主張する共管論は、「諸特権が再び外国の手に帰することを防御し監督するもので」、「米国は自国に不利益なる国際管理を犠牲にして、自国に有利なる国際管理を成立せしめんとするもので、列国の利益を顧みない利己主義の主張である」と批判した。そして、自力救済能力のない中国に内政不干渉でのぞむことで、ブランドの唱える共管策を不可能にしてしまったとした[40]。

では、中国はなぜ自力救済が出来ないのか。矢野は、

一　近代主権国家が並立する国際社会において、中国の「支那即ち天下、天下即ち支那と云ふ世界的帝国の理想は」主権概念に反するうえ、その理想の実現は不可能で混乱を収拾する目標がないこと
二　中国の政治制度や文化が、「読書人の遊戯で、社会民衆の実際生活に…無干渉主義」であること
三　「支那が国であると云ふ考へ、或は支那を国としなければならぬ、国として維持しなければならぬと云ふ考へは、全体として支那人に無」く、そのための国民教育もなされていないこと

を挙げている。そして矢野は、「支那の利益を犠牲にして、日本の利益を図るが如きは、私の全然考慮せざる所」とし、「支那の真の利益は、支那自身の欲求から判断すべきでなく、支那は何であるか、支那の

真の要求は何であるかと云ふ根本問題から判断しなければならぬ」とした。(41)

同じく中国史学者であった内藤湖南は、中国共管論について次のように論じた。「支那人民多数は自らその国の政治に興味を持つこと他の国民の如く熱心ではなくなつて居るというのが事実で」、「人民から言っても寧ろそれら（政務―筆者注）が外国人の手に帰した方が安全だと考へて居るのである。」「それ故に支那の国際管理といふことは自分の見る所では自然の成行で、今外国人がこれを主張してもしなくとも、或は支那の論客が好んでも嫌つても、何れにしても支那が革新せらるべき一つの過程として必ず来るところのものである。」(42)

そして、「中国とは何か」という問いに対しては、内藤は以下のような考察を示した。例えば「満州は支那の行政組織を持つて居る事であるから、勿論日本は支那の主権を認めないと云ふことはない」が、「若し他国の圧迫が有れば支那自身之を保有して居ることが出来ず、又内地行政に於ても外国人が所有して居る権利並に生命財産を安全にする事が出来ないやうな欠点を日本が補つて居ると云ふ点に至つては、支那は決して之を無視する訳には行かないのである。」「支那人が国際管理に対して苦情を称える前に、先づ現今の所謂国家とは何ぞやと云ふ事を充分に理解する必要がある。」

また、「支那の如き広大にして且つ富源の充分なる領土を能力なき人民に依つて廃物同様にして置く事は、世界の人類の共通なる利益を妨害するものと見るから、能力ある人民の機会均等で之を開発すべき権利を認め」るべきである。よって、「其の権利を行使する上に於て、其の安全を保護するが為めに国際管理と云ふが如き議論も生じて来るのであつて、支那は将来に於て単に主権若しくは領土権の侵害を口実として之を拒絶すると云ふことは到底得べからざる事である。」(43)

こうした議論の特徴は、中国が十全な近代主権国家ではなく、中国人自身には改革を実行する能力がないとする点である。ここで紹介した矢野も内藤も、中国共管論を容認しつつも、それが中国の安定と救済のために行われるべきで、日本も含めた列国の中国植民地化であってはならないとした。しかし、中国の自立能力を疑い、「文明国標準」に達するには、「文明国」の善導が必要であるという発想は抜きがたいものであった。また、中国が主権国家でないという前提は、盛んになりつつあったナショナリズムに裏打ちされた国権回復運動にも冷淡な評価を下すことになり、それを単なる暴動や騒擾の一種として扱うことになった。

3　臨城事件

一九二三（大正一二）年五月六日、浦口発天津行急行列車が臨城付近で私兵の一団におそわれ、一六人の外国人が捕虜になるという事件が起こった。外交団は、北京政府に三日以内の捕虜釈放を要請したが、この事件は、「今更に支那事態の絶望的に無政府状態に向ひ進展しつつあるを痛感せしめ[44]」、「英米両方面の輿論は鉄道共同管理に傾きつつあるにあらさるやを思はしむ[45]」ことになった。日本の立場は微妙であった。捕虜に日本人はいなかったが、「他外国と全然均等の発言権を有すること必要且当然なり尤も問題に拠ては我方より「イニシアチーブ」を採ること不得策なるべく[46]」と静観する姿勢でのぞんだ。

すでに、新四国借款団の活動の不調、たび重なる外国人襲撃事件に、中国共管に最も慎重であったアメリカも姿勢を転じており、「華盛頓会議にして今頃開かれしならんには現在の如き約定は決して成立せさりしこと」とささやかれるようになっていた[47]。ここに臨城事件が起こったため、日本の外交官には、ある程度の中国共管はやむを得ないという意見をもつものもあった。林権助駐英大使は、国際協調の立場から日本の対応を以下のように具申した。[48]

支那鉄道その他重要事業の列強管理を実現せんと企図せすとも限らさる形成なるやに存せらるる処帝国政府今日迄の方針に極力之か発生防止に当るも四囲の事態如上の通変転し関係列強の輿論之を是非なしとするに一致したる暁帝国独り之に反対せらるるも大勢の赴く所終に之に追従せさるを得さるに至るへく…殊に満蒙に於ける帝国の地歩乃至措置の如き前記列強管理実現の上は却て外国に於て其の至当なるを容認せしむるに資するに至るへきやとも思料せらる

本省も、鉄道共管に「必ずしも賛同を躊躇するものにあらず」と訓令するにいたるが、やはり不安要因となったのは、「此機会に乗して一二特定国に於て鉄道に対し特殊の利権勢力を扶植せむとするか如き」状況であった。[49]

この情勢に一層神経をとがらせたのが、陸軍であった。臨城事件に際して作成された関東軍の意見書の見解は、国際管理が中国の安定をもたらせば、日本にとっても有利であるとする解釈を否定するものであった。「利益の大部又は一部を低制せられんとするの虞ある共同管理の如きは之か実現を防止する要」があり、国防の観点からも、物資の供給源や治安出動の際、共管は不利であるとした。[50] 共管を許せば、結局は英米勢力が中国の資源を利用し、それに反抗するのは日本だけで、「帝国の孤立となり其反発力減衰するを認むるに於ては新なる圧迫は更に帝国の上に加はらん」ことになる。「斯く観し来るときは支那国際管理は一部論者の如く楽観する能はす寧ろ帝国の存立上至大の危険を有す」のである。[51] では日本はいかに対応すべきか。

現下帝国の対支政策の根本たる所謂内政不干渉主義を維持するは却て支那をして他の強国に頼らしめ日支の連鎖を益々弛解せしむるに至るへし…要は帝国として其の隣接関係を基礎として多少の内政に関与するの嫌ひあるも露骨ならさる程度に於て支那時局の紛糾を解決し得せしむるを必要と信す(52)

列強とりわけ英米両国への警戒感から、日本が内政干渉をして中国問題に専管すべきだとするのが、関東軍の主張であった。

ただし、これらの意見書は、万一、中国共管が実施された場合、国際協調をやぶってまでこれに反対すべきではないというものであった。また、臨城事件前の中国公使館附武官の報告書では、「支那の国際管理は多年支那を研究せる識者の総合的結論にして此以外に支那を改良すへき良策は未た発見せられあらす」としていた(53)。事件後の意見書でも(54)、中国共管は「帝国の生存に著しき脅威を招来する」としつつも、対策案を二種提示していた。一つは、ワシントン会議の原則、中国の主権尊重を前面に押し出し、列国の勢力伸長を避けるというもの。いま一つは、「列国協調の必要上紆余曲折変通の途」として、「各国均等に年数を確実に限定し（最大限十年と予定す）其年限満了に際しては完全に之れを支那に返還するを条件とし国際管理を承認」するというものであった。「満洲は如何なる場合に於ても本管理の範囲に含ましむへからす」とする点では、満蒙権益相対化論から遠いものとはいえ、共管やむを得ずとする一部の外交官に近い方策であった。また、「支那に於て特種利益の最少なる米国と提携するは蓋し為政者の大に配慮すへき点なり」と、米英可分の対応を主張していた。これは、臨城事件の処理に関する在中各国公使会議で、強硬派のイギリスに対しアメリカが慎重である情勢を、公使館附武官として考慮したためと推測される。

さて、臨城事件の処理で問題となったのは、中国交通部鉄道総局に鉄道警察管理局を置き、外国人の長官に職務を統括させるというイギリス案の扱いであった。(55) 現地の芳沢謙吉公使は、イギリス案の受け入れを具申したが、(56) 外務省の訓令は、「国際管理の色彩を薄くし鉄道に対する特定国の勢力進暢の弊を防止」するというもので、鉄道管理は中国自身で行うべきだとし、次のような閣議決定となった。

鉄道警備の改善は支那政府の全責任を以て之に当らしむることとし苟くも外国側に於て其の責を分つか如き感想を与ふる仕組みは絶対に之を避くること…支那の政情著敷安定を欠き責任ある中央政府の存在すら疑はるる今日支那民心の反感を挑発するか如き措置は努めて之を避けさるへからすとの見地より排日問題に対しても隠忍自重徐に支那官民の反省を促し居る次第なるか他面日本の対支輿論も近時殊に華府会議以後著敷寛容に傾き…今次の鉄道警備問題に対しても反対論相当高まりつつあり右は要するに日支両国か接壌国として政治上経済上特殊緊密なる関係にあり従て飽迄親善関係を鞏固ならしむる為支那に対し出来得る限り公正寛容の態度に出てさるへからすとの自覚心に胚胎する現象なるを以て帝国政府としては此健全なる経路を進みつつある国論を尊重せさるへからさること(57)

鉄道共管への反対を明確にはしているが、「中国非国論」を否定しているわけではない。では、日本がとるべき「健全なる経路」とは、いったい何であったのか。この閣議決定に際し、出淵勝次アジア局長は、伊集院彦吉外相と松平恒雄次官に「華府条約を信条となすこと必要なることを力説」した。(58) これは、日本外交が、ワシントン体制に順応し、その原則を堅持すべきだとする、外務省首脳の「新外交」認識の現れであった。しかし、「隠忍自重」が本当に日本の世論であったのか、また、それで本当に中国との「親善関係を鞏固」にできるのか。「本件は今後幾多曲折あるへしと思料する処[59]」という予想は、新外交型国際協調主義への日本国内からの不満、原則適用を無効にする中国の政情不安の継続というかたちで現実のものとなっていくのである。

おわりに

中国共同管理論は、日本が欧米諸国と協調を維持しながら権益を維持するための方策の一つであった。その実現には、満州の権益をある程度開放し、同時に他国の勢力圏をも開放させることが必要であった。しかし、共管論には、文明国の善導という「文明国標準」主義が背景にあり、それは、主権の尊重と内政不干渉という近代主権国家システムの原則をやぶることを正当化する論理であった。二〇世紀初めより、中国に関しては、「文明国標準」主義を唱導することで、列強の権益を協調して維持することが基本方針となった。ワシントン会議は、このような典型的「旧外交」を、原則を前面に押し立てて否定するものとなった。当初日本は、中国共管論に対して、原則は原則として、現実の権益を維持できるのならば、中国の安定化のために共管もやむを得ずという「旧外交」的協調主義を模索した。「中国非国論」にみられた中国共管は自然の成り行きであるとする見解も、この文脈上では同根の議論であった。

しかし、臨城事件の処理でみたように、しだいに日本外交は、ワシントン会議の原則を遵守することで、中国の安定と列強諸国の錯綜する権益の調整を模索するという「新外交」的協調主義を主流とするようになった。原則を強調する限り、中国共管論は、それに内包される論理と原則が矛盾するものとなる。かくて、日本は、中国共管論への明確な反対を表明するにいたった。一九二四（大正一三）年五月三〇日、清浦奎吾内閣の外務・大蔵・陸・海四省担当局長が調整し、出淵外務省アジア局長が作成した「対支政策綱領」は、こうした日本外交の結論を表明するものであった。

対支国際関係を律するに当り支那に関する華府諸条約及付帯決議を以て其の基準となすへしと雖も日支両国の特殊関係に顧み必要と認むる場合には常に自主的態度を以て機宜の措置に出つること殊に将来列国に於て支那に向て国際管理制度を強要せむとするか如き場合には之を阻止する為最善の方法を講すること(60)

陸軍の要請で「自主的態度」という文言が加えられたものの、この綱領で、ワシントン条約の原則を守らねばならないから中国共管論は不可であるということが示されたのである。陸軍の主張は、ワシントン諸条約や内政不干渉主義は、共管を防止するための「表看板」だというものであったが(61)、外務省の方針は、内政不干渉とワシントン条約尊重で決していた(62)。

「対支政策綱領」は、満蒙権益の確保をも明確にしたため、この意味においては、ワシントン会議当時より日本の中国侵略の意図があらわになった面もあった。また、中国共管論の文脈で考えれば、共管の否定は、各国の勢力圏維持であるからして、日本も自国の権益を護持するということになる。これは、ワシントン会議の原則を強調することが、かえって、裏面で既存権益維持のための対立を激化させるということでもあった。

優先的又は独占的権利と云ふが如き不自然なる保護に依頼する経済的活動は恰も温室内に成長する花蕊と同然であって、一歩掩護の外に出づれば忽ち萎縮するを免れない、我国の商工業は斯かる不自然なる状態なる保護に依らずして、堂々と何れの市場にも進出するの用意がなければならぬ(63)

こうした「商工立国主義」は、対中政策に関していえば、門戸開放（勢力圏撤廃）を掲げながら、既存の他国の勢力圏に進出して、国力増強を図るという現実主義的路線であった。その先には、門戸開放の条件を整えるための中国共管論が可能性として残されていたのである。しかし、主権尊重と内政非干渉という原則に拘泥したとき、日本外交はその選択肢を狭め、くわえて、満州を守るという原則を逸脱する足枷が、一層外交方針を硬直させていくことになる。門戸開放と中国共管論、主権尊重と勢力圏維持という矛盾した結びつきの後者が選択されたことにより、中国をめぐる国際協調主義の内実は、原則論によって互いを非難しあう列強諸国の対決と中国のナショナリズムという今にも燃え上がらんとする火種を抱えることになったのである。

（1） *Conference on the Limitation of Armament, Washington, Novenmber 12 1921- February 6 1922,* Washington, 1922, p. 876.

（2） *Ibid.,* pp. 880–882. 原案の時点でのルート四原則とは、(1)中国の独立と領土・行政権の保全尊重、(2)中国自ら古い体制を捨てて、効力をもった政府を形成するための機会提供、(3)すべての国々の中国における商工業の機会均等、(4)文明国間ですでに有効だとされている中国に関する各国の諸権利を中国が認めること、であった（傍点は筆者）。

（3）Stephen D. Krasner, *Sovereignty – Organized Hypocrisy –*, Princeton University Press, 1999. Id., 'Organized hypocrisy in nineteenth-century East Asia,' *International Relations of the Asia Pacific*, Vol. 1 No. 2 (2001), pp. 173-197.

（4）Gerrit W. Gong, *The Standard of 'Civilization' in International Society*, Oxford University Press, 1984.

（5）山室信一『思想課題としてのアジア』岩波書店、二〇〇一年、第三部第三章。

（6）拙稿「帝国日本と「文明国標準」」『渋沢研究』第一二号（一九九九年一〇月）、「ワシントン会議への道」『法学政治学論究』第四三号（一九九九年一二月）を参照。

（7）陸奥宗光『蹇蹇録』岩波文庫、一九八三年、三七〇―三七一頁。

（8）「清国特使に関する意見書」、大山梓『山県有朋意見書』原書房、一九六六年、二五二頁。なお本稿では、煩雑を避けるため、引用はすべて平仮名漢字まじりとし、旧字体は適宜新字体におきかえた。

（9）小林道彦『日本の大陸政策』南窓社、一九九六年、二七―四三頁。

（10）伊藤之雄「日清戦争以後の中国・朝鮮認識と外交論」『名古屋大学文学部研究論集』史学四〇（一九九四年三月）。

（11）一九世紀末から第一次世界大戦にいたるイギリスの対中金融外交については、E. W. Edwards, *British Diplomacy and Finance in China, 1895–1914*, Oxford, 1987を参照した。

（12）『日本外交文書』清国事変（辛亥革命）、一〇五文書。またこの時期の日本の対応については、池井優「日本の対袁外交（辛亥革命期）㈠㈡」『法学研究』第三五巻第四、五号（一九六二年四、五月）、尚友倶楽部・広瀬順晧・櫻井良樹編『伊集院彦吉関係文書第一巻〈辛亥革命期〉』芙蓉書房出版、一九九六年、特に櫻井の「解説」を参考にした。

（13）特集「四国借款の満洲経営に及ぼす影響如何」『太陽』第一七巻第八号（一九一一年六月）、七六―八九頁。

（14）青柳篤恒「支那領土保全主義の危機」『外交時報』第一八一号（一九一二年五月）、二〇―二一頁。

(15)『太陽』第一九巻第二号（一九一三年二月）、九九―一三〇頁。
(16)「日支親善と日支経済提携に関する方策施設概要」（一九一八年六月二九日大蔵省理財局）、鈴木武雄監修『西原借款資料研究』東京大学出版会、一九七二年、一二三―一三五頁。
(17)「支那に於ける治外法権（領事裁判制度）撤廃に関する件」（一九一八年九月五日寺内首相内閲済）、外務省亜細亜局「領事裁判権撤廃問題」Checklist of Archives in the Japanese Ministry of Foreign Affairs, Tokyo, Japan, 1868–1945, Special Series（以下ＳＰ）15所収。
(18)「支那に於ける治外法権撤廃の必要竝其の帝国に及ぼす利益及右撤廃に関する措置」（一九一八年八月初旬調）、同上所収。
(19) 在米国佐藤大使より本野外務大臣（一九一七年九月八日）『日本外交文書』大正六年第三冊、七七九文書、七六一頁。石井＝ランシング協定については、多くの研究があるが、石井の提案を重視したものとして、明石岩雄「石井・ランシング協定の前提」『奈良史学』第四号（一九八六年一二月）。最近の総合的な研究として、高原秀介「ウイルソン政権と「石井・ランシング協定」の成立」『神戸法学雑誌』第四七巻第三号（一九九七年一二月）。
(20) 本野外務大臣より在米国佐藤大使（一九一七年九月一八日）、『日本外交文書』大正六年第三冊、七八九文書、七七三頁。
(21) 森川正則「寺内内閣期における西原亀三の対中国「援助」政策構想」『阪大法学』第五〇巻第五号（二〇〇一年一月）。
(22) 注（18）に同じ。
(23) 小林龍雄編『翠雨荘日記』原書房、一九六六年、三三三―三四三頁。
(24)「支那に於ける機会均等主義の概要」（一九二一年九月二八日）ＳＰ18。
(25)「支那に於ける領事裁判権撤廃問題に関する研究」、「領事裁判権撤廃問題」ＳＰ15所収。なお、作成日時は不明だが、内容から一九一九年五月以降のものと思われる。

(26) 外務省政務局第一課「支那に於ける勢力範囲撤廃問題に関する研究」(一九二〇年九月)、官扱三一七(外務省外交史料館所蔵史料)。

(27) 新四国借款団については、拙稿「新四国借款団と国際金融家」『史林』第八四巻二号(二〇〇一年三月)を参照。

(28) ワシントン会議をめぐる日本外交については、入江昭『極東新秩序の模索』原書房、一九六八年、関静雄『日本外交の基軸と展開』ミネルヴァ書房、一九九〇年、第四章、佐藤誠三郎『「死の跳躍」を越えて』第七章、都市出版、一九九二年、麻田貞雄『両大戦間の日米関係』第三章、東京大学出版会、一九九三年、三谷太一郎『増補日本政党政治の形成』第二部、東京大学出版会、一九九五年、伊藤之雄「第一次世界大戦と戦後日本の形成」『法学論叢』第一四〇号第三、四号(一九九七年九月)、服部龍二『東アジア国際環境の変動と日本外交一九一八―一九三一』有斐閣、二〇〇一年などを参照した。入江や麻田はワシントン体制に日本を含めた列強諸国が積極的に関与し秩序形成をしようとした点を重視している。佐藤は日本のワシントン会議への協調策は受動的だったとしている。伊藤はワシントン体制を十分に実態化できなかったことを政友会の動向を中心にまとめている。関・三谷は、原敬の指導力に注目して、その対米協調主義を後の幣原外交・田中外交への関係を含め総括している。服部は、中国・ソ連の史料にも視野を広げ、ワシントン体制を旧秩序の持続としつつも、国際環境の新しい局面の中で、日本が「協調の中の拡大策」をとったとしている。

(29) Checklist of Archives in the Japanese Ministry of Foreign Affairs, Tokyo, Japan, 1868–1945, MT Series, 2-4-3-3.

(30) 在米国幣原大使より内田外務大臣(一九二一年八月一〇日)、『日本外交文書』ワシントン会議上、九八文書、一〇六頁。

(31) 外務省書記官矢野真「支那共同管理問題」(一九二一年九月二二日)、官扱一五五(外務省外交史料館所蔵史

料）。なお、パリ講和会議中に作成されたと思われる「支那行財政等に関する共同管理論と支那行政自主権の回復問題」外務省史料（亜五四）が、この調書とほとんど同じ表現が多数見られ、原型となったようである。

(32) 「支那の共同管理とその大勢」『大阪毎日新聞』一九二二年一二月二六日。

(33) 例えば、この調書でも紹介されている、ブランドの見解が代表的である。J. O. P. Bland, *China, Japan and Korea*, London, 1921、抄訳として青柳篤恒訳『日本の死活問題』早稲田大学出版部、一九二二年がある。

(34) 柳沢遊『日本人の植民地経験』青木書店、一九九九年、七〇―八一頁。

(35) 『原敬日記』是々非々時代篇（一九一七年九月二九日）、乾元社、一九五一年、二四〇―二四一頁。

(36) 日本側会議参加者として詳細な記録を残した、スタンフォード大学教授市橋倭の著書の第一七章の表題。Yamato Ichihashi, *The Washington Conference and After*, New York, 1928. 市橋は、「（中国の鉄道問題に関連して）実際には、諸解決策は、無意味な外交辞令にすぎなかった。…加えて、列強の死活的利害に関わる問題では、その外交辞令に沿った線では、決して処理されなかったのである。」（二五一頁）として、原則が現実の前に曲げられていったと指摘している。

(37) 「支那における治外法権に関する決議」の一節。『日本外交文書』ワシントン会議極東問題、三三五頁。

(38) 前掲、「支那共同管理問題」中の「ブランド」氏の支那管理論」を参照した。

(39) 矢野仁一「支那国際管理説」（初出『大阪朝日新聞』一九二一年八月一八日）、同『近代支那論』弘文堂、一九二三年、二七四―二八八頁所収。

(40) 同、「支那の国際管理と外国の特権抛棄」（初出『外交時報』一九二一年九月一日）、同上書、二八九―三〇一頁所収。

(41) 同、「支那は国に非る論」（初出『外交時報』一九二二年四月一五日）、同上書、九―三〇頁所収。

(42) 内藤湖南「支那の国際管理論」（初出『表現』第一巻第二号、一九二一年一二月）、『内藤湖南全集』第五巻、筑摩書房、一九七二年、一五三―一五八頁所収。

(43) 同「支那とは何ぞや」(初出「工業の日本」第一九巻第一号、一九二二年一月)、同上書、一五九―一六四頁所収。
(44) 在天津吉田総領事より内田外務大臣(一九二三年五月一〇日)、『日本外交文書』大正一二年第二冊、四八一文書、四六三頁。
(45) 在中国日本公使館附武官より武藤参謀次長(一九二三年五月一九日)、同上書、四八八文書、四六八頁。
(46) 内田外務大臣より在中国吉田臨時代理公使(一九二三年五月二四日)、同上書、四九四文書、四七三頁。
(47) 在中国小幡公使より内田外務大臣(一九二二年一二月二〇日、二七日)、各国関係雑纂(支那)別冊共同管理問題、MT 1-6-1-4-14。
(48) 在英国林大使より内田外務大臣(一九二三年六月一二日)、『日本外交文書』大正一二年第二冊、五〇五文書、四八一頁。
(49) 内田外務大臣より在中国吉田臨時代理公使(一九二三年六月一六日)、同上書、五一〇文書、四八五頁。
(50) 陸軍少将貴志弥次郎「支那国際管理研究」(一九二三年九月一〇日)、旧陸海軍マイクロT-574所収。なお、陸軍の中国共管論と後述の「対支政策綱領」にいたる分析は、伊香俊哉『近代日本と戦争違法化体制』第三章・二、吉川弘文館、二〇〇二年を参照。
(51) 陸軍少将本庄繁「支那国際管理問題」(日付不明)、同上所収。
(52) 関東軍参謀部「支那国際管理問題に対する意見」(日付不明)、同上所収。
(53) 林弥三吉「支那の財政難と共同管理説に就て」(一九二三年四月九日)、『密大日記』大正一二年第五冊(防衛庁防衛研究所戦史部所蔵)。
(54) 同「支那国際管理に対する意見」(一九二三年六月一六日)、同上所収。
(55) 在中国芳沢公使より内田外務大臣(一九二三年八月四日)、同(八月二二日)、『日本外交文書』大正一二年第二冊、五四三文書、五一九―五二五頁、五五八文書、五四二―五四三頁。

(56) 内田外務大臣より在中国芳沢公使（一九二三年八月一七日）、同上書、五五一文書、五三九頁。
(57) 閣議決定（一九二三年八月二四日）、同上書、五六二文書、五四六―五四八頁。
(58) 高橋勝浩編「出淵勝次日記」㈡（一九二三年九月二八日）、『國學院大學日本文化研究所紀要』第八五輯（二〇〇〇年三月）、三七五頁。
(59) 注（57）に同じ。
(60) 『日本外交文書』大正一三年第二冊、七三七文書、八一七頁。
(61) 同上、「大正一三年二月二八日提出外務省アジア局長案に対する陸軍側意見」、七八八頁。
(62) 前掲、「出淵勝次日記」（一九二四年一月一四日）、三九〇頁。
(63) 幣原喜重郎「ワシントン会議の裏面観その他」『近代外交回顧録』第四巻、ゆまに書房、二〇〇〇年、一一七頁。

満鉄付属地行政権の法的性格

関東軍の競馬場戦略を中心に

山崎　有恒

はじめに

近代日本の各植民地にほとんどあまねく競馬場が設置されていたという事実は、案外人々に知られていない。だがそれは植民地経営の一つの柱として、様々な勢力・人々の思惑をはらみつつ確かに存在していた。

こうした日本の植民地における競馬場経営は、大正十二年の大連競馬倶楽部設置を皮切りとし、やがて奉天など満鉄付属地数カ所にも展開した。そして満州国が設立されると奉天、新京、ハルビンの三競馬場が、満州国国立競馬場として経営されるに至る。同時に平壌など朝鮮各地や台湾にも競馬場が数カ所設置され、植民地における競馬場経営は日本の植民地経営の一つの特色となっていた(1)。

もっとも競馬場を用いた植民地経営のあり方が日本のオリジナルだったわけではない。例えば七つの海にまたがる植民地帝国イギリスは、早くから植民地各地に競馬場を設置して、一つには植民地における数少ない娯楽として、一つには植民地官僚・商人たち上流階級のための社交場として、一つには慢性的に欠乏する植民地財政を支える存在として、競馬場を設置し機能させてきていた。またフランスもベトナムをはじめとするインドシナ各所に同様に競馬場を展開していた(2)。

しかしながらこれらの国においては、競馬は上流階級のいわば必須のアイテム、ファッションであり、それが植民地に展開したのもある意味で当然の結果であったと考えられよう。しかしながら日本の場合はそれとは大きく事情が異なっていた。日本にとっての競馬は明治維新になってから流入した外来の文化に過ぎなく、またギャンブルとしての色彩も強く、広く文化として社会に浸透しているとは言い難いものがあった。それなのになぜイギリス・フランスにならって、日本は各植民地に競馬場を設置していったのだろうか。人々は何を目的とし、何を目指して植民地に競馬場を設立していったのだろうか。

行論の過程で次第に明らかにしていくように、大陸での競馬場政策を主導したのは関東軍であった。日露戦後不況による財政の悪化、その対応としての軍縮によって、軍備予算が大幅に削られていく中で、関東軍があえて本業ではない競馬場経営に本格的に参入していった理由はいかなるものだったのか。そしてそうした関東軍の動きは、複雑な法的性格を持つ植民地において、いかなる波紋を巻き起こし、最終的にそれはいかなる決着を遂げていったのか。本稿は関東軍の競馬場戦略について分析を加えると共に、それが植民地内外に巻き起こした様々な波紋について検討することで、近代日本の植民地がおかれていた複雑な権益や法的性格の実相を解明しようとするものである。

こうした競馬場経営は、大連を中心とする関東州から始まり、いわゆる満蒙へと展開していった。「南船北馬」という言葉もあるように、この地域は世界的な馬産地であり、自動車の発達した現在においても、馬は産業、運輸の一翼を担っているほどである。そうした意味では、イギリスが競馬場を設置していた各植民地とは、根本的に軍事、交通運輸、産業上の馬の重要度は異なっていた(3)。関東軍が馬産振興のための一つの拠点としてこの地を選び、競馬場政策に取り組んでいった事情は想像に難くない。

しかしながらこの地は、世界各国の権益が絡み合う、複雑な法的性格を持つ土地でもあった。日本はこの地に関東州、満鉄付属地を持ち、それを有効活用すべく競馬場政策を展開していくのであるが、それはしばしば清国から勝ち取った利権を維持しようとする列強諸国や、強引とも言える利権回収運動を展開しつつあった中華民国政府との摩擦や波紋を生んだ。

また日本国内においても、これら植民地の位置づけはまだ法的に明確なものとなっていなかった。特に満鉄付属地の法的性格は実に微妙なものであった。ここに国内法を援用すべきなのか、それとも国際法、外交法上の対応をすべきなのか、この土地に関してどの官庁が権限を持っているのか、など不分明な問題は山積していた。関東軍による競馬場政策は、結果としてこうした法的な解釈や権限をめぐる対立を惹起させ、問題の焦点を浮き彫りにしていくこととなるのである。

本稿では、関東州、そして満鉄付属地を舞台に繰り広げられた関東軍の競馬場戦略が、国際法・外交上の問題や、外務省・拓務局対立をはじめとするセクショナリズム対立、そしてその過程で浮上した法解釈をめぐる様々な論議をいかにして惹起していったかを明らかにするとともに、それが満州国創設と国立競馬場設置により、最終的にどのように決着していったか検討していきたいと考えている。

一　関東州競馬の誕生と関東軍

1　競馬法制定までの動向

それではまず最初に、植民地での競馬場経営問題の発端から論じていこう。いわゆる関東州において競馬場経営を志す最初の動きとなったのは、大正九年三月遼東競馬倶楽部の設立であった。この時期にそうした倶楽部が出来た理由は、日本内地における競馬をめぐる動きと密接に関わっている。

明治四十一年、それまで馬券の発売を黙許されてきた内地競馬は、それが多くの人々の射幸心を煽り、社会的犯罪の温床となるという理由で馬券発売禁止の処分にあった。これにより一般民衆の興味関心は薄れ、競馬は衰退の一途をたどる。

これに猛反発したのは陸軍であった。日清・日露両戦争で軍馬の資質不足が作戦行動に大きな支障をきたすという大打撃を経験していた陸軍は、来るべき大陸戦に備えて、馬匹強化に乗り出していた。そしてその最大の手段が競馬振興を通じた馬産の強化にあったことは、これまでの研究ですでに明らかにされていることである。(4)

しかしながら馬券発売禁止以来、競馬の賞金は激減し、馬産地では馬の生産から転向するものがあらわれた。戦時の馬匹調達の多くを、民間からの徴用に頼っている陸軍はこの事態に危機感を感じ、馬政局長官寺内正毅が東京競馬会の安田伊左衛門らと結んで猛烈な馬券付き競馬会復活運動を展開するなど努力を重ねたが、その実現のためには大正十二年の競馬法成立を待たねばならず、それまで日本競馬は長い冬の時代を迎えていた。(5)

この状況を見て、遼東競馬倶楽部牛丸潤亮は、大正八年三月、第四十一帝国議会に「満州競馬法制定方請願」を提出、植民地で競馬場を運営することで閉塞した事態を打開すべきことを訴え出た。この請願は政府委員として議場に立った関東庁事務総長杉山四五郎の応援もあって、(6)貴衆両院で採択され、大正九年四月二十四日原内閣に送付される。その趣旨は下記の通りであった。(7)

邦人カ満蒙及西比利亜方面ニ活動スルニハ特ニ馬匹ニ対スル思想ヲ普及セシムルニ在リ、其ノ方法トシテ馬券ヲ発行シテ競馬ヲ行ハシムルヲ以テ、最捷径ナリトス、殊ニ満州地方ニ於テ行フトキハ、蒙古方面ノ馬匹ヲ誘引改良スルト同時ニ、在住邦人ノ事業トシテ諸種ノ牧畜及家畜飼養等ノ発達ヲ企図シ、殖民地発展策ト相俟テ有効適切ナル方法ナリ

閣議では「此ノ種制度ヲ急設スルコトハ最モ慎重ノ考慮ヲ要スル」(8)との意見もでるが、五月一応の閣議決定を行い、馬券を公式に発売するのではなく、勝馬的中者には商品券を贈呈する形式で許可を与えたのである。これを受けて遼東競馬倶楽部は大正九年九月に第一回競馬を大連、周水子競馬場にて開催、以後十年、十一年、十二年と連続して開催するに至った。

その盛況ぶりを見て他の植民地関係者達もこれに参入、大正九年十月大連乗馬会（老虎灘競馬場、大正九年、十年開催）、大正十一年六月満蒙馬匹改良協会（老虎灘競馬場、大正十一年開催）、同じく大連民衆倶楽部（星ヶ浦競馬場、大正十一年開催）など競馬団体が続々と設立されるに至り(9)、その波は旅順にも広がっていった。こうした諸団体の経営する競馬は、あくまで民間主体のものであって、本稿で取り扱う関東軍が中心となって進められた競馬場戦略とは一見性格を異にするようであるが、その背後には杉山四五郎ら関東州関係者の動きが見え隠れし、実質的にはこのあたりから関東軍の計画は始動していたものと考えられる。

さてやがて内地において、大正十二年競馬法が制定され、馬券の発売が正式に許可されるに至ると、こうした植民地競馬群もそれにあわせて法的にも組織的にも再編、整理統合されることとなる。

2　競馬法の成立と関東州競馬

大正十二年七月九日関東州において勅令第三四〇号「関東州ニ於ケル競馬ニ関スル勅令」が公布された。これは内地で競馬法（法律第四十七号、大正十二年四月発布、施行八月一日）が成立したことを受けての措置であったが、内地競馬法がストレートに関東州に適用されたわけではなかったことに注目しておかねばならない。

この勅令は形式上は競馬法に準拠しており、正式に馬券発売を許可、但し一人一競走一枚、配当上限は十倍に定めるなど、主要な内容は共通していた[10]。

しかし主務大臣は関東長官であり、競馬を行う法人も一に限定され（国内は十一の法人）、年開催は二回まで（但し主務大臣の許可があれば三回可）と、内地とは異なる規定も盛り込まれ、そのため競馬法の準用という形ではなく新たに勅令を発布する形での処理が行われた。これにより乱立する競馬関係団体は整理統合を余儀なくされ、大正十二年十月十八日社団法人大連競馬倶楽部が設立され（競馬場は星ヶ浦競馬場、一周一マイル）、ここにすべての関東州競馬の権限が集中され、それを関東長官が指揮、監督するシステムができあがったのである[11]。

関東庁はこのシステムを最大限に利用し、関東長官の名の下に次々と「指導」を行い、この大連競馬を内地の競馬とはまったく性格の異なるものに仕立て上げていった[12]。

まず第一に、競馬への出走馬に大幅な制限がかけられた。

そもそもこれまでの大連競馬では、出走馬の多くが上海、青島、天津競馬（ちなみにこれらはイギリス人が経営の中心に座る国際的合弁企業であった）からの転戦馬であり、そこに満蒙産の新馬が加わる構成となっていた。騎手もほとんどが上海からの転戦組によって成り立っていた。つまり一見植民地をめぐっては明確に国境が制定されているようであるが、こと競馬に関してはそれを越えた広い範囲での交流が展開していたのであった。そしてそのことが関東庁、というよりもその背後でこの問題を操る関東軍にとっては最大の問題となっていた。

というのはこれらイギリス経営競馬場から転戦してくる支那馬の大部分が去勢牡馬であったためである。[13]一般に馬の能力は牡馬が牝馬を遙かに凌駕し、同等の条件で戦った場合牡馬よりも高い能力を発揮出来る牝馬はほとんどいないとされている。また去勢することで牡馬は気性が穏やかになり、乗り手の言うことをよく聞くようになる。したがって競馬を単に娯楽、社交場、財源としてのみ考えるイギリス流の発想から言えば、もっとも適当なのは去勢牡馬を中心に番組を構成することであり、それが現実に上海などで実施されていたのである。

しかしながら内地で果たせない馬匹改良を植民地において実現しようとする関東軍からすれば、それは極めて憂慮すべき事態だった。去勢された牡馬では、たとえどんなに優秀な馬が登場したとしても血統の更新につながらない。そこで関東長官より「指導」が下され、勅令施行規則第十一条において、大連競馬は「支那産新馬五十頭以上ノ出馬登録馬数ヲ有スベキ」とされ、移行措置として大正十二年秋季開催は新馬三十頭以外は去勢馬を可とするが、十三年より古馬のみ可とする旨が通達されている。[14]

こうした指導は公式、非公式に続けられ、やがて大連競馬は蒙古産牝馬限定競馬場という大変面白い存在になっていくのであるが、それについては次節で詳述したい。

また控除率に関しても内地とは違う規定が盛り込まれた。関東庁の原案では当初控除率（馬券発売金額から競馬会の収入として確保する金額のパーセンテージ）は内地並み一四％であったが、勅令施行規則では一九％となっており、より収益性の高いものになっていたことを指摘しておきたい[15]。

こうして大連競馬は、法的には内地競馬法に準拠しつつも、実際には要所が微妙に読み替えられた規定の元に運営され、やがては内地とはまったく違った競馬へと変容していくこととなる。そうした変容を仕組み、演出したのは誰だったのか。節を改めて論じていこう。

3　関東軍の競馬戦略

陸軍が馬匹強化の必要に目覚め、実際にそれに着手するようになったきっかけは、日清・日露の両戦争であったと、武市銀治郎『富国強馬』を始めとする多くの先行研究で述べられている[16]。

大陸での作戦行動に際して、日本馬がいかに脆弱であるかをまざまざと見せつけられた陸軍は、軍馬資源の開発、馬匹改良を緊急課題とするようになり、そのために植民地資源の利用を志すに至った。大正五年五月二日陸普第一四二三号「朝鮮ニ於ケル軍馬資源ニ関スル件照会」では、朝鮮産馬についてかなり詳細な調査が行われていることが分かる[17]。

こうした陸軍の動きを加速させたのは、馬政局長官として内地の馬匹改良を指導した寺内正毅の内閣総理大臣への就任であった。寺内は着任後すぐに大正六年七月三日陸密第一五〇号「軍馬資源ニ関スル件照会」を朝鮮総督、台湾総督、関東都督宛に飛ばし[18]、朝鮮、台湾、関東州といった日本の植民地における馬産振興、馬匹改良の可能性を広く探り始める。また大正六年十二月二十四日の馬政委員会決議中に「競馬ノ奨励　満鉄付属地ニ於テ馬券ヲ公許スルコト[19]」とあり、馬匹改良のために競馬、馬券を利用するプランも浮上しつつあった。

しかしながらそうした寺内の目論見を大幅に修正する出来事が起きる。次の史料にはそのあたりの経緯が明確に示されている[20]。

西伯利亜出兵当時に於て我が出動したる軍馬が不幸にも西伯利亜極寒の気候に堪へ得ざるに反し、露国産馬の寒気に強き状況に徴しても、満蒙の産馬がその極寒に堪ふる強健の体躯を利して、之れが改良を計ることの徒爾ならざるを痛感

大正七年八月から始まったシベリア出兵を通じて、寒さに強い蒙古馬の優秀さを認識した陸軍は、広範囲での軍馬資源開発から蒙古産馬を中心とする馬匹改良計画へと計画を絞り込んでいくこととなる。こうして満蒙での競馬場経営がにわかに重要性を帯びてくるのである。

以後主として寺内正毅のイニシアチブの下、陸軍、馬政局、拓殖局、関東庁、関東軍、満鉄の六者は頻繁に会合を重ね、競馬を用いた蒙古産馬中心の馬匹改良計画を練り上げていき、それは最終的に大正十年十一月十四日陸密第四四二号「関東競馬令案ニ関スル件」覚書へとまとめられていったのであった[21]。

かくして陸軍を中心とする馬匹改良計画は次第にその全容を表していく。それは寒さに強い満蒙馬を主力とした大陸での馬産強化が最大の目的であり、そのために関東州に競馬を施行することが強く求められた。ただし陸軍は以前内地において競馬施行をめぐって痛い体験をしていた。それはまだ内地の競馬において馬券発売が黙許されていた時代、陸軍現役将校が多数騎手として競馬に参加するなど積極的な協力を行ったために、やがて競馬場を舞台とした犯罪が多発した際に社会の批判を一手に浴び、最終的に陸軍は

競馬事業から手を引かざるを得ない状況に追い込まれ、同時に馬券発売も禁止されてしまったという出来事であった。[22] その過ちを繰り返さないよう、陸軍は慎重な上にも慎重を期して不正事件の防止につとめ、関係諸官庁の協力を取り付けつつ、じわりと競馬事業への再起を図っていった。その舞台としてクローズアップされたのは、内地を遠く離れた関東州であり、その主役として登場したのが関東軍だった。大正十二年の大連競馬倶楽部創設[23]への動きはそうした文脈でとらえられる。すなわちこれこそが関東軍の競馬場戦略の第一歩だったのである。

それでは次にこの競馬場戦略の特徴を明らかにしていこう。

成立した大連競馬場の最大のポイントは、蒙古産牝馬限定の競馬施行を行うという点にあった。これは馬匹改良の根幹を握るのが牝馬だという事情による。このあたり、競馬・馬産についてあまり詳しくない方のために、少し解説しておこう。

そもそも馬匹改良を行うためには、父馬と母馬の両方の血統を更新し、優れた血を導入する必要がある。そしてそれは父馬に関しては比較的容易に行いうる。なぜなら一頭の優秀な種牡馬は、年間に百頭以上も種付けすることが可能だからである。[24] 実際明治初年以来、日本の馬産振興のためにアラブの優れた種牡馬が導入され、血統の更新が図られ続けてきた。しかしそれでも日露戦争で日本産馬は壊滅的打撃を受けたのである。それはなぜか。血の受け手となる母馬の能力が低かったからに他ならない。しかし母馬の血統を更新することは生産者にとって極めて困難な事業なのである。

これは母馬がうまくいって毎年一頭の子馬しか生めないことに起因する。[25] したがって一年に百頭の改良馬を得るためには、百頭の母馬を新しく得なければならないのであって、コスト的に多大な投資を必要とするため、一般の牧場に簡単にできるわざではない。現代においてもそうした取り組みを容易に行い得て

表1　内外競馬場賞金比較表

		賞金総額（円）	四日間のレース数	登録馬	レース平均賞金（円）	一頭の平均賞金（円）
大正14年春	小倉	52281	42	155	1246	337
大正14年秋	小倉	68100	44	132	1547	515
大正15年春	小倉	64300	44	137	1461	496
大正15年春	阪神	70000	44	223	1590	313
大正14年春	大連	15205	49	82	310	185
大正14年臨時	大連	11845	49	72	242	164
大正14年秋	大連	16000	53	114	302	140
大正15年春	大連	18065	52	103	347	175
大正15年臨時	大連	15000	52	84	292	178
大正15年秋	大連	16870	53	122	318	138

いるのは、社台ファームを始めとするごく限られた生産者のみである。

だが大陸での作戦が目前に迫っている関東軍としては、どうしても早急に優秀な馬匹生産を行わなければならず、そのためには優秀な蒙古産の牝馬が大量に必要だった。そしてそのために考え出されたのが、競馬場を利用したシステムであった。以下の史料を用いてその構造を明らかにしていこう[26]。

春秋二回の競馬会に於ては、毎回新馬（牝馬）三十頭以上を編入すべきことは関東州に於ける競馬に関する勅令施行規則第十一条に於て之を命ずる所なり、日本に於ては十五頭以上の新馬を加ふべきことを命ずるも、満州にありては馬匹の価格低廉なると可及的多数新陳代謝を為さしめ、多数の牝馬を民間に分散せしむることは、改良を促進する所以なりとし、三十頭以上となせり。競馬倶楽部にありては、毎期蒙古地方に人を派し約五十頭の新馬を購入し来り、会員に

表２　大連競馬場　大正14年度15年度　馬匹損益一覧表

			(利益) 500円以上	500円以下	400円以下	300円以下	200円以下	100円以下	なし	100円以内	200円以内	300円以内	(損益) 300円以上
抽選新馬	T14	春				2		1	4	8	6	7	10
		臨時					1	1	8	5	13		
		秋	1		1		4	4	5	10	15		
	T15	春	1			1	4	4	7	15	16		
		臨時	1				1	3	7	5	7	6	
		秋	1			1	3	6	8	5	11	9	
古抽選馬	T14	春							4	2	1	4	4
		臨時			1		1	2	2	3	3	3	
		秋				1	2		4	5	6	14	
	T15	春					1		5	4	4	8	
		臨時				1	1	1	2	2	5	5	
		秋			1		1	1	4	7	9	7	
新呼馬	T14	春				2			2	1	4	1	5
		臨時						1			2		
		秋	1			1		1	2	1	2	9	
	T15	春		1		1			2	2	2	12	
		臨時		1			1		3	1	1	5	
		秋	1			1			1	2	5	10	
古呼馬	T14	春			1		1		1	2	3	4	3
		臨時							4	3	2	5	
		秋				1			2	7	4	4	7
	T15	春	1				1		2	2	5	5	6
		臨時	1		1			2	3	8	5	7	
		秋	1			1		1	3	2	5	15	

対し抽籤馬として分配する、此の場合倶楽部は抽籤馬一頭に対し金五十円の補助をなす（約五分の一に該当す）、而して現今においては約五十頭の馬を会員に分配するには稍々不足を告ぐる実況にあり、競馬に出走し成績薫しかるさるものは倶楽部員としては之を手放すを以て之等が民間に売却使役せられ、自然養殖用に供せらるるに至る

要するに、①倶楽部

（関東軍）が毎年優れた牝馬を多数満蒙から購入する。②これに一頭あたり五十円の補助金を与えて格安で馬主に抽選配布する。③この補助金分はやがて売り上げから経費として補充していく、というもので、経営主体である軍としては一切懐が痛まないまま、優秀な蒙古産牝馬が続々と競馬場に集められ、やがて引退した後は周辺の牧場で繁殖の基礎牝馬になっていくという画期的な仕組みになっていたのである。(27)

これは割安で良質の牝馬を購入できる馬主たちにとっても好評であった。もちろん「表1」に見られるように、関東州競馬の平均賞金額は内地に比べて約五分の一と著しく低く、また「表2」からわかるように、投資金額が回収出来る馬も決して多いとは言えず、大連で馬を走らせるということは馬主経済的にはややリスクの多い投資であった。しかしそもそも馬主といわれる人々の多くは、あまりそうした経済効率で物事を考えない人種であり、彼らにとって大切なのは、もし自分の馬が大レースを勝ちまくった場合にどれほどの収入があるかという点のみなのである。もちろんそんな馬を所有出来る確率はとても低いのであるが、彼らは夢を追って次から次へと馬に投資し、いつか自分が名馬のオーナーとして大レースのウイナーズサークル（表彰台）に立つ日を待望する。これが馬主心理といわれるものである。(28)

かくしてこの計画は完全に軌道に乗った。関東軍は蒙古産牝馬限定の競馬場を経営するという前代未聞のアイデアにより、内地で果たせなかった馬匹改良に本格的に着手することに成功していくのであった。(29)

もちろん競馬場での成果をバックアップするための施設づくりも進められた。関東州、関東軍、満鉄の三者はこれについても綿密な協力体制を敷き、満鉄沿線を南北二つに分割し、奉天以北には公主嶺に満鉄農事試験場を設置して、そこに種牡馬八頭を置き、奉天以南及び関東州に対しては関東庁種馬場が種馬一三頭を置いて、種付けに従事させた。また毎年四月から六月の繁殖シーズンには、満蒙各地に種牡馬を派遣して、地方で所有されている牝馬に種付を行うなど打てる限りの手を打っていったのである。(30)

さらに関東州、関東軍、満鉄の三者は、組織的にもより高度な連携を図るための調整機関として、大正一五年関東長官の下に馬政委員会を設置した。以下の史料を引用してみよう。(31)

満州に於ける馬匹の改良は、州内にありては関東庁、州外にありては満鉄に於て之を奨励指導すべきものなるも、其の方針及実行方法に至りては一徹に出つること必要なるを以て、実施に当たりては両者相提携協力し、これを行ひつつあり、また馬匹使役用途よりみるときは平時にありては産業上、有事にありては寧ろ軍事上、改良の必要を高唱されつつある関係上、陸軍側としても方針及方法に関して大なる希望あり、故に将来満州に於ける馬匹改良事業を進むる上に於て常に三者合同協議し、相援助し事に当たらざるべからざる性質なるを想ひ、三者協議の機関とし、又、関東長官の諮問機関として大正十五年十月馬政委員会なるものを組織したり。而して委員は関東庁、満鉄、及関東軍司令部各職員中より之を選出したり。委員長以下委員左の如し。

委員長　関東庁内務局長　副委員長　満鉄興業部長、関東軍参謀長

委員　関東庁拓殖課長、関東庁地方課長、関東庁（農務）技師、関東庁（畜産）技師、満鉄農務課長、満鉄農務課職員（二名）、関東軍高級参謀、関東軍獣医部長、関東軍支那馬調査班長（騎兵中佐）、関東軍支那馬調査副班長（騎兵少佐）、関東軍支那馬調査班員（輜重大尉）

参謀長以下関東軍首脳部が本腰を入れて参加、それに関東庁、満鉄の主要メンバーが加わった陣容は、この政策が植民地経営にとって、かなり重要な地位を占めていたことを物語っている。

彼らは関東州競馬における好成績を見て、やがてその範囲を満鉄付属地へと拡大していく。そしてその

過程で様々な問題を噴出させるに至っていくのである。

二　南満州鉄道付属地競馬をめぐる対立——外務省と拓殖局・陸軍

1　競馬法施行前後の満鉄付属地競馬と外務省

大正十二年勅令第三四〇号の適用範囲は関東州内に限定されていたため、内地との若干の法的差違は見られたものの、それはさほど大きな問題にはならなかった。しかし競馬場政策を南満鉄付属地へと展開していこうとした時、それは様々な法的問題を惹起した。

その最大の理由は、満鉄付属地の置かれていた法的位置が極めて特殊であったことによる。同地は行政権的には関東長官の管轄下にあったが、内地法体系が及ぶ土地ではないため、例えば競馬場を設立しようとした時、どの部局がいかなる法律法令に基づいてそれを判断し、許可を与えるかという点がはっきりとしていなかった。さらに付属地外となると事態はより複雑で、行政権的には中国の主権下にあったが、日本人が関与する事業である以上、外務省とその領事館も管轄権を持つことになる。大正一三年五月、社団法人奉天競馬倶楽部が競馬場を設立しようとしたのは、よりによって満鉄沿線の中核都市奉天の満鉄付属地外の土地であった。したがって初期対応は、外務省奉天総領事館が行うこととなった。

そもそも大陸での競馬熱が沸騰し、今後こうした出願がくることが予想されたため、外務省内では大正一二年の段階で次のような取扱内規を設けていた[32]。

一、支那ニ於テ競馬ヲ行ハントスル者アルトキハ、管轄領事官ニ許可ヲ申請セシメ、領事官ハ其ノ可否ニ関スル意見ト共ニ、関係書類ヲ添ヘ外務大臣ヘ請訓スルコト

二、競馬ヲ行ハントスル者ニ対シテハ、右認可申請ト共ニ競馬開催ノ回数及期間、入場料ノ金額、勝馬投票券ノ金額及其ノ発売方法、勝馬投票的中者ニ対スル払戻金ノ範囲及金額等ヲ記載セル書類ヲ領事官ニ提出セシムヘキコト

三、外務大臣ハ司法大臣及必要ノ場合ハ農商務大臣ノ意見ヲ求メタル上可否ヲ決定スルコト、領事官ハ右認可ノ回訓ヲ俟チテ、認否ノ指令ヲ与フルコト

四、領事官ハ命令ニ違反シ、又ハ公益上必要ト認ムル場合ニハ、競馬ノ停止、勝馬投票券ノ発売停止、又ハ制限其他適宜、処分ヲナシ得ルコトトナス為メ、認可ニ当リ、必要ノ命令各項ヲ示達スルコト

奉天競馬倶楽部に関しても、これに基づいて奉天総領事館が館令を発して対応、許可しようとしたのであるが、中国側官憲より付属地外での競馬施行は主権の範囲を超えたものであるとしてクレームが付き、開催は不可能となった。その背景には中国人の手による競馬場設立計画があったことが後に判明する。状況の滞りを見て動き出したのは関東庁であった。同庁は大正一四年一〇月一三日「競馬法ニ拠ラサル競馬許可ニ関スル件」を関東庁警察局長名で奉天総領事館に送り、満鉄付属地内に競馬場を設置し、開催許可を与えることを通達したのである。その文面は以下の通りである[33]。

本月二日付機密関第五七号ヲ以テ、奉天競馬倶楽部ノ競馬会開催ニ関シ、支那官憲ノ不法差止メニ関スル件御通報ニ接シ、当庁ニ於テモ種々考究ノ結果、支那側ニ対スル牽制策トシテ、今年一回同倶楽部ニ対シ、奉天付属地ニ於テ競馬法ニ拠ラサル競馬ヲ許可スルモ差支ナキコトトシ、別紙写ノ通、奉天警察署長ニ通牒置候条、若シ許可スルコトニ決ストセハ、支那側ニ対スル態度ニ就テモ可然御考慮相成様致度候

しかしこれを受けた外務省は苦悩した。中国側のクレームが来ている状態で、たとえ満鉄付属地内とはいえ、競馬場の設立、開催許可を行うことは外交上のトラブルにつながることは必至であった。そもそも満鉄付属地という存在に競馬場を設立するということが、国際法上正しい権利であるのかどうかすら分からない。

折しも、外相が幣原喜重郎、奉天総領事が吉田茂と、偶然とはいえ当時の国際協調外交の旗手達が勢揃いしたキャストだったこともあって、彼らはなるべくなら事態の紛糾を避けようとした。そして吉田が中心となって次のようなプランを立てるに至った。大正一五年一一月三日付の吉田から幣原宛上申を見てみよう。(34)

奉天支那官憲ハ我カ競馬法ニ模倣シ別紙写ノ如ク、管理賽馬場暫行規則ヲ発布シ資本金奉大洋六十万元以上ヲ有スル者ハ営利事業トシテ之レカ許可ヲ申請スルコトヲ得ル旨ヲ規定シタルカ、社団法人奉天競馬倶楽部ハ鉄道付属地外ニ於テ競馬会ヲ開催セントセハ支那官憲ノ不法差止メニヨリ（大正十四年八月二十六日付機密公第三一四号及同年十月二日付機密公第三八三号船津総領事報告参照）之ヲ施行

シ得サル為メ、日支合弁ヲ以テ賽馬公司ヲ設立シ支那ノ法令ニ遵ヒ、競馬会ヲ開催セントシ、内々支那官権ノ意嚮ヲ訪ネタルニ、許可差支ナキ旨ノ内示アリタリトテ、右合弁計画ノ可否ニ関シ当館ノ内意ヲ伺出ツルモノアルトコロ、支那側管理賽馬場暫行規則ニヨルニ、競馬会開催ノ目的方法及馬券販売ノ価格等悉ク我競馬法ト同一ニシテ、差シタル弊害無之モノト認メラルルモ、只我カ競馬法ハ営利事業トシテハ絶対ニ之ヲ許可セザルニ反シ、支那側賽馬法ハ営利事業トシテ之ヲ認メ居リ、従ツテ出資者ニ対シ利益ノ配当ヲ為スモノナルヲ以テ、賭博行為ニ渉ルノ虞アリ、此点ニ於テ法人ノ出資ハ疑義ナキニアラザレトモ、当地方ノ如ク幾多ノ射幸的事業アリ、且ツ支那官権カ之ヲ公認シ、取締ノ責ニ任スル以上、法人カ其ノ投資者ト為リ、又経営ノ一部ニ参加スルカ如キハ、之ヲ黙過スルモ敢ヘテ差支無之モノト被認之レカ取扱ニ関シ聊カ疑義ニ渉ルヲ以テ本省ノ御意見何分ノ御回示相煩度、此段請訓ス

吉田は日本と中国との合弁による競馬場設立を考え、その旨を中国側官憲に打診したところ、合弁なら良いとの回答を得るに至っていた。しかしながら問題が一つ生じていた。それは「競馬場とはいかなる存在か」という根元的な部分での、日中間の認識の相違であった。中国側は競馬をあくまで営利事業と考え、従って出資者には儲けに応じて配当がなされる規定になっていたが、日本側の認識としては競馬はあくまで賭博ではなく、それは一種の社会貢献事業であって、配当は出資者に配当するのではなく、社会に還元されなければならない建前になっていた。したがって射倖的事業としての競馬事業に邦人が参加することは、刑法で禁じられている賭博行為にあたるのではないかという疑いがあった。そのため上記のような請訓を吉田は幣原に対して送ったのである。

幣原もこれには困り、一一月二〇日付で出淵次官から司法次官へ「支那法ニ拠ル日支合弁会社ニ投資セムトスルモノナルヤニ認メラルルモ、支那法ニ於テハ、営利事業トシテノ競馬事業ヲ認メ居ルニ付、本件参加ヲ黙過シ差支ナキヤ否ヤ、法律上相当問題ナリト思料セラル」として「本件ニ対スル貴省ノ御意見予メ承知致度、何分ノ義至急御回示相煩度」との照会が行われた(35)。

しかし司法省の回答は実に冷ややかなものだった。司法省はあくまで刑法を遵守する立場から「我刑法第百八十五条、同第百八十六条、同第六十二条ニ該当スルモノト認メラレ候条、右参加ハ許可スヘカラサル儀ト思料致候(36)」と回答してきたため、外務省はこのプランを取れず行き詰まってしまったのである。

2　陸軍（関東軍）・拓殖局（関東庁）・満鉄三者による殖民地競馬統一計画

この状況を見て、関東軍、関東庁、満鉄の三者は満鉄付属地を日本の法権内に取り込む強硬手段に出る。昭和二年三月一〇日内閣拓殖局長黒金泰義と陸軍次官畑英太郎の間で、関東州と南満鉄付属地を統一した一つの法体系のもとに置くプランが話し合われ、関東長官からの要請に基づき、以下のような新勅令を発布する計画をまとめる(37)。

勅令第　号　関東州及南満州鉄道附属地ニ於ケル競馬ニ関シテハ競馬法ニ依ル。但シ同法中主務大臣トアルハ関東長官、年三回トアルハ年四回トス。前項ノ規定ニ依リ競馬ヲ行フ法人ノ数ハ関東長官之ヲ定ムこれは現在関東州に限定されている競馬に関する勅令の適用範囲を、満鉄付属地にも拡大しようとするもので、付属地を関東州同様、関東長官の支配下に置こうとする狙いが込められていた。またこの機に乗じて一年間での開催日数を増やそうというこの案は、彼らの希望を最大限盛り込んだものであったと考えられる。この史料に付けられた説明書は、さらに詳しく彼らの考えを物語る。引用しておこう。(38)

一、関東庁及満鉄ハ政府ノ命ニ依リ、相協力シテ関東州及南満州鉄道附属地主要地ニ種牡馬ヲ配置シ、南満州馬匹ノ改良ヲ図リツツアリ、随テ優良牝馬ヲ招致スルノ方策トシテ南満州鉄道附属地ニ於テモ競馬ヲ開催スルノ必要アルコトヲ痛切ニ感シツツアリ、然ルニ前勅令ノ効力ハ関東州内ニ限ラレタルヲ以テ、目下ノ処其ノ開催ヲ為スコト能ハサル状態ニ在リ、仍テ右勅令中関東州トアルヲ、関東州及南満州鉄道附属地ト為スノ必要アリ。

二、関東州及南満州鉄道附属地ニ於イテ競馬ヲ開催スル目的ハ前述ノ如ク、優良牝馬ヲ招致シ、之ニ関東庁及満鉄ノ配置シタル種牡馬ヲ交配シテ南満州馬匹ノ改良ヲ図ルニ在ルヲ以テ南満州馬匹分布ノ状態ヨリ考ヘ、其ノ開催地ハ関東州及南満州鉄道附属地ニ於イテ適当ノ地ヲ選ヒ之ヲ定ムルノ必要アリ

三、競馬開催地ヲ関東州及南満州鉄道附属地ニ於イテ適当ニ之ヲ設クルモ、該開催地ハ遠ク相距リ、同一ノ馬ヲ二箇所以上ノ競馬ニ参加セシムルコト困難ナリ、故ニ競馬回数ヲ増加スルニ非サレハ馬主ハ収支相償ハサル為、所期ノ優良牝馬ヲ招致スルコト能ハス。仍テ競馬法第二条中年三回トアルヲ年四回ト為スノ必要アリ

このプランについては、「満蒙馬匹改良上、軍部ニ於テモ極メテ必要ナリト認メラレタルヲ以テ、此ノ際制定発布ヲ見ル如ク、拓殖局、農林省ニ連繋尽力煩シタシ(39)」との関東軍参謀長の意見が付記され、陸軍次官へ回されている。

だが外務省はこの案に猛反発、満鉄付属地に関する問題はあくまで外交上の権限に属するとして、競馬場問題をきっかけに関東庁、関東軍、満鉄が伸ばしつつあった魔手を断固として払いのける方針を固めた。昭和二年三月二五日出淵外務次官は、黒金内閣拓殖局長に対して「南満州鉄道付属地ニ於ケル競馬ニ関シテハ、競馬法ニ依ルコトヲ、特ニ勅令ヲ以テ規定スルノ要アリヤ否ヤ」検討したが、「本件勅令ノ制定ハ」「時期尚早ナルモノト認ム(40)」との回答を送り、さらに三月二十八日追いかけるようにして「(競馬法は)帝国カ領事裁判権ヲ有スル地方ニ当然適用セラルヘキモノト被認、之カ施行規定トシテノ領事館令モ、満鉄付属地内外ヲ問ハス一様ニ適用セラルヘキモノナル(41)」との主張を届けて、この問題が外務省の管轄権下にあることを強烈に主張している。

かくしてこの問題は果てしない泥沼に陥っていくのであるが、この状況を『大陸日日新聞』は次のように述べている。この史料は競馬法の解釈をめぐって、外務省と関東庁の意見が対立している様を実に的確に分析していて素晴らしく興味深いので、長文だがあえて全文引用しておく(42)。

奉天競馬問題に就ては、屢報の如く、関東庁と領事館との競馬令適用に対する見解を異にしたため、一時停頓の姿となったが、之れが遠因を探求するに、所謂満州三頭政治の弊と満鉄付属地なる者の性質が確然と決定していないのに起因するもので、総領事館の意見は、報の如く外務省の訓令に基く者で、関東庁の意見は拓殖局の意向であるから、総領事館と関東庁の衝突は即ち外務省と拓殖局の衝突であるが、今両者主張の内容即見解の相違点に就き、探聞するに、外務省側は奉天総領事館よりの伺ひに基き、司法省と協議の結果競馬法なる者は、目的は産業開発にあるも、之れが罰則は刑法に拠る者で、刑法の付属法と認むるを得べく、而して刑法は属人法として海外にも之れを適用する者で、満州（関東州外）に於ける競馬は、内地競馬令を準用すべき者であると云ふに在り、然るに拓殖局側に於ては、競馬法の罰則は、刑法に拠るのであるが、競馬法其者は該法の第一条にもある如く、馬匹の改良を以て主目的とする者で、断じて刑法の付属法に非ず、産業行政に属すべき者なり、故に刑法ならば満州付属地に適用し得るが、産業に関する行政法であるから海外に適用し得ぬ許りではなく、内地競馬法は省令を以て発布されたもので勅令でないから、法律と同様に解釈するを得ず、而して一方関東州競馬法も属地主義の商業法で、之れを州外に適用し得ぬ事勿論で、満鉄付属地か何等かの特別法制定せぬ限り、一種の治外法権の如く、之れは適用すべき競馬なく、従って付属地に於ける競馬は、特別法の制定さるる迄絶好に許可すべき者に非らず、又許可し得べき機能を有する官庁もない訳であると言ふ、以上の如く両者の主張は其根本に於て競馬法其者に対する見解を異にして居るばかりでなく、満鉄付属地なる者の行政権に就いても意見を異にし、関東庁は従来の慣例とも称すべき不言不語の内に為し来った習慣に依り、一般行政権をも自己の手中に属せしめんとし、領事館側は、付属地に於ける行政権は、関東庁としては警察に関するもの以外は何等の権限を有さずとの意見を有するものの如し、而して之れが解決は外務省と拓殖局に於て為すに非ざれば、到底満州に於て両者間に解決すべき者に非ざるべく、若し東京本省に於ける解決を待つとせば、到底二三ヶ月乃至半年にては不可能なれば、結局奉天競馬は停頓の外ないので、関係者は便宜の方法に依りて兎も角も実行すべく目下協議中である外務省側は、競馬法は目的こそ産業開発にあるが、法としては刑法の一種であると考え、そうであるならば属人主義に基づき、満州全域に適用しうる。したがって刑法で賭博を厳禁している以上、馬券を積極的に販売しようとする関東州型の競馬を満鉄付属地に展開することには忌避感を示した。

一方関東庁側は、競馬法は刑法ではなく、また産業に関する行政法であるため「海外に適用し得ぬ」と自らのフリーハンドを強調しつつ、満鉄付属地には現在競馬場に関する法的根拠が何一つとしてないこと、したがって関東州競馬令を新たに拡大して満鉄付属地に及ぼすことが適当な対応であることを主張したのである。

こうした法解釈に関する対立は、『大陸日日新聞』が指摘するように行政権をめぐる争いとも深く絡み、容易に解決の糸口を見せなかった。しかしやがてハルビンにおける利権回収問題をきっかけに、政治的な解決が図られていくこととなる。

3　中国による利権回収運動とハルビン競馬場問題、そして田中義一内閣

昭和三年中国による利権回収運動は特に満州各地域において積極的に進められ、諸外国との間で様々な利権に関するトラブルを惹起していた。

特に東支鉄道が管理していた租借地に、中国側が土地管理局を設置、行政長官張煥相名義で積極的に回収を進めたことは大きな問題となっていた。中国側は外国人所有の借地権を持つ土地に関して、すべて租借権書換を要求、五十三年残っていた租借権を、長期で三十年、短期で十年に縮小する要求を突きつけ、それに応じないものに対しては、一切租借権を認めない方針で臨んでいた(43)。日本を始めとする九カ国領事

団はこれに対して連名抗議するなど条約上の既得権を掲げて猛反発していたが[44]、その矢先に日本人借地のハルビン競馬場が中国側官権によって強制的に差し押さえられるという事件が勃発した。『東京朝日新聞』昭和三年一月一三日付記事「借地権回収の皮切に邦人の競馬場を横奪～ハルビン支那官憲の暴状に八木総領事の猛抗議」にその詳細が述べられている。

特別区土地管理局はハルビンにおける土地規則を制定し、外人所有の旧借地権を認めぬと主張している折柄、一一日午後三時支那官憲十名は郊外にある日本人借用の競馬場の借地権を認めぬとて事務所にかかげられて居た日章旗を引下し、更に巡警八名を増員し、事務所から日本人の立退きを要求し、勝手にペチカを占領して我物顔を振舞つたのみならず、一二日午前八時に至り、引き下ろされた日章旗の代りに民国旗を掲げ、依然として競馬場の回収を主張した。今後は支那経営の万国運動場に改造するといきまいて居るので、八木総領事は一二日特別区行政長官張煥相氏を訪問し、口頭をもって厳重に抗議するところがあつた

交渉の結果、日本側も折れ、この土地を支那教育庁の運動場として回収するのを認める代わりに、家屋設備の借用を継続する方向でまとまり、民国国旗を降ろし、官憲は撤収した上で新たに日支合弁の国際競馬場設立を議論することになった[45]。

しかし「其後支那側ハ一月十三日妥協ノ条項ヲ無視スルカ如キ態度ヲ続ケ」、「国際競馬場倶楽部組織ニ関シテモ故意ニ会議ヲ遷延シ」ようやく中国四：日本三：ロシア三の割合で出資し競馬場を設立することが決められるが、これにより経営の主導権は完全に外国に握られることとなった[46]。

この報告を受けたのは、外相を兼任していた首相田中義一その人であった。中国側の対応に激怒した田中は、懸案の競馬場問題を含め、この問題の一挙解決に乗り出していくこととなる[47]。

昭和二年四月に成立した田中義一内閣は、首相の田中自らが外相を兼任していたこともあって、それまでの外交方針を大きく変化させていた。若槻内閣・幣原外交下の外務省では、対中国外交において、なるべく摩擦を避ける方向で動いていたが、田中は対中国政策において、極めて強硬な外交方針を打ち出していったのは周知の事実である。そしてそのことが植民地における競馬場経営をめぐる外務省、拓務局対立に大きな影響を及ぼしていくこととなったのである。

田中は外務省内の議論をリードし、競馬場問題に関するそれまでの外務省の主張（満鉄付属地における競馬場経営に関する管轄権主張）を一八〇度転換させていく。そしてその結果、昭和三年九月に外務省で開かれた省議[48]で、以下の件が決定されるに至るのである。これも少し長文になるが、貴重な史料なので引用しておこう。

関東州ニ於ケル競馬ニ関シテハ大正一二年勅令第三四〇号ノ規定ニ基キ、関東庁ニ於イテ競馬ヲ行フ一法人ヲ認可シ、定時競馬ヲ開催セシメ、馬匹ノ改良ヲ図リ来リタル処、前期勅令ノ効力ハ関東州内ニ限ラレタルヲ以テ、鉄道附属地ニ於テハ右ニ基キ競馬ヲ行ハシムルコトヲ得ス。優良馬ノ招致其ノ他ノ点ニ付、遺憾ノ点アル趣ニテ今般関東庁ハ別紙勅令案ヲ発布シ、関東州競馬法規ヲ鉄道附属地迄延長シ度旨請議セル趣ヲ以テ、拓殖局ヨリ外務省ノ意見問答アリタリ。

従来支那各地ニ於ケル本邦人ノ競馬事業ニ付テハ在支各領事館ニ於テ館令ヲ発布シ、其ノ認可ヲ要スルコトトシ、馬匹改良ノ名目ノ下ニ競馬開催ヲ認メ来レルモ、元来馬匹改良ニ付テハ単ニ競馬ヲ行ハシムルコトノミヲ以テ足ルモノニ非サル可ク、其ノ他ノ設備施設ト相俟テ之ヲ運用スルコトニヨリ、初メテ所期ノ目的ヲ達成シ得ヘキモノト被認ル処、言フ迄モナク、支那ニ於テ我国ハ専管居留地及鉄道附属地以外ニ於テハ行政権ヲ有セサル関係モアリ、斯ル一般的馬匹改良施設ヲ爲シ得サリシ爲、支那ニ於テ本邦人ノ行フ競馬ハ馬匹改良ノ見地ヨリセハ、頗ル意義尠キモノタルヲ免カレサリキ。然ルニ今次関東庁ノ目的トスル所ハ、附属地ヲ競馬法ノ関スル限リ関東州ト同一ノ法域トナシ、統一セル組織政策ノ下ニ馬匹行政ヲ行ハントスルニアルヲ以テ、本件請義ノ次第ハ趣旨ニ於テ不可ナキモノト被認ル、尤附属地ハ地域狭小ナルノミナラス純然タル我領土ニ非サルヲ以テ、附属地内ニ行ハルル各種ノ施設ハ有形無形ニ附属地ヲ囲スル支那ニ影響ヲ及スコトアルヘク、殊ニ其ノ地ノ公安ニ至大ノ関係ヲ有スル競馬ノ如キハ附属地ニ接壌スル商埠地内居住ノ一般居留民ニ対スル関係モアリ、之カ開催ニ付テハ、其ノ場所及時期ニ付、予メ関係領事ニ協議セシムルコトト致度。

尚本件関東庁競馬令発布ニ付テハ、州外満鉄附属地ノ産業行政制度ニ関スル根本問題ニ触ルル点ナキニ非スト被認ルモ、右ニ付テハ既ニ銀行取引所関係ノ如キ例外ナキ次第ニ非サルノミナラス、外務省ニ於テ特ニ人員ヲ設ケ附属地内ノ馬匹改良施設ヲナスカ如キハ到底困難ナルヲ以テ、寧ロ此際既ニ其ノ基礎及経験ヲ有スル関東庁ヲシテ関東州ト併セテ附属地馬匹行政ヲ行ハシムル方帝国ノ利益ニ合スル所以ナリト思考ス

要するにこれまで外務省が対応してきた満鉄付属地における競馬場経営問題を、完全に同省から切り離し、関東長官の権限に委ねるというものである。そしてその理由としては競馬場が馬匹改良、馬政と密接に連関したものであり、そうした経験を外務省は持たないため、経験ある関東庁に委ねるべきことが述べ

られている。そしてそのための法的整備を行うため、関東州と満鉄付属地に広く適用しうる新勅令を発布することに「当省トシテハ異議ナキ旨回答」がなされ、これにより外務省と拓務局（関東庁、関東軍、満鉄）との積年の確執はかなり強引な形で決着が図られていくこととなるのであった。

以後は、関東庁・関東軍・満鉄の三者を中心に競馬場戦略が進められ、やがて満州国成立に至っていくこととなる。

おわりに

昭和六年の満州事変により満州国が設立されると、「事変後軍部方面ニ於テハ頻リト馬匹及ヒ其ノ他家畜類ノ改良ヲ強調シツツアリ、其ノ内最モ急務ヲ要スルハ馬匹ニ在リ、従来日本馬ハ満州産ニ比シ、耐寒力弱キヲ以テ第一馬匹改良ノ必要アリトノ見地ヨリ、満州国ヲシテ改良ノ主旨ヨリ競馬ヲ起スコトトナリシ由、而シテ之ヲ国営トナシ(49)」との動きが強く起きる。そしてやがて馬政局官制、国立競馬場官制、満州国賽馬法などが次々とうち立てられることで、独自の法体系が整備されていった。

こうして成立した満州国競馬は、国内の法体系から完全に解き放たれたことにより、関東軍の積年の野望がすべて盛り込まれた恐ろしい内容のものとなっていく。そして戦時体制下で内地の競馬が規制され、やがて馬券の発売を停止されて縮小、廃止に追い込まれていくのに対して、満州では大発展を遂げていくこととなる。

満州国賽馬法の主たる特徴は以下のようなものであった。

第一に、学生・生徒・未成年への馬券の積極的販売がなされた（内地では、現代でも厳禁とされている）。第二に、馬券は小口一円からの発売となり（内地では一枚一〇円と高額であったため、誰でも購入できるというものではなかった）、ファン層を一気に底辺に広げた。第三に、配当は無制限となり、上限がなくなったため大穴が続出した（内地では最高でも一〇倍に規制）ため、「穴を狙うなら満州」といわれ、またいわゆる万馬券が初めて登場したのも満州の地であった。第四に、入場券は宝くじが付いており、一枚三円の入場券で、一等四万円もの大金が当たるとあって大人気であり、競馬に関心のない一般民衆も続々と吸い寄せられ、嵌っていくという構造になっていた。

こうした満州国競馬のあり方に関して、「満州国競馬の生みの親」と呼ばれる軍政部顧問、騎兵大佐浜田陽児は、『満州新聞』のインタビューに答えて、次のような談話を発表している[50]。

（学生、未成年に対する販売について）「畢竟馬券は単なる賭事ではなく、相馬の鑑識を基としたる確信の争ひでありまして」「日本には色々理由はありませうが、満州国では自由な考えを以て之に対した訳であります」

（宝くじ付き入場券（＝彩票）については）「之は全く射幸行為でありますので、どうしても競馬賭事の正道ではありませぬ」しかし「競馬及び馬券の正しき慣習がないので、一時彩票の門から入らしめて、漸次之を馬券に導く事が得策」

かくして内地の競馬とはまったく別種の競馬が誕生していった。

『満州新聞』の見出しだけでも、「配当無制限～穴、穴、穴をねらふ人々で前景気早くも沸く」「今年から馬券は三円券、無制限発売、購買を禁止されていた青少年学生でも買ふことが出来る」「穴をねらふ人の胸ワクワク」といった記事が並び、事態を憂慮した新京カフェー組合が、このままでは満州国は「競馬の国」「賭事の国」になってしまうという批判を行うほどの大盛況であった(51)。

この盛況を見て、関東州も独自の競馬令を出し、満州で好評の宝くじ付き入場券を売り出した。また朝鮮・台湾も独自の競馬令を施行して、各植民地は緩やかに本国の法体系から離脱していったのである。

(1)　こうした植民地競馬場の存在については、植民地史はおろか、競馬史の分野においてもまったく省みられることがなかった（山崎有恒「近代日本の植民地と競馬場」（『歴史読本』二〇〇三年五月号））。

(2)　イギリスの植民地における競馬場経営に関しては、香港やシンガポールなどにおける事例についていくつかの蓄積がある。フランスの競馬場経営に関しては、現在この分野で鋭意優れた研究を行いつつある、東京大学大学院総合文化研究科大学院生穴沢綾氏のご指摘により、その存在を知った。付記して篤く御礼申し上げる次第である。

(3)　実際先にこの地を植民地としたロシア帝国も、ここを馬産振興計画の中心地として位置づけていた。

(4)　武市銀治郎『富国強馬』（講談社選書メチエ149、一九九九年）、大江志乃夫『日露戦争の軍事史的研究』（岩波書店・一九七六年）、帝国競馬協会編『日本馬政史』第四巻（原書房復刻版・一九八二）、立川健治「日本の競馬観(1)」（『富山大学教養部紀要』二十四巻一号、一九九一年）、竹迫健作「馬政局興亡史」（『立命館文学　学生論集』第六号二〇〇〇年）など。

(5)　前注（4）『富国強馬』参照。

(6)　日本中央競馬会図書室蔵、社団法人大連競馬倶楽部編『大連競馬倶楽部設立十年記念誌』（昭和一〇年）二二頁。なお同誌については以下『記念誌』と略記する。

（7）　大正九年四月二四日付、拓第二八一四号「満州競馬法制定方請願ニ関スル件」（国立公文書館蔵『大正九年公文類纂　帝国議会』（二―二A―一四纂一五〇六）。
（8）　同右。
（9）　前注（6）『記念誌』二三頁。なお、民衆競馬会の星ヶ浦競馬場ではハルビンから招致した繋駕競走（トロットレース）が行われている。
（10）　同右二六頁。
（11）　同右二八～三一頁。この統合に際しては出願団体が四〇余りに達したため、大正十二年七月代表者を浜麺家に集めて協議会を行い、最終的に各団体の大同団結的に一つの組織を作り上げている。関東州における競馬場経営がいかに魅力的なものであったか理解出来よう。
（12）　以下の『指導』事項は、すべて大正十二年八月二十日関東庁令第三八号「関東州における競馬に関する勅令施行規則」による。
（13）　そもそも競馬法第一条において、日本の競馬は「馬の改良増殖及馬事思想普及を図るを目的とす」と定められており、血統更新につながらない去勢馬競馬は法律違反の可能性すらあった。
（14）　前注（6）『記念誌』三七頁。
（15）　同右三八頁。
（16）　前注（4）『富国強馬』。確かにこの両戦争によって陸軍部内における馬匹強化の重要性が増していったのは事実であるが、それが満蒙馬の血統導入による改良馬生産という目標に絞り込まれていったのは、シベリア出兵が直接の契機であった。管見の限りこうした指摘を行っているのは本稿だけである。
（17）　大正五年五月二日付、陸軍次官発朝鮮政務統監宛、陸普第一四二三号「朝鮮ニ於ケル軍馬資源ニ関スル件照会」（防衛庁防衛研究所戦史部図書室蔵『陸軍省大日記』甲輯T一二一―五）。もっともこの段階の朝鮮馬は内地馬と比べても弱小であって、内地馬の補完にあてる程度の期待しかされていなかった。朝鮮ではこの指令に基づき、大正五年より牧馬事業に着手する。

(18)　同右収録。各方面に送られた指令には等しく「目下我国軍馬資源ノ現況ト将来ノ作戦トヲ顧慮シ、且欧州戦乱ノ実績ニ鑑ミ、何レモ国防上緊急ニシテ決シテ等閑ニ看過スヘカラサル事項」との認識が示され、「馬匹改良」「馬産奨励」を行うことで「軍馬資源ノ充実」を図るべきことが指示されていた。

(19)　同右、別紙。

(20)　前注（6）『記念誌』一八頁。

(21)　防衛庁防衛研究所戦史部図書室蔵『陸軍省大日記』甲輯T一一―五に収録。同覚書では関東州における競馬施行が、内地の競馬法制定、ならびに競馬開催に対して大きな影響をあたえることを顧慮し、出来る限り「穏健、着実ナル発達」を遂げるよう「種々ノ弊害」への対応を慎重に行うべきことが記され、この問題に関する陸軍の苦悩をまざまざと窺わせてくれる。

(22)　杉本竜「近代日本における馬政政策」（二〇〇〇年度立命館大学大学院文学研究科修士論文）および、同「大衆娯楽としての競馬」（首都圏形成史研究会、都市と娯楽小研究会シンポジウム報告、二〇〇二年五月、文京区立ふるさと歴史館）。

(23)　もっともこのように関東州を舞台に内地で果たせなかった政策を推進しようとする軍部の動きは、特に政党関係者からはかなり危険視されていたようである。寺内内閣崩壊後首相となった原敬は、関東都督府の機構改革に着手し、関東庁と関東軍へ分割すると共に、関東庁長官に英国大使林権助を送り込む人事を断行している。このあたりの事情について、原は日記の中で次のように語っている。

本案の骨子は都督を軍人に限りたる制度を改めて関東庁長官となし、文武官何れにても其任に当るの制度となし、且つ南満鉄道に対しても監督の地位に置くことゝなさんとするものなり（『原敬日記』大正八年三月八日）

しかしそうした介入も実際にはあまり功を奏さなかったらしい。林はこの時期のことを後に次のように回想している。

原君がわたしにかういふんだ。『時に関東庁が今度は文官になる事になつて、その初代だから色々窃かに考えているんだが、さて頼みたいといふものが無くて困つているところだ。一つ、君、奮発して行つて貰へないか』と云ふ。それも宜かろうと関東庁にいつて見る気になつた〈中略〉関東庁の一箇年、無論何をする気もなし、また何か仕事をするやうなことも起こらなかった（林権助『わが七十年を語る』第一書房、昭和十一年、三四二～三四三頁）

かくしてせっかく送り込まれた林も神棚に祭り上げられ、関東軍の主導権に一撃をあたえることは不可能だったようである。

(24) 例えばこれは現代のデータになるが、優秀な産駒を次々と送り出し日本競馬界を席巻した名種牡馬サンデーサイレンスの場合、死亡した二〇〇二年度においても一五九頭もの牝馬に種付けを行っている。

(25) 実際には種付けしても不受胎になることもかなり多く、また生産調整のため意図的に三年に一度は空胎期を設ける場合も多い。

(26) 外務省外交史料館蔵、『外務省記録』E四三三一「競馬関係雑件」第一巻―三「関東州及満鉄附属地内競馬関係」。

(27) 社台ファームが導入したサラブレッドオーナーシステム（いわゆる共同馬主制度）は、ある競走馬の現役時代に限り、一頭の権利を何人かに分割して与えるというものであるが、優秀な成績を残した牝馬は引退後、同ファームに戻される契約になっているため、生産事業にも大きく貢献している。関東軍の競馬場戦略も発想としては同一の路線上にあったと考えられる。

(28) ちなみに私自身もヒダカブリーダーズユニオンの会員であり、競走馬の百分の一程度を所有する、いわゆる共同馬主として、すでに二〇頭以上の馬を中央競馬の舞台に送りだしてきたが、勝利を挙げたのはたった二頭であって、馬主経済的には崩壊しているといっても過言ではない。なのに今年も三歳馬四頭、二歳馬三頭を保有し、デビュー前の二歳馬が名門山内厩舎に所属し武豊が乗る予定と聞いて胸を躍らせてしまう、これこそが馬主心理というものなのである。これを読んで多くの読者の方は「アホだ」と思われたかも知れないが、それならなぜ人は当たらないと分かっても宝くじを買うのか、という問いかけを逆にしたい。それは心理学的にはまったく同一の構造を持つ行為なのではないだろうか。

(29)　なお国際日本文化研究センター浅野班でこのテーマについて報告した時に、参加者より「競馬場では一勝も出来ずに去る牝馬の方が多いのではないか」との高度な意見が述べられ、「満蒙の馬産全体にあたえた影響はどの程度のものなのか」という質問が寄せられたが、これについては以下の史料を御覧いただきたい（前注（6）『記念誌』七六頁）。

関東庁の産馬改良事業は州内各地に於ける在来牝馬に種牡馬を交配して優秀なる改良馬を産出するにあるが、在来牝馬は概して劣悪にして、農耕又は駄載若くは馬車用に使役さるるものであり、体躯も速力も到底改良種の母体たるに適するものがなかつた。然るに競馬開催後に於て、其能力試験を終りたる馬匹にして、夫々処分せられたるものは、競馬会における成績劣悪なりしものも、尚ほ在来馬に優るは事実

また「能力の低い牝馬ばかりのレースで盛り上がったのだろうか」という質問も寄せられたが、そもそも馬券を購入する人は、そこである程度能力の均衡した馬がレースを行っている限り馬券を購入するものであって、大連競馬場の売り上げが年々飛躍的に伸びていることだけ見ても充分に「盛り上がっていた」と考えられる。また実際には「愚美人」「千歳」「筑紫」「伊吹」といった名牝が続々と登場して観客を沸かせ、その「競争力レコードも決して牡馬乃至去勢馬に劣るものに非ることを如実に示して」（前注（6）『記念誌』六〇頁）いたという。

(30)　前注（26）「関東州及満鉄附属地内競馬関係」中の関東庁メモによる。
(31)　同右。「馬政委員会成立由来」と題された史料による。
(32)　同右。「大正十二年取扱内規」と題された史料による。
(33)　同右。関保第八九五二号。大正一四年一〇月一三日付、関東庁警務局長発、奉天総領事代理領事宛。
(34)　同右。機密公第八三二号。大正一五年一一月三日付、在奉天総領事吉田茂発、外務大臣幣原喜重郎宛。

(35) 同右。通二機密二一三号。大正一五年一一月二〇日付、出淵外務次官発、司法次官宛、「競馬会開催ヲ目的トスル支那法人ノ設立ニ関シ、邦人参加可否ニ関スル件」。
(36) 同右。刑事第六七三号。昭和二年三月二二日付、司法次官林頼三郎発、外務次官出淵勝次宛、「競馬会開催ヲ目的トスル支那法人ノ設立ニ関シ法人参加可否ニ関スル件回答」。
(37) 拓秘第五二号、昭和二年三月一〇日付、内閣拓殖局長黒金泰義発、陸軍次官畑英太郎宛、「関東州及南満州鉄道付属地ニ於ケル競馬ニ関スル件」（防衛庁防衛研究所、戦史部図書室蔵『昭和二年　陸軍省　密大日記』S二－三）。
(38) 同右、別紙。
(39) 密一一五号、昭和二年三月一二日付、関東軍参謀長発、陸軍次官宛電文（同じく、『昭和二年　陸軍省　密大日記』S二－三に綴り込み）。
(40) 昭和二年三月二五日付、出淵外務次官発、黒金内閣拓殖局長宛「関東州及南満州鉄道付属地ニ於ケル競馬ニ関スル件」（前注（26）「関東州及満鉄附属地内競馬関係」に綴り込み）。
(41) 昭和二年三月二八日付、出淵外務次官発、黒金内閣拓殖局長宛「関東州及南満州鉄道付属地ニ於ケル競馬ニ関スル件」（同じく前注（26）「関東州及満鉄附属地内競馬関係」に綴り込み）。
(42) 大正一三年五月二一日付『大陸日日新聞』記事「競馬問題紛争点　外務省、拓殖局双方の主張」。
(43) 昭和三年一月八日付『満州日日新聞』記事「在哈領事団より張長官に抗議す」。
(44) 昭和三年一月一〇日付『奉天日日新聞』記事「不当なる特別区の土地管理規則」。
(45) 暗三七四号、昭和三年一月十三日付、ハルビン八木総領事発、外務大臣田中義一宛電文（前注（26）「関東州及満鉄附属地内競馬関係」に綴り込み）。
(46) 普通第三〇九号、昭和三年五月二日付、ハルビン八木総領事発、外務大臣田中義一宛、「競馬場問題其後ノ状況報告ノ件」。

(47)　なおこうした中国の利権回収運動による競馬場接収問題は、必ずしも日本の競馬場にのみ向けられたものではなく、各地で同様の問題が生じていた。例えば天津総領事代理田代重徳より田中義一に宛てた公信第三〇五号（昭和四年五月一日付）「支那側ノ当地英商競馬場回収計画ニ関スル件」では、天津でイギリスが経営していた競馬場が市当局により接収されつつある旨を報じている。こうした情報がおそらく田中の危機感をかき立てる一因となっていたと考えられる。

(48)　機密第九一七号、昭和三年九月二十日付、田中義一外務大臣発、南満鉄道附属地内各地駐在帝国領事宛「関東州及南満州鉄道附属地ニ於ケル競馬ニ関スル省議決定ノ件」（前注(26)「関東州及満鉄附属地内競馬関係」に綴り込み）。

(49)　公信第九三号、昭和八年三月二九日付、錦州領事代理発、外務大臣宛電文（前注(26)「関東州及満鉄附属地内競馬関係」に綴り込み）。

(50)　昭和八年八月二二日付『満州新聞』（吉林省図書館蔵）記事「満州国の馬政に就て」満州国軍政部顧問、騎兵大佐浜田陽児談話

(51)　新京カフェー組合上申（前注(26)「関東州及満鉄附属地内競馬関係」に綴り込み。

満洲国における治外法権撤廃問題

武部六蔵日記を中心に

田浦雅徳

はじめに

満洲国の建国後、その重大な懸案事項は、日本が昭和七年に満洲国を承認する際に締結された日満議定書に確認されていた、満洲国における治外法権をいかに撤廃していくかという問題であり、また満洲国における法制官僚であった武藤富男が満鉄附属地について、「この付属地を満州国が吸収してしまわなければ、満州国の権力すなわち警察、裁判、徴税の権力を付属地に及ぼすことができなかった。そこに治外法権の撤廃に伴う付属地行政権の移譲の課題があった[1]」と述べているように、満洲国の枢要の地である満鉄附属地の満洲国への移譲という問題であった。

満洲国治外法権撤廃問題については、これまで当事者たちから自己評価されてきたが、この問題のいわば「負の側面」に焦点をあてた研究もまた進展が重ねられてきた。歴史的過程を追いつつ総括的にこの問題を追ったのは副島昭一「「満洲国」統治と治外法権撤廃[2]」であるが、この論考の中で結局のところ治外法権撤廃が実は日本側の権益の喪失ではなく新たな権益の獲得と関東軍による一元的支配の深化であることを論じた。また浅野豊美は「「満洲国」における治外法権問題と国籍法[3]」「蜃気楼に消えた独立―満洲国の条約改正と国籍法[4]」の二つの論文において、近代国民国家の形成という観点から、満洲国に国籍法が存在しなかったことを指摘し、その傀儡国家となった原因を、国籍法の欠如と日本人が日本国籍の離脱を望まなかった心理的要因に求めた。また田中隆一は「満洲国治外法権撤廃と満鉄[5]」において満鉄にとって満洲国の治外法権撤廃がいわば既得の満鉄の権能の喪失であったことを論じた。

満洲国の治外法権撤廃問題を考える場合、そこに関係した当事者であるのは満洲国、関東軍、満鉄であるとともに、満鉄附属地の監督官庁であった関東庁、昭和九(一九三四)年一二月からの在満機構の改革以降は関東局もまた当事者であったが、関東局からの視点は欠落したままになっていたといっても過言ではない。ところが昭和一〇年一月一五日から一一年四月七日まで関東局司政部長として、また同日から一三年三月二八日まで関東局総長として満洲に在任した武部六蔵が残した日記を、筆者は編纂する機にめぐまれ、ここに関東局からみた満洲国治外法権撤廃を検討することが可能となった。本稿はこれまでの研究成果に負いつつも、この『武部六蔵日記』[6](以下『日記』と略す)をもとに専ら関東局側から満洲国治外法権撤廃そして満鉄附属地行政権移譲問題を見ていこうとするものである。

ところで本論に入る前に、満鉄附属地(本論では単に附属地と表現することが多い)と関東局の在満日本側機構における位置づけについて述べておきたい。

満鉄附属地とは大連—新京間、奉天—安東間など総延長一一二九キロメートルの鉄道に伴う「純然たる鉄道用地、市街地、撫順、鞍山等の広大なる鉱区等総称するもの」[7]で、総面積は一九三六年度で約五億二四三四万平方メートルで鉄道用地は線路の両側合わせた最広四二六、最狭四二メートル(大連—新京間)程度の範囲で、市街地とは遼陽、奉天(現瀋陽)、新京(現長春)など沿線の主要都市をさし、日露戦後のポーツマス条約によりロシアの所有した権益を継承したものである。「満鉄附属地において、警察行政は関東庁〔本稿の時点では関東局、田浦注〕、それ以外の行政は、いわゆる委任行政として満鉄会社が分任していた。満鉄は附属地内における土木、教育、衛生等に関し必要なる諸般の施政を実行し、かつこれに必要な経費を得るため課金徴する権利をもっていた」[8]。

この満鉄附属地行政権の監督官庁であったのが関東局であった。ちなみに満鉄の南端で海からの玄関口である大連・旅順は当時その周辺地域とともに関東州と呼ばれる日本の租借地であり、関東局は関東州を管轄する機関である。

そもそも満洲国建国後の昭和七年七月の閣議で、関東軍司令官が関東長官と駐満大使を兼ねるという三位一体制がとられることになったが、昭和九年一二月に在満機構の改革が行われ、それまで関東州の管轄と南満洲における鉄道線路の警務上の取締、満鉄業務の監督などを担当した関東庁（長官は関東長官）が廃止され、満洲国を独立国として扱うという建前から関東軍司令官が駐満大使を兼ねるという二位一体制となり、対満国策遂行の新たな機関として内閣に対満事務局が設置された。新京の在満洲国（駐満）大使館には関東局が設置され、総理大臣の監督の下に、同局は関東州を管轄する関東州庁の監督、満鉄附属地行政権の管理、満鉄および満洲電電の業務の監督を主管することになった。関東局は駐満大使の下にあるが、関東局総長は大使をたすけて官房および司政部・警務部・管理部の事務を総理するとされ、大使が関東軍司令官と兼任であるため実質的には以前の関東長官の職掌を受け継いでいたともいえる。なお対満事務局には総裁（陸軍大臣が兼ねる）・次長を置き、総理大臣の指揮監督のもとに、関東局に関する事務、各庁対満行政事務の統一保持に関する事務、渉外事項を除くほか満洲における拓殖事業の指導奨励に関する事務、満鉄および満洲電電会社の業務の監督をつかさどることになった。武部がしばしば上京して対満事務局との折衝を行うのは対満事務局が関東局の監督官庁であるからであった。また駐満大使の下には外務省の出先として大使館参事官が置かれており、本稿が扱う期間には谷正之がそれ以前には守屋和郎が在任していた。

こうした事情から満洲国治外法権撤廃問題は関東軍、関東局、外務省などの複雑な関係の中で進行していくことになる。

一　治外法権撤廃は何故に必要だったか

1　関東軍の論理

治外法権撤廃、満鉄附属地行政権を当初から構想していたのは、満洲事変の主導者である関東軍であった。事変勃発直後の昭和六年一〇月、関東軍は「満蒙共和国統治大綱案」を策定してその中で早くも治外法権の撤廃が構想され、翌昭和七年五月二一日付関東軍司令部「対満蒙方策（第四次案）」でも、司法制度の刷新により治外法権撤廃をめざし、満洲国承認問題と関連して日本に先ず撤廃を行わせるとし、満鉄附属地およびその行政権の満洲国への譲渡も検討されていた。「満鉄附属地の存在は、関東軍にとっては、統一的な満洲国の育成・統治政策を遂行するという観点からはむしろ障害になると意識されたと考えられる」（副島昭一）[9]というのは妥当であろう。それは満洲国の司法官僚として赴任した武藤富男が「この付属地を満州国が吸収してしまわなければ、満州国の権力すなわち警察、裁判、徴税の権力を付属地に及ぼすことができなかった。そこに治外法権の撤廃に伴う付属地行政権の移譲の課題があった[10]」というのと同様であろう。

2　外務省の論理

「日満不可分」という当時の日満関係を表現する概念に対して最も抑制的だったのは、満洲国を独立国として遇するという建前を一貫してとろうとした外務省であろう。昭和八年から同一一年まで外務次官をつとめた重光葵は、満洲国の国際的承認を得るに足る要件を整備するという観点から、独立国としての体裁を整えることに腐心した。重光によれば、「外務省は満州国は独立国として承認したのだから、あくまでその独立性を維持しなければならないという議論だった[11]」。満洲国承認時の三位一体制の確立時、満洲国の傀儡性を希薄化するために外務省は満洲国の独立性にこだわったが、それはある程度関東軍側を譲歩せしめ、「外務省は関東軍司令官が同時に在満大使であることは認めるけれど、大使の資格においては、天皇陛下の信任状を捧持する政府の代表者であって、統帥権による軍機関である関東軍司令官とは立場を異にすると主張し」、「満州国はすべての点において完全な独立国として待遇しようという方針が決定された[12]」。

その後に起こった前述の関東長官を廃して、二位一体制とする際には、関東州警察官の満洲国への移管問題が生じるが、このときの拓務省と外務省間のしこりは関東局と大使館側との軋轢にまで尾を引くことになる。

国際上の観点を殊に意識した外務省にとって、満洲国における治外法権の存在は是正を要する問題であった。守屋和郎駐満大使館参事官は、「満洲国ニ於ケル治外法権撤廃問題」と題する談話で、本来二重に共有すべからざる治外法権と内地開放を同時に享受していることは国際正義の見地から甚だ不合理だとして次のように述べる。

「元来治外法権ナルモノハ内地開放、内地雑居又ハ特ニ内国民待遇又ハ最恵国待遇ノ特典ヲ付随スル如キ内地居住ノ権利トハ本質的ニ両立シナイ権利トセラレテ居ル。之ハ治外法権カ之ヲ有スル外国人ヲシテ在満〔留〕国ノ権力ノ適用カラ免除セシムルコトヲ内容トスルニ対シ、内地雑居権ハ外国人カ居住国ノ一切ノ権力ニ服従スルコトヲ前提トシテノミ考慮セラレ得ル権利テアルカ為テアル」

このように守屋参事官は内地開放・内地雑居と治外法権は同時に享受されるべきではないことを指摘した上で、満洲国における在留邦人の現状について、「然ルニ満洲国出現ト共ニ漸次満洲国ノ全領域内ニ於テ従来居住ノ自由及権利カ確認セラレ又一切ノ産業及事業ノ経営モ可能ト為リ、右目的ノ為土地ヲ商租スルコトモ特定ノ区劃ヲ除キ全般的ニ実行スルコトカ出来ル様ニナツタ。ノミナラス我カ国民ハ居住貿易其他ノ一切ノ事項ニ関シテ事実上国民待遇ヲ与ヘラレテ居ル。我国民ハ満洲国ニ於テ事実上本来ノ満洲国人ト同様ノ取扱ヲ受ケテ居ルノテアル」と述べ、

「之ハ我カ国カ未タ其ノ治外法権ヲ抛棄セサルニ満洲国ハ早クモ其ノ内地即チ全領域ヲ我国民ノ居住貿易ノ為ニ開放シタコトヲ物語ルモノテアル。又満洲国テ我国民ハ一方ニ治外法権ノ特典ヲ保有シツツ他方ニ更ニ内容ニ於テ殆ント無制限ナ内地居住権ヲ獲得スルニ至リ二重ノ特種ノ保護ヲ受ケテ居ルコトヲ物語ルモノテアル。斯ノ如キハ治外法権史上類例ノナイ事態テアル。国際正義ノ見地カラシテ甚タ不合理ナ事態テアル」

と、それが治外法権史上、国際正義上きわめて異例な事態であることを指摘し、満洲国民としての待遇を受けながら納税、警察司法上の義務を負わないのは、「国際慣例ヨリ見テ不合理サカ著シク目立ツノテアル」とする。さらに、

「我々ハ既ニ事実上治外法権撤廃ノ対償ヲ満洲国カラ受ケ取ツテ居ル。代償ヲ払ハスニ品物ヲ受領シタ形テアル。我々カ満洲国ニ依ツテ所謂内地居住権ヲ承認又ハ確保セラレタ時カラ治外法権ハ存立スヘカラサルモノト為ツタト謂ヒ得ルノテアル。将又満洲国司法制度ノ現状カラ見レハコソ治外法権ノ撤廃カ不可能タノ早イノト謂ヒ得ルカ満洲国内地ノ開放ト謂フ点カラ見レハ治外法権ヲ撤廃スルノカ当然テアツテ未タニ之ヲ実行シナイノカ不合理タト謂フコトニナル。」(13)

と、いち早い治外法権の撤廃が正当であることを主張している。そして守屋は、今後の治外法権撤廃の段取りについて事項別漸進主義と地域別漸進主義を比較検討し、満洲国の治外法権撤廃の場合、行政的方面から始めて領事裁判権に及ぶべきという、事項別漸進主義が適当であることを指摘した。

また昭和一〇年二月一三日「満洲国治外法権［撤廃］ニ関スル委員会」において、その委員長である重光葵外務次官は満洲国の健全な発達を阻害するものがあれば、将来にむけてそれを除去しなければならないとして、治外法権撤廃問題をあげる。その理由は第一に「満洲国ニ於ケル帝国臣民ハ現在治外法権ノ庇護ノ下ニ各方面ニ発展シテハ居リマスカ、之ヲ長イ目テ見マスト必スシモ正当ナ発展ノ道程ヲ辿テ居ルトハ言ヘナイノテアリマシテ、寧ロ斯カル庇護ノ下ニ其ノ発展カ変則的ニナツテ居リ将来其ノ庇護ヲ失ツタ時ハ其ノ発展ハ直ニ停止シ又ハ後退スルノカ自然ノ成行テアルトモ考ヘラレルノテアリマス」と治外法権

の庇護の下に置かれていることは居留民の今後の発展の妨げになるとする。

次に治外法権を日本人のみがもつことは「五族協和」の理念に背馳するとして、「満洲国ハ其ノ建国宣言ニ明ニシタ通五族協和ノ精神即満漢蒙日鮮ノ五族カ和衷協同シテ立派ナ国ヲ樹テルト言フ精神ヲ以テ立ツテ居リマスノニ、其ノ五族中満漢蒙族ニ属シテナイ帝国臣民丈ケカ治外法権ノ庇護ヲ受ケ満洲国ノ裁判警察課税等ニ服セス一種ノ特権階級ヲ成シテ居リマス。之ハ満洲国内政ノ上ヨリ種々ノ困難ヲ生スル原因ニナル惧カアルノテアリマシテ同時ニ之カ帝国臣民ノ発展ニ不都合ノ結果ヲ生スル惧カアルノテアリマス」と述べる。さらに「諸外国カ将来満洲国ヲ承認スル場合ヲ考ヘマスト其ノ際帝国カ治外法権ヲ未タ撤廃シテナイト、満洲国ハ斯カル諸外国ニ対シテ治外法権ノ存在ヲ確認シナケレハナラヌ様ナ羽目ニ陥リ、斯ノ如クシテ確認セラレタ治外法権ハ容易ニ撤廃セラレス、其ノ後ニ於テ帝国カ日満間ノ特殊事情上ドウシテモ治外法権撤廃ノ必要カ生シ之ヲ実行シテモ諸外国ハ之ニ追随セス又ハ撤廃ニ際シテ満洲国ニ対シテ何等カノ代償ヲ要求スル様ナコトニナルト思ハナケレハナリマセン(14)」と、将来第三国から満洲国が承認を得た場合の治外法権の存在が引き起こす問題にも言及している。重光は、満洲国における日本人の発展の阻害、五族協和の理念との背馳、第三国による満洲国の承認が引き起こす問題等から、満洲国の健全な発達のために治外法権撤廃実現の必要性を訴えたのであった。

二　満鉄附属地課税に対する居留民の反対

治外法権撤廃・附属地行政権移譲問題の中でも、附属地内に居住する日本人に関わる重大問題は、満洲国による新たな課税権の行使であった。「附属地内外を通じて内地人が四十万人、鮮人が約百万人ほど居るが、此等の日本人が最も関心を有つたのは即ちこの課税権の問題に外ならない(15)」というように、これまでは満鉄による課金のみであった附属地居住日本人にとって満洲国による新たな課税は大きな不安であった。この不安が一挙に噴出したのは昭和九年八月に『奉天毎日』に邦人課税の大使館案と称する記事が掲載されたときであった。このとき、「各方面ニ多大ノ衝撃ヲ与ヘ(16)」、「附属地行政権撤廃反対運動ト合流シ囂々タル反対論ヲ捲起シ(17)」、附属地課税権問題は「其帰趨ノ如何ニヨリテハ全ク在満邦人ノ既得権益ヲ剥奪死地ニ陥入レルモノ」との非難が起こっていたほどであった。

こうした課税に対する附属地居留民による反対が如何にすさまじいものがあったかを、関東庁警務局の報告が詳細に伝えている。当時は在満機構改革問題で三位一体制から二位一体制への移行前であり、関東庁警察官の処遇（満洲国への移管）をめぐって外務省などと対立の激しい時であったことも加味されてか、附属地行政権の監督官庁である関東庁警務局長からの報告には、附属地課税に対する現地居留民ことに商工業者の反対意見が多数挙げられている。以下その報告からひろってみたい。

たとえば、大石橋の「某有力者」がいうには、そもそも領事は我々在留民の権益を擁護し通商、貿易を見守るべき機関であるのに、

「却ツテ在満領事等ハ居留民ノ利益ヲ無視シテ国策遂行ノ美名ニ匿レ吾国カ血ヲ以テ獲得シタル附属地然モ吾人カ三十有余年粒々辛苦シテ築キ挙ケタル附属地ヲ何等顧慮スル処ナクシテ未タ抗日気分濃厚ナル満洲国ニ返還セムトスルノ愚挙ヲ敢テセムトスルカ如キハ領事館ノ本務ヲ忘レタルモノト云フヘク斯ル機関ハ速カニ廃止スルノ要アリ」

と、居留民としては附属地における既得権益の放擲を考える余地は全くないのみか、附属地行政権の満洲国への返還を企図する外務省・領事館に対して痛烈な批判を行っている。

こうした心理の背景には満洲事変が失われんとする既得権益を折角確保し、今後は更に拡張の必要があるにもかかわらず、「之ヲ弊履ノ如ク棄テントスルカ如キ満洲国ノ御機嫌取リ外交ヲ敢テセントスル領事ニ向ツテハ断乎之ヲ排除[18]」すべきであるとする。ここには満洲国への心理的思い入れもなければ、その発展を国策とすることへの同調もないが、それだけに課税の免除をはじめとする附属地における特殊な権益を死守せんとする意思の強さがうかがえる。

「瓦房店」在住者の意見もまた満洲国が附属地権益の擁護のためであったとする点で同様の趣旨であるが、「全権大使ノ存在ノ意義ハ「条約実行ノ監視ト邦人ノ保護」ニ非サルヤ、然ルニ今回其ノ重要職命ヲ忘却シ満洲国ノ課税権ヲ附属地ニ設定セムトスルカ如キ無謀ハ邦人ノ三十年来臥薪嘗胆シテ建設シタル生活権ヲ脅カスモノ」であり、今回駐満大使館で企図中の課税案には「極力反対ヲ絶叫セサルヘカラス[19]」とする。

奉天商工会議所は八月二四日、邦人に対する満洲国の課税に反対する陳情を行い、「満洲国ノ現状ニ於テ治外法権撤廃ハ時期尚早ト信ス」と述べ、以下のようにその理由を説明する。

在満邦人の事業や投資は多年我が国運発展の要求に応じるものとして「特ニ祖国々責ノ負担ヲ免レ一面条約上ノ特権タル在留国［民］ノ免税ヲ基調トシテ企画経営辛フシテソノ成績ヲ維持シツツアルモノ多シ」と、課税免除の正当性を主張し、地方的部分的に満洲国の独立発展を促進助成する方策を進めるのはやむをえないが、その方法、実行の時期と程度については「最モ慎重ナル考慮ヲ要スルモノト信ス」と課税方法の再考を求め、もし新聞に伝えられた「過重ナル税率」が行われれば、「多年培養セラレタル邦人ノ事業ハ一朝ニシテ根底ヨリ破壊セラレ満洲国建国ノ遂ニ邦人ヲ駆ツテ満洲ヨリ放逐スル結果トナルヘキヲ憂慮ス」(20)と訴える。

また州外酒造同業組合長野並勇馬は治外法権撤廃実行の報道に「在満同胞ハ不尠恐威〔ママ〕ト不安ヲ痛感シテ驚愕措ク能ハサル所」と治外法権撤廃の実行およびその第一段階としての課税に反対している。野並は課税の負担はもとより、附属地行政権の返還に至っては「不安最モ甚シキモノアリ」と述べ、彼もまた満洲事変がそれまでの「旧軍閥時代」の「排日圧迫」を堪え忍んで既得権益の確保をめざしたものだとの考えを示し、新たに成立した満洲国が「吾人ノ絶叫セル権益ヲ確保セラルルコソ至当ナレ」、「今之カ返還ヲ要望スルニ至リテハ其暴慾モ亦甚シトイフヘク」(21)と、附属地行政権が満洲国の出現によって奪われようとすることに極端な不安と反対を表明したのであった。

奉天商工会議所にも、また州外酒造同業組合長にもみられる共通した考えは、満洲国と満鉄附属地を明確に峻別する発想であり、また附属地が享受していた既得権益に対する執拗なまでの執着心であった。満洲国の「独立」という問題がもたらす負の側面に直面する現地居留民の切実な声は相当に激しいものだったことが推察しうる。日本人居留民に存在する、こうした心理は後に赴任する武部が、このとき現地における直接的な体験を経たわけではないにせよ、附属地行政権移譲問題、ことにその第一段階としての課税の行使において、課税権の主体を日本側（関東局）に置こうとする重要な背景になったものと思われる。そしてこれはまた、満洲国における治外法権撤廃が、一面において権益の拡大を伴ったこととも強い関連があると思われる。

なお関東庁警務局の「附属地課税問題ニ関シ現地新聞紙上ニ表レタル輿論」(22)と題する報告には附属地課税に反対する新聞記事が集められているが、その中から主だったものを見出しのみだが掲げておく。

「新京市にも揚る附属地返還反対の叫び／地委・商議・区長等が協議／何等かの形式で当局に進言」「「治外法権撤廃と課税反対」／奉天で市民大会開催」「「市民の輿論を喚起、外務省案に猛撃」／昨夜大連言論機関有志団体主催市民大会」（八月二一日付『大連新聞』）、「在留邦人の既得権益絶対保護は依然不変／行政権返還軽々は実現せず／けふ蜂谷総領事釈明」（八月二二日付『奉天毎日新聞』）、「「行政権移譲と課税は絶対に反対である」（奉天聯合町内会）」（八月二三日付『奉天日日新聞』）、「問題の附属地課税果然排撃の烽火爆発／全満各地に呼応して安東も絶対反対／治外法権撤廃の前提と見て全安東漸く起つ」（八月二四日『安東新聞』）、「全満邦人こゝに起たん！／満洲国課税反対全日本人大会を開く／奉天市民主催、来月二日各地代表参集、二十六日は市民大会」（八月二四日『奉天毎日新聞』）、「治法撤廃と課税問題／各団体挙って起ち全満居留民大会開催準備進捗」（八月二七日『新京日日』）、「附属地課税問題、反対を決議／奉天に市民大会開く」（八月二七日『満洲日報』）。

三　関東局にとっての治廃・附属地行政権移譲問題

1　附属地課税問題

治外法権撤廃問題が現実に進展するのは、昭和一〇年に入ってからである。二月には中央と満洲の現地いずれにおいても治外法権撤廃に関する委員会が設置された。中央では重光葵外務次官を委員長として外務省を中心に、対満事務局、陸軍省、司法省の代表者からなる「満洲国治外法権撤廃に関する委員会」（以下、中央部委員会と略）が設置され、同月に第一回会議、第一回幹事会が開かれた。既に満洲国政府では昭和九年七月、長岡隆一郎総務庁長を委員長として「治外法権撤廃準備委員会」が設けられており、一〇年二月には第一回対策委員会を開き司法、民政、財政の三部門の分科会を置いて具体的準備をととのえた。これに呼応して一〇年二月現地では関東軍司令官の指導下に関東軍参謀長を委員長に関東軍司令部、大使館、関東局、満洲国の関係官からなる「治外法権撤廃現地委員会」（以下、現地委員会と略す）が発足し（各課長級で組織する幹事会も設置）、このとき司政部長の武部も委員の一人となっている。現地委員会について満鉄は、「現地に於けるすべての決定は本委員会を経てなされたもので、法権撤廃、行政権移譲に於て最も重要な役割を努めた機関である」と述べている。現地委員会で審議された案は、「成案を得る毎に東京に於ける中央部委員会の審議にかけて来た」とあるように、あくまで東京での満洲国外法権撤廃に関する委員会また後には対満事務局事務官会議での最終決定をまたねばならなかった。現地委員会は「東京ハ極メテ良ク現地ノ要望ヲ尊重シ好意ヲ以テ問題処理ノ方策発見ニ協力シオレリ」、「実質的ニハ殆ント現地ノ意見ヲ其ノ儘受ケ入レタル有様ナリ」と述べているが、治外法権撤廃・満鉄附属地行政権移譲問題は現地の案を中央で決定する構造の中で、陸軍（関東軍と陸軍省では微妙に異なった）、外務省、満洲国、関東局それぞれが案を擦り合わせながら決定されねばならなかった。昭和一〇年九月には現地委員会に分科委員会が設置され、武部は課税、産業、郵政、警察、教育、司法、地方行政の全分科委員会の委員となっている。

昭和一〇年一月一五日に関東局司政部長に就任した武部は、『日記』の記述を四月二七日の満洲国皇帝の新京還幸の日から始めている。その前日の四月一六日現地委員会は「南満洲鉄道附属地行政権調整撤廃要綱」を決定し、その趣旨も包含してさらに四月二七日、「治外法権撤廃要綱」を決定し、中央部委員会は五月一七日にそれを採択した。内容の要旨は、(1)治外法権撤廃は日本側の好意による自発的行為で満洲国側の要求によるものではない、(2)治外法権撤廃は事項別漸進主義により、まず行政的部分の調整を行って後、司法的部分の撤廃に進む、(3)撤廃の準備は日本国民が満洲において日本政府より享受すべき保護の程度を目標として整備され、完了の目標は主要産業法令、税制が一九三五年末まで、警察制度が一九三六年末まで、司法制度が一九三七年末までとする、(4)附属地行政権は治外法権の行政的部分の調整と雁行して調整する、というものであった。(31)

「治外法権撤廃要綱」によれば、治外法権撤廃・附属地行政権移譲の完了以前に、まず第一段階として課税が施行されることになるが、課税が先行された理由について、治外法権撤廃現地委員会幹事は、五族協和を建国の精神とし日本と「不可分一体」の特殊関係に立つ満洲国の構成分子たる日本人が「満洲国ノ課税権ニ服シ他民族ト平等ノ義務ヲ負担スヘキハ当然ナルノミナラス附属地ヲ無税地帯ニ等シキ状態ニ放置スルハ衡平ノ原則ニ反スヘシ」との観点に加えて、「財政権ノ確立ヲ急務中ノ急務トスル満洲国ノ健全ナル発展ヲ期セシムヘク他行政ニ先立チ課税上ニ於ケル治外法権ヲ撤廃シ併セテ附属地ニ課税ヲ実施セントスル所以ナリ」(32)と説明している。

2　附属地行政権移譲までの過渡的措置としての課税権の主体をめぐって

(1)　関東局を主体とする武部案

だがその課税権の主体をめぐって、即座に満洲国によって行うか、それとも附属地行政権の移譲が完了するまでの過渡的措置として関東局（日本側）で行うかで、大使館参事官・外務省と関東局との間で激しい対立が起こることになる。

前述のように関東局は満鉄附属地行政権の管理を担当しており、武部は当然ながら満鉄附属地行政権移譲問題に深く関係し、日記でも附属地行政権関係が頻出するが、中でも課税権の主体の問題に記述は集中している。この課税権の主体をめぐる論争の中から、武部のとらえる満洲国治外法権撤廃を見ていこう。

治外法権撤廃・附属地行政権移譲問題が最初に日記に登場してくるのは、昭和一〇年五月一三日である。同日の日記によれば武部は現地で満洲国の星野直樹財務部総務司長、田村敏雄国税科長と懇談し「余輩の主張たる、附属地に於ては日本側に於て満洲国の租税と同様の租税を課し、速に内外同一の状態を形成し、以て居留民の納得を得つゝ全般的返還を促進する事に意見一致した」。日本側とは関東局のことで、武部は附属地行政権の全面的移譲までは、課税は満州国ではなく関東局で行うべきであるとする。武部は、

「凡ての行政施設を関東局に行ひつゝある時期に於て、課税のみ満洲国に移譲する事は日本民〔居〕留民の納税心理上到底納得せざる処であり、又財源上の見地よりするも全く不可能の事である。大使館は関東局が課税するとき之を強化して益々行政権の返還を困難ならしめると云ふ大使館のヤミ〔キ〕モチ感情と体面論より出発して居るもので、論理を弁へざるのみならず、国家の利益を考へず、日満の不可分関係を忘れて、単に独立国と云ふ観念のみから出発して居るので、全くなつて居らんと思ふ」(33)

と大使館側を痛烈に批判している。武部の方針は、「課税権に関する過渡的弁法として、日満互に附属

地内外に同様の課税を行ひ、以て速に他の行政権と共に返還する気運を作る」というもので、この「方針は、理論上絶対の原則であり、余輩の信念として確信する処である」と考え、職を賭しても大使館側と争うとの決意を固め、「若し聞かざれば断乎之を排撃するの外なしと思ふ(34)」とのかなり強硬なものであった。

外務省は満洲国の「独立国」としての体面を重視し、一方関東局は附属地居留民の心理を考慮しつつ「日満一体」「日満不可分」を優先する。この二つの論理が交錯しながらいずれを優先させるかで、少なからぬ対立が生じていたのである。

五月一七日の日記では武部は、

「附属地課税権の問題に関して大使館は漸く苦悩の色あり。又関東局に対し旧来の感情を以て、争へ〔ひ〕つゝあり、今や面目上何とか妥協して欲しいと言ふやうな態度を示して居る。

国策の決定遂行について、面目上の妥協など言ふ事は不純極まるものである。堂々議論を闘はして正論に与すべきである。吾々も若し万一吾々の議論に誤りあらば何時にても改むるに吝ではないのである(35)」

と大使館側に課税権問題での「苦悩の色」を見ている。外務省の関東局に対する「旧来の感情」とは前年の在満機構統一問題での関東庁と外務省との対立のことで、武部は「国家の大局から見、国策を遂行すべきであつて、一官庁の旧来の主張から来る面目や官庁間の権限拡張上のつまらぬ感情によつて判断を下すべきものではない」と外務省側の態度を非難している。

この日の記述は関東局案の示す正当性について最も端的に述べているので、以下に掲げる。

「附属地外に於て日本人に対する課税権を速に承諾する為には、附属地内に於て同様の課税を為し内外同一の状態を作るの必要がある。

同一の状態を形成するに、二の方法がある。満洲国に於て附属地に課税する事、その一である。之は他の行政を日本政府たる関東局に於て施行する以上、不可能の事である。居留民の納税心理、亦之を許さない。然らば即ち日本側に於て課税するの外はない。その課税は内地の税制との統一を度外視し、凡て満洲国の税制と協調するを上策とする。

而して適当の時機に警察権と共に、財源づきにて全般的返還を為す事が附属地行政権返還の最捷経〔径〕たる事を理解せねばならぬ。

附属地行政権返還問題については三の眼目がある。

一は返還の目的及根拠は何処にありやを明にする事である。

二は返還の方法は合理的でなければならぬ。

三は日本国民殊に附属地居留民の納得する方法によらねばならぬ事である(36)」

翌一八日にも、「関東局の主張を以て大勢に逆行するものとなし、関東局の権限の拡張強化により行政権返還を益々困難ならしむるものとなり、関東局が、関東庁時代のイデオロギーに依り行政権返還そのものに反対なり、となす大使館の連中の主張は実に誤解も甚しい」と、外務省側の「誤解」を批判している。関東局による課税が、行政権の「全般的返還を最も速かならしむる最良の便法」と信じる武部は、「巧言令色、面従腹背の谷正之参事官が、何れ之より外務本省とも連絡を取り、軍部の連中をもたぶらかして関東局イヂメに取かゝるに違ひない。否已に取かかつて居るらしい。一戦を試みるの外ないやうである。喧嘩は避くべきである。無用の争はなすべきではない。然し国策の遂行を誤るものは撃滅するの外はないと確信する」[37]と谷正之参事官への批判は激烈さを増すばかりであった。

大使館側つまり外務省側との対立がつづくなか、武部は関東局と関東軍、満洲国との間に緊密な関係を保ちながら、この問題での諒解を得つつあった。[38]

現地委員会は七月八日には四つの要綱（「警察権調整要綱」、「郵政権調整要綱」、「治外法権撤廃竝ニ附属地行政権ノ調整撤廃ニ伴フ施設竝ニ職員引継要綱」、「満洲国ノ治外法権ノ調整撤廃ニ伴フ日本国民以外ノ旧治外法権国人ノ処理要綱」）を決定したが、武部は現地委員会で決定した各種要綱の説明について中央の諒解を得るため七月一二日上京した。[39]

東京滞在中、武部は岡田首相と一五日に会談したあと、対満事務局、大蔵省など各方面と積極的に会談、折衝し、対満事務局の増田甲子七、[40]岩畔豪雄、対満事務局次長の川越丈雄、[41]大蔵省主税局長石渡荘太郎、[42]主計局長賀屋興宣、[43]内閣調査局調査官山田龍雄、[44]松井春生、[45]大蔵省理財局長青木一男・国庫課長湯本武雄、[46]内閣法制局長官金森徳次郎・部長樋貝詮三[47]などから、着々と課税権に関して関東局案に賛同を得つつあった。七月二九日には林陸相とも会っているが、七月三〇日に閣議にかける方針案が対満事務局事務官会議で纏まったこと受けて、[48]翌八月一日武部は帰任の途についた。

八月九日政府として初めて満洲国治外法権撤廃の方針を明らかにしたのが、閣議決定「満洲国ニ於ケル帝国ノ治外法権ノ撤廃及南満洲鉄道附属地行政権ノ調整乃至移譲ニ関スル件」である。これについて武部は「本問題の閣議決定は吾輩の本年四月以来主唱した処であつて、此の意味に於て吾輩の最も喜びとする処である」[49]と満足の意を表明している。

この閣議決定のポイントは基本的には五月一七日の「治外法権撤廃要綱」に沿いつつ、治外法権の漸進的撤廃、居留民に急激な変動を与えないこと、附属地行政権については事項の性質に応じ実情に即して調整乃至移譲することが示されていることであり、[50]対満事務局次長の「事項ニ依リマシテハ最初カラ移譲スルヲ適当トスルモノモアリ又最初ニハ移譲ヲシナイテ先ツ調整ヲ行フノカ、時宜ニ適スル場合モアリ得ルノテアリ又一方特殊ノモノニ付テハ附属地内外共通ノ問題トシテ日本側ニ確保シ置ク必要アルモノモ考ヘ得ルノテアリマス」[51]との説明にもあるように、この閣議決定が過渡的措置としての関東局による課税を暗に認めるという、多分に関東局案を取り入れられた形となったことが武部に満足を与えていた。

閣議決定がなされたとはいえ、武部にとって決して安心できたわけではない。移譲完了までの課税権の主体については明文化されてはおらず、この問題についての決着をつけるまでは油断できなかった。

(2)　外務省＝大使館参事官の論理

ところで大使館側はどう対応していたのか。大使館参事官谷は、八月二二日東亜局長宛に電報を打ち、「関東局側ハ依然トシテ従来ノ主張ヲ固持シ此ノ上論議ヲ重ヌルモ却テ現地ノ事態ヲ紛糾セシムルニ過キス」、「此ノ際現地ニ於テ関東局側ノ意向ヲ変更セシムルコトハ困難ナルヘク中央ニ於テ解決ヲ計ラルルノ外ナキモノト思考ス」[52]と現地での説得にかなり悲観的であった。

九月二日、板垣征四郎参謀副長は課税権問題は関東局案で押し通すことに大方方針を決定したことを武部に伝え、[53]翌日長岡総務庁長と大達茂雄総務庁次長の諒解を得た。その後、西尾寿造参謀長、長岡総務庁長、大野緑一郎関東局総長、谷参事官の四者で会議がもたれたが、この模様を九月八日付谷参事官発桑島・栗山両局長宛電報から見ると、谷は会議の席上、

「(イ) 事変以来附属地内外ノ情勢一変シ何等彼我取扱ヲ異ニスル理由ナキコト
(ロ) 満洲国ノ財政不如意ニシテ此ノ際速ニ附属地内ノ税収（新税収ノ大半ニ当ル）ヲモ同国ニ納メシムルコトカ法権撤廃ノ準備ヲ促進スル所以ナルコト
(ハ) 関東局ノ収入ハ最近極メテ潤沢ニシテ新財源ハ必要ナキコト
(ニ) 条約関係上附属地内外国人課税ノ困難ナルコト」

と満洲国課税の妥当なる所以を述べている。谷が「最モ意外」としたのは、当の満洲国総務庁長の長岡が満洲国による附属地への課税に相当困難を感じ、関東局課税案に賛成していることであった。谷は「軍側等ハ関東局側ノ所謂一両年問題ナリトノ説明ニ誤ラレ居ルヤノ感アル」と移譲が一両年で完了するとは思っておらず、それゆえ「関東局ノ課税ハ今後相当長年月ニ亘ルモノト覚悟セサルヘカラス(54)」、「同国ノ健全ナル発達ヲ助長セントスル我国策遂行ニ一大支障ヲ来シ其ノ前途寔ニ心細キ感無キ能ハス」と強い憂慮を示している。外務省側は、関東局による課税は附属地行政権の強化となり移譲方針に逆行するものだという考えを捨てることはできなかったのである。

(3) 関東局案に決定

大使館側の反対は根強かったものの、大勢は関東局案で推移し、九月一一日、南次郎大使は関東局案に決定する旨を表明し、九月一三日ついに谷参事官もサインし、課税権問題の決着をみた。この日「ともかく我々の主張の通りたるは愉快なり。正しきものが通るなり。正義が勝つなり。大野総長始め関東局関係者皆正義の勝ちたるを喜びたり(55)」と満腔の喜びを表している。

現地委員会で附属地内外の課税に関する「課税処理要綱」が決定されたのは九月一六日であった（文書の正式な日付は一七日）。附属地課税権に関する部分は、「四、附属地ニ於ケル課税権ハ警察権ノ移譲（昭和十二年）ト共ニ之ヲ満洲国ニ移譲スルモノトシ、其ノ時期迄ノ間ハ過渡的措置トシテ日本政府ニ於テ課税スルモノトス」(56)となり、課税の主体が「日本政府」つまり関東局にあることが明記され、課税権の行使期間は警察権の移譲予定である昭和一二年までとされた（「治外法権撤廃要綱」のときより完了時期が一年遅れている）。

「課税処理要綱」ばかりでなく、この年の七月から九月にかけて現地委員会は前述の四つの要綱に加え、「産業行政権処理要綱」、「教育行政処理要綱」(57)を決定していた。武部は、これらの要綱を含め、「治外法権撤廃及附属地行政権の移譲乃至調整問題に関し中央各機関に説明する為」(58)一〇月四日に東京に向かった。その主たる説明の場は、七日から一二日まで対満事務局で開催された「対満事務局関係各省事務官及現地主任者会議」(59)で、「鉄道省を除きたる各省全部及内閣の関係官多数、当方も入れて約五十人の大会議」(60)であった。

この六日間連日、各種決定要綱についての説明がなされたが、これらが決定案となるためには、なお対満事務局事務官会議の決定を経なければならない。説明には念を入れ、一〇月二六日に帰任の途に就くまで武部は精力的に各方面との懇談を重ね、「課税処理要綱」は内容的にはほとんど現地案のまま一一月一日に対満事務局事務官会議で決定をみている。

帰任後も「先日来、治外法権、附属地行政権問題等にて連日寸暇なく」(61)というように関連の要綱の審議と現地案の決定に多忙の日々であったが、一二月八日には再び現地案をもって上京し、対満事務局関係各省事務官及現地主任者会議において、一二月一二日から一四日まで「領事裁判権撤廃要綱」、「南満洲鉄道

株式会社附属地地方行政処理要綱」、「日本人ニ対スル地方税処理要綱」、「関税行政権処理要綱」、「専売及塩務処理要綱」、「在満朝鮮人教育行政処理要綱」、「神社行政処理要綱」、「宗教行政処理要綱」、「金融行政処理要綱」[62]が会議に付された。

翌昭和一一年四月一五日に武部は関東局総長となった。

四月一七日、「日本人教育行政処理要綱」、「在満日本人子弟教育経営要綱（日本側ニテ行フベキ日本人子弟教育経営要領）」、「行政警察権撤廃及移譲要領」、「領事裁判権撤廃要領」、「職員引継要領」、「附属地地方行政（警察ヲ除ク）処理要綱」、「市、街、村ノ設定ニ関スル件」、「施設引継要領」など「曩に決定したる各要綱の具体的細目を決定した」が、まさに「先月来昼夜兼行」であった。この日、課税などに関する日満条約案も閣議で決定し、今後枢密院の諮詢の手続きをとる筈だと記し、「最近頓に進捗せり」[63]と条約が調印にむけ順調に進んでいることを喜んでいる。

条約案は五月一日、枢密院の第一回精査委員会にかけられたが、武部は「速に円満なる通過を望みて已まざる次第」[64]と日記に記している。六月三日治外法権の一部撤廃に関する日満条約案が、枢密院で可決されると、「此の大事業の具体的進展に参与し且思ふ存分活躍し、自分の意見をあらゆる場合に貫徹して来た事を思ふと愉快である」と述べ、同時に一二年末までの移譲の完了まで「微力を尽くして奉公せう」[65]と揺るぎない決意を新たにしていた。そして六月一〇日、植田謙吉全権大使と張燕卿外交部大臣との間に「満洲国ニ於ケル日本国臣民ノ居住及満洲国ノ課税等ニ関スル日本国満洲国間条約」「附属協定」が締結され七月一日から実施されることになった。武部は「昨年一月、余新京に赴任して以来、附属地行政権担当の責任者として此問題に心血を濺ぎたり。当時を想ひ全く隔世の感あり。感慨なき能はず」[66]とこの日の感動を日記にしたためた。

治外法権の第一次撤廃といわれるこの条約の重要箇所は以下の通りである。(67)

「第一条　日本国臣民ハ満洲国ノ領域内ニ於テ自由ニ居住往来シ農業、商工業其ノ他公私各種ノ業務及職務ニ従事スルコトヲ得ヘク且土地ニ関スル一切ノ権利ヲ享有スヘシ
日本国臣民ハ満洲国ノ領域内ニ於テ一切ノ権利ノ享有及利益ノ享受ニ関シ満洲国臣民ニ比シ不利益ナル待遇ヲ受クルコトナカルヘシ
第二条　日本国臣民ハ満洲国ノ領域内ニ於テ本条約付属協定ノ定ムル所ニ従ヒ同国ノ課税、産業等ニ関スル行政法令ニ服スヘシ
南満洲鉄道附属地ニ在リテハ日本国政府ハ前項ノ満洲国法令カ本条約付属協定ノ定ムル所ニ従ヒ属地的ニ施行セラルルコトヲ承認ス
本条ノ適用ニ関シ日本国臣民ハ如何ナル場合ニ於テモ満洲国臣民ニ比シ不利益ナル待遇ヲ受クルコトナカルヘシ」

また同条約の「付属協定」第四条における関東局による附属地課税に関する箇所は以下のとおりである。

「日本国政府ハ南満洲鉄道附属地ニ於ケル行政警察ノ移譲ニ至ル迄同附属地内外ニ於ケル日本国臣民ノ課税上ノ負担均衡ヲ確保スル条約実施ノ日ヨリ満洲国カ日本国臣民ニ課スル国税ト成ルヘク同様ノ課税ヲ同附属地ニ於テ実施スヘシ」

これに際して、武部は「条約締結ニ際シ感想談」を発表し、特に附属地行政権の移譲に関して、「関東局ニ於テハ附属地内外ニ於ケル日本国臣民ノ課税上ノ負担均衡ヲ確保スル為満洲国ガ日本国臣民ニ課スル国税ト成ルベク同様ノ課税ヲ附属地内ニ実施スルコトトナツタ、是全ク附属地行政権移譲ニ関スル国策遂行ニ便ナラシメンガ為メニシテ即チ先ヅ日本側ニ於テ附属地課税権ヲ調整シ将来行政警察権ト同時ニ最モ円滑ニ之ヲ満洲国ニ移譲セントスル趣旨ニ他ナラヌ(68)」と特に関東局による課税の意義を確認した。

一面では「治外法権撤廃及満鉄附属地行政権移譲ハ関係日本側機関ノ撤退ヲ意味シ(69)」ており、附属地行政関係職員の立場は微妙であった。そうしたことも考慮しながら武部は関東局局員に対しても関東局総長訓示を行い、治外法権撤廃・附属地行政権移譲の趣旨を確認しつつ、その完成に至るまでの「複雑ニシテ困難ナル幾多ノ問題ヲ処理シテ行カナケレハナリマセン(70)」と局員の士気の高揚を促している。

四　治廃後の在満日本側機構改革問題をめぐる関東軍との対立

1　武部の日満不可分論

課税権の主体をめぐる問題で明らかなように、武部の対満国策の中心概念はあくまで日満不可分論であった。それは例えば、昭和一〇年六月二八日に大連で行われ、自ら大会の会長として議長をつとめた第二回日満社会事業大会後の感想をつづった日記の次の記述にも表れている。

「会議中の空気は日満合作、親善提携、日満不可分の一色に塗りつぶされた。之を張学良時代に比し、殆ど隔世の感と言はねばならぬ。凡て通訳付ではあるが、精神一体の点については全く両国人の間に間隙がない。此の雰囲気は内地では分らない。

我輩も議長をつとめて、始めて日満合作、不可分関係の躍動する事を如実に感得した」

「今回の大会の成功は実に愉快に堪へぬ。日満合作は決して机上の空論ではないと思ふ。然し前途、油断は出来ない。此の空気をリードする事に全力を尽さねばならぬ(71)」

このような武部の日満不可分論と対立するのは、あくまで満洲国を独立国としての建前を崩したくない外務省の論理であり、それゆえに課税権の主体をめぐっても大使館・外務省側と鋭く対立してきたのであった。その一方で関東軍とは、当初「西尾、板垣両氏を始め実に愉快なる空気である。軍と関東局が今日の如き緊密なる心的連絡に在る限り、対満国〔策〕の遂行は誠に希望に満ちて居ると思ふ。大使館の如きは全く問題でない(72)」というように、少なくとも昭和一〇年六月の第一次撤廃までは基本的に齟齬や違和感は見られず、対満国策遂行上も殆ど隔意のないものであった。それはまた関東軍司令官南次郎への「南軍司令官は一介の武弁にあらず。天下の大勢を見、政治を解する点に於ては当代の一偉材たるを失はず(73)」との高い評価にも裏打ちされていた。

2　武部の在満日本側機構改革案

さて治外法権の第一次撤廃後に残ったものは、警察、司法の移譲問題であり、治廃・移譲後の関東局の機構も含めた在満日本側機構の改革問題であった。ここではこの機構改革問題と新たに起こってきた協和会問題を中心として武部のとらえる在満日本側機構と関東軍、外務省との問題を検討してみたい。

もともと武部は、第一次治外法権撤廃の処理中の昭和一〇年七月、治外法権撤廃後の在満日本側機構の改革については「対満国策の遂行運営については、国家総がゝりの方法を具体化する事が絶対必要なりとするの空気は文官側（外務省を除く）に横溢しつつあるものと認めらる」[74]と捉え、中央での協議のため上京していた同年一〇月にも、「対満事務局の三課長」とも「国家総掛り的精神の現地機関を作るべき事については意見一致した」[75]と記している。そして同月末には、

「次に来るべき在満行政機関の改革は、軍や外務省をも取こんだ、文官の意見を総合し得る処の国家総掛りの現地機関を作る事になければならない。

此の問題は已に差し迫つて来て居る。来年の予算編成期には当然問題となるが、或ひは今年中にも点火しなければならないかも知れぬ。一と騒ぎは免れまい。

吾輩は已に大体の腹案を作り上げたが、更に之を練り直し、適当の時機を見て、爆弾投下をやらねばならない[76]」

と翌年度の予算編成時に在満日本側機構改革問題が議題にあがることを予想し、既にこの時期に腹案を用意していたようである。実際にこの問題が動き出すのは、前述した昭和一一年六月一〇日の第一次撤廃に関する日満条約締結以降である。武部は六月一四日の日記に、

「治廃及行政権移譲に於ける在満機構改革問題は、来年度予算上の難問として相当急を要する問題となつて来た。

大使、東條警務部長、大達庁長には相当詳細に余の意見を述べた。板垣、今村、正副参謀長には問題の要点と研究を要する旨を談じた。

本問題は満洲より外交官を撤退させるかどうかと云ふ重大問題を包含して居る。

吾輩も此問題で成功するや、或ひは失脚するかの岐路である。慎重に研究し、各方面と協調し、而も断々乎として至公至平、国策の為邁進するの決心である」(77)

と在満機構改革問題が具体的には外交官の撤退問題にあることを明記している。

武部は六月二一日から滞京したが、その間、「機構改革問題も火がついた。吾輩及対満、大蔵省、調査局等は、凡て満洲より外交機関は撤退して、以て日満不可分の関係を如実に示すべきものなる事を主張す(78)」と持論を展開し、帰任後「連日課長連中と相談の結果」得られた「一成案」は次のようなものであった。

「骨子は、治廃後の新事態に応ずる為、関東局、大使館を廃して駐満全権府を置く。その権限は全満に渡る日本人の教育・神社・兵事、対満移民、関東州の行政、満鉄・電々の業務の監督、外交等。領事館は全廃し、教育・神社・兵事の為行政的の地方機関を置く。軍司令官が全権を兼任する。監督は一般に内閣総理大臣、外交は外務大臣、移民は拓務大臣とする。日満議定書による外務省の満洲国外交の指導上必要あれば、満ソ国境方面に外交官たる駐在員（但し領事にあらず）を置く、と云ふに在る。

在満行政機構改革は日満不可分の関係、五族協和の建国精神を中心として考へたのである。本問題は実に日本の対満国策運営の将来の動向を決定するもので、極めて重要である」[79]

第二次治外法権撤廃によって行政権は満洲国に移譲されるが、その後も教育・神社・兵事が日本側に留保され満洲国に移譲されなかったが、治廃以前においては、神社は「附属地ハ関東局、関東州ハ州庁、其ノ他ハ領事官ニテ監督シ」[80]、教育は関東州では関東局の経営、満鉄附属地では満鉄が経営して関東局が監督し[81]、兵事は「満鉄附属地にあっては日本警察署長、附属地外では領事官警察署長が在留地徴兵事務官として兵事事務を担当していた」[82]。すでに第一次撤廃の処理要綱の検討段階から、治廃後も日本側に留保することが現地委員会で決定されており、昭和一〇年一〇月七日の「教育行政処理要綱」についての対満事務局と現地との会議において武部も、「真ニ日本国民トシテノ教育ヲ施ス要アリトノ見地ヨリ此ガ行政ハ将来モ日本側ニ於テ行フ要アリ」[83]と教育の留保を陳述しているが、日満不可分を理念とする武部にとっては、この日本側に留保されるべき教育・神社・兵事が外務省系統ではなく内閣系統であることが望ましかった。

3　関東軍の案

この関東局案が関東軍参謀部側に提出されたあと[84]、関東軍案が七月二五日に提示されている。

「昨夜九時より板垣参謀長宅にて会議。板垣氏の外、今村副長、竹下参謀、内田参謀、守屋大使館参事官及吾輩参集。

軍より機構改革案を提示した。最も公平穏健なる案と自称す。軍としては珍らしく八方へ気兼ねをした案である。

最高機関の二位一体及大使と中央との関係は現制通り、領事館は廃止、但し国境紛争処理等の為、六、七ヶ所に大使館派出所を置く。教育・神社、関東州、満鉄、電々の監督の為めに一機関を置く。それに三案あり。甲は我機関を置いて一括処理せしめ、関東局は廃止。乙は教育・神社の為めに別に一部局を設け関東局は存置。丙は教育・神社も関東局にてやらせる。教育・神社の行政の為めには特に地方機関を設置せず、須要の地に派遣員を出す。兵事は軍にて隊〔聯〕隊区司令部の如きものを作り、満洲国を使つて処理し、行政官庁の世話にならぬ。以上が大体である(85)」

この関東軍案に対して、武部は、「大使館は、存置する点は吾輩の全権府案とは異る。然し之は固より期する処、領事館廃止案なるが故に賛成である。地方機関の点は聊か所見を異にする点もあるが、大体よい。守屋君も不思議に賛成である。部、館、局の意見は一致した(86)」と、駐満全権府案には固執せず、むしろ領事館廃止の点に意見の一致を見出した。

4　軍務局による修正

ところが約一ヵ月後、板垣から機構改革案に関する軍務局長案を提示された。領事館を全部存置し、教育・神社は領事館にやらせ大使館にそのための一部局を設置し、関東局は縮小するというもので、「その理由は治外法権の撤廃を円滑ならしむる為、無用の紛糾を避け、現地各機関をして各々その処を得せしめ、軍の立場を公明ならしめ、軍の一元的統制を強化せんとするにある」というものだが、武部はこれに対し「何ぞその理由の一時を糊塗し弥縫、消極的にして庶政一新の気魄にかけ、又心事不公明なる。且又治外法権撤廃、行政権移譲の大精神に副はざる」(87)とかなり強い批判を抱き、「許す事は出来ない」(88)としている。今村均参謀副長と会見した東條から、領事館廃止論を再度提案する事は困難だが、教育・神社を内閣系統に修正する余地があることを聞いた武部は(89)、三〇日今村と会って、教育・神社を内閣系統とし領事館存置を最小限度とする提案の可能性を聞いたが、武部は現地案を第一案として要求するよう主張した。この日に新京に到着した青木対満事務局次長の説明では、中央の意見は軍務局案とはかなり違っていた。広田首相は教育・神社は対満事務局だといい、寺内陸相も満ソ国境付近以外は領事館廃止論であり、大蔵省、内閣調査局、法制局も同意見であるという(90)。

その後、東條から軍の意向も好転しつつあるとの情報を受けるが(91)、板垣からは「治外法権の撤廃も百尺竿頭一歩を進めて、教育、神社も満洲国に移譲するがよい」と聞き、「将来はいざ知らず今日此の言は尚早到底採るべからざるものである」(92)と反撥した。そして片倉東軍務局課員が軍務局案の説得のため来京し、九月二七日に軍側で会議をもっている(93)。翌日武部は「今回は愈々吾輩の進退問題にも及ぶ問題である。慎重に考慮せねばなるない」と覚悟を決めている。

一〇月七日には板垣は正式な軍の機構改革案を提出した。その骨子は、

「一、領事館は撤廃し、六、七カ所に国境その他の対外地方問題処理の為の大使館員派出所を置く

事。

一、兵事は軍にてやる。

一、教育神社に関しては大使館に適任者を配置し、地方機〔関〕は原則と〔して〕設置せず。大使館には主として関東局職員をして兼任せしむ(94)」

というもので、守屋参事官は賛成したが、武部は教育・神社の監督系統を内閣に統一する事を主張した。だが結局この点では決着が出ず、教育・神社の中央監督系統では意見の一致しないまま中央に具申することになった(95)。一〇月一二日武部は「機構改革問題は曲りなりにも現地の手をはなれ気分爽かになりたり」と日記に記し、関東軍と武部間の意見の不一致を裁断して一つにまとめなかった植田司令官兼大使を「何ぞ勇断に乏しや。之彼がロボット扱ひせらる、所以ならん(96)」となじっている。

5　最終的決定

その後、一二月二八日には機構改革案が東京における対満、外務、陸軍、法制局など関係官の会議で決定した。「妥協案の事であるから、気に入らぬ点が多いが、已むを得ないと思ふ(97)」と不満足ながらも納得し、終わってみれば結局「辞表をたたきつけるやうな事」にはならず、「案外楽にかたづいた(98)」と総括している。

かくて在満日本側機構改革、ことに教育・神社・兵事の監督系統問題は、昭和一二年一一月五日新京において締結された「満洲国ニ於ケル治外法権ノ撤廃及南満洲鉄道附属地行政権ノ移譲ニ関スル日本国満洲国間条約」「附属協定[99]」において示された。その骨子をまとめれば以下のようになる[100]。

(1) 治外法権の完全な撤廃（日本の領事裁判制度は終止し、日本人は満洲国の裁判に服するが満洲人民に比し不利益なる待遇を受けることはない）。

(2) 満鉄附属地行政権を満洲国に移譲する（満鉄附属地の課税、警察、通信その他の行政を満洲国政府に移譲する）。

(3) ただし神社、教育、兵事に関する行政は日本国が行う。

(4) 前記の撤廃および移譲に伴い、日本側の施設、人員を満洲国政府が引き継ぐ。

ここに当初の予定通り昭和一二年末をもって治外法権撤廃・附属地行政権移譲が完了した。結果的に保留された日本側行政権は神社が大使館、教育は日本人については大使館、兵事は関東軍および大使館の管轄となり、領事館は新京・哈爾濱の総領事館ほか国境付近の領事館を除いて廃止された[101]。

五　協和会問題をめぐる関東軍への批判

第一次条約の締結後、在満日本機関の改革問題の進行過程の中で起こってきた協和会問題は武部に関東軍に対する違和感を生じさせることになる。

事の発端は満洲事変五周年を記念して関東軍司令官名で発表された、一連の協和会に関する声明・文書であった。昭和一一年九月一八日に「軍司令官の名に於て「協和会の基本精神」なるものが新京に発表せられた」と日記にあるが、それは「満洲帝国協和会の根本精神[102]」という声明で、満洲帝国は、議会政治でも専制政治でもなく「独創的王道政治を実現する」とし、「協和会は政府の従属機関に非ず、対立機関に非ず、政府の精神的母体なり」とする内容である。一〇月二四日、板垣参謀長は満洲国総務庁長、総務司長等を集めて軍司令官の名で「満洲建国根本理念と協和会の本質に関し訓示をし」、さらに板垣は二九日には関東軍、大使館、関東局の高等官以上を集めて訓示をしているが、この時の内容は「例の根本理念の原本に大体は依つて、外部に差し障りのある処を削つ」た「一種の対外的普及版」[103]であったとの記述から判断して、二四日のものは「満洲国の根本理念と協和会の本質」[104]で、二九日のものは「満洲国の根本理念と協和会の本質に就て」[105]であると思われる。

この内容に根本的異議を抱いた大達総務庁長はすでに一六日に軍司令官に一旦辞表を提出し慰留されたが、事態はこじれ結局再度提出し年末の一二月には依願免本官となっている。この満洲国政府内部に激震を走らせた協和会問題には、武部も「極めて深刻な意義を有すると思ふ」と重大視した。その内容は「日本の国体と矛盾し又は之を破壊するやうな事になりはしないか」と危惧し、「考へやうによつては恐るべき運動」[106]だと強い警戒心を抱いた。

すでに昭和一〇年の段階でも「満鉄の監督は関東局の権限なり。然るに今日全く関東局の手を離れて居る感あり。関東軍の手中に帰し居るなり」[107]と関東軍による満洲国の一元的統制への危惧を抱き始めていたが、昭和一一年の協和会問題はその危惧を現実のものとし、ついに「対満国策の遂行は軍一途に出づべきであり、政府と絶縁したいと云ふやうな軍の考へであるが、之が満州を不安ならしめて居るし、又内地の心配でもあると思ふ。今後此点に関しては、敢然闘はねばならぬ時節が到来するかも知れぬ」[108]と関東軍への批判を強めている。前述のように一〇月二九日には武部自身も板垣参謀長の訓示を聞かされたが、その二日後の日記には以下のように関東軍への痛烈な批判を綿々としたためざるを得なかった。

「関東軍が一切の日本政府の干渉を排して満州の政治行政を独占せんとする思想は板垣時代の特色であり、軍司令官の名に於て之を内密ではあるが、闡明し又幕僚も之を口にし又事務の実際にも現はれつゝあるのは、国軍の為遺憾に堪へない。対満国策の遂行は軍と政府の合作に与るべきものであり、軍は国防に専念し、他は政府に一任すべきものである。軍はかくして始めて国防、統帥に専念する事が出来る。

関東軍は成るべく速に政治から手を引き度い、然しそれは真に建国精神即ち協和会精神に徹した満洲国官吏が出来た場合であると云ふ。之を〔は〕一の遁辞に過ぎない。真に協和会精神を体した日系官吏たる事は誰が判断するか。それは軍自身の云ふ建前ではないか。然らば軍自身が常に之を監督して居なければかゝる判断は出来ない。いつになつても手を引く時期はこないのである。且又万一かゝる時期が来たとしてもそれは関東軍と満洲国政府との関係であつて、関東軍と日本国政府との関係に於てではない。軍が満洲国と日本とを中断することは依然である[109]。」

「軍と政府の合作」による国家総掛り的対満国策を主張する武部にとって、この時の関東軍は「満洲国と日本とを中断する」存在とみなさざるを得ず、武部はこれを「軍の満洲独占思想である」と強く批判した。

おわりに

武部の満洲国治外法権撤廃問題に対する取り組みは極めて熱意の高いもので、課税権の主体の問題においても関東局案が成案として成立していく背景には、武部の執拗なまでの自己の主張への確信と周旋の努力があったことは確かであろう。その武部の日満不可分論は、満洲国＝独立国という建前を排して、いわば国家総掛かりで対満国策を遂行していこうとするもので、治外法権撤廃への過渡的措置としての課税権の主体の問題でも外務省側と対立し、治廃後の在満日本側機構改革問題においても駐満全権府という大使館色を排除した機構を案出したり、外務省の監督系統や領事官の廃止を目論んだ。それは満洲国を独立国家とみなす論理とも対立したが、満洲国が自立的に全的支配を確立しようとすることとも対立した。武部が板垣参謀長の唱える教育・神社の満洲国による管理や関東州の満洲国への移譲に反対したのもそのためである。(110)

そしてまた、国家総掛り的対満国策である以上、関東軍による満洲国独占にも反対した。満洲国の治外法権撤廃に尽瘁した武部の行動と論理は、当該期日満関係史に、関東局からの視点、という新たな展望を与えるものといえよう。

（1）　武藤富男『私と満州国』文藝春秋、一九八八年、六〇頁。
（2）　副島昭一「「満洲国」統治と治外法権撤廃」（山本有造編『「満洲国」の研究』緑蔭書房、一九九五年）。

（3）浅野豊美「「満洲国」における治外法権問題と国籍法」『渋沢研究』第一一号、一九九八年一〇月。
（4）浅野豊美「蜃気楼に消えた独立―満洲国の条約改正と国籍法」『近代日本文化論2　日本人の自己認識』岩波書店、一九九九年。
（5）田中隆一「「満洲国治外法権撤廃と満鉄」（小林英夫編『近代日本と満鉄』吉川弘文館、二〇〇〇年）。なお南満洲鉄道株式会社総裁室地方部残務整理委員会『満鉄附属地経営沿革全史』上（南満洲鉄道株式会社、昭和一四年）はこの問題における満鉄の苦悩と無念を克明につづったものである。
（6）田浦雅徳・古川隆久・武部健一編『武部六蔵日記』芙蓉書房、一九九九年。なお本稿は同書「解題」の第一章「満洲時代の武部」（四一五―四三四頁）に大幅な加除を施したもので、一部に重複があることをお断りしておく。
（7）南満洲鉄道株式会社総裁室地方部残務整理委員会『満鉄附属地経営沿革全史』上、南満洲鉄道株式会社、昭和一四年、三三頁。
（8）満洲国史編纂刊行会編『満洲国史　総論』満蒙同胞援護会、昭和四五年、四七七頁。以下、『満洲国史』と略す。
（9）副島前掲論文一三四頁。
（10）前掲、武藤富男『私と満洲国』六〇頁
（11）重光葵『外交回想録』、一四六頁。
（12）重光葵『外交回想録』、一四六―一四七頁。
（13）大使館参事官守屋和郎談「満洲国ニ於ケル治外法権撤廃問題」、「片倉衷文書」二七五、国立国会図書館憲政資料室蔵。
（14）昭和一〇年二月一三日「「満洲国治外法権ニ関スル委員会」ニ於ケル委員長ノ挨拶（重光次官）」外務省記録、議ＪＹ―四二「条約局調書（第六十八回帝国議会参考資料）」条約局第二課、昭和一〇年二月。

(15)　国務院総務庁情報処編『治外法権撤廃の実績』同、康徳三年一〇月、八頁。
(16)　昭和九年八月二三日付蜂谷総領事発広田外相宛電報第三二九号、外務省記録E.1.3.1.5-2-1「外国ノ外国人ニ対スル課税関係雑件　帝国臣民ニ対スル満洲国課税関係　満鉄附属地ニ於ケル課税1」。
(17)　昭和九年八月二七日付関東庁警務局長発拓務次官他宛関機高第一一六四八号、外務省記録E.1.3.1.5-2-1「外国ノ外国人ニ対スル課税関係雑件　帝国臣民ニ対スル満洲国課税関係　満鉄附属地ニ於ケル課税1」。
(18)　昭和九年八月二七日付関東庁警務局長発拓務次官・内閣書記官長・外務次官宛関機高第一一六四八号、外務省記録E.1.3.1.5-2-1「外国ノ外国人ニ対スル課税関係雑件　帝国臣民ニ対スル満洲国課税関係　満鉄附属地ニ於ケル課税1」。
(19)　昭和九年八月二七日付関東庁警務局長発拓務次官他宛関機高第一一六四八号、外務省記録E.1.3.1.5-2-1「外国ノ外国人ニ対スル課税関係雑件　帝国臣民ニ対スル満洲国課税関係　満鉄附属地ニ於ケル課税1」。
(20)　昭和九年八月二九日付関東庁警務局長発拓務次官・内閣書記官長・外務次官宛関機高第一一八一五号「附属地課税問題（第四報）」、外務省記録E.1.3.1.5-2-1「外国ノ外国人ニ対スル課税関係雑件　帝国臣民ニ対スル満洲国課税関係　満鉄附属地ニ於ケル課税1」。
(21)　昭和九年八月二九日付関東庁警務局長発拓務次官・内閣書記官長・外務次官宛関機高第一一八一五号「附属地課税問題（第四報）」、外務省記録E.1.3.1.5-2-1「外国ノ外国人ニ対スル課税関係雑件　帝国臣民ニ対スル満洲国課税関係　満鉄附属地ニ於ケル課税1」。
(22)　昭和九年八月二九日付関東庁警務局長発拓務次官・内閣書記官長・外務次官宛関機高第一一八一五号「附属地課税問題（第四報）」、外務省記録E.1.3.1.5-2-1「外国ノ外国人ニ対スル課税関係雑件　帝国臣民ニ対スル満洲国課税関係　満鉄附属地ニ於ケル課税1」。
(23)　『満洲国史』四七九頁。
(24)　副島昭一「「満洲国」統治と治外法権撤廃」山本有造編『「満洲国」の研究』一三七頁。

(25) 治外法権撤廃現地委員会幹事「治外法権撤廃及満鉄附属地行政権ノ調整乃至移譲ニ関スル機関（諸委員会）竝ニ決定要綱」昭和十一年三月、七〜八頁、国会図書館憲政資料室所蔵「大野緑一郎文書」。以下「決定要綱」と略す。
(26) 『満洲国史』四八〇頁参照。
(27) 南満洲鉄道株式会社総裁室地方部残務整理委員会『満鉄附属地経営沿革全史』上（南満洲鉄道株式会社、昭和一四年、一三四八頁。
(28) 関東局編『関東局施政三十年史』昭和一一年、原書房復刻版昭和四九年、一四一頁。
(29) 「決定要綱」二〇頁。
(30) 「決定要綱」一頁。なお『武部日記』五月一三日条には「治外法権撤廃現地委員会の幹事会の分科委員会に於ても」と、現地委員会の幹事会にすでに分科委員会にあることをうかがわせるが、ここでは「決定要綱」の記述に従った。
(31) 『満洲国史』四八〇〜四八一頁、副島前掲論文一三八頁参照。
(32) 治外法権撤廃現地委員会幹事「治外法権撤廃及満鉄附属地行政権ノ調整乃至移譲ニ関スル事項別処理要領」昭和十一年三月、一九頁、国会図書館憲政資料室所蔵「大野緑一郎文書」。
(33) 『日記』昭和一〇年五月一三日条。
(34) 同右。
(35) 『日記』昭和一〇年五月一七日条。
(36) 『日記』昭和一〇年五月一七日条。
(37) 『日記』昭和一〇年五月一八日条。
(38) 『日記』昭和一〇年六月二日条。
(39) 『日記』昭和一〇年七月一二日条。

(40)『日記』昭和一〇年七月一五日条。
(41)『日記』昭和一〇年七月一八日条。
(42)『日記』昭和一〇年七月一九日条。
(43)『日記』昭和一〇年七月二四日条。
(44)『日記』昭和一〇年七月二三日条。
(45)『日記』昭和一〇年七月二五日条。
(46)『日記』昭和一〇年七月二六日条。
(47)『日記』昭和一〇年七月二七日条。
(48)『日記』昭和一〇年七月三一日条。
(49)『日記』昭和一〇年八月九日条。
(50)「決定要綱」一一五頁。
(51)「決定要綱」一一八頁。
(52)昭和一〇年八月二三日南大使発広田外相宛第七七〇号「東亜局長へ谷参事官ヨリ」、前掲外務省記録E.1.3.1.5-2-1。
(53)『日記』昭和一〇年九月二日条。
(54)昭和一〇年月日発宛第号、前掲外務省記録E.1.3.1.5-2-1。
(55)『日記』昭和一〇年九月一三日条。
(56)「決定要綱」三五頁。
(57)「決定要綱」六一、九一頁。
(58)『日記』昭和一〇年一〇月四日条。
(59)治外法権撤廃現地委員会幹事「治外法権撤廃現地委員会決定要綱ノ説明ニ関スル対満事務局関係各省事務官

及現地主任者会議々事録」昭和一一年三月、前掲「大野緑一郎文書」、以下「議事録」と略す。
(60) 『日記』昭和一〇年一〇月七日条。
(61) 『日記』昭和一〇年一一月二三日条。
(62) 「議事録」一～二頁
(63) 『日記』昭和一一年四月一七日条。
(64) 『日記』昭和一一年五月一日条。
(65) 『日記』昭和一一年六月三日条。
(66) 『日記』昭和一一年六月一〇日条。
(67) 外務省編『日本外交年表並主要文書』下、日本国際連合協会、昭和三十年、三四一～三四三頁。
(68) 国務院総務庁情報処編『治外法権撤廃等ニ関スル日満条約関係資料』康徳三年（昭和十一年）六月、一〇六頁、以下『関係資料』略す。
(69) 田村仙定「治外法権撤廃及附属地行政権移譲問題ノ概説」『関係資料』一一三頁。
(70) 「関東局々員ニ対スル関東局総長訓示」『関係資料』一二九～一三一頁。
(71) 『日記』昭和一〇年六月二八日条。
(72) 『日記』昭和一〇年六月五日条。
(73) 『日記』昭和一〇年六月二日条。
(74) 『日記』昭和一〇年七月二七日条。
(75) 『日記』昭和一〇年一〇月二〇日条。
(76) 『日記』昭和一〇年一〇月二六日条。
(77) 『日記』昭和一一年六月一四日条。
(78) 『日記』昭和一一年七月八日条。

(79) 『日記』昭和一一年七月二三日条。
(80) 治外法権撤廃現地委員会幹事「治外法権撤廃現地委員会決定要綱ノ説明ニ関スル対満事務局関係各省事務官及現地主任者会議々事録」昭和一一年三月、一六九頁。
(81) 前掲『関東局施政三十年史』一二一頁。
(82) 『満洲国史』四九五頁。
(83) 前掲「治外法権撤廃現地委員会決定要綱ノ説明ニ関スル対満事務局関係各省事務官及現地主任者会議々事録」一三八頁。
(84) 『日記』昭和一一年七月二五日条。
(85) 同右。
(86) 同右。
(87) 『日記』昭和一一年八月二六日条。
(88) 『日記』昭和一一年八月二八日条。
(89) 『日記』昭和一一年八月二九日条。
(90) 『日記』昭和一一年八月三〇日条。
(91) 『日記』昭和一一年九月四日条。
(92) 『日記』昭和一一年九月二四日条。
(93) 『日記』昭和一一年九月二八日条。
(94) 『日記』昭和一一年一〇月七日条。
(95) 『日記』昭和一一年一〇月九日条。
(96) 『日記』昭和一一年一〇月一二日条。
(97) 『日記』昭和一二年一月八日条。

(98)『日記』昭和一二年一月三〇日条。
(99) 同条約および附属協定（甲）は『日本外交年表並主要文書』下、三七五～三七九頁に、その他了解事項等は『沿革』一三四二～一三四五頁に所載。
(100)『満洲国史』四九三～四九四頁を参照。
(101) 同右四九六頁参照。
(102) 稲葉正夫他編『現代史資料11』みすず書房、一九六五年、九〇七頁に全文が収められている。
(103)『日記』昭和一一年一〇月二九日条。
(104) 前掲『現代史資料11』九〇八～九一一頁に所収。
(105) 満洲帝国協和会編『満洲帝国協和会組織沿革史』康徳七年、不二出版復刻版、昭和五七年、一七九～一九一頁に所収。
(106)『日記』昭和一一年一〇月二四日条。
(107)『日記』昭和一〇年九月三日条。
(108)『日記』昭和一一年一〇月三〇日条。
(109)『日記』昭和一一年一一月一日条。
(110) 武部は板垣の関東州還付論を批判して、次のように記している。
「板垣参謀長は不相変、関東州還付論で気焔を上げて居る。関東州が満洲と一体不可分でなければならぬ事は同感であるが、関東州には歴史もあり、又特殊の使命がある。関東州の行政が、満洲国の完成と発達に貢献せねばならぬ事は当然である。然し還付論には遽に賛成出来ない」（『日記』昭和一一年六月七日条）。

III

領域主権と重層的大東亜法秩序構想

「大東亜共栄圏」における法秩序再構築への道
米日の対中条約改正を中心に　馬暁華

「国家平等論」を超えて　波多野澄雄
「大東亜共栄圏」の国際法秩序をめぐる葛藤

講演と討論　「戦後在日朝鮮人の法的地位の形成」
大沼保昭
浅野豊美

「大東亜共栄圏」における法秩序再構築への道

米日の対中条約改正を中心に

馬　暁　華

「わが国民は今や国父（孫文）の大アジア主義を実現する唯一の機会到来せることを覚った。本日の日本国との共同宣言並びに協定の調印により治外法権が撤廃され、租界の返還が実現されることになった。不平等条約が百年目の今日、ついに撤廃された。永き束縛からの解放を、われわれは度々要求してきたが、実現できなかった。今日友邦日本がこれを容れたことは、中国の独立と自由を尊重する象徴である。地下に眠る国父も、四億の民衆も、生涯の歓喜の日として迎えることになろう。(1)」

これは一九四三年一月九日、日華共同宣言が締結された際に、南京国民政府主席汪兆銘が不平等条約撤廃の歴史的意義を国民に演説したものである。

他方、二日後の一月一一日、中華民国政府主席蔣介石は国民大会を開き、ほぼ同じような内容の演説を行い、米・英の対中不平等条約撤廃の歴史的意義について次のように語っている。

「清朝政府が諸列強と一連の不平等条約を締結して今日に至るまで、百年の歳月が経過した。わが中華民族は五〇年の革命流血、さらに五年半の抗日戦争の犠牲を払い、不平等条約によって縛られた悲痛の歴史を終に変えることになった。これは我が中華民族史上、もっとも大きな歴史的出来事であると同時に、英・米同盟国が世界、さらに人類の平等や自由のために進むもっとも輝いている光である(2)」

これら当事者は、自らの実績を自画自賛しているとはいえ、一九四三年不平等条約撤廃の画期的意義の認識という点で共通していることは注目されよう。しかし、中国における列強の不平等条約撤廃問題については、今まで十分な注意が払われてこなかった。近年、日本帝国主義の植民地支配についての研究が盛んであるにもかかわらず、日本の対中不平等条約撤廃については、ほとんど研究されておらず、戦時下の日中「提携関係」の側面からの対中不平等条約撤廃問題の分析も少ない(3)。それは傀儡政権に対する一連の措置が、植民地支配体制の本質に何らの変更をもたらすものではなく、傀儡政権に外見上の独立性を与える粉飾行為に過ぎないと見られていたからであろう(4)。この評価自体は必ずしも誤りではないと思われる。しかし、支配する側と、される側の国家関係が、国際情勢の変動によって、どの程度、どのように変容されていたかという問題は、植民地支配体制の重層的構造を解明する上できわめて重要な論点である。さらにいえば、主権国家の独立という問題は、世界史的普遍的な近代の一環として位置づけられる必要があり、近代国際関係、特にアジア・太平洋地域における国際関係の変容の全歴史過程を貫くもっとも重要な課題の一つということができる。

以上の視点を基本に据えながら、本稿は、米・日両国の対中不平等条約、主に治外法権撤廃問題への対応およびその関連問題に焦点を当てることを目的とする。同時に、米・日の在華治外法権問題への対応がどのような要因によって左右され、さらに戦後世界秩序の再構築をめぐって米・日の間でどのような戦いがあったのか、その実態を明らかにすることとしたい。

一　太平洋戦争勃発以前の条約改正

1　九・一八事件以前の条約改正問題

中国における不平等条約は、一八四二年中英間の南京条約に始まる。この条約では、中国東南沿海側の五港（広州、厦門、福州、寧波、上海）の開港および香港の割譲が決まったが、領事裁判権に関しては言及されなかった。中国の治外法権の設定は、翌四三年七月二三日の中英間の五港通商章程という取り極めに端緒を発している。その第一三条において、英人と中国人交渉訴訟について、「英人如何科罪由英国議定章程法律発給管事官照弁家民如何科罪以中国之法弁理」、という条項のなかではじめて治外法権が認められた。さらに、一八四四年七月三日の中米間の望厦条約第一六条と第二一条には、民事事件と刑事事件の条項として、「中国民人与合衆国民有争闘詞訟交渉事件中国民人由中国地方官捉審訓中国例罪合衆国民人由領事等官捉審訓本国例治罪但須両得其平」という規定がある。同年一〇月二四日、中仏間の黄浦条約第二五条には、民事事件、第二七条には刑事事件の条項が見える。これらの条約の中では領事裁判権が認められる一方、協定関税や片務的最恵国待遇も与えられた。その後の締約国は皆この条約に則って、互いに他国の得た特権をわがものとする態勢を整えた。後に治外法権をもつ国は一九ヵ国にまで増加した。さらに、一八四五年、上海にイギリスの居留地、租界（後に米国や日本を含む諸外国も加えて共同租界となる）が設置された。やがて、租界は開港場の増加に伴って、中国の各地域、例えば天津、漢口、広州など主な都市に拡大した。これによって、中国の領土の主権、司法権、行政権などは著しく侵害された。このように、アヘン戦争以後の中国と欧米諸国との条約や各種の取り極めには、考えられるほとんどすべての主権の委譲と喪失が記録されており、領土割譲（香港、九龍）、租借地、租界、航行権、駐兵権、布教権、会審制度、関税制度など、枚挙にいとまがない。しかし、清朝末期まで、国権回収運動としての目覚しい動きは見られなかった。

だが、中国の国家主権を著しく侵害する不平等条約に対する中国側の反発は、辛亥革命後、強く見られるようになる。辛亥革命後の中華民国に至り、ベルサイユ会議、ワシントン会議などの国際会議において、中華民国代表は治外法権の撤廃と関税自主権の回復を求めつづけた。一九一七年に中国が連合国として第一次世界大戦に参戦したことによって、ドイツとオーストリアの治外法権が廃止され、また一九一八年のパリ講和会議では中国がはじめて治外法権の廃止を諸列強に求めた。しかし、治外法権の廃止を認めたのは敗戦国であるドイツとオーストリアの二国だけにとどまった（一九二四年、ソ連が治外法権の廃止に同意）。一九二二年のワシントン軍縮会議においても、中華民国政府は再び治外法権を含む不平等条約の廃止を要請した。しかし、不平等条約問題は後回しにされ、その結果として一九二五年の北京関税特別会議とともに開催された治外法権会議でも、北京における兵変のため、その廃止が実を結ぶことはなかった。

二〇年代後半に入ると、中国の自立と独立というスローガンが高く掲げられるようになり、主権国家としての独立を獲得して、欧米諸国と同じような地位を得るべきだという国家主権の回復運動が、中国全域で高まってきた。一九二七年に成立した南京国民政府は成立してまもなく、西欧列強の中国侵略に対抗できる近代国家の建設という従来の中国にはなかった新たな課題を背負うことになった。そのため強力な西欧的な国民国家との競合のなかで、新たな国家建設の原理を模索し始め、対外関係においては、国民政府は国民革命の反帝国主義の課題を、不平等条約の撤廃を目指すことにより受け継ぎ、諸列強との交渉に入った。

二〇年代の国際情勢の基調には、国際協調体制としてのワシントン体制が存在しており、列強間の公然たる武力衝突は相互に避けられる一方、民族主義政権の台頭を容認する政策がとられていた。このような国際情勢を踏まえて、一九二八年、米国政府は対中外交の主導権を握るべく、中国国民の主権回復運動、および日本軍の山東出兵に端緒を発した中国国内の強烈なナショナリズム感情の高揚に配慮して、ジョン・マクマレ駐華米公使（John Macmurray）を通じて、国民政府との条約改正交渉を開始した。その結果、米国は諸列強の中で最初に国民政府を承認し、同年七月二五日、米中間の関税協定の締結によって、最恵国条項つきで中国の関税自主権を認めた。また、同年一二月二〇日には、イギリスも新しい関税条約に調印し、中国の関税自主権を認め、また威海衛租借地の還付協定も締結した[5]。

関税自主権の回収のみならず、不平等条約の全面的改定も実現しようとする「革命外交」のスローガンを掲げた国民政府は、第一に関税自主権の回復、第二に治外法権の撤廃、第三に租界の回収、第四に租借地の回収、第五に鉄道利権・内水航行権・沿岸貿易権・駐軍権などの回収、という五つの段階を設定して不平等条約改正の実現に努めた。治外法権は外国人が中国の行政と司法の支配からまぬがれ、活動の自由を保障されるものとして、低率関税協定とともに不平等条約体制の根幹をなすものと見られてきた。そのため一九二八年七月七日、国民政府は関税政策の改革を行うと同時に、期限満了の不平等条約を廃棄、未満了の条約については正当の手続きを通じてこれを解除、その代わり臨時措置を取り、後に完全対等な新条約を締結する、という一方的な形の不平等条約撤廃宣言を発表した。翌年に入ると、米・英・仏・日などの諸列強に上書を出し、治外法権の撤廃を正式に要請した。だが、諸列強の対応がきわめて消極的であるため、一九二九年一一月二五日、国民政府は治外法権撤廃の意向を再び米・英両国に表明した。しかし、英・米両国側の反応がほとんどみられなかったため、一二月二八日、国民政府は、「中国領域に居住するすべての外国人は、一九三〇年一月一日から中央政府および地方政府の法令に従わなければならない」、という治外法権撤廃特別法令を公布し、治外法権撤廃断行を宣言した。(6)

こうした国民政府の強硬姿勢には米国から強い反発があった。国民政府の法令が公布された当日、国務省極東部長ホーンベック（Stanley K. Hornbeck）は伍朝枢駐米大使と会談を行い、「中国の不当な行為についてはきわめて遺憾である」と抗議した。しかし、条約上の問題がまず解決されなければならないとして、米国は英・仏等の諸列強と協調関係を維持しつつ、治外法権問題をめぐって交渉を始めた。その結果、中国の司法制度や監獄制度の不備などを理由として、「廃止時期尚早」との結論が出され、廃止するなら、条件を付すべしと米国は諸列強に打診した。(7)

一九三〇年三月二〇日、米・英両国は、第一に移審権の留保、第二に外国人法律顧問の任用、第三に、上海、広州、漢口、天津四都市周辺の地域を一〇年の間除外地域に指定し領事裁判権を留保する、という条件つきで漸進的な領事裁判権廃止合同案を中国側に提出した。しかし、中国は一切の特権を即時完全撤廃するという原則に基づき、強硬な態度を示し、米・英の要求を拒否した。その後、移審権、外国人法律顧問の判決棄却権、刑事裁判権などについて、中国は米英と交渉を行いつつ、領事裁判権、除外地域および移行期間の点で譲歩しない態度を示した。ただし七月、米国は移審権を放棄することに同意し、中国は米・英の上海の領事裁判権を一〇年、英の天津の領事裁判権を五年という移行期間で留保することを認めた。また、外国人法律顧問の任用および法院内の特別法律顧問審議室の設置、という米国側の提案を受け入れたが、上海、天津以外の地域における領事裁判権の留保は認めなかった[8]。そのため、米・英が中国側の要求に対してきわめて消極的な姿勢を見せ、交渉は成果のないまま行き詰まった。その後、米・英との交渉は、一九三一年九月一八日日本の中国侵略という異常事態の発生によって中断されることになる。

2　「東亜新秩序」の模索と治外法権問題──九・一八事件後

日中間の不平等な条約関係は、日清戦争に日本が勝利を収めた後の一八九五年四月一七日締結された下関条約（日清講和条約）に始まる。そのなかでは、日本の片務的な最恵国待遇および欧米列強と同等な特権が認められた。その後いくつかの条約の調印によって（例えば一八九六年の日清通商条約および一九一五年の二一カ条など）、日本の中国における特権がいっそう強化されることとなる。

前述のように、二〇年代国民政府の関税自主権回収という要求に対して、米・英両国は融和的な対応を示した。一九二八年、米・英の治外法権廃止交渉が開始された時点では、日本との主要問題は関税協定であった。二〇年代末、日本は強硬な対中政策を採択し、山東出兵、張作霖爆殺事件などを通じて対中関係の悪化を招いたのみならず、国際的な孤立も深め、最終的には、さまざまな条件つきで国民政府による新関税の実施を認めざるを得なくなり、一九三〇年五月の日中関税協定により中国の関税自主権を認めたのである。

関税協定調印直後、王正廷外交部長は重光葵代理公使と会談を行い、中国領域内の日本人が中国の法律に従うべきとして、領事裁判権を廃止、旅順・大連の返還および満鉄利権を回収するという完全撤廃を提案した。一九三〇年七月二五日、幣原喜重郎外務大臣は「共存共栄ノ主義」に基づき、「国際親善ハ相互的ナルヲ要件トスル一方ヨリ友情ノ手ヲ差シ延フル他方カ之ニ応シ欣然其ノ手ヲ執ル」とし、「治外法権問題ノ商議ニ於テ然リ是等総テノ機会ニ於テ吾人ノ公正且友好的ナル対支政策ハ充分明瞭トナリタルモノト信ス」との意向を中国側に表明したが、旅順・大連の返還および満鉄問題については大きな反発があった(9)。

同年九月、米・英の治外法権合同案が出された段階において、日本は中国との交渉を始めた。一九三一年二月、幣原外務大臣は、広州政府外交部長陳友仁（満州事変後南京政府の外交部長に就任）と数回会談し、「中国ニ於テ帝国臣民ノ生命財産ノ安全ヲ十分保障スルニ足ルヘキ司法上行政上ノ措置ヲ以テ治外法権ノ撤廃ニ伴ヒ帝国臣民ハ中国未開地ニ於テ居住営業及私権ノ享有ヲ認メルヘキコト当然ナリトス」という原則に基づき、中国市場の開放、日本人の営業、居住、土地所有権（不動産所有権）の三点を前提に、漸進的治外法権廃止の意向を伝えた(10)。だが、治外法権完全撤廃、また旅順、大連の返還なども含まれるという中国側の撤廃方針に対して、日本は中国が「共存共栄」の理念に基づき、「友好的協力ノ共通ノ基礎ヲ発見シ以テ双方ノ永続的利益ニ資スル」ことを考慮すべきであると主張し、事実上中国の要求を拒否した(11)。その後、日本は中国における特権的地位が失われることへの危機感を感じ、ついに武力手段を行使し、ワシントン体制への挑戦を開始した。

一九三一年九月一八日、日本軍は奉天（現瀋陽）郊外に突入、占領し、中国侵略を始めた。事件後まもなく、日本によって「満州国」が建設されたが、翌年三月一日、「満州国」は、「建国宣言」において、中華民国が以前各国と結んだ条約および債務はすべて国際慣例に従い継続する、すなわち中華民国時期の諸条約を引きつぐということを表明した。従って、従来の不平等条約をどのように解消するかが「独立国家」である「満州国」の最大課題の一つとなっていった。

満州における治外法権問題について、日本は「満州国」を建設する時に、廃止の構想を考えていた。一〇月二一日、関東軍は「満州共和国統治大綱案」を作成し、そのなかで「日本人に対して内地雑居権、土地獲得権、森林伐採権、鉱山採掘権等凡て支那人と同様に認めしむる」と決め、「治外法権に関しては原則上之を撤廃す」と提案した。[12]要するに、中国における日本人の居住権、土地所有権などの必要な権益を事実上獲得することを前提条件として、日本は治外法権の廃止を考えたのである。

「満州国」が成立してまもなく、一九三二年五月二一日、関東軍は「対満蒙方策」において「司法制度の刷新に努め、司法権の独立、裁判の適正を図り速に治外法権を撤廃せしむ」、という計画を作成し、「治外法権の撤廃は承認問題と関連し先づ日本に対して行はしむ」と決めた。つまり治外法権廃止という日本の構想は、各国が「満州国」を「独立国家」として承認することと当初から不可分のものとして想定されていたのである。しかし、国際世論は日本のワシントン体制の公然無視という軍事行動を非難し、国際連盟は中国での事態悪化をもたらさないよう日本に勧告し続けた。その結果、一九三三年三月、日本は国際連盟からの脱退を正式に表明した。

一方、日本は中国での軍事行動を正当化するため、「満州国」の「独立」を具体的に進展させていくことになる。一九三六年五月四日の枢密院会議において、広田弘毅首相は、あらゆる新聞や放送およびメディアの力を行使し、「満州国」の治外法権撤廃を宣伝し、「満州国」の国際的承認を得ると訴えた。[13]また、次のような構想がさらに明らかにされた。例えば五月一三日の枢密院会議では、「満州国」との条約関係について審議が行われたが、その際、広田首相は次のように語っている。「本条約ニシテ我国民ハ土地所有権ヲ得官公吏トナル等汎ユル点ニ於テ満州国人ト全然同様ノ取扱ヲ受ケルコトハ両国不可分関係上絶対ニ必要ナルカ外国ハ之ヲ目シテ満州国ヲ日本ノ保護国或ハ属国ト観ルモ近時欧米ニ於テハ国際関係複雑ヲ極メ東洋ニ手ヲ延ス余裕ナク加之満州国ヲ承認シ居ラサル為我方トシテハ対満政策遂行上頗ル有利ナリ」という撤廃の政治的意義、つまり国際社会の「満州国」の承認を狙うことを明らかにしたのである。[14]

一九三六年六月一〇日、「満州国ノ健全ナル発達ヲ促進シ且日満両国ニ現存スル緊密不可分ノ関係ヲ永遠ニ強固ナルシムル為」、「満州国ニ於ケル日本国臣民ノ居住及満州国ノ課税ニ関スル日本国トノ条約」が締結された。その中で、日本は「日本国臣民ハ満州国領域内ニ於テ自由ニ居住往来シ農業、商工業其ノ他公私各種ノ業務及職務ニ従事スルコトヲ得ヘク且土地ニ関スル一切ノ権利ヲ享有スヘシ」、という日本の既得権益を獲得する前提条件として、「日本国カ満州国ニ於テ有スル治外法権ヲ漸進的ニ撤廃シ且満州鉄道付属地行政権ノ調整乃至移譲」をすると約束した。[15]

さらに一九三七年一一月五日、日本は「満州国ニ於ケル治外法権ノ撤廃及南満州鉄道付属地行政権ノ移譲ニ関スル日本国満州国間条約」に調印し、「満州国ノ法令及諸制度ノ整備ノ状況ニ鑑ミ日本国カ現ニ満州国ニ於テ有スル治外法権ヲ完全ニ撤廃シ且南満州鉄道付属地行政権ヲ全般的ニ移譲スルコトニ決シタ」とした。[16] ただし、その同日調印した「付属協定」には、「満州国政府ハ条約実施後満州国領域内ニ於テ日本国又ハ其ノ臣民カ日本国法令ニ依リ神社ヲ設置スルコト及日本国政府ハ其ノ神社ニ関スル行政ヲ行フコトヲ承認」し、また日本が、教育施設の開設、経営および管理権限を有し、「満州国」における日本人の徴集、服役、召集などの兵事について、行政権を行使することが認められた。[17] 結局、「満州国」における治外法権撤廃は「植民地支配の深まりとそれにみあう制度の完備を示すものにすぎず」、日本の植民地としての「満州国」が「司法の上で日本と密接な関係を維持する」[18] ための契機となったということができる。

一方、「満州国」以外の軍事占領地域でも、日本は治外法権の撤廃問題に着目した。一九三八年一一月二〇日「日華秘密協議」が行われた際、日本は日本軍の中国駐屯および「満州国」の承認を前提条件とし

図１　日本の中国侵略を非難する米国側の諷刺漫画

Japan:—"I've got 'im!"

出典　*Amerasia,* June 1938, Vol. II, No. 4

て、「東亜新秩序建設ノ理想ノ下ニ」、「東洋ノ半植民地的地位ヨリ漸次解放シ日本ハ中国ヲ援助シテ一切ノ不平等条約ヲ撤廃セシム之カ為メ協力シテ所要ノ処置ヲ講スル」と表明し、「在支治外法権ノ撤廃ヲ容許シ並ニ租界ノ返還ヲモ考慮ス」と約束した[19]。まもなく一一月三〇日、御前会議において「対支新関係調整方針」が採択され、中国における日本の軍事的・経済的特殊地位の確立という前提条件の下、「日満支三国ハ東亜ニ於ケル新秩序建設ノ理想ノ下ニ相互ニ善隣トシテ結合シ東洋平和ノ枢軸タルコトヲ共同ノ目標ト為ス」ため、「日満支善隣関係ノ具現ニ伴フ日本ハ漸次租界、治外法権等ノ返還ヲ考慮ス」と決定された[20]。さらに一二月二二日、日本は「日満支三国ハ東亜新秩序ノ建設ヲ共同ノ目的トシテ結合シ相互ニ善隣友好、共同防共、経済提携ノ実ヲ挙ケントスル」ため、「日本ハ支那ノ主権ヲ尊重スルハ固ヨリ、進ンテ支那ノ独立完成ノ為ス必要トスル治外法権ヲ撤廃シ且ツ租界ノ返還ニ対シテ積極的ナル考慮ヲ払フニ吝ナラサルモノデアル」、という「近衛声明」を発表し、治外法権廃止の意向を明らかにした[21]。

こうした「東亜新秩序の建設」という日本の理念はその後さらに明らかにされた。一九四〇年六月二九日、有田外相は「国際情勢と帝国の立場」というラジオ演説を行い、「地理的、人種的文化的、経済的ニ密接ナル関係ニアル諸民族カ共存共栄ノ分野ヲ作リ先ツソノ範囲内ニ於ケル平和ト秩序トヲ確立スルト共ニ他ノ分野トノ間ニモ共存共栄ノ関係ヲ樹立スルコトカ最モ自然ナ順序テアラウト考ヘルノテアリマス」と語り、「東亜新秩序ノ建設ニ邁進」することが「帝国ノ使命ト責任」であることを内外に声明した[22]。

満州事変以後の中国における日本の軍事占領は、ワシントン体制という国際秩序を突き崩すものであり、一九三八年の「東亜新秩序」声明は、ワシントン体制に代わる新秩序を日本が樹立することを表明するものでもあった。米・英に公然と挑戦し続けた日本は、「自存自衛ノ為」、ついに米・英に宣戦布告をした。

二　アジア・太平洋地域における新秩序の構築に向けて

1　米国の戦後世界秩序と「中国大国化」

一九四一年一二月八日、日本は真珠湾を攻撃し、米・英に対して宣戦を布告した。翌九日、ローズヴェルト大統領（Franklin D. Roosevelt）は連邦議会に対日宣戦布告書を送り、米国が第二次世界大戦に正式に参戦することを声明した。

米国の参戦目的は、直前の一九四一年八月にローズヴェルト大統領とイギリス首相チャーチャル（Winston Churchill）が大西洋の戦艦で協議したいわゆる大西洋憲章に示されていた。この中には、米・英両国が共に尊重する共通の原則として、領土不拡大、不侵略、民族自決、貿易と資源に関する機会の均等、経済協力、恐怖と欠乏からの自由、軍備縮小、安全保障体制の確立という八つの項目が挙げられている。そのうち、他国に対する侵略の否定や各国の領土保全、また政府組織における自決の原則、さらに貿易の機会均等と天然資源確保の平等性、および軍縮と恒久的な安全保障の確立をうたった四点が、戦争目的の基本理念となった。

この大西洋憲章に表明されているように、米国の戦後目標は、開放的な経済秩序および民族自決と主権国家の平等に基づく政治秩序を築くことであった。しかし、ローズヴェルト大統領自身の考え方は、戦後世界秩序に関して民族自決および主権国家間の平等の理念とは矛盾するものであり、戦後の平和と秩序維持にあたっては、米・英・ソ・中四大国が中心となって責任を果たすべきだというものであった。この「四人の警察官」構想が最初に公に現れたのは、一九四二年五月ソ連外相モロトフ（V. M. Molotov）の訪米の際であった。ローズヴェルト大統領は、その会談の中で中国を「四人の警察官」の一人として戦後世界秩序を維持すべきであると公言した(23)。しかし、ローズヴェルトの「中国大国化」構想は、当初から具体性を欠いたため、蔣介石政権に対して軍事的・物資的な援助の面で十分な貢献ができないこともあり、蔣介石政権の不満となった(24)。そのため、蔣介石は「大国」としての中国に法律の面で「平等」を与えることを米国政府に要請し続けた。その具体的な方策が、不平等条約の改正および中国人移民排斥法の撤廃であった。

アメリカ参戦以前の一九四一年五月、郭太祺外交部長は訪米の際に、「平等互恵の立場に基づき、米国政府は中国の主権の独立を尊重し、対中不平等条約を撤廃すべきである」と国務省に要請した。五月三一日、ハル国務長官（Cordell Hull）は「平和回復後、国際慣例に基づき、わが政府は中国政府と治外法権を含む条約の改正を行う」と約束した[25]。しかし、抗日戦争、特に太平洋戦争の全面展開は、この課題に対して新たな局面を持ち込むことになった。

アメリカ参戦後まもなく、中国に滞在したことのある宣教師や知識人らは、中国に対する差別的な法律問題について関心を抱くようになった。例えば一九四二年二月一七日、中国に宣教したことのあるヘイズ牧師（Paul G. Hayes）は国務省に書簡を送り、日本の「東亜解放」と「大東亜共栄圏」などのスローガンを粉砕するため、対中不平等条約の廃止および中国人移民排斥法の撤廃を要請した[26]。

しかし、国務省は当初これに対してきわめて消極的な態度を示した。一九四二年三月、国務省極東部長ハミルトン（Maxwell M. Hamilton）は、戦時中の治外法権廃止を「適当ではない」と考えていた。彼はその主な理由については、次のように説明した。第一に、一九四一年アメリカ政府は「平和回復後、在中治外法権を廃止する」ことを蔣介石政権に約束している。第二に、日本の軍事占領によって治外法権の行使が事実上困難であるため、現時点で撤廃することは、「意味があることではなく、アメリカの弱さを示すことになってしまう」。第三に、戦後の国際情勢を考慮すれば、米国は必ず中国と交渉に入るであろう。従って、「アメリカの国益を守るためには、戦後中国と交渉するほうがよりアメリカに有利に働くからである」。そのため、彼は「現時点で治外法権を廃止することは損失がより大きくなる」との認識を示し、「戦後、事態が落ち着いてから中国政府と条約改正するほうがアメリカの利益になる」と主張した[27]。一方、ホーンベック顧問官も、「現時点では、中国人の士気を懐柔するような特別措置を取る必要は一切ない」、という考え方を示し、「ただしわれわれにとって利益をもたらす時期が来れば、即時準備し、このカード

図２　蔣介石政権の無能を諷刺した日本側の漫画

出典　*China Weekly Review,* August 2, 1941.

を使うべきであろう」との結論を出した[28]。

同年五月一二日、ハル国務長官はイギリス駐米大使ハリファクス（Edward Halifax）と会談を行い、「戦時中の治外法権廃止は意味のあるものではなく、戦争終結後、中国との条約改正をするほうがわれわれに有利である」と結論づけ、イギリスと合意した[29]。しかし、不平等条約の始まりである南京条約の百周年を迎える際に、中国国内の国権回収運動が高揚し、それを契機に、蔣介石政権は不平等条約撤廃交渉の絶好のチャンスをつかむこととなった。

八月初旬、蔣介石は不平等条約撤廃の可能性について外交部と意見を交換し、米・英両国と交渉に入るよう駐英大使顧維鈞、駐米大使魏道明に訓令した。また在米の中国の新聞報道機関、例えば英文誌『Contemporary China』などを通じて不平等条約の撤廃要求をアメリカ社会に伝えることを指令した[30]。

ほぼ同じ時期、米国連邦議会でも対中不平等条約問題が議論されるようになった。八月一七日、上院外交委員会委員エルバート・トーマス議員（Elbert D. Thomas）は、治外法権問題について連邦議会で次のような演説を行った。

「戦争遂行の手段として米・英両国は治外法権廃止を中国政府に声明すべきである。中国とイギリスがわれわれの側にある一方、日本がわれわれに攻撃をしているという状況の下で、なぜ、平和を待ってから中国政府と交渉に入ろうとするのか、私は理解しかねる。一九四二年八月二九日、すなわちアヘン戦争による悪業の百年後のこの日こそ、治外法権を廃止する、まさに最善の日であると思われる。」(31)

このように、蒋介石政権の要請および米国国内の世論、さらに連邦議会からの圧力を受け、米国政府の中で対中姿勢に注目すべき変化の兆しが生まれた。八月二七日、ハル国務長官は駐英大使ウィナント（John G.Winant）に電報を打ち、在中治外法権の廃止をイギリス政府に説得するよう訓令した。その中では、第一に治外法権撤廃、第二に一九〇一年の北京議定書の廃棄、第三に上海と厦門の共同租界の返還、第四にアメリカ人の在中不動産権利の保証、第五にアメリカ市民の中国への旅行の自由の確保、居住、商業、経営権の保証、第六に戦後米中通商条約の締結などの具体的な提案が盛り込まれている。(32)しかし、数次の交渉を経て、九月一日、ウィナント大使は「イギリス政府は戦時中治外法権の廃止を望ましくない」との意向であると伝え、その対応を求めた。(33)

アヘン戦争以来、中国に対するイギリスの関心は基本的に経済的なものであり、実利的なものであった。アジアの貿易関係において、イギリスは日本の攻撃以前にすでに厳しい脅威にさらされていた。そのため、イギリスはアジアでの通商上の地位再建をめざし、中国における既存の権益をできる限り維持しようと考えていた。イギリス側の消極的な姿勢に対して、ハル国務長官は、「主導権をいまわれわれの手で握っているうちに、抗日戦に努めた中国を心理的・政治的に支援する措置として治外法権を廃止すべきである」

との認識を示し、イギリス側の協力を求めた[34]。しかし、中国に多くの利益を有するイギリスは、香港と九龍半島の返還という中国側の要請に対して強く反発し、アメリカ側の要求に全面的には応じなかった。だが、イギリス政府は治外法権の撤廃自体には協力する意向があるとし、米英間の一致した対応が可能となった。その結果、一〇月初旬、イギリスは治外法権廃止を中心とする米国側の提案を受け入れ、米・英両国は中華民国の独立記念日である一〇月一〇日に、蔣介石政権に声明することで合意した[35]。

こうした状況を踏まえて、一〇月一〇日、ローズヴェルト大統領は蔣介石に電報を打ち、対中不平等条約を廃止する意向を正式に表明した。ところが、実際に交渉に入ると、必ずしも順調には行かなかった。その主な原因は、中国の要求と米英の考えの隔たりがあまりに大きかったことであった。中国は一切の不平等条約を即時撤廃することを要求し、また中国でのアメリカ市民の待遇について米国と衝突した。

一八八二年、連邦議会は中国人移民禁止法（排華法）を可決した。それにより中国人は米国への自由渡航が禁止され、また在米中国人はアメリカ社会において人種的差別を受け、法律上、「帰化不能外国人」と見されてきた[36]。そのため、中国政府は「アメリカ市民は中国への自由旅行、居住、商業、経営権を保障し、中国の領域において中国人と同等な権利を有する」という条項に対して、強く反発した。その後、アメリカ市民の在中権利は米中交渉の最大の争点の一つとなり、交渉は難航したが、一二月末に至り、結局、中国は譲歩し、ほぼ米国の条約案通りで合意した。しかし、イギリスは通商上、運輸上の特権を放棄せず、特に香港と九龍の返還という中国側の要求に対して猛烈に反対した。一一月一〇日、チャーチャル首相は香港問題に関する特別講演を行い[37]、「私は大英帝国を清算するための首相ではない」と語り、香港の中国返還に反対する意向を強く表明した。結局、一二月末には、中英間の交渉はほぼ決裂の状況に至った。そのため、一九四三年一月一日、イギリス政府とともに蔣介石政権と共同宣言を声明する、という米国の計

図3　「侵略者米英」を追い出そうと宣伝する
日本側の諷刺漫画

出典　『写真週報』昭和16年12月31日

画はついに頓挫することになった。その一方で、この時期、日米の間に見えざる戦いが始まった。

2　「大東亜共栄圏」における法秩序の構築

日米開戦以前の一九四〇年三月三〇日、日本は南京で汪兆銘を首班とする中華民国政府を成立させ、同年一一月三〇日、日本は汪兆銘政権と「日本国中華民国間基本関係に関する条約」を締結し、「東亜ニ於テ道義ニ基ク新秩序ヲ建設スルノ共同ノ理想ノ下ニ善隣トシテ緊密ニ相提携」するため、「日本国政府ハ中華民国ニ於テ日本国ノ有スル治外法権ヲ撤廃シ乃其ノ租界ヲ返還スヘク中国民国政府ハ自国領域ヲ日本国臣民ノ居住営業ノ為開放スヘシ」と合意した。そのなかでは、「満州国」の独立、日本軍による中国での「治安維持」および「駐屯ニ必要ナル諸般ノ便宜ヲ供与スルコト」も認められた(38)。要するに、日本は必要な権益を事実上取得することを前提にして治外法権の撤廃を打ち出したのである。それは表向きのもので、実際には日本は何ら具体的な行動に移ることはなかった。

「日中提携」をいっそう進めるため、一九四一年六月一九日、国民政府主席汪兆銘は日本を訪問した際に、近衛首相と会談し、「我々は中国を愛し、日本を愛し、東亜を愛し、この三つの愛を打って、一丸となり邁進すべし」という日本との共同声明を出した[39]。帰国後、汪兆銘は特別会議を開き、米・英のアジア侵略政策を厳しく批判する一方、「我々は人を害ねて、己を利する旧秩序を全力を挙げて打破し、新秩序を建設し共存共栄を図らねばならぬ」、との「新秩序の建設」の理念を国民に呼びかけた[40]。こうして、不平等条約をどのように解消するかが汪兆銘政権の「独立」と直接にかかわる重要な課題となったのである。

日米開戦の翌日、汪兆銘は臨時中央政治委員会会議を開き、国民政府の今後の態度について「日華基本条約並びに日満華共同宣言」の精神に基づいて「日本と艱苦を共にする」と決意した[41]。一方、満州国張景恵総理は「東亜諸民族大同団結して、四百年に亘りわれわれに対する圧迫搾取をなした英米の勢力を東亜より駆逐しなければならぬ」と述べ、「日満一徳一心の大義を実現すべきである」と表明した[42]。

米・英と開戦直前の一一月五日、日本政府は御前会議で「帝国国策要領」を決定し、「公正ナル極東平和ヲ確立スル」ため、「帝国ハ現下ノ危局ヲ打開シテ自存自衛ヲ全フシ大東亜ノ新秩序ヲ建設スル」という戦争目的を明らかにした[43]。日米開戦後まもない、一九四二年一月二一日、東條英機首相は帝国議会において「大東亜戦争」の指導方針について演説し、「大東亜共栄圏建設ノ根本方針ハ、実ニ肇国ノ大精神ニ淵スルモノデアリマシテ、大東亜ノ各国家及各民族ヲシテ、各々其ノ所ヲ得シメ、帝国ノ核心トスル道義ニ基ク共存共栄ノ秩序ヲ確立セントスルニ在ルノデアリマス」と述べ、「最近百年ノ間米英両国等ノ極メテ苛烈ナル搾取ヲ受ケ、為ニ文化ノ発達甚シク阻害セラレタル地域」において、「人類史上ニ一新紀元ヲ劃クヘキ新ナル構造ノ下ニ、大東亜永遠ノ平和ヲ確立シ、進ンテ連邦ト共ニ世界新秩序ノ建設ヲ為サント

スルコト」を訴え、「大東亜共栄圏」建設の意義を説いた。(44)

一九四一年一二月八日の開戦通報に際して、日本は中国における敵性外国民やプロパガンダの排除措置をはかった。同日、日本軍は上海共同租界に進駐し、天津、広州などの米英権益を相次いで接収し、租界内の「排日新聞雑誌の徹底的取締、排日放送の徹底的取締、排日映画、教科書の徹底的取締」をはじめ、また占領地域における「支那人職員ノ親英米色濃厚ナルモノの罷免」などの「英米色ノ一掃」措置を行った。(45)同年一二月二五日に、日本軍はついに欧米帝国主義の東アジア侵略政策の最先端根拠地である香港を占領し、さらに翌年の二月一五日、イギリスのアジアにおける最大の拠点として位置づけられたシンガポールを降伏させた。

しかしながら、開戦初期太平洋地域において大きな戦果を挙げた日本軍であったが、一九四二年六月四日のミッドウェー海戦に大敗し、八月七日以後米国軍の反日攻勢が始まり、ついにガダルカナル島から撤退すると、全般的な戦局の悪化を背景に、日本は、戦況を有利に導き、最終的に「大東亜共栄圏」の建設による長期持久体制を構築するために、汪兆銘政権との関係をいかにするかという問題に直面することとなった。そこには、軍事占領地域における中国のナショナリズムの台頭という事実も背景にあった。

一九四二年八月、南京条約の百周年を迎える日本の軍事占領地域では、不平等条約の撤廃を目指し、「打倒英米」（英米を打倒せよ）というナショナリズム運動が高まってきた。八月二九日、南京条約百周年の日に、汪兆銘政権は南京で「反英興亜国民大会」を開いた。同会場で、汪兆銘は「不平等から平等へ」と題し、英米百年の中国侵略の暴挙を訴え、「アジアの解放」を目指した「大東亜戦争」を完遂するため、日本と協力して「英米の罪悪の歴史を徹底的に清算せよ」と国民に呼びかけた。(46)さらに、林柏生宣伝部長は「不平等条約の廃止を実現させるのは英帝国を打倒することから始まる」と題し、「不平等条約が撤廃

図４　「汪（兆銘）の平和アピール」という題目で出された重慶側の諷刺漫画

出典　*China Weekly Review,* April 20, 1940.

されない限り、われわれに真の自由と平等がない」と語り、不平等条約撤廃の政治的意義を説明し、条約改正の重要性を国民に訴えた。(47)このような大規模な「反英米運動」は、日本占領地域において数週間続いた。こうした中国国民の国権回収運動の高揚に対して、日本は占領地域における中国人の強烈なナショナリズム感情を配慮に入れて、対中政策の新しい局面打開を行った。

前述のように、一〇月一〇日には米・英両国は蒋介石政権に治外法権の撤廃を声明している。それを受け、翌日の『朝日新聞』には、「治外法権を撤廃・米英、重慶への媚態」という題目で、「米国務省は支那における治外法権全部を撤廃することになった旨九日発表。これに呼応して英政府もまた重慶政権に対して何ら実質的な意義ない口頭の親善ゼスチュアを示したものに過ぎない」と非難した。(48)ところが、こうした米英の一致した行動は、日本の対中政策に大きな影響を与え、ついに日本の汪兆銘政権に対する新しい政策が浮上することとなった。

一〇月一五日、北京駐在の土田豊参事官は、「物資ノ不足及其物価ノ昂騰」により、「支那側ノ民心把握ハ益々困難トナル」ことを考慮し、「此ノ際租界及治外法権問題ノ処理、在支占領地ニ於ケル政治的ナ根本的改善等ニ関シ戦争指導ノ大局的見地ヨリ思切ツタル措置」が必要として、「英米側ノ政治的攻勢ニ対抗スル宣伝」のため、「米英ト同様ノ措置ニ出スヘキコトヲ期待ス」と提案した(49)。まもなく南京駐在の重光葵大使はそれに賛成し、「支那側ノ民心ヲ把握スル」ため、汪兆銘政権の「独立」と中国の「主権尊重」を中心とした対中「新政策」の重要性を力説した(50)。重光の「新政策」の眼目は、不平等条約の全面改定を通じて、日中関係の再構築を図り、南京国民政府の政治力を強化するという構想であり、満州事変以来の「露骨な権益主義」を放棄し、互恵の基盤に立つ対等の同盟関係を築き、「共存共栄」の「大東亜共栄圏」の礎を築くことであった。

このように、中国の「民心把握」という観点では、太平洋戦争を通じて不平等条約の撤廃がもっとも有効な手段と考えられたことは、米英を中心とした連合国側も日本も同様であった。「主権国家の尊重」を戦争目的に掲げる中で、米英と日本は中国の国権回収運動および中国国内のナショナリズム感情に配慮し、中国との「平等関係」の樹立、すなわち対中不平等条約撤廃の具体化を急いだのである。

重光が提案した「対支新政策」は、後に大本営政府連絡会議で審議され、急速に具体化した。一〇月二九日、連絡会議は、「支那側ノ対日協力ヲ促進シ大東亜戦争ノ完遂」のため、国民政府の「参戦」を前提条件として治外法権廃止を決定した(51)。その後、国民政府の「参戦」が議論され、一一月二七日の連絡会議では、「宣戦」の具体的な方策、「国民政府参戦ニ伴フ諸準備ニ関スル件」が作成され、国民政府の「参戦」時期を翌四三年一月中旬以後として、適当な機会にそれを行うことが決定された(52)。同日、国民政府の「参戦」に伴う関係事項についても審議され、青木一男大東亜大臣は、第一に「大東亜戦争」を勝ち抜くため、国民政府の戦争協力および両国の綜合戦力を強化すること、第二に国民政府の政治力を強化し、かつ「支那側ノ民心ヲ把握スル」ことについて発言した[53]。

その後、大東亜省を中心とする関係各局において、「大東亜戦争完遂ノ為ノ対支処理根本方針」、「大東亜戦争完遂ノ為ノ対支処理根本方針ニ基ク具体的方策」、それに基づく具体的な方策としての「国民政府ヲ機シテ同政府ト締結スヘキ取極ニ関スル措置要領」などが作成され、一二月一八日の連絡会議に上程、審議の結果を報告することが決められた[54]。さらに、治外法権撤廃のための対策として、第一に国民政府強化の育成、第二に中国現行法律の整備およびその運用の改善、第三に行政権（特に警察権）および司法権運用の改善などの事項も審議された[55]。

この「大東亜戦争完遂ノ為ノ対支処理根本方針」については、強固なる意志をもってその実行にあたることが必要とされ、一九四二年一二月二一日に開かれた御前会議では、東條首相の提議に基づき、重慶抗日の根拠名目の消滅を図り、国民政府を強化するためとして、その方針の実行が決定された[56]。そして、国民政府の政治力を強化するための四つの方策が準備された。第一に、国民政府に対する干渉を避け、極力その自発的活動を促進することであり、第二には、中国における租界、治外法権は中国の主権および領土尊重の趣旨に基づいて速やかに撤廃し、調整の措置を取ることであり、第三は、不動の決意と信念とをもって全般にわたり広く民心を獲得するとともに、国民政府をして治安維持の強化を図らせることであり、第四は、将来国民政府の充実強化とその対日協力具現などに対応して、日本が適時日華基本条約および付属諸取極めに修正を加えること、であった。その根本問題は、「更新支那と一体戦争完遂」を行うための方法にあり、特に対中経済面での「戦争完遂上必要とする物資獲得の増大」が主眼とされていた。その後、東条首相の提案を受け、谷正之外務大臣は、「帝国の公明なる態度を広く内外に徹底せしむる」ため、連合国側の「悪宣伝」を制し、「大東亜地域内の諸民族を始め印度其の他米英の圧迫に悩める諸民族に対して相当の心理的影響を及ぼす」ことを目的として、それらの措置と具体的な方策を説明した(57)。この会議において、青木大東亜大臣は、「支那人ノ民心は漸次日本ヨリ離反シ、国民政府ハ逐次弱化シツツアル」と説いた。従って、「日華両国ハ不動ノ決意ト信念トヲ以テ軍事上政治上経済上完全ナル協力ヲ為ス」ために、「国民政府ノ徹底的強化、即チ国民政府の政治力ヲ強化シ、且十分ニ民心ヲ把握」しなければならないことが強調された(58)。その結果、同会議において、国民政府の参戦を中心とした「大東亜戦争完遂ノ為ノ対支処理根本方針」が採択された。

この「対支処理根本方針」を決定した御前会議の前日、すなわち一二月二〇日、国民政府主席汪兆銘は、外交部長褚民誼、財政部長周仏海、軍事参議院議長蕭叔宣、宣伝部長林柏生らを伴い、日本を訪問し、翌日、東條首相ら日本側首脳と会談した。その会談の中で、汪兆銘は中国がいかに「百年来英米帝国主義に蹂躙された」かを訴え、日本の「東亜新秩序」建設のスローガンに応じ、「国民政府が同甘共苦より一歩を進め、参戦を決意する」ことを申し入れた(59)。

こうした国民政府の「参戦決意」に対して、東條首相は国民政府の希望に応じ、参戦の時機を「明年一月中旬以降適当なる時機を捉る」と決定した(60)。汪兆銘一行は、二二日天皇に謁見し、同日の新聞記者会見において、「日華協力の方途一致し、戦争完遂に提携邁進する」旨の談話を発表した(61)。一方、林柏生宣伝部長は、「大東亜戦争」を完遂するため、国民政府は従来の「同甘共苦」の態度よりいっそう前進し、「同生共死」の決意を強調した(62)。汪兆銘は一二月二五日離日挨拶のため東條首相を訪問し、中国参戦の時期につき翌一九四三年の一月二〇日頃を希望し、日中提携の意向を改めて表明した(63)。

これに応じて、日本は「日支間局面打開の一大転機とし」、国民政府の政治力を強化すべく、在中治外法権の撤廃を実行していった。一二月二九日に、谷外務大臣、青木大東亜大臣は当時帰国中の重光大使に国

図5　日本との協力を求め、ついに汪兆銘政権も
米英に対して宣戦布告をした。

出典　『中山日報』1943年3月6日

民政府「参戦」に関する具体的な方策および戦争協力に関する日華共同宣言に関する措置要領などを指示した(64)。それと同時に、日本政府は国民政府の参戦目的が、「日本と協力して米英勢力を一掃し以て新中国を建設し東亜の解放を図り、延いては世界全般の公正なる新秩序招来に寄与するに在る」として、「戦争協力ニ関スル日華共同宣言ニ関スル措置要領」を決定した(65)。その具体的な方策は、第一に、戦争協力に関する日華共同宣言の締結、第二に、日本専管租界の還付、第三に、上海および厦門共同租界の移管、第四に、北京公使館区域移管、第五に、治外法権の撤廃、第六に、在華米英敵産処理などであった。また治外法権の撤廃と租界の還付などについて、日本政府は「戦争協力に関する日華共同宣言と同時に締結公表する」と決定した。しかし、香港や九龍半島の返還については、「我方ノ最終的処理方針ハ香港ノ帰属処理問題トモ併セ将来ノ決定ニ俟ツ」と決め、「戦局全般ノ推移及支那問題解決大局的見地ヨリ

見テ極メテ慎重ナル考慮ヲ要スル」という結論で決着した(66)。要するに、日本は米英の権益主義を非難するにもかかわらず、中国における諸権益を最大限維持することをねらっていたとさえ考えることができる。

帰任した重光大使は、一九四三年一月二日汪兆銘と、また三日には褚民誼外交部長と会見し、中国の参戦、治外法権の撤廃などに関する折衝を行った。この交渉に際し、重光は戦争協力に関する日華共同宣言に関連する意見を述べた。彼は米国政府が近く治外法権の撤廃や租界の還付などを行おうとしているという情報を入手し、直ちに日本政府に報告した(67)。

こうした情勢の急変に対応して、重光は次の三案を提案し、政府の特別対策を講じることを要請した。第一は、中国の参戦期日を一月一〇日に繰り上げる案、第二は、参戦と切り離し米国の施策の機先を制するため日本政府が単独声明を発する案、第三は、既定方針案であった。その上で、重光は第一案が「大東亜諸民族ノ対日信頼感ノ誘発ヲ期シ宣伝ヲ強化スル」ため、最も無難であることを論じ、「米国ノ公表ニ立遅ルコトアル」と、日本にとってきわめて「不利」になるだろうと力説し、第一案を強く勧めた(68)。要するに、国民政府の政治力を強化するための諸取極を機先を制して行うためには、同時に決行する国民政府の参戦を繰り上げる必要があったからである。

これに応じて、一九四三年一月七日の大本営政府連絡会議において、重光の第一案（中国の参戦期日を一月一〇日に繰り上げる）と、第二案（参戦と切り離しアメリカの施策に機先を制するため日本政府において単独声明を発する）が審議された。参戦と切り離し声明のみを出す時は、アメリカ側に協定全文の発表を促進させることとなる一方、参戦および諸取決めの発表によって、迫力や政治力が失われることになるとして、参戦期日の繰り上げについて検討し、共同宣言および諸取決めの発表は、批准前に行うこととするものの、「御裁可済ならば差支なし」と決定した。「御裁可済」は正式文書に拠らずとも可能であることが八日の枢密院会議で決定され重光大使に伝達された[69]。

同日、重光大使は、汪兆銘と会談を行い、英、米、重慶側が日本の治外法権の撤廃などを察知したことを説いた。そのため、彼は宣戦布告時期を繰り上げることができないかと汪兆銘に強く要請した[70]。重光大使は汪兆銘の内諾を得て、すぐに日本政府に報告した[71]。同日、枢密院会議では、翌日の正式の発表、すなわち国民政府と条約の締結および国民政府の参戦期日を予定より早く一月九日に繰り上げることを決定した[72]。

一九四三年一月九日、「戦争完遂ニ付テノ協力ニ関スル日華共同宣言」の調印に先立ち、国民政府は米英に対して宣戦を布告し、両国政府間で「租界還付及治外法権撤廃ニ関スル日本国中華民国間協定」を締結した。条約調印直後、汪兆銘はラジオ演説を行い、百年以来中国が終始英米に圧迫されたことを説き、今回の不平等条約の撤廃を契機に、「共ニ東亜ニ於ケル同志」である日本と「東亜防衛ノ闘士トナリ百年英米ヲ加ヘ来レル桎梏ヲ排除シ東亜民族ノ共存共栄ヲ達成スル」と呼びかけ、日本との「同生共死」の決意を表明した[73]。同日、米英の「悪勢力」をアジア地域から徹底的に追い出すために、国民政府は一月九日から「英米勢力清算宣伝週」を設け、日本占領地の民衆に呼びかけた[74]。

同日、日本政府においても「帝国政府声明」が行われ、当日東條首相は、「大東亜ヲ本然ノ姿ニ還セントスル大東亜十億ノ民心ヲ無視シ、専ラ自国ノ為東洋ヲ制覇セントスル米英ノ野望ニ抗シ帝国ト志ヲ同ジニシテ東亜積年ノ禍根ヲ芟除シ新シキ東亜ヲ建設シ以テ世界平和ニ寄与スル」のが今回の新条約であるとして、日本の「東亜解放」と「大東亜共栄圏」建設の目的を重ねて明らかにした[75]。続いて、イタリア（一九四三年一月一四日）、フランスのヴィシー政権（二月二三日）も汪兆銘政権と協定を結んで、治外法権の撤廃を次々と声明した。こうした汪兆銘政権の「独立」を容認した日本の「対支新政策」は、一九四三年

図６　「大東亜の独立の鐘」－占領地域における日本の宣伝漫画

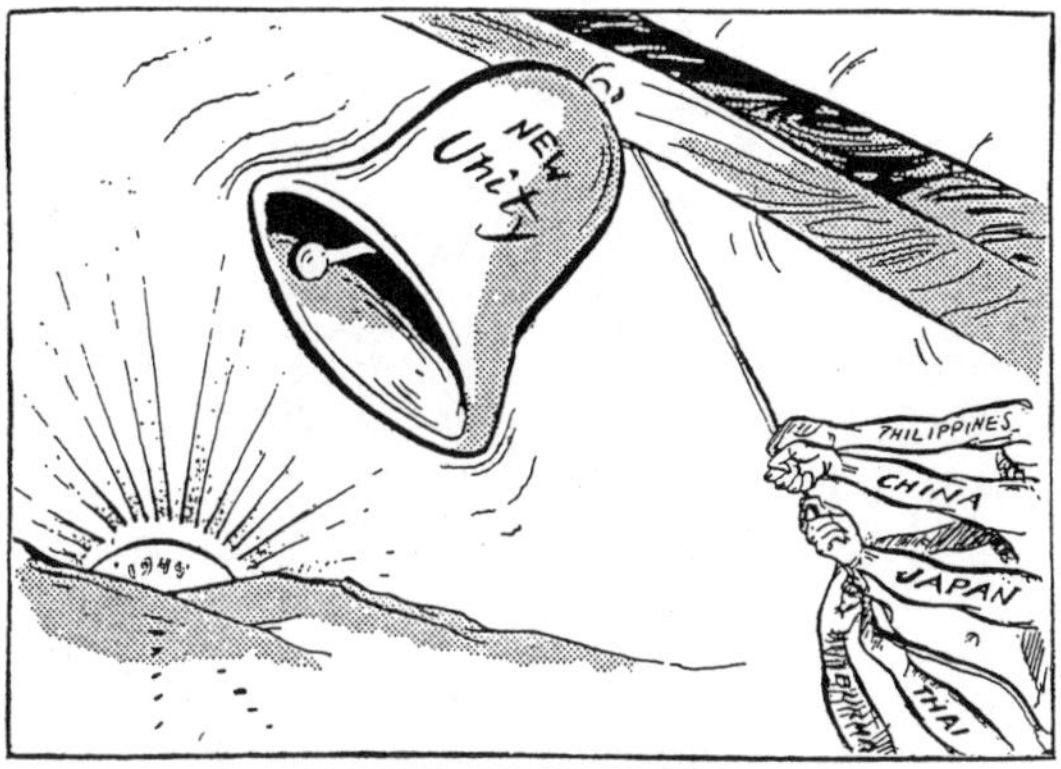

THE INDEPENDENCE BELL OF GREATER EAST ASIA
Formerly oppressed nations now bask in the sun of freedom.

出典　*The Times Weekly December* 16, 1943.

四月、重光葵の外務大臣就任後一層拡大されていく。「万邦との友誼を篤うし人種的差別を撤廃し普く文化を交流し進んで資源を開放」するという大東亜共同宣言へむけて、ビルマとフィリピンの独立が同年八月と一〇月に「付与」されたのである。重光こそ、「対支新政策」を「大東亜新政策」へと拡大し、大東亜会議開催の推進力となっていった人物であった。

さて、次に米・英と蒋介石政権との交渉について見てみよう。一九四三年一月初旬、駐英大使顧維鈞によると、米・英は日本が在中治外法権の撤廃のため、汪兆銘政権と交渉を行っているという情報を入手していた。そのため、米英も中国と条約改正の交渉を急いだ[76]。最終的に、米・英の蒋介石政権との治外法権などに関する新条約は、中国側の最大限の譲歩により日華共同宣言の二日後の一月一一日にようやく調印された。この条約で、中国における米・英の特権、すなわち第一に治外法権、第二に公使館区域や北寧鉄道沿線などの一切の駐兵権、第三に租界、第四に租界内の特別法廷、第五に中国領海内の軍艦航行権、第六に沿岸貿易と国内河川航行権などの廃棄が決まった。

一九四三年一月一三日に、米国の『ニューヨーク・タイムス』紙は、今回の中国との不平等条約の撤廃は「極東における新たな時代の夜明けである」と述べ、「米中新時代の到来」を意義づけた(77)。一九四三年一月の米・英・日が主導した対中不平等条約の撤廃に始まり、一九四七年に至るまでの間、中華民国政府は、ブラジル（一九四三年八月二〇日）、ベルギーおよびルクセンブルグ（一九四三年一〇月二〇日）、ノルウェー（一九四三年一一月一〇日）、カナダ（一九四四年四月一四日）、スウェーデン（一九四五年四月五日）、オランダ（一九四五年五月二九日）、スイス（一九四六年三月一三日）、デンマーク（一九四六年五月二〇日）、ポルトガル（一九四七年四月一日）などの連合国・中立国と次々に条約改正を行うことに成功した。こうして、太平洋戦争の勃発によって、百年にわたる中国における不平等条約体制が最終的に崩壊することとなった。

以上、二つの政府とそれぞれ枢軸国側、連合国側が交渉し不平等条約の改定を実施したわけであったが、いずれにせよ、中国は、この一九四三年の不平等条約の撤廃を通じて、アヘン戦争以来の半植民地状態を脱し、主権国家としての「独立」がようやく承認されるに至ったのである。

おわりに

ここまで見てきたように、一九四三年の不平等条約撤廃運動とその後の一連の条約は、中国外交上の大きな進展であった。この一連の不平等条約の撤廃は中国にとって、アヘン戦争以後の列強との不平等関係を徹底的に清算する歴史的意義をもつものであり、また国際法上でも形式上の面でも対外主権の確立、対等な対外関係の樹立を意味するものであった。しかし、この時期の不平等条約は、二つの意味でその存在意義を失いつつあった。第一に、日本との開戦により、日本の軍事占領地域における米英両国の国民は、日本軍の戦火にさらされて撤退を余儀なくされ、治外法権による保護機能は事実上すでに喪失してしまっていた。第二に、不平等条約の存在自体が、連合国の主な一員として重要な役割を担う中国の国際的地位にそぐわなくなり、中国は実際上、対等の立場を認められていた。戦後アジア・太平洋地域における国際秩序を構想する中で、中国を主権独立の国家として認めること、つまり対中不平等条約撤廃は当然のことであったと考えられる。

他方、日本にとっても汪兆銘政権の正当性を示し、「共存共栄」の「大東亜共栄圏」の理念を実現するためにも不平等条約の撤廃は必要であった。加えて、中国国内の国権回収運動の高揚および中国軍民の反帝国主義抵抗運動の広がりは植民地支配体制に大きなインパクトを与え、列強の譲歩を引き出す根本的な原因となった。その結果、列強が譲歩しない場合、戦後の在中利益の損失は大きくなるだろうと認識されたのである。日本の軍事占領はヨーロッパ植民地主義の権威を破壊し、占領地域の人々に物事を再考する機会を与えた。従って、日本の掲げた「大東亜共栄圏」構想の背後に、露骨な帝国主義的意図が隠されていたにもかかわらず、日本軍の軍事占領は、欧米白人の威信を失墜させ、占領地域における行政・司法改革などを介して、中国人の反帝国主義闘争を強化する結果となった。少なくとも、戦争と占領は、中国の「独立」運動を「加速化」させる「触媒」の役割を果たしたといわざるを得ない。

しかし、汪兆銘政権が象徴するように、日本の軍事占領地域が、欧米の旧来の植民地支配の形態から「独立」したと同時に、また新たな従属関係を強いられていたことは明らかである。その結果、重光葵が提唱した「対支新政策」とその後自らが推進した「大東亜新政策」は、アジア諸国を危機の解決に向けて結集させることができず、逆にアジア全域に抗日運動は広がることになった。ついに日本は敗戦を認める以外の選択肢はなくなり、不平等条約が消滅し国家の平等という理念を体現した「大東亜共栄圏」を、日本の「指導」という矛盾した方法で構築することはできなかった。結局、「共栄圏」の構想は、次章で波多野澄雄論文が論じるように法学者と一部の外務官僚によって描かれた「法理」の世界か、せいぜい、陸軍の動員作戦が許容しうる枠の中でのみ存在したたに過ぎないと言えよう。

（1）『中華日報』一九四三年一月一〇日。

（2）蔣委員長言論匯編集委員会編『蔣総統言論匯編―中国之命運』（台北、一九五六年）第四巻、八〇頁。

（3）日本の対中不平等条約撤廃における研究はきわめて少ない上、研究の対象としては、ほとんどが「満州国」である。例えば、副島昭一「『満州国』統治と治外法権撤廃」山本有造編『「満州国」の研究』（京都大学人文科学研究所、一九九三年）、同氏「中国の不平等条約撤廃と『満州事変』」土屋哲夫編『日中戦争史研究』（吉川弘文館、一九八四年）、小池聖一「『治外法権の撤廃』と『治安維持』―満州事変前後の「連続性」に関する一考察」『広島平和科学』第一八号、一九九五年、浅野豊美「満州国における治外法権問題と国籍法」渋沢史料館『渋沢研究』一一号、一九九八年一〇月、同氏「蜃気楼に消えた『独立』―満州国の条約改正と国籍法」『近代日本文化論講座二―日本人の自己認識』（岩波書店、一九九九年七月）、および本書の田浦雅徳論文などが挙げられる。米中三〇年代の治外法権廃止問題については、高光佳絵「アメリカ外交における中国治外法権撤廃問題と互恵通商協定」『史学雑誌』（二〇〇一年、第一一〇編、第九号）がある。治外法権の廃止問題をめぐる米中交渉については、馬暁華『幻の新秩序とアジア太平洋―第二次世界大戦期の米中同盟の軋轢』（彩流社、二〇〇〇年）参照。

（4）戦時中日本の対中政策（汪兆銘政権）については、中国側の研究はほとんどこのような立場にたっている。

例えば、呉徳華「汪偽政権是地道的漢奸売国傀儡政権」『武漢大学学報』（一九八七年第四期）一二一―一二六頁、伊勝利「日偽政権的建立及其演変」『理論探討』（一九八八年第一期）八七―九四頁、陳戒傑「汪精衛降日売国的『東亜連盟』理論剖析」『抗日戦争研究』（一九九四年第三期）一八〇―一九五頁などが挙げられる。

（5） この点については、久保亨『戦間期中国「自立への模索」―関税通貨政策と経済発展』（東京大学出版会、一九九九年）参照。

（6） 中国第二歴史檔案館編『中華民国史檔案資料匯編』（江蘇古籍出版社、一九九一年）第五巻第一編、外交（一）、五二頁。

（7） U. S. State Department, *Papers Relating to the Foreign Relations of the United States*（以下*FRUS*と略記）, 1929, Vol. 2, p. 666.

（8） 王建朗「中国廃除不平等条約的歴史考察」『歴史研究』（一九九七年第五期）一五頁。

（9） 外務省編『日本外交年表竝主要文書』（原書房、昭和四一年）下巻、一七八頁。

（10）「治外法権撤廃問題一件」外務省外交史料館所蔵。

（11）「幣原大臣陳友仁会談録」、外務省編『日本外交年表竝主要文書』前掲、下巻、一七二―一七八頁。

（12）『現代史資料 満州事変』（みすず書房、一九六四年）第七巻、二二七―二三九頁。

（13）「満州国治外法権撤廃問題一件 条約関係―枢密院審査委員会議事録」外務省外交史料館所蔵。

（14）「満州国治外法権撤廃問題一件 条約関係―枢密院審査委員会議事録」外務省外交史料館所蔵。

（15） 外務省編『日本外交年表竝主要文書』下巻、前掲、三四一頁。

（16） 外務省編『日本外交年表竝主要文書』下巻、前掲、三七五頁。

（17）「付属協定」、外務省編『日本外交年表竝主要文書』下巻、前掲、三七六―三七九頁。

（18） 副島昭一「『満州国』統治と治外法権撤廃」山本有造編『「満州国」の研究』（京都大学人文研究所、一九九三年）一五三頁。

(19)「日華協議記録及同諒解事項並日華秘密協議記録」、外務省編『日本外交年表竝主要文書』前掲、下巻、四〇一—四〇四頁。

(20)「日支新関係調整方針」、外務省編『日本外交年表竝主要文書』前掲、下巻、四〇五頁。

(21)「近衛声明」、外務省編『日本外交年表竝主要文書』前掲、下巻、四〇七頁。

(22)「国際情勢と帝国の立場」、外務省編『日本外交年表竝主要文書』前掲、下巻、四三三—四三四頁。

(23) *FRUS*, 1942 (Washington and Casablanca), p. 140.

(24) 太平洋戦争期における米国の対中援助・武器貸与は、イギリスとソ連へのそれに比べてわずかなものであり、貸与全体の三%強を占めている。任東来「評美国対華軍事『租借』援助」『中美関係史論文集』（重慶出版社、一九八八年）第二巻、三二八—三二九頁。

(25) Confidential U. S. State Department Central Files, United States—China Relations, 1940-1949, National Archives, Washington D. C.

(26) Paul G. Hayes to the Secretary of State (Cordell Hull), February 17, 1942, Confidential U. S. State Department Central File, United States—China Relations, 1940-1949, National Archives, Washington D. C.

(27) Memorandum by the Chief of the Division of the Far Eastern Affairs (Maxwell M. Hamilton), March 27, 1942, *FRUS*, 1942 (China), pp. 271-274.

(28) Memorandum by the Adviser on Political Relations (Stanley K. Hornbeck), April 9, 1942, *FRUS*, 1942, (China) pp. 274-275.

(29) The Secretary of State (Cordell Hull) to the British Ambassador (Edward Halifax), May 12, 1942, *FRUS*, 1942 (China), pp. 277-278.

(30) 中国国民党中央委員会党史委員会編（秦孝儀主編）『中華民国重要史料初編—対日抗戦時期』（台北、一九八一年）第三編、戦時外交、七一一頁。

（31） U. S. Congress, *Congressional Record*, 77th Congress, 2nd Session, Vol. 138, pp. 6856-6857.

（32） The Secretary of State to the Ambassador in the United Kingdom（John G. Winant）, August 27, 1942, *FRUS* 1942（China）, pp. 282-285.

（33） The Ambassador in the United Kingdom（John G. Winant）to the Secretary of State, September 1, 1942, *FRUS*, 1942（China）, p. 286.

（34） The Secretary of State to the Ambassador in the United Kingdom（John G. Winant）, September 5, 1942, *FRUS*, 1942（China）, pp. 287-288.

（35） Telegram of the Acting Secretary of State to the Ambassador in the United Kingdom（John G. Winant）, October 3, 1942, *FRUS*, China（1942）, pp. 298-301 ; The Ambassador in the United Kingdom（John G. Winant）to the Secretary of State, October 6, 1942, *ibid.*, pp. 302-303.

（36） 排華法の撤廃過程については、馬暁華 "A Democracy at War : American Campaign to Repeal Chinese Exclusion in 1943," *Japanese Journal of American Studies*, Vol. 15, 1998, pp. 121-142. 参照。

（37） イギリスの香港政策については、劉存寛・劉蜀永「一九四九年以前中国政府収復香港的嘗試」『歴史研究』一九七九年第三期参照。

（38） 外務省編『日本外交年表竝主要文書』前掲、下巻、四六六―四六七頁。

（39） 汪精衛『汪精衛訪日言論集』（上海、一九四一年）二―三頁。

（40） 『中華日報』一九四一年六月二二日。

（41） 『東京日々新聞』昭和一六年一二月九日。

（42） 『東京日々新聞』昭和一六年一二月九日。

（43） 「帝国国策遂行要領」外務省編『日本外交文書竝主要文書』前掲、下巻、五五四―五五五頁。

（44） 「東條首相の議会演説（大東亜戦指導の要諦）」、外務省編『日本外交年表竝主要文書』前掲、下巻、五七六

―五七七頁。

(45)「国際情勢急転ノ場合在支敵国人及敵国財産処理ニ伴ヒ帝国外務官憲ノ差当リ執ルヘキ措置」（昭和一六年一二月四日）「大東亜戦争関係一件―帝国ノ態度（対米英宣戦関係ヲ含ム）」、および「極管区返還問題」（昭和一七年二月一日）「大東亜戦争関係一件―在支外国租界接収問題」外務省外交史料館所蔵。

(46)『中華日報』一九四三年一〇月三〇日。

(47)『中華日報』一九四三年一〇月三〇日。

(48)『朝日新聞』昭和一七年一〇月一一日。

(49)土田豊参事官発外務大臣谷正之宛電報（昭和一七年一〇月一五日）『大東亜戦争関係一件―中華民国国民政府宣戦関係　第一巻』外務省外交史料館所蔵（以下、『大東亜戦争関係一件（第一巻）』とのみ記す）。

(50)「租界還付及治外法権撤廃ニ関スル件」、同右。

(51)「国民政府ノ参戦ニ関スル件」（昭和一七年一〇月二九日）、同右。

(52)「国民政府参戦ニ伴フ諸準備ニ関スル件」（昭和一七年一一月二七日）、同右。

(53)同右。

(54)「大東亜戦争完遂ノ為ノ対支処理根本方針」、「大東亜戦争完遂ノ為ノ対支処理根本方針ニ基ク具体的方策」、同右。

(55)『支那治外法権撤廃問題一件』外務省外交史料館所蔵。

(56)「御前会議議題―大東亜戦争完遂ノ為ノ対支処理根本方針ニ関スル内閣総理大臣提案理由説明」（昭和一七年一二月二一日）『大東亜戦争関係一件（第一巻）』。

(57)「大東亜戦争完遂ノ為ノ対支処理根本方針」（御前会議、昭和一七年一二月二一日）同右。

(58)「御前会議議題―大東亜戦争完遂ノ為ノ対支処理根本方針ニ関スル大東亜大臣説明」（昭和一七年一二月二一日）、同右。

(59)　「東條総理大臣ノ汪行政院長ニ対スル談話要項」（昭和一七年一二月二〇日）、同右。
(60)　『国民政府主席汪兆銘来朝関係一件』外務省外交史料館所蔵。
(61)　『朝日新聞』昭和一七年一二月二三日。
(62)　同右。
(63)　伊藤隆・廣橋真光編『東條内閣総理大臣機密要録―東條英機大将言行録』東京大学出版会、一九九〇年、一三七―一三九頁。
(64)　「国民政府トノ諸取極締結ニ関スル交渉及訓令ノ件」（昭和一七年一二月二九日）『大東亜戦争関係一件（第一巻）』。
(65)　「大東亜戦争完遂ノ為ノ対支処理根本方針ニ基ク具体的方策ニ準拠シ国民政府参戦ヲ機トシ同政府ト締結スヘキ諸取極ニ関スル措置要領」、「戦争協力ニ関スル日華共同宣言ニ関スル件」、「大東亜戦争完遂ノ為ノ対支処理根本方針ニ基ク日華間諸取極交渉開始時機ニ関スル件（措置要領）」（昭和一七年一二月二九日）同右。
(66)　「九龍租借地ニ関スル件」（昭和一七年一一月二五日）、同右。
(67)　重光発青木大東亜大臣宛電報（昭和一八年一月六日）、同右。
(68)　「新情勢ニ応ズル国民政府ノ参戦及同政府トノ諸取極ニ関スル措置振案」（昭和一八年一月七日）同右。
(69)　同右。
(70)　蔡徳金編『周仏海日記』（村田忠喜、楊晶など訳、みすず書房、一九九二年）五一九頁。
(71)　「汪主席調印承諾ニ関スル件」（昭和一八年一月八日）『大東亜戦争関係一件（第二巻）』。
(72)　谷外務大臣発汪主席と重光大使宛電報（昭和一八年一月八日）同右。
(73)　「国民政府参戦ニ関スル日華共同宣言」同右。
(74)　『中華日報』一九四三年一月一〇日。
(75)　「東條内閣総理大臣演説」と「帝国政府声明」（昭和一八年一月九日）『大東亜戦争関係一件（第二巻）』。

(76) 顧維鈞『顧維鈞回憶録』（中国社会科学院近代史研究所訳、一九八七年）第五冊、一八五頁。

(77) *The New York Times*, January 13, 1943.

「国家平等論」を超えて

「大東亜共栄圏」の国際法秩序をめぐる葛藤

波多野澄雄

序　「二つの挑戦」と国際法学会

一九四〇年夏、ナチス的国際法理論とソ連的国際法理論とが、高柳賢三によって「自由主義国際法に対する二つの挑戦」と題して『法学新報』に紹介されている(1)。高柳によれば、第一次大戦後、国際社会が「二つの共同態 Gemeinschaft」であることを前提とした普遍主義的で「ジュネヴァ的」国際法が、現状打破を目標とするナチス・ドイツと資本主義打破を目標とするソ連の挑戦をうけ、現状維持を利益とする国家群と現状打破を国是とする国家群との相克が法の領域にも及んでいる。しかし、二つの国際法理論とも「イデオロギー的国際法理論」として特徴づけられるが、「ジュネーヴ国際法」を「相手にせず」という態度ではなく、その意味で、大東亜新秩序や共栄圏の建設が国是となっている現在、法学者は「二つの挑戦」を真摯に受け止める必要を指摘する。果たして第一次大戦後の「ジュネヴァ的国際法にもイデオロギー性が潜んでいないわけではない」からである。と問いかける。

高柳のみならず、国際法学会は、同じ問題に直面していた。この四〇年七月には、第二次近衛内閣が東西における新旧国際秩序の交代を告げるかのような「基本国策要綱」を公表し、八月には松岡洋右外相が「大東亜共栄圏」建設を国是とする談話を発表していたが、その背景は四〇年前半から四一年にかけて、ドイツの欧州大陸の電撃的席巻、実務と学術の両分野におけるナチス・ドイツの広域圏論や地政学の圧倒的な流入にあった。「二つの挑戦」のうち、とくにドイツのそれは実務と学術、官・民の別を問わず、広範な分野を混迷状況に陥れ、国際法も例外ではなかった。

日本の言論界には、法学分野では、カール・シュミットの広域圏内で指導的地位を占めるライヒ(Reich)の概念が、域外諸国の干渉禁止の原則とともに広く受け入れられて行く。さらに、国策レベルでもヨーロッパ的な民族自決主義や国家平等観念を基礎とする法秩序こそが世界政治の不安定を招いたとして、広域圏論や「家族主義的」な原理、「家」の観念が内外法秩序のありうべき原理として広く注目を集める。これらの多くの議論は、「ジュネヴァ的国際法」秩序を否定する議論であったが、国際法学会は「ジュネヴァ的国際法」を全面否定することはなかった。

他方、戦時期の外務省(とくに条約局)は、国際法学会との連携による「大東亜国際法」の検討や戦後機構の構想の案出に熱心であったが、それは「共栄圏内における独立国家の建設」という事業が現実のプロセスとなっていたことにある。とくに、重光葵外相(一九四三年四月~四五年三月)指導下の外務省にとって、日華基本条約(一九四〇年一一月)の全面改訂ー日華同盟条約の締結(四三年一〇月)、日本・ビルマ同盟条約(一九四三年八月)および日比同盟条約(四三年一〇月)の締結によるビルマとフィリピンの独立国家としての承認、そして大東亜会議(四三年一一月)は、圏内諸国に漸次「独立」を付与して行く一連の「新政策」と位置づけられ、大東亜会議における共同宣言は、圏内独立諸国を糾合した「大東亜国際機構」建設の共同憲章として想定されていた。

こうした一連の「新政策」の追求は、圏内における日本の優越的地位を前提とした大東亜共栄圏構想とは、「ジュネヴァ的」な近代国際法に固執する限り矛盾するものであった。条約局と国際法学会との連携研究は、まさにこの矛盾の克服のためであった。本稿はその苦闘の軌跡を明らかにしようとするものである。(2)

ところで、国際法学会には、日本の対外国策を学術的に支えるという役割を自ら課してきたという歴史がある。国際法学会と外務省の関係は、一八九七年の創設時から浅からぬものがあった。そもそもこの学会の設立の背景は、条約改正が明治政府の一大懸案となったとき、法的問題について調査研究にあたる組織や人材が外務省に存在しなかったという切実な事情に由来する。以後、実務と学術とは相互に連動しつつ日本の国際法学を発展させてきたといえる。とくに局長をはじめ条約局の幹部が国際法学会の幹部となることが多く、現実の条約上の争点や課題が機関誌で紹介され、議論の対照となることは珍しいことではなかった。しかし、財政的には潤沢とは言えず、一九四〇年にはカーネギー財団の支援打ち切りに直面して財政基盤は不安定となり、財団法人化を進め、翌四一年一二月の開戦直前に認可されている。

国際法学会は、対米英開戦とともに、「内は以て大東亜新秩序の国際法体制化を促進し、外は以て世界新秩序の確立並に世界国際法の改善に貢献せんことを企図」するため、新たな事業として四つの特別委員会を設置した。時局問題委員会（委員長・松田道一）、戦時国際法委員会（委員長・立作太郎。四三年五月、立の死に伴い榎本重治が就任）、東亜新秩序委員会（委員長・山川端夫）、東亜国際法委員会（委員長・長岡春一）であり、いずれも二〇名前後の委員が配され、当時の代表的な国際法学者に加えて、多くの外務省幹部やOBが加わっている。例えば、いちはやく発足した時局問題委員会を構成する委員は、一又正雄、英修道、鹿島守之助、川原次吉郎、神川彦松、横田喜三郎、立作太郎、長岡春一、山川端夫、山田三良、安井郁、松下正寿、松本俊一、榎本重治、佐藤信太郎、松平康東の一六名であった。委員のうち、現役の条約局長であった松本のほか、佐藤、松平はまもなく条約局課長となる外務省エリートであり、山川、松田も条約局長経験者であった。東亜新秩序委員会には、石橋湛山、小汀利得、高木八尺、山中篤太郎ら国際法学者や外務省員以外の顔ぶれも見られるが、他の二委員会は、おおむね上記一六名中の委員が中核的メンバーとして複数の委員を兼ねていた(3)。

これらの委員会は、いずれも四四年半ばまで、ほぼ月一回以上の研究会を続ける。独自に課題を設定した場合もあったが、外務省から委託された研究課題を特別問題委員会が整理し、関係委員会に振り分ける場合が多かったようである。四委員会のうち、活動の中心が東亜国際法委員会であったことは、法人化にともなう寄付行為において、「東亜国際法に関する調査研究」が事業の一つに加わっていることから伺える。同委員会には、高柳賢三、田畑茂二郎、田岡良一ら英法学者や新進の国際法学者も加わっている[4]。

特別委員会の調査研究の成果は、『大東亜国際法叢書』[5]として刊行されることになっていたが、研究の目的は、現行の国際法を全面的に否定し、新たな国際法を打ち立てることではなかった。理事長・山田三良が『叢書』の巻頭に述べるように、「それでは問題解決が得られず、歴史的現実を誤りなく把握して、将来の動向を正しく指導し得る科学的理論の確立を期す」ことが必要と考えられた。

一 「大東亜国際機構」構想の文脈

対英米開戦直後から終戦まで、アジア太平洋における激しい戦闘の内側では、占領地の処遇をめぐる格闘が政府部内に断続的に続いていた。問題の焦点は、新旧占領地に軍政施行後、独立や自治を与えるか否かにあった。ことに一九四三年は、ビルマやフィリピンの独立が現実の政治課題となり、政府部内で激しい攻防が繰り広げられる。外務省条約局はこの年に、国際法学会の時局問題委員会に対して「大東亜における新国家独立の方式」の検討を依頼していることは、ことさらこの問題に高い関心を払っていたことを示している[6]。

言うまでもなく、軍政の第一義的な目的は、国防資源の獲得、軍の現地自活、治安維持にあり、これらの目的に照らして、「独立」や「自治」の容認政策が効果的か否かという観点が重視された。武力行使後の占領地軍政を担う陸海軍は、もっぱらこうした観点から占領地の処遇問題に取り組み、とくに海軍は一貫して独立・自治の許容政策に反対であった。もう一つの点は植民地主義への配慮にあった。第一次世界大戦後、「民族自決主義」が戦間期の帝国主義にとって「もはや避けることのできない行動原則」(7)として定着していたがために、占領地域を軍政の下に固定化し、植民省的な機関に統治を委ねることは、こうした流れに逆らうことになり、「植民地主義」の国際的非難を招く恐れがあった。国策研究会の言葉に従えば、「植民地なき大東亜共栄圏」を如何に実現するか、という問題であった(8)。

その場合、盟主論的論理によって「大東亜共栄圏」を作り上げるにしても、民族の「独立」に配慮しない、単なる植民地主義の貫徹は避けねばならなかった。代表的な議論は次のようなものであった。

欧米は民族自決主義の貫徹によって植民地主義を克服しようとしているが、それは弱小民族を弱肉強食の世界に投げ出すに等しく、世界に「遠心的分裂」と混乱をもたらすのみである。しかるに、大東亜共栄圏は、「八紘為宇」という肇国の精神に従ったものであり、弱小民族を犠牲とする「遠心的分裂」の方向ではなく、日本を指導国とする「求心的統合」のなかにこそ、アジア諸民族の生存と独立が得られるのである——(9)。

すなわち、日本人の労働・身分秩序の観念に由来する「万邦ヲシテ各々其ノ所ヲ得シムム」という「分」の論理であった。つまり、各々の民族や国家が「分」に応じて忠実に役割を果たし、指導国家に奉仕することによって「独立」も保障されるというのである。大東亜省の設置が「植民省」の設置であり、大東亜外交の消滅であるとして批判をあびたとき、東條首相はこれを儒教的な家父長制度になぞらえ、兄弟国に外交儀礼は不要であると説明していたが、いずれにしても日本盟主論に変わりはなく、政府の描く「共栄圏」像は、大東亜建設審議会の答申とその結論（「大東亜建設に関する基礎要件」四二年五月）にも現れているように、日本が圏内諸国を「内面指導」し、政治・経済・文化の秩序を統制し、圏外との交易も指導国の統制のもとにおかれるという姿であった(10)。

しかし、外務省がこうした論理に満足しなかったことは大東亜省設置問題によく現れている。占領地をいかなる機構によって管掌するか、という問題はシンガポール陥落後に本格的な議論となるが、内閣案は、大東亜を「永久占領地域」（香港、マレー連邦、ボルネオ、ニューギニア等）、「帝国保護下に独立」させる地域（比島、仏印、インドネシア、ビルマ等）とに分け、これら地域をあらゆる面で「強力なる統制指導の下に……計画的に運営」するというものであり、それは大東亜建設審議会の答申が描く共栄圏像（前述）の延長にあった。これに対して大東亜圏内の外交機能を剥奪される危機を察知した外務省は、東亜局を拡大した「外政省案」をもって対決した。それは「外交一元化」という外務省の利害に基づく主張のみでなく、圏内諸国の「自主独立」の立場を尊重することによって「始めて相手国をして帝国に真に協力せしむることが出来る」という考え方に立つものであった。内閣案が占領地における軍政の継続を前提としていたのに対して、外務省案は軍政の早期撤廃を前提としていた。戦争遂行上の必要から一定の拘束を受けつつも、主権と領土を保障された独立国の存在を広範に認めることが「外交一元化」の主張の前提であった。しかし、東条内閣の容れるところとはならず、東郷茂徳外相は四二年一一月、単独辞職するにいたる(11)。

軍政の早期撤廃と独立や自治の早期付与という外務省の主張は、開戦以来、一貫したものであったが、政府中央および現地軍の抵抗のなかで、その実現は容易ではなかった。しかし、四二年後半からの戦局の重大化は、占領地の処遇問題における外務省の主張を有利なものとした。アジア太平洋戦場における軍事戦略は「攻勢」から「防勢」へと転換し、アジア諸民族の結束と占領地住民の戦争協力とが重大な政治課題となり、四三年一月には大本営政府連絡会議がビルマ、フィリピンの独立を決定する。外務省はこの決定の推進力となっていたが、四三年四月の電撃改造によって、駐中華大使から外相として入閣した重光葵は、この独立許与政策をさらに推し進めることになる。

重光は入閣後、次のように書いている。――英米は大西洋憲章において小民族・小国民の保護者を任じて「自由の恢復」を標榜しているが、例えば、連合国の一員として戦争に加わったソ連がバルト諸国を蹂躙しポーランドを分割したように、実は「小国民は犠牲」となり、「戦争遂行の手段として空手形を発行」している。しかるに日本は「小国民、少く共亜細亜の民族に自由を与へ、自由を保護する地位に立って居る。支那民族に独立自由を与へ、泰の国民的要望を達成せしめ、而して比、美［ビルマ］両民族に独立を与へ更に他の東亜民族に満足を与ふるは帝国の政策にして国是でなくてはならぬ。」[12]

重光はまず、日華基本条約（一九四〇年一一月）の改定を目標としたが、それは次のような構想の第一歩であった。中華民国（南京政府）との不平等条約を清算し、自主独立と平等互恵を基調とした新同盟条約を締結するとともに、同種の同盟条約をタイ、満州国、さらに独立が予定されていたビルマ、フィリピンとの間にも結び、これらの同盟条約網を基礎に五ヵ国が平等互恵の立場で「大東亜国際機構」を作り上げようというものであった。[13]

そして四三年秋に予定された大東亜会議は、「大東亜国際機構」創設の第一歩と位置づけられ、大東亜共同宣言を「国際機構」の創設理念をうたう「大東亜憲章」とする意向であった。すなわち、大東亜各国が平等・互恵の立場で「東亜の安定及繁栄」という共同目的に関して「随時又は定期」に協議する組織として「大東亜機構」を創設する第一歩が大東亜会議であり、「第一回の宣言」（大東亜共同宣言）には、「軍事上に於ては共同防衛の趣旨を明にし、政治上に於ては主として平等の関係を高調し、経済上に於ては互恵開放の関係」を明記すべきであった。(14) 例えば、タイとの新同盟条約案は、四一年一二月の日タイ同盟条約を破棄し、相互に自主独立を尊重し、平等互恵の関係を構築するとともに、「大東亜国際機構」の一員として相互の発展をはかるという骨子を備えていた。(15)

しかし、この構想は二つの点で国内的な批判を浴びて後退を余儀なくされる。第一は日満華の三国は他の独立国（タイ、ビルマ、フィリピン）と対等の地位にはないこと、第二は、国際連盟に類似する機構の創設は好ましくないこと、であった。そして何よりも日本の「指導権」が否定される虞れがあった。

例えば、五月末の大本営政府連絡会議において、重光は「大東亜会議の際宣言などでなく大東亜同盟を結成してはどうか」と提案し、さらに、「大東亜同盟」の前提として、㈠日満華結合の観念を離れ、満州国も中国、フィリピン、ビルマもともに形式上は「対等の同盟条約を締結すること」、㈡各独立国とも、戦時においては軍事上必要な行動の自由が保証されるが、戦後（もしくは永久的）に軍隊駐屯を許すような条項の挿入を要求しない、という二点を希望した。しかし、㈠は、秦真次参謀次長が、「ビルマ国やフイリッピン国を支那、満州と対等に扱ふことは此の際支那、満州が満足すまい。同盟は日本と個々に締結するを可とすべし」と反論して全員がこれに同意して拒絶される。㈡についても、陸海軍統帥部の立場は、戦後の撤兵には触れず、大東亜各国との条約関係は一定の形式に統一するのではなく個別的条約とするというものであった。(16)

元来、大東亜会議が企画されたのは、この年の九月に「絶対国防圏」の設定が御前会議の決定となっていたように、アジア太平洋に迫りくる連合軍の反攻の前に、アジア占領地住民の政治的結束を促す手段が求められていたことがその背景にあった。したがって、大東亜会議をどのように性格づけるかについて、重光（外務省）と他の政軍指導者や大東亜省等との間には大きな隔たりがあった。東條首相をはじめ軍指導者はもっぱら占領地住民の対日離反を防ぐという観点から、アジア占領地の指導者を東京に集め相応の待遇を与え、その地位を保証すれば、指導者は民衆の「心」を掌握できるという発想がそこにみられた(17)。しかし、重光にとっては、大東亜会議は、「大東亜〔国際〕機構」創設の第一歩と位置づけられていた。こうしたギャップは重光構想の推進に大きな障害となった。

二　戦争目的研究会と「大東亜共栄圏の政治体制」

外務省における大東亜共同宣言の立案は、重光の指示によって四三年八月初旬に省内に設置された「戦争目的研究会」によって着手される。この戦争目的研究会は、文字通り新たな「戦争目的」として大東亜宣言を打ち出そうとする意欲を示すものであったが、活動はそれにとどまらず、枢軸および連合国の戦争目的に関する研究と提案におよび大東亜会議後には「戦争目的委員会」と名称を変更し、四四年前半まで活動を続ける(18)。

山川端夫（外務省顧問）を会長とし、松本俊一次官をはじめ、主要部局の局長および戦時調査室員（石射猪太郎大使、松田道一博士、来栖三郎大使ら待命中の大公使十数名によって構成）が委員となっていたが、実質的な審議は、安東義良（条約局長）を幹事長とする戦争目的研究会幹事会によって行われた。幹事は門脇季光（政務一課長）、曾禰益（政務二課長）、尾形昭二（調査二課長）、松平康東（条約二課長）、原敢二郎（通商一課長）ら、外務省の課長級スタッフであった。

八月二〇日の第一回幹事会には、安東が作成した「大東亜又は太平洋憲章草案」[19]と題する私案が提出される。そのタイトルから伺われるように、大西洋憲章に対峙する「太平洋憲章」としての位置づけがなされている点が興味深いが、その骨子は、以下の六項目であった。㈠他国の干渉、支配、独占または搾取より「大東亜を永久に解放」、㈡「自主独立及領土を尊重し互恵平等の原則の下に善隣協力の関係を確立」、㈢共同防衛、㈣「互恵協力の原則の下に資源の開発及利用を世界に開放」、㈤「伝統的文化を培ひ一層文化の交流融合及発展」、㈥「不脅威・不侵略の原則のもとに軍備を持して世界平和の維持に協力し一切の国際紛争を平和的に処理せしむ」。

ところで、四三年五月下旬、国際法学会は特別問題委員会を組織し、「大東亜憲章」の研究を行っている。委員は、山田三良、山川端夫、長岡春一、堀内謙介、神川彦松、松田道一、斉藤良衛、そして条約局長・安東義良であった。大東亜宣言の発表が御前会議決定となるのは五月末であり、安東がとくに国際法学会に研究を委嘱したものと考えられる。この特別委員会は、七月九日まで議論を重ね、七月二三日付けで「大東亜宣言案」を作成し、外務省に提出している。その要点は、(1)「大東亜の永久の解放」「道義に基づく新秩序建設」、(2)「相互に自主独立及領土を尊重」、(3)「全体の安全と共通利益を確保する為、共同連帯して相協力す」、(4)「共同防衛」、(5)「経済提携」、(6)「衡平の原則」による資源の開発と通商上の「互恵協力」、(7)「文化の融合創造及発展」、(8)「不脅威不侵略の原則」であった[20]。戦争目的研究会第一回幹事会に提出された「安東私案」はこの特別問題委員会の議論を踏まえたものであることは確実であるが、上記のうち(3)と(5)が削除されている。つまり、安東私案は、「連帯」「協力」や「協力」といった言葉を極力避けようとしたことが解かるが、その意味はやがて明らかになる。

数回の幹事会議事録(21)によれば、共同宣言の内容をアジア諸民族に戦争への「自発的協力」を求めるためのプロパガンダにとどめようとする議論もみられた。しかし、安東私案には、単に戦時宣伝という側面にとどまらず、「世界平和維持の基礎」となりうる戦後アジアの国際秩序建設の諸原則を明示するという積極的な意味が含まれていた。幹事会のメンバーはおおむねこうした意図に沿って議論を進め、「大東亜宣言は戦争手段たると同時に戦後経営の方策たらざるべからず」という点に収斂して行く。戦後秩序の指針をめざすとすれば、曾禰益が指摘したように、「大東亜宣言は一面大東亜の結集に役立つものたると共に、他方大東亜圏内各国並に世界に対し『アピール』するものたらざるべからず。従って従来の指導国理念の極度に強調せられたる共栄圏思想は反省を要す」るのであった。こうした認識は幹事に共有のものであった。

幹事会の審議において重要な争点がいくつか見られた。

第一は、大東亜圏内諸国の独立尊重と平等互恵という政治経済原則と、日本のアジアに対する覇権的地位を前提とする「大東亜共栄圏」構想との矛盾であった。戦後構想といえども大東亜各国に対する日本の指導権の否定には、国内から強い反対が予想された。結局、幹事会としては、宣言の中の「共同」、「協力」あるいは「提携」といった言葉のなかに、「指導」の意味が含まれているといった説明によって切り抜けるほかはなかった。例えば、「日本の指導を経済分野でどう表現するか」という問題について、安東案は、「互恵協力」と表現しており、「協力と云ふ所に指導を含ませ居るものなり」と安東は説明している。

第二は、大東亜会議の運用の問題であった。前章に述べたように、重光外相の当初の構想は、大東亜会議を各国共同の「大東亜協議機構」として制度化をはかり、この協議体の理念として「大東亜憲章」(大東亜共同宣言)を発表するというものであった。この構想は各省の反対のなかで後退して行くが、幹事会では、最終的にその可能性が改めて検討された。

しかし、「大東亜機構」の権限を広汎なものとし、圏内の政治・経済の根本問題を決する機関とすることには、国内的には多くの異論が予想された。例えば、「指導国家」としての日本の「威令」が低下する虞れがあること、対日協力中の圏内諸国が相互に「結託」して対日離反につながる恐れがあること、などである。結局、幹事会としては、「大東亜会議の構成運用に当たりては、各国平等の票決を以て決定する等の所謂国際連盟的構成及運用も亦当分之を避くるを可とす」という政務局の判断に従い、議論は終息する。

これらの議論を集約する形で「大東亜共栄圏の政治体制」（第二次案）[22]が作成されている。

「大東亜共栄圏の政治体制」（第二次案）

「共栄圏の理念は、

(一) 大東亜に於ける各国が

(イ) 相互に其の主権独立及自主的発展を尊重しつつ、

(ロ) 米英の政治的経済的支配より脱却し、各自の政治上、経済上の自律及安定を確保せんとする共通の利益及責任感に基き相協力して共同の事業たる大東亜の平和安定の維持、防衛及大東亜の興隆に向て努力せんとするものなると共に、

(二) 世界全般との関連に於ては右の如き政治的経済的平和安定を先ず大東亜地域に確立せんとする現実的方法に依り志向を同くする共栄圏外諸国家と協力しつつ、世界全般に類似の公正なる平和を招来せんとするものなり

二・共栄圏の政治構成
㈠　構成分子
大東亜の各独立国とす、尤も仏印等欧州第三国の属領に付いては差当り時宜に応じ、準構成分子の取扱を為すことあり
㈡　各国の地位及相互間の関係
(A)　各国は自主独立の国家として国際法人格に於て平等なり
(B)　自主独立は相互に尊重すべきも共栄圏を構成する意味に於て、共通の利益及責任感に基く協同行動の感念とを抱持することを前提とす
(C)　法律的平等なるも事実上の地位及実力に差異あることは当然なり、然れども此の点は法律的乃至規約的に明定せざるを可とす
(D)　従って指導国なる観念殊に右観念を法的乃至規約的に確定することは避くるものとす
(E)　共栄圏の構造は、日本を軸心とし各国を円周とするものなることは右(D)と同様之を事実上の運用に俟つこととし、法的乃至は規約的に明定することを避くるものとす
但し大東亜憲章又は大東亜規約乃至は大東亜会議の運用に当りては各国平等の票決を以て決定する等の所謂国際連盟的構成及運用も亦当分之を避くることを可とす」

さらに「三・共栄圏と外部との政治関係」について、「共栄圏は政治的には地理的に近接する大東亜各国の平和安定の機構にして右は地域的部分的平和を確保し以て世界平和安定に寄与せむとする着実且現実的平和機構」であり、その意味で「汎米思想に近く国際連盟思想とは遠し」という。つまり、「地理的近

接」を根拠とする「地域主義」的機構ということになる。

また、圏外との関係は、「指導国なるものが圏内国に代り外部と交渉し又は協定する如きは採らざる所とす、右の結果として共栄圏各国は何れも自主的に外部各国と外交使節を交換し、且外交を行ふを妨げす」とされた。

以上の「大東亜共栄圏の政治体制」案のうち、注目すべき点の一つは、共栄圏内の「指導国」とその他の諸国との関係について、各国は「自主独立の国家として国際法上の人格に於て平等なり」として、既存の国際法を否定せず、国家平等論を受け入れていることである。しかし、他方、「共栄圏の構造は日本を軸心として各国を円周とする」という盟主論的な観念も、事実上、受け入れざるを得なかったことが解る。大東亜国際機構が成立した場合にも、その運用にあたって「各国平等の票決を以て決定する」といった国際連盟的運用を避け、「事実上の地位及び実力」を有する「指導国」によって実質的な統制・運用が行われることを想定している。既存の国際法を前提とする限り、指導国の存在と国家平等観念の矛盾は避けられず、その苦渋は「国際連盟的運用は当分之を避くる」としている点に伺うことができる。

第二は、「自主独立は相互に尊重すべきも共栄圏を構成する意味に於て、共通の利益及責任感に基く協同行動の感念とを抱持することを前提とす」と規定している部分である。つまり、圏内各国に自主独立を認め、国際法人格上の平等を容認するのであれば、指導国の意思に反する行動も予想されるばかりか、共栄圏として一体性も失われる危険性があり、共栄圏の構成員としての行動を担保するものは、「共通の利益及責任感に基づく協同行動の感念」であるとされたのである。後述のように、このような規定は、田畑茂二郎の「相対的国家平等論」の依りどころとなったものと考えられる。

第三は、戦後世界を一元的な「平和機構」による平和と安定の維持というより、各地に「地理的近接」

をもってする「地域的部分的平和」の成立を想定し、地域主義的な機構の創出を図ろうとしていることである。しかも、その地域主義的機構は、「鎖国的、排外的、挑戦的な思想に出てたるものに非ず」という。つまり、開放的な地域主義機構として、「大東亜国際機構」構想につながって行く。

三　「資源の開放」をめぐって——アウタルキーか開放か

「資源の開放」の是非を中心とする経済分野の議論はさらに紛糾した。国際法学会の宣言案（上記）の審議においても各委員間に意見の一致をみなかった項目（第六項）である、との意見が付されていた[23]。第一回幹事会では、安東が「資源の開放は大きく唱ふる要あり」と主張し、曾禰はこれをフォローして「戦後圏内のみの完全なる『アウタルキイ』と云ふことは不可なる旨周知せしめること必要なり。過剰資源は交易することとせざれば日本は別とし圏内諸国は追随協力し来たらざるべし」と述べている。幹事会としては、「資源の開放」を容認する方向に傾いて行く[24]。

しかし、「資源の開放」問題の前提である、戦後世界の経済体制が自由貿易を指向するのか、あるいは広域経済圏やブロック経済を指向するのか、という点については意見は別れ、最も紛糾した争点の一つとなる。例えば、経済部門について通商局がまとめた「大東亜宣言案（経済部門）」は、資源の開放や貿易の自由が達成されるためには、「搾取なき世界」の実現、生活水準の向上などの条件がみたされることが必要であり、開放・互恵の原則の適用は当面は困難であるという考え方であった。圏内資源の独占はさけるものの、実質的には日本の指導のもと、「共同目的達成のため必要な範囲に於て一定の総合的計画に基く統制経済又は協力体制」を敷く、というのが通商局案であった。
八月二八日に次官官邸で戦争目的研究会経済委員会が開催され、「戦後の経済政策を如何にすべきや」について戦時調査室委員の意見を求めている。これに参加した石射（猪太郎）委員は、「東亜共栄圏なるものの自給自足経済は実はやれるものではないのである。足りないものばかり多いのである」とその感想を記し、通商局案に批判的であったことが伺われる(25)。

案文の作成作業が大詰めに近づいた九月二日、戦争目的研究会は全体会合を開催した。「大東亜の経済的本質」が主要な議論の対象となる。幹事以外に、松本次官や各局長、通商局の法華津孝太書記官、通商一課長、調査二課長、条約二課長、山川外務省顧問、戦時調査室から石射大使、松田道一博士、来栖三郎大使らが列席した。まず、松本次官が、政治体制としては「自主独立」を容認する方向で議論しているのに対して、通商局案は圏内の「計画経済・統制経済」を前提とし、逆行している点を指摘した。

これに対し通商局案の起草にかかわった法華津は、「形の上に於ては自主・独立を尊重するも実質的には之を制限するは政治体制も同様」と反論している。こうして、共栄圏内の経済体制の基調を「統制経済」とするか、「自由経済」とすべきかについて激しい論争が行われるが、結局、決着をみないまま、松本次官らの主張に沿って最終的な宣言案文では「資源の開放」がうたわれることになる。

幹事会は以上の議論を踏まえて、九月一一日に「大東亜宣言案」（幹事会案）をまとめあげ、若干の修正のうえ、一〇月四日には「外務省研究案」となる。以下、外務省研究案の全文を掲げる（幹事会案もほぼ同様である）。

「外務省研究案(26)」

大東亜を大東亜外諸国の侵略又は植民地的搾取より永遠に解放し、道義に基づく大東亜を建設し、惹て萬邦共栄の世界の建設と人類の平和的発展に寄輿せんが為、大東亜各国政府代表は左の通り宣言す

一、大東亜各国は大東亜を永遠に解放し大東亜諸民族の自主的向上発展を基調とし、大東亜全体の共存共栄と安定を確保すべき秩序の建設に協同せしむることを期す

二、大東亜各国は相互に自主独立及領土を尊重すると共に善隣友好互助協力の関係を確立せんことを期す

三、大東亜各国は外部よりの脅威と侵略に対し共同して大東亜を保衛せんことを期す

四、大東亜各国は民生の向上と大東亜の安定を図らんが為、経済上相互に緊密に提携協力すると共に、衡平互恵の原則の下に広く世界に資源を開放し、交易を増進し世界経済の発達及繁栄に協力せんことを期す

五、大東亜各国は相互に各民族文化の本然の特質を尊重し、「アジア」文明の昂揚を図り以て世界人文の発展に寄輿せんことを期す

信教自由の原則は大東亜各国に於て尊重せらるべし

この外務省研究案のポイントは、議論となった大東亜経済体制について、圏内の「計画経済」や「統制経済」についての通商局の主張は後退し、「互恵の原則」と「資源の開放」が強調されている点である。しかし、他方では安東が述べたように「互助協力」や「共同」という言葉を用いることによって、実質的に日本の政治的、経済的指導権を確保する余地を残している。この間、通商局はしばしば戦争目的研究会

経済委員会を開催し、経済政策について自説を盛り込もうとした形跡があり、これらの主張を無視できなかったものであろう。

重光は自らこの外務省研究案に二度にわたって修正を加えている。最も大きな修正は「共同防衛」に関する第三項を削除した点（「共同防衛」に関する第三項が全面的に削除されたのは、以上の理由のみではなく、ビルマ、フイリピン、南京政府とのいずれの同盟条約案においても共同防衛について触れることを避け、戦後に別途協議するという方針が固まりつつあったことである。）、そして、圏内各国間の「協力」もしくは「共同」という言葉の使用を全面的に避けた点である。例えば、第二項の政治面における「善隣友好互助協力」は「平等互助の友好関係」となり、また第四項の経済面の「提携協力」は「経済提携」に置き換えられている。安東の指摘するように、「協力」や「共同」の言葉に日本の指導を容認する余地を残そうとするものであれば、重光はそれを否定し、圏内各国に完全な独立と平等を与えようとしたのであった。つまり、政治的、経済的、そして軍事的に日本の圏内指導権を容認するような言葉を名実ともに否定したわけである。

しかし、この最終的な外務省案（重光案）も、他方で進んでいた大東亜省の宣言案との調整過程において再び後退する。大東亜省における案文作成は、東亜経済調査局付属研究所（通称、大川塾）を主宰していた大川周明や国策研究会などに協力を求めたものであった。大川周明は、大東亜省の依頼によって宣言文を起草したが、最終的には採用されず、翌年四月末の日記に、「僕らの書いてやった『世界新秩序論』は青木大東亜省が発表を押さえている。指導国などといふのが支那や泰から嫌われるとの理由らしい。馬鹿げた信念のないことだ」[27]と記している。これらの宣言案文は、参謀本部の戦争指導班が「或ひは皇道精神のみを表現して大東亜民族共通に理解し得ざるものありて満足なる案なし」[28]と評したように、外務省案とはかなり異なるものであった。

しかし、大東亜省は大東亜会議の事務を担当する主管官庁であり、外務省としても大東亜省案への譲歩は避けられず、一〇月二〇日付けの外務省案は、それを反映している。最終案文には、「協同」や「緊密に提携」といった重光が慎重に避けた文言が第一項と第四項において復活している。また、簡略化されたとはいえ、戦争遂行に資するという観点から、本文の実質的内容とは相入れない趣旨の「前文」が付加され、戦後構想としての共同宣言案という性格が後退している。四四年七月に成立の小磯内閣に留任した重光は、大東亜大臣を兼任するが、それは、大東亜省が「大東亜新政策」の実行を妨げる要因とみなしたからにほかならない。

これら一連の努力をまとめた条約局調書（昭和一八年度）は、対支新政策やビルマ・フイリピンの独立など「世界に対する政治的攻勢としての新政策を着々実現し居り、斯る新政策は当然、従来の大東亜共栄圏の観念に重大なる変更を加へざるを得ざらしめ居る処、共栄圏の理念と斯る大東亜政策とは如何に調和せらるべきや」と自問している。[29] 対支新政策に始まり、フイリピン、ビルマの独立、日華同盟条約にいたる一連の「新政策」の集約点であった大東亜宣言をめぐる議論は、いわば「国家平等論」を基本として、盟主論的な共栄圏論を乗り越えようとするものであった。しかし、条約局の努力にもかかわらず、その壁は厚いものがあったことを示している。

四　戦時国際法学の混迷

1　国際法秩序の多元性

ところで、外務省戦争目的研究会の大東亜政治経済体制の研究、および国際法学会の大東亜宣言案に示された共栄圏体制の構造および対外関係は、国際法秩序の多元性を前提としたものであったと考えられる。四一年末以来の外務省と国際法学会の提携による特別委員会（とくに東亜国際法委員会）における研究報告(30)、田岡良一の研究などいずれも、国際法秩序の一元性を否定し、多元性を支持するものであった。

例えば、田岡の『国際法学大綱』（一九四三年(31)）は、一般国際法と特別国際法の関係を論じ、国際法の原理は、居住する民族の性情に応じて、一般国際法の規則と異なる特有の規則、政治的構造を禁止してはいない、「対圏外関係と圏内関係とは二つの別個の規範秩序である」とした。顧慮すべき問題は、圏内の諸国と圏外国との交通であり、一般国際法は、共栄圏の成立の暁といえども、圏内と圏外国との交通を規律する、として次のように論じた。

まず指導国が完全な外交主権をもち、圏外国と使節を交換し、条約を締結する資格を有する場合は問題はない。問題となるのは、指導国以外の諸国の対圏外的地位である。これらの国が、指導国の属領でなく国家としての存立を許される以上は、完全なる外交主権が与えられるべきか。その場合、任意に圏外国と同盟条約、通商条約を結ぶとすれば、国防の統一性が失われ、指導国は国防の責任を負えなくなり、圏内の経済政策は混乱する。ゆえにこれら諸国には何らかの統制が必要となるが、それには二つの方法がある。第一は、指導国以外の諸国は国際法上の権利能力あるも行為能力なきものとする方法であり、権利能力と行為能力の分離である。第二は、権利能力と行為能力をともに付与し、圏外諸国との公使接受、条約締結の場合に事前に指導国と協議して了解を求める方法。いずれの方法をとるかは政治的事情を鑑みて決定すべきであるが、第一の方式を採用しても、圏内諸国の国際法的主体性を奪ったことにはならない。

一方、田畑[32]は、国際法秩序はそれ自体が一元的で、統一的な構成を有する法秩序であるか否かを改めて問い直す。その動機は、「国際法を全部的にヨーロッパ的なものとして否定し去らうとする最近の我国に於ける一部の人々の考え方に対して、国際法学者として一つの解答を準備する」ことであり、また「最近の国際社会に於ける地域的な分散現象―乃至はさうした考へ方を、国際法の立場から如何にして把握しうるかを確かめる為」であった。結論として田畑は、「近代国際法は現在においてはヨーロッパ外の異質的な国家に対しても普遍的に妥当するもの」であり、締約国相互の価値や理念の共有は必要がないという。したがって、近代国際法は、「それぞれ異なった法的価値・法的理念を前提とするさまざまな特殊法秩序の存在を、その中に容れうるが如き多元的な構成を有している」と論じた。

こうした田岡や田畑の議論は、「一元的国際法秩序」を否定し、国際法秩序の「多元的構成」を肯定するものとして、さらに、次のようなナチスの国際法理論を肯定する議論に根拠を与えるものとして援用される。例えば、次のような懸賞当選論文が登場する。

第一次大戦後の国際連盟を支える実証主義的純粋法学の理論は法と政治とを峻別し、国際法規範を国内法規範の上位に置き、国家主権をその下に従属させようと試みた。条約は歴史的現実を欠いた理念の上に集積されていったが、ナチスの国際法批判はこの点にあり、民族社会主義の立場から、「従来の普遍的形式主義が法秩序の中心ではなくして、民族共同体が全ての法の根底理念とならねばならない」とする。民族的相違を超えて技術的、価値に無関係な普遍的国際法規範はありうるが、一定の法的評価を内容とする価値に関係ある国際法規範は種族的、民族的に制約される。したがって、統一的法秩序にかわって、固有の部分国際法の存在が肯定されるとする。つまり、手段としての条約と、国家相互の共同体的条約とに区別が可能である。

翻って、共栄圏の対内関係及び対外関係を規定する大東亜国際法は大東亜の理念と現実とに支配されると同時に、三国同盟において大東亜における日本の指導的地位を認めているように大東亜をめぐる世界から制約を受ける。さらに、「注意すべきは大東亜共栄圏の法的基礎は、単に理論上自由意思の合致である条約関係にのみ求めてはならない。大東亜の歴史的現実に根底的基礎がある。[33]」

こうして、対圏外関係と圏内関係とは二つの別個の規範秩序であるとする多元論は、どのような法秩序も大東亜圏に許容されるという議論を導き、さらに、大東亜圏内では、主権と領土の尊重が確保されると同時に、国家平等主義は「所を得しめる」秩序の下に実現される、という国家平等主義の相対化を必然的なものとするのである。

2　国家平等主義の相対化

国際法秩序の多元化論が広く許容されるなかで、国家平等論が国際法学の立場から検討されることはほとんどなかった。例えば、田岡は、上記の議論の延長として、「仮に、現行国際法が国家平等の原則を唱えているとしても、共栄圏のある一国に指導権を付与することが必要であれば、これが国家平等の原則と調和するや否やを考慮することは必要でない」と指摘していた。

しかしながら、大東亜共同宣言にいたる一連の「新政策」を担う立場にあった外務省（条約局）と連携研究をすすめる国際法学会は、あくまで既存の国際法の枠内で共栄圏内の国家平等と指導国の存在の矛盾を解こうとしていた。そうした要請に正面から応えようとしていたのが田畑であった。

田畑は「国際法秩序の多元的構成」に続いて、「近代国際法における国家平等原則について」を『法学論叢』誌上で連載を開始した(34)。

田畑にこの稿の執筆を促したのは、「対支新政策は不平等条約が廃棄され、中華民国のとの関係は互恵平等の立場となったといわれ、独立後のビルマにおける『国家構成に関する基本法』は、『ビルマは、共栄圏を構成すべき主権国家集合体の平等構成分子たる』ことが認められているという現実」であった。しかし、他方では、「共栄圏が現に我国の指導の下に形成されつつある」という矛盾した状況が進行しつつあり、この問題を解くためには、近代国際法における国家平等原則の歴史的検討が必要であるとして、その多義性を綿密に検討するのである。連載の大部分はグロチウスの国際法論の検討に当てられている。近代的意味における絶対主権の観念は認められていないこと、近代的主権概念は、封建的な位階秩序に対する抗議的な意味をもつ観念として成立したもので、個別国家の立場に即してのみ認められた観念であり、国家平等観念のように普遍性を有するものではないこと、「したがって、国家主権概念の当然のコロラリーとして国家平等の観念が成立したと見ることは妥当ではない」。また、グロチウスにあっては、「人間の自然的平等」を基礎として国家の平等を主張したのでもない。つまり、国家平等原則は、主権観念のコロラリーとしても、自然的平等の観念の発展としても、グロチウスに端緒が認められないとする。

田畑は『法学論叢』における連載は中断するが(35)、日本外政協会の求めに応じて『国家平等論の転換』を四四年に刊行する(36)。本書の中心は、近代国際法における国家平等観念が「国家の権利義務の同一」を内容とする実質的平等の観念から、「単に法形成能力の平等をいふ形式的な平等観念へと転化せざるを得なかった」所以の解明に当てられている。

田畑はまず、国際社会における組織化の進展と国家関係の複雑化に従い、自然法的な考え方から、国際合意や国際慣行の法的性質を認める考え方、さらに進んで国際合意や慣行にのみ国際法を認めようとする実証的な考え方が国際法学の主流となったことを述べ、合せて自然的平等論に対する批判と限界を明らかにしつつ、権利義務の同一を意味する平等は不可能となり、「法形成能力の同一のみをいふ形式的平等」としてしかありえないことを論証し、「実質的平等から形式的平等への転化とは、自然的平等の観念が、現実の実定法的事実の前に、その平等内容の限定を余儀なくされた結果にすぎない」とする。つまり、国家平等観念は、自然的平等という絶対的意味の平等であることに変わりはないが、国際関係の複雑化と組織化にともない、それが形式的平等へと転化してしまったのは、「何等の客観的価値基準を認めない自然的平等観念の当然の結果」というのである。

そこで、大東亜栄圏内における平等とは、絶対的意味における平等ではなく、「共栄圏理念を基準としてのみ認められうる相対的平等でなければならない」とし、圏内諸国は「共栄圏理念に照し、共栄圏国家としての責任を負担しうる能力に応じて、夫々その享有しうる権利が決定せられねばならない……共栄圏理念といふ客観的な価値を前提し、さうした価値を基準として夫々の国家の法的地位が決定せられるのでなければならない」と説く。

田畑によれば、自然的平等観念の難点を克服するためには、「客観的価値基準を前提とする相対的平等」を採用するしかなく、各国家は「客観的な価値の要請を離れて自己の自由に行動することは許されず、国家間の関係は客観的価値の要請するが如き方向へ具体的に秩序づけられることとなる」という。これを大東亜共栄圏に当てはめるならば、「共栄圏内は、強国の弱国支配の放任された旧秩序を否定し、各国をして『各々その所を得しめん』として形成せられつつあるもので、そこにおける国家は、自然状態にある国家一般ではなく、歴史的・文化的・地域的に一つに結ばれ、大東亜共栄圏理念によって貫かれた具体的な構成員としてのみ始めて存在しうる」ということになる。そうした共栄圏体制は、「形の上では一見差別を認めるが、然し、反ってさうした差別の中に、同一の能力あるものはすべて平等にといふ真の平等が実現せられるのである」と田畑はいう。

つまり、田畑は、国家の自然的、絶対的平等を根底において認めることを前提に、相対的平等論を展開し、共栄圏内の平等論に及んだ。しかし、「共栄圏理念という客観的価値」が、なぜ「客観的」たりうるか、その理由は説明されていない。しかしながら、田畑は、指導国による指導は「広域内の諸民族の結合を前提とし、その結合の理念を真に自覚的に体現するもの」でなければならないと説き、諸民族の「結合の理念」は指導国概念の上位にあって指導国を拘束する可能性を示唆している(37)。それが、大東亜共同宣言に表現された共通理念、あるいは普遍的な理念に基づく「大東亜国際機構」としての指導国の上位にあって指導国をも拘束するものと想定されていたならば、それは重光外相の推進する「新政策」の最終目的と軌を一にしていたことになる。

おわりに　ケルゼン法学の復権？

大東亜会議後、戦争目的研究会は「戦争目的委員会」と改称し、四四年前半まで研究を続けた。一方、国際法学会は特別問題委員会を存置させ、大東亜会議後には、戦時を前提とした議論ではなく、戦後をにらみあわせた「世界平和機構」に関する研究に重点を移して行く。大東亜会議後とときを同じくして、連合国側がモスクワ外相会談などを通じて、戦後構想を徐々に明らかにしてきたことが一つの要因であった。戦争目的委員会は、戦争目的研究会のメンバーを引き継ぎ、安東義良条約局長や条約局課長、課員が兼ね、彼らの多くは特別問題委員会の構成メンバーでもあった。この戦争目的委員会は、「欧州新秩序研究」など「戦争目的資料」シリーズを調書の形でいくつか刊行しているが、欧米の関連研究の紹介もしくは翻訳がその中心であった。(38)

一方、国際法学会特別問題委員会は、週一回、意見交換を行っている。とくに「大東亜を中心とする世界平和機構に関する研究」を四三年一一月中旬から、一二月末まで行い、神川彦松の「世界平和機構案」をはじめ、条約局第二課案、長岡春一案、山川端夫案、そして山川案に基づく特別問題委員会案など、様々な機構案が討議の俎上にのぼっている。(39)それらの大半は、「世界機構」を想定し、大東亜共同宣言の実効的な運用をめざして、ありうる「大東亜機構」の位置づけを提案したものであった。とくに、大東亜会議を恒常化し、域内紛争の平和的解決機構としての役割を担わせることを想定している点が特徴的である。

もう一つの特徴は、各案とも戦後世界秩序は、一つの機構というより、数個の地域機構によって保たれると想定している点である。例えば、外務省条約局第二課の「世界平和機構試案」や、特別問題委員会の「平和機構綱要案」は、世界全般にわたる事項を処理するため「世界連合」を設け、総会、専門家会議、常設事務局、世界裁判所を設けるものとされているが、「世界各地域に於て主要国を中心として数個の regional group を設け、第一次に各其の地域に関する事項を協議処理せしむるの制を定むること」と明記されているように、「世界連合」には大きな期待は寄せられていなかった。連合国の戦後構想が「一つの世界」を前提として、むしろ普遍主義的な機構の創設に収斂して行く傾向とは逆であった。

こうした一連の機構案研究の推進力は、大東亜会議の恒常化や「大東亜国際機構」の創設に固執していた重光であった。重光は、大東亜宣言に収斂して行った「新政策」を、一面では政治外交を復権させ、軍部の抑制を図る手段と位置づけていた。独立国が対等な立場で構成する「大東亜国際機構」の創設に固執していたのも、日本自体の「軍事主義」を抑制する効果を期待したがためであった。しかし、そうした期待が小磯内閣において失われたとき、国内改造と「軍事主義」の抑制をむしろ無条件降伏に託そうとするのである。重光にとって、日本の改造―「軍部万能主義の打破」のためには、negociated peace は望ましくなかった。逆に「完全に無条件に先方の指示を受け入れ、『降伏』の実を示すことが、日本を将来に向かって生かす所以」であった[40]。

終戦から間もない四六年三月、萩原徹条約局長は、衆議院憲法改正特別委員会において、改正憲法草案第九四条の「この憲法並びにこれに基づいて制定された法律及び条約」が国の最高法規であると規定しているのは不合理である、とし、「憲法第九四条（最高法規の規定）の修正と国際的影響について」と題する一文を書き上げ、吉田茂首相、寺崎次郎次官に提出した。

萩原は次のように論じている。日本の侵略主義の前提をなしていたのは「主権の絶対性を強調する十九世紀的独逸国家主義法学的な考へ」方であり、このような思想が日本の伝統的な外交を破壊する独善的な「右翼日本主義」の台頭を促した。しかるに、戦後の世界は「世界連邦世界政府という言うやうな思想に向かって進んでいる……今日の世界は一つの秩序であり、一つの社会（コミュニチー）であり、一国はそのコミュニチーの中においてのみ存在するものであって、国際的な法秩序の中においてのみ一国の権利も憲法も国内法も存在するのである」と[41]。

萩原は明らかに国際法優位説を説いている。国際法と国内法は一つの統一的な法秩序を構成し、国内法の妥当性が国際法に由来するという意味で国際法が上位を占める、というケルゼンの純粋法学の立場である。しかし、横田喜三郎の説く「世界主権論」や「世界政府論」が正統的な地位を獲得できなかったように、国連に対する過剰な期待感の高揚に支えられた国際法優位説も有力な学説となることはなかった。戦中期の普遍主義批判を継承し、大国への対抗を内在させたヴァッテルの主権概念を再評価していた田畑の議論の方向こそが、戦後国際法学の主流足りえたのである[42]。

（1） 高柳賢三「自由主義国際法に対する二つの挑戦」『法学新報』（五〇巻九―一〇号、一九四一年）

（2） 本稿に関連する研究として、竹中佳彦「国際法学者の〝戦後構想〟―『大東亜国際法』から〝国連信仰〟へ―」（日本国際政治学会『国際政治』第一〇九号、一九九五年五月）及び酒井哲哉「戦後外交論の形成」（北岡伸一・御厨貴編『戦争・復興・発展―昭和政治史における権力と構造』東京大学出版会、二〇〇〇年）、祖川武夫・松田竹男「戦間期における国際法学」（『法律時報』五〇巻十三号）がある。これらのうち、とくに酒井の論文は、戦後国際政治論に内在する戦前・戦中期の国際政治論の意味を、政策論よりも思想史的な観点から検討したものとして本稿も多くの示唆を得ている。

（3） 『国際法外交雑誌』四二巻五号（一九四二年）「事業報告」、山田三良『回顧録』（非売品、一九五七年）、五七―五八頁。

（4） 国際法外交雑誌』四二巻五号「事業報告」、外務省条約局『昭和十八年度執務報告』（一九四三年一二月）（以下、外務省『執務報告』とする）。

（5） 一九四二年一二月に安井郁『欧州広域国際法の基礎理論』が第一巻として、第二巻として松下正寿の『米州広域国際法の基礎理論』が続いた。第三巻が英修道『日本の在華治外法権』（一九四三年）、第四巻が大平善梧

『支那の航行権問題』（一九四五年）である。
(6) 外務省『条約局執務報告』、一三六―一三七頁。第五巻が植田捷英雄『大東亜共栄圏と支那』（一九四三年）、
(7) ピーター・ドゥース（Peter Duus）「植民地なき帝国主義」『思想』八一四号（一九九二年）。
(8) 国策研究会編『国策研究会週報』（第一八巻第三号）、六―七頁。
(9) 海軍省調査課「大東亜共栄圏論」（土井章監修『昭和社会経済史料集成』第一七巻、大東文化大学東洋研究所、一九九二年）、八―一五頁。
(10) 石川準吉『国家総動員史　資料編　第四』（国家総動員史刊行会、一九七六年）、一二五七―一三五一頁）。
(11) 拙稿『太平洋戦争とアジア外交』（東京大学出版会、一九九六年）、五七―六五頁。
(12) 伊藤隆・渡辺行男編『重光葵手記』（中央公論社、一九八六年）、三三九頁。
(13) 波多野、前掲書、一三四―一三六頁。
(14) 伊藤隆・渡辺行男編『続重光葵手記』（中央公論社、一九八八年）、一五六―一六六頁。
(15) 「日泰新同盟条約締結に付て」（外務省記録A７―０―０―９―41―２）。
(16) 参謀本部編『杉山メモ』下（原書房、一九六七）、四〇四頁。
(17) 伊藤隆他『東條内閣総理大臣機密日誌』（東京大学出版会、一九九〇年）、五〇〇頁。
(18) 外務省『条約局執務報告』。
(19) 国立国会図書館所蔵マイクロフィルム（Japan Ministry of Foreign Affairs, 1868-1945 ; WT Series, Reel 52）所収。
(20) 外務省『条約局執務報告』。
(21) 前掲、マイクロフィルム所収。
(22) 同上、マイクロフィルムおよび『条約局執務報告』。
(23) 外務省『条約局執務報告』。

(24) 前掲、マイクロフイルム所収の議事録。
(25) 伊藤隆・劉傑編『石射猪太郎日記』(中央公論社、一九九三年)、昭和一八年九月二九日、一〇月一一日の条。
(26) 前掲、マイクロフイルム版による。
(27) 大川周明顕彰会『大川周明日記』(岩崎学術出版、一九八六年)(昭和一九年四月三〇日の条)。
(28) 軍事史学会編『機密戦争日誌』(錦正社、一九九八年)(昭和一八年一〇月一四日の条)。
(29) 外務省『条約局執務報告』。
(30) 田畑「国際法秩序の多元的性格」、松下「大東亜共栄圏の平和機構」、安井「欧州広域国際法の基礎理論」、同「大東亜国際法の基礎理論」など)。
(31) 田岡良一『国際法学大綱』上(巌松堂書店、一九四三年)「附　東亜共栄圏」。
(32) 田畑茂二郎「国際法秩序の多元的構成」(『法学論叢』四七巻三号、四八巻二号、六号、一九四二―四三年)。
(33) 大桐是信「大東亜国際法の建設」(『外交評論』一九四四年八・九月号)。
(34) 『法学論叢』(五〇巻三、四号、一九四四年)、「グロチュースと国家平等」(同、五〇巻五・六号、一九四四年)。
(35) 第三回分(第五〇巻五・六号)は「近代国際法における国家平等原則について」は副題とされ、「グロチウスと国家平等」を主題として、連載形式を中止した。別の形で発表したい、と述べていた。
(36) 田畑茂二郎『国家平等論の転換』(日本外政協会、一九四四年)。
(37) この点については、前掲、酒井「戦後外交論の形成」(一三四頁)を参照。
(38) 外務省『条約局執務報告』。
(39) 同上。
(40) 伊藤隆・渡辺行男編『重光葵手記』、五三〇頁。拙稿「重光葵と大東亜共同宣言」(日本国際政治学会『国際政治』第一〇九号、一九九五)。

(41)「憲法第九八条第二項成立の経過について」(外務省戦後記録A'3-0-0-2-2)
(42) 酒井、前掲「戦後外交論の形成」(一三六-一四二頁) も参照。

講演と討論「戦後在日朝鮮人の法的地位の形成」

大沼保昭
浅野豊美

以下は、京都にある国際日本文化研究センターで、二〇〇一年度に開催された「日本植民地法制度の形成と展開に関する構造的研究プロジェクト」の第二回会合の記録の一部である。この会合では、東京大学法学部の大沼保昭先生を特別ゲストとしてお迎えし、標題にある通りの講演をいただいた。

講演と質疑応答では、在日韓国・朝鮮人の国籍は依然失われていないという大沼先生の御主張をめぐって、国際法と国内法の関係、脱植民地化に伴う国籍の問題、第二次大戦後の国籍処理に関する日独の比較、国内における公法・行政法上の法的地位と国籍との関係、外国人の法的地位と帝国内部の地域と集団毎の法的地位、米軍による占領行政と引揚、引揚後の各国における国民再統合の問題、そして現代の歴史認識問題などが話題となった。

以下に、その時の記録をもとにして各先生方に手直しをいただき、編集作業を行った結果として作成された講演記録を掲げる。これは一年間六回にわたった研究会の雰囲気を良く伝えるものであると同時に、一般の読者にとっても、戦前の帝国内部の植民地法制によって規定された社会と戦後の東アジア世界に成立した諸国家とその社会がどのように連関しているのかを考えるための豊富な材料を提供するものと考える。

当日は炎暑が本格的に始まろうとする頃であったにもかかわらず、大沼先生に御足労をいただいたことは、真にありがたく、貴重な機会となった。また、掲載にあたっては、大沼先生、並に参加された関係の先生方から校正と掲載の許可をいただいた。改めて感謝申し上げたい。

講演日時場所　二〇〇一年七月一五日　国際日本文化研究センター　第二共同研究室
参加者　大沼保昭、長尾龍一、酒井哲哉、森山茂徳、水野直樹、酒井一臣、山口輝臣、田浦雅徳、吉川仁、ましこひでのり、馬暁華、文竣暎、李鍾旼
松田利彦（記録）、浅野豊美（司会）

事前に配布した大沼保昭関係著作
1　「出入国管理法制の成立過程（資料と解説）一～一五」『法律時報』五〇巻四号～五一巻七号、

一九七八―七九年。
2　「在日朝鮮人の法的地位に関する一考察一～六」『法学協会雑誌』九六巻三・五・八号、九七巻二・三・四号、一九七九―八〇年。
3　「出入国管理法制の成立過程――一九五二年体制の前史」（『単一民族の神話を超えて』の第Ⅰ部第三章、東信堂、一九八六年）

浅野　それでは、午前の部を開始します。まず、大沼先生を紹介いたします。大沼先生は、東京大学法学部で国際法を担当していらっしゃいます。事前に郵便で配布した論文は、助手論文の次に、助教授になって初めてお書きになった論文です。その趣旨は、在日朝鮮人の国籍というものは依然として失われていないということを大胆に主張されたことにあります。

また、大沼先生は研究のみならず、実社会への働きかけをも活発にされております。村山内閣の時代に慰安婦への償い金事業を目的に設立されたアジア女性基金においても、大沼先生は呼びかけ人の一人となっておられるのですが、私は、他の先生からご紹介をいただきその資料委員会委員にさせていただいて、慰安婦に関係する歴史資料を集めたことがあります。そのご縁で、たまたま懇親会の席上大沼先生にお会いして、今度植民地法制度の研究会をやるんですという話をしたら、先生からアドバイスをしていただいたので、いつかゲストにと考えておりました次第です。

では、まずこちらの側の自己紹介を簡単にお名前と所属だけ。もしも何か一言メッセージがあれば、つけ加えてください（各自の自己紹介―略）。

では、先生から講演を集中して一五分ほどいただきます。大分前にお書きになった論文ですので、細かいことについてのお話というより、むしろこの論文を書くに至るまでの問題意識の形成のプロセスとか、当時の時代状況とか、そういうところを中心にお話しいただいて、それから、我々は一応論文を読んできたという前提で、質問中心の討論にいたしたいと思います。

では、大沼先生、よろしくお願いします。

大沼　ご紹介いただきました大沼です。私の古い論文を皆様にお送りして、分量だけは山ほどあるものを、少なくとも建前上読むことを強制した形になりまして、大変恐縮です。

お読みいただければわかるように、この論文は、二一～二年前に書いたものです。公表の時期は一九七九年から八〇年ですけれど、執筆に取りかかったのはその前からですから、今日とは例えば社会保障についての法的な状況は随分違いますし、出入国管理令と外国人登録法についてもこの四半世紀の間に随分法的な改正、改善がなされています。その意味では、今日はかなり状況が違ってきたように思います。ただ、国籍という根本のところは変わっていない。

一九五二年、戦後日本に残った約五〇万人の朝鮮半島出身者とその子孫が自らの主体的意志の確認なしに、それまで保有していた日本国籍を一方的に剥奪された。その措置が次々に追認されて、その後の在日韓国・朝鮮人の処遇の基礎になった。この最も重要な国籍の確定が、実は、第二次大戦後の国家法及び国家の行政措置にとって当然求められる民族自決と人権への配慮に極めて欠けるところがあった。そういうことを明らかにしたのが、この「在日朝鮮人の法的地位に関する一考察」(『法学協会雑誌』―詳細前掲)です。

お読みになった方はおわかりいただけると思いますが、その基本は、在日朝鮮人の日本国籍を剥奪した措置は憲法違反である、したがって法理上は在日朝鮮人の日本国籍は潜在的にまだ残っている、それを日本国籍確認という形でもし訴訟が提起されればそれを認めるべきだというのが、理論的な要点です。

ただ実態的には、在日朝鮮人のほとんどが日本国籍喪失を受け入れて今日まで来てしまった。つまり、自分は韓国国民あるいは北朝鮮国民であるということで来ている。そのように日本国籍はもうないのだという形で今日まで来ているという限りにおいては、日本政府による国籍剥奪の措置も一見合法なものと考えられているわけです。

私はこの論文を書いたとき、たいへんナイーブでした。日本の裁判官というのは大変優秀な人たちで勉強家だから、これほど緻密な論証をやった本格的な論文を書けば読んでくれるであろう、判例は変更されるであろう、という非常にナイーブな考えを持っていたのですが、それは、日本の司法界に対する私の無知を暴露したわけでして、ほとんどの裁判官は読んでいないでしょう。仮に読んだとしても、日本の裁判官は、非常に強い単一民族神話にとらわれた司法官僚という性格が強いので、一九六一年の最高裁の判例を変えることにはならなかったでしょう。

この論文はいろんな副産物を生みました。それまで書かれた多くの国際私法学者の学説をほぼ全面的に否定した形になりまして、それへの対応というのが非常に面白かったですね。

京都の溜池良夫教授は、私の考えるところでは国際私法学者の間では最も誠実に、しかも着実に、注意深い形で通説を擁護なさっておられました。私の論文を読んで非常に迷われたようで、私にもそういうことを個人的におっしゃいました。結局溜池教授は自説を変更なされませんでしたけれども、自分の悩みを私に率直に披瀝されました。

「法律学全集」で『国籍法』を書かれた名古屋大学の山田良一教授も非常に悩まれたようで、改訂版では随分私の説を検討されました。しかし、最終的にはやはり自説を変更なさいませんでした。江川英文教授とともに通説の中核を占めていた中央大学の桑田三郎教授は非常に強い反発を示されました。私はこの論文を書き上げてすぐ米国に行って二年間暮したわけですけれども、私がいない間にジュリストの「判例評釈」で大沼論文大批判をやって、私は全然知らないうちに闇夜でばっさり斬られていたわけです。知人がこういうのが出ているよと教えてくれたものですから初めてそれを知って、編集部に「反論を書きたい」と手紙を出しました。編集部としても、それは受け入れざるを得ないということだったのでしょう、一九八〇年でしたか、桑田さんの論文が出た後、私の「『非政治的』思い込みと学問的認識」という題名の論文が掲載されました。

学説的には、通説側からの反論は、桑田さんのものを含めて、ほとんど説得力がありませんでした。サンフランシスコ平和条約二条（領土条項）の自分達の解釈が「合理的だ」というだけですから。学説的には、その後の展開の中で私に有利な学説としては、東大教養学部の岩沢雄司教授——専門は国際法と国内法の関係です——が、サンフランシスコ平和条約の第二条が在日朝鮮人の法的地位、国籍の問題を変化させるだけの十分な明確性を持っていない、したがって、それを直接適用して通達で国籍を喪失させたことは国際条約の国内法上の効力及び適用可能性の観点からおかしいという形で、私とは全く違った視点からですけれども、私の結論と同一の内容を導く学説を発表されました。これは学説上意味のある議論でした。

運動の側では、『現代コリア』で佐藤勝巳さんたちのグループ（『朝鮮研究』時代と違って、今は韓国・北朝鮮バッシングの拠点になっています）が、在日朝鮮人自身が当時は日本国籍を持ち続けるということは夢にも考えておらず、朝鮮国籍ないし韓国国籍を取ることをイメージしていたのだから私の主張はおかしいという議論をしています。これは私も論文の中で一定度認めていることで、在日朝鮮人の指導層自身、国籍問題に関して非常に感情的な対応をしてきた。つまり、日本国籍に対する否定的な感情から、韓国・北朝鮮国籍を自明視してきた。それが一般の在日韓国・朝鮮人の大衆のレベルの雰囲気と異なっているにもかかわらず、そういう建前を今日までずっと続けてきている。これはやはり非常に大きな問題で、これが明白に違憲の行政措置が今日まで維持されてきたことの理由の一つであることは確かです。

今日この問題は、民団が中心となって展開してきた地方参政権に対する対抗提案として国籍の簡易取得法案という形で自民党の側から出てきた議論の中で、現実の政治的争点となっています。私の考えから言えば、この論文で展開したように、そもそも五二年の行政行為が違憲無効のものですから、法的な瑕疵がずっと今日まで続いている。その瑕疵を是正するという意味で、国籍の簡易取得という考え方それ自体は認められるべきだと思います。そのことは、在日の指導層も本音の部分では認めていると思います。ただ、それが自民党の側から地方参政権法案をつぶす代案として出てきた。そこには政治的なもくろみがある。これは非常に問題です。

しかし、問題はあるのですけれども、運動の側にも弱味があったと思うのは、そもそも地方参政権を要求する民団運動というのは、民団のいわば組織としての自己存続を図るという思惑がありました。また、順序としては、国籍に関する日本の法的な瑕疵を是正し、在日韓国・朝鮮人の指導層がこれまで国籍の問題について非合理的な態度をとってきたことを自己批判をした上で、日本国籍をとらない人は新たに定住外国人として権利保障の行き届いた形を要求すべきだと私は考えます。その点から言うとやや問題が複雑になってきたという気がします。

この研究会で果たして私の研究してきたことがどのような形で役に立つかはわからないのですけれども、恐らく植民地法制度との関連で言えば、かつて大日本帝国の臣民としての地位を持ち、しかし内地戸籍と朝鮮戸籍あるいは外地戸籍という形で区別されていたその法制が、戦後、国籍を剥奪する上での一つの根拠として用いられ、説明原理として用いられているというイデオロギー的な関係が、恐らくひとつの問題かと思います。

もう一つは、在日韓国・朝鮮人の国籍の法的問題というのは、戦後の脱植民地化、この論文の時代には私は非植民地化という言葉を使っているのですけど、脱植民地化の過程で生起するさまざまな法的問題の一つです。したがって、植民地支配という人類史的な巨大な過ちを戦後どう是正していくかという、かつて帝国主義の政策をとってきた欧米にも共通するさまざまな問題の一環という意味があるだろう。戦後、日本とドイツだけが植民地支配や戦争についての謝罪を要求されてきたわけですけれども、九〇年代になって謝罪要求がかつての欧米帝国主義国家にも徐々に及んできていて、そういう高まりがある。二一世紀それがどのように使われていくのかという問題は学問的に興味深い。ただ、私自身は、七〇年代から一貫して道義的な観点からこの問題を扱ってきたのですが、今日の政治的な扱われ方をみると、実は非常に厄介な問題を提起してきたのだなという思いがあります。人間の怨念というのは、政治的な解決が非常に難しい問題であるわけです。それを表面化させるということは、さまざまな困難な法的・政治的問題を提起するということであるわけです。

余り長々としゃべってもいけませんので、一応そんなことをお話しして、あとは皆さんとの議論の中で補足させていただこうと思います。

浅　野　どうもありがとうございました。大沼先生から最後に提起していただいた二つの問題ですが、私も論文を読ませていただいて似たようなことを感じておりました。

先生のフレームワークの柱となっているところを要約しますと、二つあるのではないかと思います。一つは、今まで国籍変更というのは常に領土の変更に伴う枠組みとして国際法上規定されてきたのが、第二次大戦以降については、民族自決の結果による、つまり新興国家が独立したことに伴う国籍変更であって、かつての国際法上の領土変更に伴う国籍変更というルールは適用できない。もう一つの論点は、国籍というものが、かつては包括的な国民としての地位を意味するというように単純にとらえてきたのに対して、民族自決に伴う国籍変更を処理するためには、新しい枠組みとして、むしろ国籍の機能をばらばらに分解し、国籍が社会権なり、職業選択の自由なりの諸権利と、どういうふうに結びつけていったらいいのかを個別に考察すべきである。つまり、国民という法的地位との結びつきを意味する国籍を、機能別にばらばら分けて、国籍という包括的な地位が与えられないにせよ、外国人にも与えられるべき、なんらかの法的な地位があるはずだと提言されています。これが先生がおっしゃった社会保障とか戦後補償の問題にもつながっていくのだと思います。

以上が先生の枠組みなのだと思うのですが、最後に先生がおっしゃった、脱植民地化のプロセスで生じるいろんな課題という二番目の問題について補足させていただくと、今までは、国際法と国内法というように完全にきれいに二元的に分かれていた体系が、人権という概念を中心として相互に浸透し始めると法思想の領域で言われるようになっていると思うのですが、先生が論文の大きな枠組みの中で、国籍を機能別に分けられた法的な地位と個別にリンクさせて考えるべきだ、それは民族自決による独立国家故であるとされているのは、こうした国内法と国際法の重なりの問題に深く関係していると思うのです。

また、先生が最初に話題にされた植民地法制の構造において、戸籍というものが帝国内部の各法域において、機能別に異なる地位と結びつけられていたこと、それが現代の我々からすると往々にして、帝国における戸籍が包括的な地位としての旧い意味の国籍に類似するものとして認識されてしまうという問題とつながるのかなと思います。

それとは少し視点がずれますが、先生は、第二次大戦後の新しい政治の課題として、在日韓国・朝鮮人への地方参政権付与か、それとも簡易帰化かという問題が復活してきているとおっしゃっていましたけど、一九七〇年代の末期から八〇年代にかけては、高度成長が石油危機の試練を乗り越えて深化し、手厚い社会保障がどんどん充実していく時だったように思います。その中で在日外国人が取り残されていくという課題があって、まさに、そういう現実の課題に直面しながら先生はこういう論文を書いたのではないかと思うのです。更に時代を下って、新しい戦後である「冷戦後」といわれる今現在の我々が直面しているのは、歴史認識の問題だとか、過去の戦死者への慰霊の問題です。怨念と先生はおっしゃいましたけど、そういう人間の心の中に残っている記憶がまさに国際政治の問題となっています。藤原帰一氏によって『戦争の記憶』（講談社新書）という本が出ていますけど、「植民地の記憶」という問題をどういうふうに認識し、相互理解に達するかという問題も大きな問題です。つまり、単なる社会保障とかいろんな権利の平等化だけにとどまらない、本当の意味での脱植民地化、もしくは脱植民地化の心理的な意味での完結というか、そういう問題の中で、植民地時代の社会と国家の仕組みをどう見るかというようなことも大きな課題として立ち上がっているのではないかという気がします。

ちょっと私の感想を最初に述べてしまったんですけれども、私よりもこういう問題に取り組まれてきた水野直樹先生がいらっしゃいますから、もし御異論ないようでしたら、水野先生の方から、ご意見、ご質問等、どうかよろしくお願いします。

水　野　何からお伺いしていいか考えていたのですけれども、一つお伺いしたいのは、在日韓国・朝鮮人の国籍の喪失という措置を日本政府がとったわけですけれども、それ以前の段階で日本政府は国籍選択権を認めても良いとの考えを何度か表明しているわけですね。日本政府は、領土の変更に伴って、その地域からに移り住んだ人びとの主体的な意思というか、そういうものを尊重しないといけないという国際法上の原則というものを恐らく認識していたと思います。けれども、現実の問題として日本政府がどこまで国際法の原則に従わないといけないと考えていたのかということは、私が調べてもよくわからないのです。国会の答弁で何度かそういう考えを表明しているにもかかわらず、それを後に覆してしまう。それはもちろん政治状況の変化ということが背景にあって、それが一番大きな原因だとは思うのですけれども、まずは、国籍にかかわる国際法の原則に対する日本政府の認識というものが戦後直後の段階でどうであったのかということについて、少しお伺いできればと思っています。

大沼　それは私もこの論文を書く際にかなり詳しく調べました。今おっしゃったように、米国が主体となって作成したサンフランシスコ平和条約案は、さまざまな段階で変化しています。

最初の頃は、サンフランシスコ平和条約で国籍選択権を規定するという考え方が米国政府の中にもあったんですね。第一次大戦後の平和条約がほとんど国籍選択権を認めていましたし、それ以前のものでも多くの平和条約で国籍選択権が規定されていたわけですから、こうした国際慣行からすればそれは当然だろうということです。日本政府も内々、米国総指令部との折衝などでそういう感触を得て、また日本政府自身の研究からしても、国籍選択権を付与するということは到底回避できないという観念が日本の政府の中でも支配的だったんです。一九四八年ぐらいまでは概ねそういう方向で、日本政府の中も国籍選択権が規定されるという前提の対応をしていたのではなかったかと思います。

ところが、幾つかの要因があってこれが変わるわけです。一つは、一九四八年に南北朝鮮が分裂した形で独立する。米国は韓国を唯一の正統政府と認めて、日本が国交を持つことを希望するわけですが、いずれにせよ韓国・北朝鮮のサンフランシスコ平和会議への参加ということは難しい。

先ほどふれた論争で、そもそも在日韓国・朝鮮人に関係するのは韓国か北朝鮮のいずれかの国籍で、それらの国が当事国にならないサンフランシスコ平和条約で国籍を規定するはずがないではないかと私が書いていることに対して、桑田三郎さんは、そもそも植民地だった国が平和条約に参加するということはあり得ない、平和条約というのは交戦状態にあった国が参加するのだから、韓国も北朝鮮もサンフランシスコ平和会議に参加することはあり得ないと批判しました。しかし、これは明らかに桑田さんの誤りです。彼は歴史的な事例を十分調べていない。第一次大戦後の平和条約でも、独立していなかった国が平和条約会議に参加するということは実際にあったわけでして、実際に韓国政府は米国に平和会議への参加を強く働きかけていて、それには一定の支持もあった。学者の頭の中の観念と実際に国家社会で行われることとは違う。ただ、結果的には韓国・北朝鮮はサンフランシスコ平和会議に参加しませんでしたが。

米国としては、日韓は正常化とともに当然二国間条約を結ぶだろうから、そこで国籍問題を解決すると考えていた。したがって、サンフランシスコ平和条約には韓国が当事国として入らない以上、当然国籍の条項はあり得ないし、国籍選択権のことも入れないというふうに変わってきたのです。

日本政府としては、これは正直言って、ほっとしたわけです。国籍選択権がサンフランシスコ平和条約で規定されてしまうと、日本政府は大変困る。当時の在日朝鮮人は、皆さんご存じのように、非常に強い反政府運動に従事していました。共産党と結びついて、一時は武力闘争にも参加していたわけです。吉田茂はマッカーサー宛に、とにかく韓国に強制帰還させてくれという手紙を出しているぐらい頭を痛めていました。その手紙は『法律時報』に資料として紹介してあると思います。国籍選択権を連合国から提案されれば拒否はできない。拒否できなければ、そういう在日朝鮮人の「過激分子」が、日本国籍を権利として取得できることになる。これは日本政府としては憂慮に耐えないという気持ちがあった。このため、それが講和条約の条文から落とされて、日本政府は本当に助かったという気持ちだったんですね。

私はこれも引用していると思いますが、西村熊雄さんという、条約局長としてこの問題に一番関係していた人がまだ存命中に、田中宏さんとインタビューしたことがありますが、彼は非常に率直にそのことを言っています。我々としては非常に困っていたけれども、条文から落ちたので助かった、と。あとは帰化という形でしか国籍を取得できないことになって非常に助かったということを、たいへん率直に言っていました。

だから、米国側は平和条約で今までの国際慣行常識上、国籍選択権を与えるという構えでスタートしていたのが、韓国の独立と共にそうでなくなった。在日の社会の中でも日本国籍を保持するという声はほとんど出なくて、自分たちはもう日本国籍なんかいらないのだという声が圧倒的だったことも、もしかすると方針変更の理由になっているかもしれない。これは全く私の推測で、資料的な確認はしていません。資料的な確認ができるのは、何次かの平和条約のドラフトを全部取り寄せて比較しましたけれども、米国政府が当初の政策から変わっている。それは明らかに資料に出ています。

水　野　ただ、正確に思い出せないのですけれども、敗戦直後に日本政府の関係者がつくった文書で、非常にごく簡単な文書なのですけれど、国籍の問題を二行ぐらい書いている文書があるんです。それには、日本人が朝鮮半島にそのまま生活し続けて、そこで国籍の選択権を認められれば、日本に住む朝鮮人にも国籍選択権を認めてもいいと書かれています。そういう文書が一九四五年の秋ぐらいに、メモ程度のものですが、作られています。それはおそらく第一次大戦の時期の領土の変更に伴う国籍選択権の問題を念頭に置いて論じていると思うんですけれども、だから日本政府の側でも連合国がどういうふうに在日朝鮮人の国籍について考えているか、どういう計画を持っているかにかかわらず、ある程度そういう国際的な慣例、あるいは国際法上の原則に従うのがいいという見方があったのではないかと思っているんですが、いかがでしょうか。

大　沼　その文書は私自身は見ていないので何とも言えないのですが、あんまり過大評価すべきではないのではないかという印象があります。というのは、どのレベルでそのメモがつくられたかですね、政府内のどの程度のハイレベルのメモなのか。

もう一つは、日本政府はとにかく在外日本人の引揚ということを考えたわけですね。引揚に日本政府が払った努力とエネルギーは大変なものでした。だから、そのメモは朝鮮半島に一定程度の日本人が残るということを前提として、それで相互主義的に選択ということを考えたのかもしれない。でも、その後、圧倒的に日本人は内地に帰ってくるわけです。そうすると相互主義の基盤がほとんどなくなって、多分そのメモのような路線はかなり早い時期に廃れて、連合国から言われなければとてもやらないというふうになったのじゃないかと想像しますね。

水　野　私もそうだとは思うんですけれど、ただ、日本政府の中にも早い段階から国籍選択権という問題を認識していた人たちがいたということは確認できるんです。

大　沼　それはおっしゃるとおりです。日本が平和条約案に対する政府内の研究を続ける過程で、とにかく調べれば調べるほど、国籍選択権を与えるというのは当時までの国際慣行でほぼ確立しているわけですから、それは避け難いという認識は日本政府の中にも十分あった。だからこそ、それが平和条約から落ちるということがはっきりした時に本当にほっとしたということです。私としては残念ですけれども、でも、それが当時の恐らく日本政府の役人たちの極めて一般的な気持ちだった。

浅野　国籍選択権の問題が最初に話題となっていますが、この問題に関して、他に質問はございませんか。

吉川　今の議論では、国際法のレベルでは選択権が与えられるのが当時においては認められていて、だから日本の政府部内においてもそういうことが検討されていたと言うことですね。

大沼　「認められていて」という言葉の意味にもよりますけれども、国際法上一般的であったということは事実で、そういう認識が日本政府の中でもあったということは確かですね。

吉川　戦前の憲法論との関連では、今の議論はどういうふうにつながるのですか。例えば、京都学派の憲法学者の議論なんかを見ますと、国家そのものが天皇と臣民も含めた一つの共同生活体として国際法以前に存在しているようです。そうだとしますと、個人の国籍選択権であるとか国籍離脱権であるとかいったものが、国家の権限としての国籍を賦与したり剥奪する権限とどういう関係にあったのかという点が、よくわからないのです。つまり、国際法のレベルで先生がおっしゃったようになっているとしても、日本国内のそういう関係に携わっていた人たちの間の認識が、国家の権限と矛盾なく国際法に対応する形であったのだとしたら、そういった認識は、どこから来ているのかということがもうひとつよくわからないのです。

大沼　日本政府部内のこういう問題に携わっていた人たちが京都学派のイデオロギーで国家のあり方を理解していたとは考えにくいですね。京都学派のイデオロギーはイデオロギーとしてあるけれども、現実の問題の処理の上では、京都学派のイデオロギーというのはきわめて現実離れした思想であるわけですから、それはそれとして、国際社会で国籍選択の慣行がずっと来た以上は日本もやるほかない。特に敗けたんだし。勝っていれば、また話は別だと思いますよ。敗けた以上は、これまで国際慣行として一般的だったことが連合国の方から出てくるだろう。出てきた場合には日本はそれを拒否することは、これまでの国際慣行の流れからみて国際法的にも困難だし、実力からいっても不可能だと考えるのはごく自然なことではないか。行政を司る人間としては。

吉川　今申しましたような、国家に関する思考あるいは論理の枠組みのレベルでは、確かに主権が替わると、それに伴ってさまざまに法及び現実の制度は変わっていきますけれども、しかしその国家に関する思考や論理のレベルでは実際には大きく変わっていくものと変わってこないものがあると思うんですね。例えば、財産権のとらえ方については、国家の定めに応じて財産生活あるいは経済生活そのものが国家の手によって定められていくという理解の仕方だったのが、戦後の場合には、説明概念としてはそれが公共の福祉という形を取るようになりはしましたが、国家が財産生活や経済生活を規律していくというような大きな思考の枠組みとそれを組成している憲法を語る際の説明概念や装置は、そんなに変わったという印象は必ずしももてないのです。そういう点からすると、戦前の憲法に関する思考の枠組みや概念などと戦後のそれらとはかなり連続性があるような気がしているんです。

大沼　連続性があったとしても、私が今まで水野さんと話しているようなことは、別に連続性があることと何も矛盾する話ではないと思うんです。戦前から日本が京都学派などの影響を受けて独自の国家に関する発想の枠組み、思考の枠組みを規定してきて、戦後も新しい日本を説明するのにもかなり使うということで、そういう発想の枠組みの中で考えてきたということはその通りかもしれないけれども、だからといって、今言ったような話、つまり日本政府が国籍選択権を与えざるを得ないじゃないかと考えたことが否定されることにはならない。

浅野　それに関連した質問なのですけが、要するにサンフランシスコ条約が根拠となって国際法が直接国内に及んでくる、これは確かだと思うのですが、ちょっと疑問があります。通達四三八号で、在日旧外地人の国籍を外地戸籍に基づいてすべて放棄させることになるのですが、吉川先生がおっしゃっていたように、要するに憲法の中で、明治憲法八条の臣民たる要件は法律に基づいて定めるのだから、サンフランシスコ講和条約において、条約を結ぶからといって、日本国憲法中の国民の定義に関する規定は、明治憲法の継承という性格が強いともいえるのではないかと思うのです。日本国憲法の付属法である国民の定義に関する法律、つまり国籍法が一九五〇年に改正されたことについては、余り論文では言及されていないのですけれども、それはどういうことなのでしょうか。

大沼　現憲法になっても、憲法一〇条で国籍は法律事項ですよね。政府の立場は、この論文の中で繰り返し強調しているように、日本国憲法下では条約のほうが法律よりも国内法上優位にある、したがって、法律で国籍を規定できるのだから、ましてや条約で国籍を規律できるのは当然であるというものです。通達四三八号は、サンフランシスコ講和条約の正しい解釈を執行するものなんだから、条約の解釈であり、その条約の実現である、したがって法律以上の法形式を持つ条約の効果として、在日朝鮮人の国籍を変更させたんだから、法形式上は何ら問題がないということになる。これ自体は抽象的な議論としてはそのとおりです。

ただ、問題は、サンフランシスコ平和条約の第二条に国籍規定がないにもかかわらず、あると強引に「解釈」して通達で処理したからおかしいのであって、形式的にもしサンフランシスコ平和条約に明白な国籍条項があれば、それを政府が解釈をして通達で処理するのは問題ない。もちろん念には念を入れて、今だったら、条約があっても、まず受け皿の国内法をつくりますよ。今の日本国政府だったらね。だけど、仮につくらないとしても、岩沢教授が言っているように、国内法上明確に権利義務関係を規定できるような明確性を持った国籍条項が条約にあれば、それを行政府が解釈して通達で処理するということは、それは違憲ではないわけですね。

浅　野　大沼先生は論文の中でサンフランシスコ講話条約では旧外地人の国籍については黙示の合意の範囲を出ていない、しかも黙示の合意も責任の主体を問えば非常に矛盾が明らかになると述べておられますね。要するに五〇年に国籍法ができて、五一年にサンフランシスコ講和条約ができ、五二年の四月に発効するという一連の段階において、五〇年から五二年の四月までは新国籍法は在日の韓国・戦鮮人にも及んでいたにもかかわらず、国内法を飛び越えて、黙示の合意に基づく国際条約に基づいて通達を出したと位置づけられているわけですね。

大　沼　いや、五二年の平和条約の発効までは、在日の国籍上の地位というのは非常に不明瞭なものだったわけです。

浅　野　「みなし外国人」ですね。しかし、たとえそうであっても、一応形式上は新国籍法が適用されているのでしょうか。適用されていながら、みなし外国人になっていたのでしょうか。

大　沼　講和条約発効までは日本国民であるということは全く観念上の空虚な法的地位で、不利益な方向にのみ働くものだった。例えば占領下の食糧の割り当てですね、これは敗戦国民としての日本国民と同一の扱いを受けるわけです。そういう不利益な領域では敗戦国民としての日本国民と同一の扱いを受ける。しかし利益にかかわる分野ではすべて排除されるという、そういう形です。つまり、国籍法は関係ないという立場をとっていたわけです。

水　野　国籍法には、日本国籍を持っている者というのは日本人の子であるということが書かれているだけであって、そこから日本国籍の取得あるいは日本国籍の離脱の条件などを規定しているわけですが、五〇年に制定された国籍法が在日朝鮮人・韓国人に適用されるという事例はないはずです。

浅　野　条約を根拠とした国籍の剥奪なので、国籍法の話ではないというわけでしょうか。

大　沼　何が問題なの？

水　野　日本国籍の取得について、国籍法にもとづいて取得するということも五二年まではできなかった。五二年になって日本国籍を離脱したというふうに政府側が宣言をした結果、明確に外国人になって、それによって国籍法の手続に従って日本国籍の取得ができるようになった。五二年まではそういう意味でも関係がない。

浅　野　仮に違憲審査を申し立てる裁判があったとして、その時点で一応形式的に国籍法が規定されていれば、国際法に基づく条約を根拠にして国籍を剥奪したのは違憲だという主張が出来る、そういう例は実際にあったと思います。

大　沼　日本でもありましたよ、実際に裁判が。全部負けていますけれども。でも、その場合、国籍法があるとないとでは別に関係ないですね。とにかくサンフランシスコ平和条約が締結されて効力が発生するまでは基本的に戦前の法状態が持続するわけですから、そこで五〇年に国籍法ができようができまいが、そのことは何ら関係はしないという解釈を少なくとも日本政府はとっていたし、GHQもとっていた。ただこれは私も論文に書いていますけれども、四八年に南北朝鮮が八月、九月に独立する。その際に、韓国等の国籍を認めるべきではないかという議論は、これはGHQの中で出てきている。これは当然のことですからね。だけども、これも結局、講和条約ができる前は戦前の法状態が続くという議論で否定される。

浅　野　山田三良の『国籍法』（法律学全集、有斐閣）の中で国籍喪失の事例が書いてあって、在日韓国・朝鮮人の国籍喪失に至る段階を、日本国憲法ができる段階、民法の親族相続が改正される段階、次に国籍法ができる段階に分けて書いてあるんです。それで、旧と新の国籍法の大きな違いというのは、夫婦同一国籍の原則が変更されて個人個人の国籍になっているんです。それまでは戸籍に準じて家として一つの単一国籍であったのですが、今度は夫婦が別々の国籍を持てるようになった。ここらあたりにも何か考慮しなければいけない問題があったと書いてありましたが。

大沼　だけれども、さっきの話に戻るけど、占領下で、要するに日本は超憲法的権力のもとにあるわけでしょう。そういう状態で国籍法ができて、その国籍法が家族同一原則から個人別の原則に変わったとしても、それが直ちに法的な変化をもたらす意味を持っていない。日本国内では。韓国・北朝鮮が国家として独立して、それが国籍法をつくって、それが明確に在日の人も自国民として認めるということになれば、これは法的に意味のある話だけれど。

浅野　それは、要するに同じ戸籍の中で、同じ家の中に入っている人間でも、新しい国籍法によれば、同じ家の中でありながら別々の国籍を持つことが五〇年から可能になっているはずで、それにもかかわらず国内法にも矛盾する措置として、同じ朝鮮戸籍に入っている者を一括して国籍を失わせたということになりませんか。

大沼　それは違うでしょう。それまで、例えば日本人の男と結婚した朝鮮人の女は日本国籍を持っていた、ないし同一戸籍に入っていた。それが五〇年の国籍法ができたから、そういう既存の状態までもそこで解消するということには到底ならないでしょう。既存の法状態は、占領状態が続く限り、新国籍法ができたってそのまま続くわけでしょう。遡及効はありえないわけだから。新国籍法ができた後、結婚した場合なら、そこでできた子供というのは、それは問題になるかもしれない。

長尾　基本的な質問なんですけど、第二次大戦後に世界で多くの植民地が独立しましたが、そのときにも国籍自由選択という原則が一般にとられたのでしょうか。また当時イギリスに在住していたインド人とインドにいたインド人でその点の違いがあったのかどうか。

大沼　第二次大戦後は、私、これは一番網羅的にやった部分で、それが私の主張の一つの柱になっているんですが、条約はほとんど結ばれていないんです。というのは、第二次大戦後の独立国から見ると、独立に伴う国民の確定というのは、これは自決権の行使で、新たな国家形成行為、実存的な行為であって、そもそも国際法上の規律に属すべき問題ではないというのが彼らの主張なのです。

これを私なりに解釈すれば、そもそもヨーロッパの諸国がどういうふうに最初自国民の国籍を決めたかというと、別に相互に条約を結んで決めたわけではなくて、自国の国民は漠然と決まっていたわけですね、ヨーロッパ国際法ができたときに。まさに実存的な行為として自国民の確定というのがなされていて、そこにヨーロッパ国際法がそれを基礎としてできた。恐らくそれとパラレルの関係に植民地の独立というのも考えられるという主張なのだろうと思います。

フランス、英国から独立した諸国は第二次大戦後の独立の圧倒的多数を占めるわけですけれども、そのほとんどのケースで、独立国は条約締結による国籍の問題の解決という考え方を拒否するわけです。自分たちの国民の範囲は自国の憲法で決めるということを主張して、英国とフランスはこれを受け入れるんです。それで、各国はいろんな基準に従って自国民の範囲を決定するのです。

その基準の多くは、例えばケニア人というふうな観念を持ってくる。あるいは「アフリカ人的なるもの」みたいな観念を持ってくる。まれには居住という基準もある。でも、ケニア人とかアフリカ人的なるものとかになると、イギリスにいようが、インドにいようが、それは入りますね。要するに、自国以外にいる人間も入る。そういう形で自国民の範囲をケニアなり、タンザニアなり、ガーナなり、そういう国々が確定するのです。

イギリス、フランスはどうしたかというと、独立国側の国籍法ができるのとほぼ前後して、自国でも国籍法をつくるんです。多くの場合、イギリスは例えばケニア独立法とか、タンガニーカ独立法という法律をつくって、その中で、かなり広範にわたって英国国籍を留保する。ということは、部分的に二重国籍者が結構増えるのです。基本的には、無国籍者を出してはならないという法理があって、無国籍者はほとんど出なかった。つまり、相互の国々が国内法でつくると、どうしたって二重国籍者や無国籍者が出ますよね。よっぽどうまくやらないと無国籍者が大量に出るので、それを防ぐにはかなり二重国籍の出ることを覚悟して本格的に旧国籍を維持させるほかない。イギリス、フランスもその手を使った。イギリスの植民地には、イギリス人以外の大英帝国臣民がいっぱいいるわけです。アフリカの旧英植民地にも、インドやパキスタンから出てきて、彼（女）らは華僑と同じで、非常に商業的に成功するわけです。ところが、ウガンダなどのアフリカ諸国でナショナリズムが高揚してくると、白人だけではなくてインド・パキスタン系も追っ払おうという動きが出てきて、そうすると彼（女）らは英国籍を留保していたからイギリスへ行くようになる。

つまり、条約の形ではないけれども、二国のそれぞれの国籍法の合致という形で、基本的には独立国の側の自決権に基づく自国民の確定というものがまず優先され、旧本国はそれを補完する形で、無国籍者が出ないように国籍法をつくる。そういうやり方でやったわけです。

長　尾　ということは、イギリスやフランスの基本的スタンスは日本と非常に違っていたということですね。

大　沼　そうです。そういう例が一九五二年の時点ではまだ明らかでなかったことは致し方ないにせよ、一九六一年の大法廷判決がこの局長通達を合憲と判断した時点では、諸外国の例がかなり明らかに出てきているのであって、そういう国際慣行を調べないで判決を下すというのは非常におかしいというのが、私の批判の一つなんです。そこから私は、戦後の国籍変更、特に領土の移転ではなくて独立に伴う国籍変更というのは、民族自決と人権保障という二つの観点を重要視したという点を指摘したわけです。

さらに、ドイツ、オーストリアも同じです。あそこも条約は結ばないにせよ、ドイツは本当に模範的な解答を書くのです。それはどういうことかというと、在独オーストリア人がかなりいるわけです。オーストリアも韓国や北朝鮮と同じで、戦後独立を回復するとナショナリズムがわっと強まりますから、居住ではなくて、「オーストリア人」すべての国籍を回復した。要するに、アンシュルスというオーストリア併合が起こった時点でオーストリア国籍を持っていた者、及び、当時のオーストリア国籍法がその後も継続していたとするならばその効果によってオーストリア国籍を保持したと考えられる者はすべてオーストリア国民であるという形で、戦後のオーストリアの国民の範囲をまず確定するわけです。

ドイツでは、判例が非常に分かれました。ある判例は、オーストリアの新国籍法は居住市民の限界でしか効力を持たない、だから在独オーストリア人は依然としてドイツ国籍を保有する、外国人としての不利益を受けないという、どちらかと言えば居住者の人権に偏った判決を下す。ある判例は、オーストリアの新国家体制に基づく自決権行使としてのオーストリアの国籍法をドイツは道義的にも法的にも認める義務を負っている、したがって、在独オーストリア人が外国人になってしまうという不利益があっても、それを認めなければならないとする。ということで、判例が非常に分かれるのです。

そこで、西ドイツは一九五六年に国内法をつくって、まずドイツとしてはオーストリアの新国籍法の効力を認める。だから、原則として在独オーストリア人はすべてオーストリア国民である。しかし、当該在独オーストリア人はドイツ国籍を保持し続けるという選択権を行使することができる。だから、オーストリアのナショナリズムの顔を立てておいて、しかし個々の個人の外国人として暮らさなければならなくなる不利益を救済するという模範的な解答を出したわけです。

長　尾　「二重国籍は非常に不都合なもので、できるだけないようにすべきだ」という原則はどのくらい強い原則なのでしょうか。

大　沼　今はその考え方は非常に弱まっています。特にヨーロッパでは、無国籍はどんなことがあっても防止しなればならないけれども、二重国籍は昔言っていたほど不利益なものではない、だからそれは構わないのだという考えに立った条約、国内法制が非常に増えています。この二〇年ぐらいで非常に大きく変わりました。

吉　川　今のお話の二重国籍がいけないという考え方が弱まってきたということですが、国家の権利というか、国家の論理からすると、国籍剥奪権さえありますね。

大　沼　国籍剥奪権なんて、わざわざそんな変な権利は明示してないですけれども、でも、国家が国籍を確定できる、規律できるということは、当然の内容として剥奪する権利もあるということになります。

吉　川　国家の主権の一つとしてそういうものがあるということですね。

大　沼　はい。

吉　川　それに対して、あるいはその背後には国民のといいますか、人民のといいますか、人権としての国籍選択権というものがあったというふうに理解していいのですか。

大　沼　いやいや、今の話は二重国籍の話で、国籍選択権の話ではありません。

吉　川　二重国籍を認める方向が出てきたというのは、国家の見地からどちらかの国籍を選択せよと言わないで、個人が国籍を選択できるようにする、つまり国籍選択権を認めることがいいことだとする考え方と関係はないのでしょうか。

大沼　最近ヨーロッパ諸国が二重国籍を認めるようになりましたが、それは必ずしも人権対国家の主権という話だけではないんです。日本の場合ですと、例えば成人後一定期間内で国籍を取らなければならないという縛りをかけますが、そういうことに対しても、必ずしも厳密にそういう選択を迫らなくていいのではないかということなのですが、それはむしろ国家の側から見た合理主義的な観点も作用しているんです。今、ヨーロッパ諸国は、例えばフランスやドイツの外国人労働者とその家族は大体人口の数パーセントから一割近い。こういう人たちの二世、三世となると、国籍を取ろうかという気持ちに、二世、三世の側でなってくるわけですね。それは社会的統合の見地から結構なことだ、国籍を付与すべきだというのがかなりのヨーロッパ諸国の考え方です。

その際に、もしも、「ただし本国国籍を放棄しなければならない」という条件を課したとすれば、例えばドイツの国籍を取ろうとしているトルコ人はトルコ国籍を放棄しなければならないということになり、当該個人がドイツ国籍を取る際の心理的な抵抗になる。だから、ドイツ国籍をとってもトルコ国籍は保持できるという形にしておいたほうがドイツ国籍を取りやすいだろう。そのうちに社会的統合が進めば、自然にその次の世代ぐらいはトルコ国籍は取らなくなるだろうという国家の側から見た合理主義的な見地もあるわけです。よく国家の主権対人権という二元的な対立図式で考えられるけれども、もっと複雑だろうと思いますね。

浅野　それに関した質問になるのですけれど、アンシュルツを例にしてドイツとオーストリアの関係のお話ですけど、オーストリアにおけるドイツ人の待遇というのはどうだったのでしょうか。

なぜこういう質問をするのかというと、長尾先生が問題にされた、英仏の植民地から第二次大戦後新しい国家が民族自決に従って独立していく。この場合においては、国内の国籍法というものをまず独立した国々が決めて、それと矛盾しない形でもって宗主国の側が決めていくというやり方だったわけなんですけれど、それはやっぱりコモンウェルスという政治的統合の枠の中でできた話だと思うのです。日本の場合は、すべての外地からの強制引揚がされていて、各旧植民地に英・仏・アメリカの軍隊が入ってきて、フィリピンのダバオなど、第二次大戦以前に既に平和的な形で住んでいた日本人さえも一斉にすべて財産を処分して、全部船に乗せて引き揚げなければならなかったわけです。つまり、日本人が外地からすべて引揚げさせられるという状況の中で、日本は唯一のカードとして国内の朝鮮人の処遇というものがあるわけで、コモンウェルスの諸国の中においてはイギリス人とかフランス人は現地でずっと生活を続けていくことが認められていたと思うのですけれども、日本の場合は全く逆に強制引揚を命じられて、その中で処理が行われていく。ですから、オーストリアにおけるドイツ人、これはまた強制引揚の対象になったのでしょうか。

大　沼　その最後の問題への解答は実は持っていなくて、調べていないのですが、今浅野さんがおっしゃったことには、大事な点とちょっと留保すべき点があって、大事な点というのは、今言った人権と主権というふうに対立させるべきではないということにかかわるのですけどね。

英国とフランスは、確かに、かつての植民地の独立に対して、自決と人権を認めるという上から国籍解決を行うわけですけれども、それはそういう解決をすることが自国の影響力を旧植民地で保持できるという、そういうしたたかな政治的な計算が両方ともあるわけです。日本みたいに、植民地が独立すると全部引き揚げてしまって、それで、ちょっとそこは浅野さんのは違うんじゃないかと思うのは、日本については確かに連合国の方針としても引揚ということは言われたけれども、強制引揚というよりも、むしろ日本政府、それから実際にいた人々が圧倒的に引揚を望んだというのがむしろ事態の真相であって、実際には、ごく少数ですけれども、残った人たちもいるわけです。日本は実は植民地と言いながら、植民地という観念が非常に薄いんですね。そこに根をおろすという意識というものがない「植民」なのです。敗けたら全部退去しちゃう。そこで影響力を多少とも手がかりを保持しようとは考えない。桜花散るじゃないけれども、全くしたたかじゃないんですね。その点、英仏は非常にしたたかで、おっしゃるような形で、影響力を保持する手段として国籍問題の解決を図ったと言えるわけです。

浅野　その点に関しては反論があるのですけれども、最近、引揚の研究というのがかなり進みまして、加藤聖文さんが資料集を出したり、慶應の大学院の佐藤晋さん（現、二松学舎大学）が留用日本人の研究というのをしています。あとジョージワシントン大学の楊大慶さんとかも言っているのですけれど、日本の外務省としては、一応連合国はそういう方針を持っているのだけど、なるべく戦後日本の復興のために、既に平和的な形で生活している日本人を中心として、なるべく日本人を残すように留用という形で、認められたわずかな枠を利用して何とか残せないかということをずっと模索をしていて、それで新たな帝国の形成だとか何か楊さんとかは批判しているのですけれど、ですから外地の日本人としては、財産が奪われたり住居が襲われたりとか治安が不安になって引き揚げたい気持ちもある一方で、外務省のほうからは外交権が切れる一〇月までの間ですけど、外地への定住を目指して、たとえ現地の中国国籍等をとってもかまわないから何とか頑張ってくれ、それが戦後日本外交の礎となる、ゼロから移民するのは難しいが残るのは比較的にたやすいというような指令が八、九、一〇月の間在外の日本公館を介して居留民社会に寄せられています。

大沼　一九四五年？

浅野　はい、一九四五年の八月から一〇月ぐらいまでの間、外交権が留保されてある間、重光が中心になってそういう運動を模索していたのです。北京関税会議以来の重光の腹心ともいうべき守屋和郎が台湾に送られて、在留邦人に残留を勧めています。戦後日本が日華平和条約を結ぶ際に、自由往来を台湾との間で出来るようにと要求して蹴られますが、これもコモンウェルス的な結合を何とか実現できるようにとの試みでしょう。しかし、在留邦人はインフレや反日感情に浮き足立って、一斉に引揚げへと向かってしまいますが。

大沼　現実はそうでしょうね。

浅野　台北帝国大学関係者の著名な「おじいちゃま」にご紹介いただいた際、伺ったところでは、台湾が将来国連の信託統治のもとに入れば何とか日本人も生活できるから、とにかく頑張ってくれという指令が実際にあって、それを信じて必死で頑張ったということです。

大沼　官僚として赴任地に赴いたという場合なら、それはすごく理解できる。ただ、物質的な違いもあるんだと思うのですけれども、引揚に対するほとんど全国家機構を駆使してあれだけ大量の事業をやるというのは、フランスなんかのアルジェリアで嫌われても何をされてもとにかく粘るというものに比べると、随分淡白だなあという感じがしますけれどもね。

長尾　ある外国人から、「何で日本人は何十万人も満州にいたのに、帰って来たのか、中国系日本人というものが一〇〇万人近くいたら相当な勢力じゃないか」ときかれて、答えられなかった。しかし今のお話をお聞きしていて、満州の日本人も、在日朝鮮人も、引揚げて帰るのが正常だという意識が、当然のことのようにあったのでしょうね。

大沼　在日の側にも、本来は引揚げるべきものだという、自分たちはやむを得ず残っているんだという、そういう感じがあります。

長尾　満州国を作ったときは、ここに骨を埋めるとかいうロマンチシズムみたいなものがあったけれども、戦争に負けてみると、みんな帰ってきた。

大沼　そうですね。

浅野　海外から民間人だけで三〇〇万人以上、軍人も入れれば六〇〇万人以上の日本人が引き揚げてくるわけですね。ものすごい過剰人口といってもいいですよね。戦後日本の復興の初期には、彼らに職や新しい定住地・耕作地を与えるために、あちこちにダムをつくったり、すごい国内開発をしていくわけなんです。私の大学の近くの愛知県豊田市にも浄水という海軍の飛行場をつぶして作られた引揚者の村があるのですけど、要するになぜ在日の人たちの国籍を剥奪したのかというとき、これから国内で産業開発を進めていこうにも、失業者の救済は大変な課題で、況や社会保障をやという状況ではなかったでしょうか。社会保障の恵恩にすべての国民を浴させるという場合、もしくは少なくとも、経済成長を遂げていくためには、どうしても引揚者を収容した分だけの国民の生産力のゆとりを、在日旧外地人を国民から切り落とす、もしくは強制送還することによって取り戻すというか、何かそういうバーターがあったんじゃないかということを漠然と感じたんですけど。

大沼　バーターというか、一貫して日本政府は、とにかくこれだけ過剰人口なんだから在日二〇〇万の朝鮮人は朝鮮半島に引揚げさせてほしいと繰り返し繰り返し要請しています。これは資料でも書いてあると思いますけど。

浅野　食糧危機の問題で、それこそ外国人と認めたら外国人並みの配給をしなくちゃいけなくなるから、その点に関しては日本人待遇だったともありましたね。

大　沼　それで、とにかく帰してくれということを強く主張して、それでＧＨＱもかなり日本政府のそういう立場に同情して、帰せというふうにマッカーサーなんかは言うのです。

ところが面白いのは、占領軍当局の中で利害が対立して、南朝鮮の米軍軍事政府から言うと、とんでもない話だということになる。日本は大変かもしれないけど、南朝鮮はそれ以上に大変なんだ、そんな受け入れる余地はとてもないと。日本は戦敗国で、朝鮮は解放されたところなのに、これ以上経済状況を悪くするような大量の引揚なんてとんでもないと、南朝鮮の米軍軍事政府は強烈に反発するんですよ。そのやりとりが非常に面白いですね。

ましこ　それに絡んで、ちょっとよろしいでしょうか。千円までしか持ち出しを許さないという形でやりますよね。

浅　野　最初千円で、次に一〇万円に増額です。

ましこ　いずれにしろ、持ち出し額の制限というのはインフレの問題も絡んで、事実上足どめを食らわせる主要因になったのじゃないかと思われるのですけども、それについて自己矛盾しているという認識は日米政府になかったのでしょうか。

大　沼　その問題は史料に当らないと分らない。あの当時は、とにかく日本は非常に疲弊しているのだから、ごっそり持っていかれたんじゃたまったものじゃないというので持ち出しの制限があったわけでしょうが、それが在日の引揚に対して抑止的に働いたという理解はしてはいたかもしれませんね。矛盾しているということで、政策的にどうにかすべきだという議論はおそらくあったでしょうね。

浅　野　『法律時報』の中の六一番の資料に、アメリカ軍事政府当局が金額を引き上げたのはなるべく帰りやすいようにするためだと書いています。

大　沼　なるほどね。

ましこ　ただ、それでもやっぱり結局は、要するに強制連行以前に来た人々は残ることになりますよね。つまり、半島が混乱しているということだけではなくて、持ち出せる財産に限界があるというのが大きいんじゃないかと思うのですけど、そうではありませんか。強制連行以前から来ていた層の定着実態が問題というか。

大　沼　私はケース・バイ・ケースだと思うけれども、僕の感覚から言うと、やっぱり定着のほうが大きいんじゃないですかね。あとは、果たしてどのぐらいの人が一〇万円ぐらい持っていける立場にあったのかというのもわからないですね。当時の財産状況を調べてみないと何とも言えない。

水　野　今の問題ですが、逆に、朝鮮半島から引揚げる日本人の所持金の制限も同じ額だったのです。

大　沼　そうですか。

水　野　ええ。それは日本と朝鮮半島でのインフレの率の違いがあって、それを利用すると、お金をたくさん持って帰ればそれだけもうかるわけですね。朝鮮半島のほうがインフレが激しかったのです、敗戦直後は。そこで何十万円も持って帰れば、朝鮮銀行券と日本銀行券で替えることができましたから、日本の中のインフレも加速してしまう、そうならないようにしたのではというふうに私は理解しているんです。

浅　野　そちらのほうは金額の引き上げというのはなかったんでしょうか。

水　野　あったと思いますよ。

浅　野　結構会長が日本人会の代表とか、何とかここに残りたいという、盛んにこういうふうな交渉をしていますね。

水野　やっていますね、最初はね。

浅野　私有財産を逆に取られてしまいましたけど。

水野　それは冬の時点ぐらいまでで、それ以後は引揚ということになります。

大沼　敗戦直後と、それから年が変わったぐらいとでは海外の日本人の意識も随分違ってきて、残ろうとした人も引揚げ熱がワーッと強くなることもあったのかもしれない。

酒井一臣　ドイツとの比較の話がありましたが、ドイツは非常に模範解答的な形で国籍選択という方法をとったのだということですが、日本人の朝鮮民族に対する感情、朝鮮民族の日本人に対する感情と、ドイツにおけるドイツ人・オーストリア人の関係というのは恐らく違うのじゃないか。つまり、現実問題としては、そういう模範解答的なものはドイツでは可能であっても日本では可能であったかという問題をどう考えるのかということをお聞きしたいのです。

もう一点、引揚について。先ほど浅野先生より、日本人は引揚という特殊な現象があったということに関して、最近の研究動向のお話があったのですが、この点についてです。日本の場合は、引揚げざるを得なかったわけで、満州にはソ連や中国共産党が入ってくる。朝鮮半島にも、もちろん共産主義者や民族主義者が入ってくる。これでは、たとえ日本人で本当は根を張っていたかった人であっても、引揚げざるを得ない状況になってしまったのではないか。

例えばドイツのことをちょっと思ったんですが、ドイツのエルベ川以東に住でいた人々は、ソ連が入ってきて、ドイツの軍事体制が悪いから引揚げろと言われたんですが、彼らに言わせれば中世以来そこに住んでいるわけで、ドイツの責任で何で自分たちの権利が剥奪されなければいけないのかという心情を抱いたわけです。それでも、こうした状況であれば、どこの国の人であろうと引揚げざるを得ないわけでして、日本人の引き揚げは特別な国民性、植民の性格に由来するとか、そういう形での議論と少し話を変えたほうがいいのかなというのが第二点です。

大　沼　最初の点は、おっしゃるようにドイツとオーストリアの相互感情は日韓の相互感情よりも恐らくましだったために、そういう模範解答が出たというのはおっしゃるとおりかな、という気もします。

先ほどちょっと言いましたけれども、日本の政府や国民の側にも自己批判が必要なように、在日の指導層の側にも自己批判が必要だと思うんですね。それが全然これまでなされていなくて、ある意味で在日の側は「良心的日本人」にスポイルされてきた。それはよくないということを昔から言っているんです。つまり、当時の在日の指導層というのは、先ほども言ったように、日本に対してひたすら敵対的で、日本の管轄権を無視する。それで、自分たちは戦勝国民であるという形で露骨な法違反行為を繰り返したわけですね。さらに、在日の指導層の一部は一般の在日の人々に違反行為をけしかけるという、そういう態度をとっていた。あれは、それまでも存在していた日本人の朝鮮人に対する差別意識、反感を極限まで高めた。よくお年寄りの世代にインタビューなんかに行くと、あのときの朝鮮人への恨みは忘れないと言う人がかなり多いですね。それほど激しい恨みがある。それは繰り返し占領期の文書に出てきます。

占領軍当局は、当初は解放民族ということで在日朝鮮人に対して同情的なんだけれども、余りにもそういう行動が極端であるということで、当初もっていた同情がだんだん低下していくのが明らかにわかる。在日朝鮮人の指導層には、日本国籍を保持し続けることに対しては強い感情的な反発があった。もちろん、それ以前の大日本帝国日本の政府と一般民衆の在日朝鮮人への差別はひどいものでした。日本政府の側に非常に大きな責任があるのはいうまでもない。ただ、当時の日本政府の責任ある地位の者としては、激しい暴力行為、違法行為を行っている六〇万の人々を全部国籍選択によって受け入れなければならないということは非常に困る、それでは社会を維持できないという気持があったことは、理解出来る。この問題は、在日韓国・朝鮮人の側がこれまで差別される側であったため、およそ在日の側への批判はタブーとして、その事実に触れること自体、控えられてきた。そういう批判は、非常に強い嫌韓感情、反朝鮮意識をもつ人たちの口汚いののしりという形でしかなかった。韓国の言っていること、在日韓国・朝鮮人の言っていることには、たとえ間違ったことでも日本の知識人は的確に反論しない、反論を控えるという傾向が強い。反論が出てくると、今度は『諸君』『正論』のような、信じ難いような偏見に満ち満ちた勢力からしか出てこない。その中間で、健全な相互批判を行えないのかと思うのですが、そういうことを言ってもなかなか分ってもらえない。

それから二番目の点は、私も引揚の問題について日本の独自性論に傾くのは避けるべきだろうと思います。ただ、私は日本独自性論、日本国民性論には非常に批判的ですけれども、現実に満州にはソ連軍がなだれ込んできたし、情勢の悪化という部分があるということはあったのですが、例えばアルジェリア独立戦争で非常に強い反仏感情が高まったアルジェリアに残ったフランス人と、敗戦直後の中国やフィリピンなどにいた日本人がどのぐらい本当に厳しい危機に囲まれていたのかということの比較は興味深い研究テーマだと思います。フランス人はアルジェリアであれだけ憎まれても頑張ったわけですね。頑張り過ぎてひどいことになるわけですけれども、その問題は国民性論というような議論ではなくて、経験的に研究する価値のあるテーマだと思います。

酒井一臣　もう一つ気がついたところでは、敗戦後、植民地が独立していく過程での国籍の扱われ方の問題と日本の話の場合は、ここが違うのかなと思う点は、日本の場合、日本人の感情がどうであれ、とにかく引揚げざるを得ない状況でした。例えば満州の場合、関東軍は壊滅して混乱状態ですので。しかし、一般に植民地独立の場合は、いくら反宗主国感情があったにしろ、一応宗首国との間で条約なり交渉なりがあった結果で次の段階へ進んでいくわけでして、国籍問題も、日本とヨーロッパ列強の植民地は違うものとして考えたほうがいいのかどうかということですがいかがでしょうか。

大　沼　そういう面があることは確かでしょうね。総力戦に敗れたという状況と、戦勝国のヨーロッパ諸国の植民地における植民者の場合は違うかもしれない。また、終戦後に出来た朝鮮人を代表する組織としては、総連、その前身の朝連が強かった。戦前から戦中に日本の政治に参画していた在日朝鮮人がいたわけなんですが、そうした人たちは、親日派として攻撃され、戦後、完全に影響力をを失って、リーダーシップをとれなかった。日本が朝鮮人を政治に参加させなかったことも原因ですが、戦前日本の政治に参加させられた政治的な指導層の部分が、全面的に見苦しい親日派でなくて、在日朝鮮人の中でそれなりの評価を得た人たちだったら、彼らは戦後、在日の信頼をかち得て指導権を握れたかもしれない。しかし、非常に不幸なことだったけれども、現実はそうならなかった。独立する側の指導層の交代という点も、大きな違いですね。

森　山　それから引揚の問題ですけど、これはやっぱり圧倒的に自分たちが支配をやめたらやられるという危機感がものすごくあったと思いますね。三・一運動のときにあれだけ弾圧したというのは、別に行進をしているだけなのに弾圧するわけですね。ですから、やっぱり自分たちが植民地支配をしているという後ろめたさといいますか、犯罪感というのがやっぱりあって、それは支配をやめたとたんにはね返ってくる。本当に韓国人、朝鮮人がそう思っていたかどうかは別としても、日本人はそう思っていた部分がかなりあると思いますね。そこで生まれて育った、非常に幼い人たちは別としても、かなり大人の部分はやっぱり自分たちはいい暮らしをしているし、特に満州なんかの場合だと圧倒的にいい暮らしをしているわけですね、ほかの人たちに比べると。それは支配であるからできるのであって、支配をやめたとたんに、それはもう圧倒的に自分たちがやられる。これが引揚の最大の理由ではないでしょうかね。

大　沼　ただ、そこで面白いと思うのは、抽象的なパラレルな関係はイギリスやフランスの植民地支配だってあるわけです。

森　山　それは支配の仕方が違う。

大　沼　そういうことなのかもしれない。日本人の支配の仕方が苛酷であったから、自分たちが仕返しを受けるのじゃないかという恐怖がより強かったということかもしれない。それからもう一つ、英仏の白人の植民地支配者から見ると、自分たちが高い暮らしをしているというのは当たり前だという意識があったと思います。だから、そのことに対して道徳的な後ろめたさなんて全然考えなかった。ところが日本人の場合はそれについても後ろめたさを感じるから、やっぱり自信がなくなるということもあったのかもしれない。

森　山　いわゆる「同種」ですから。しかも期間が短いですよね。

大　沼　そういうことですね。

森　山　せいぜい三六年ですから。しかもその三六年の支配の前にいろいろ弾圧をしてやっと植民地支配をした、そういう面がある。だから台湾と違いますね。台湾の場合は長いですから。五〇年ですし。ですから台湾の場合だと、台湾の人と仲のいい関係を持っている日本人も結構いたりして、朝鮮とは全然違いますね。

大　沼　台湾の場合だとミニ白人・植民地人関係みたいなものが成り立った部分があったんでしょう

ね。

森山　そうです。できましたからね。

長尾　ちょっとその点に関して、僕は全く子どもの頃いただけだから、満州の印象は大分違いますね。

大沼　そうですか。

長尾　その点ですけれど、もちろん僕は子供だったから、あてにはならないかも知れないけれども。僕は戦後一年近く長春の郊外の緑園という、日本人が作った大住宅群の中に住んでいましたが、襲ってくるのはロシア人だけで、中国人に襲われたことはなく、泥棒さえ入りませんでした。日本人会というものを作って、戦前役人だった人なんかも商売なんかしてましたが、平和に営業ができました。

それから、少なくとも国民政府は、日本人を引揚げさせる政策をとっていなかったんじゃないかという気もします。共産党政権はどうだったのか、これは研究課題ですが。満州には満鉄以下日本の大企業が沢山あり、それらはもちろん接収されましたが、中間官僚や技術者層などの多くはそのまま働いていました。満鉄もしばらくは日本人がいなければ動かなかった。僕らが引揚げることになったときも、医師とか技術者とかは、留用されて長く留まりました。

大沼　そうらしいですね。

長尾　だから日本人の引揚のイニシアティブを誰がとったのか、再検討の価値があると思います。存外何が何でも帰国させたいと考えたのは日本政府で、他はそうでもなかったという可能性もあります。

森山　それは場所によるんじゃないでしょうかね。

大沼　地域差もあるんでしょうね。

長　尾　満鉄沿線からはずれたところにいた開拓団などは、現地人の土地を関東軍の威力で取って農業をやっていたわけだから、復讐的襲撃や略奪にあったと思われるけれども、大都市は必ずしもそうでなかった。僕らが街を歩いても別に危険でないし、僕の母親なんか、生活のために朝早く中国人の商店街に仕入れに行って、お菓子を仕入れて、日本人会の前で商売をしていたんです。終戦直前に兵隊に取られてシベリアに連れて行かれた僕のおやじなんか、鈍感なせいもあるでしょうけれども、満州人は日本人に親しみをもっていたと戦後もずっと信じていました。

森　山　最大の問題はやっぱり生活の問題だったようですね。だから、日本の支配が終わったときに在満日本人はどうやって生活していくのかというのが最大の問題で、いろんな洋服とかは全部中国人にあげて、それと交換で食糧を得るとか、そちらのほうの関心のほうが最大だったんじゃないでしょうかね。だから、地域によってはもちろん襲われたところもあるんですけれども、基本的に都市ではそういうことはなかったんですね。地域差があった。

長　尾　僕らが帰国した後、長春などが共産軍に包囲されたとき、いわゆるチャーズの飢餓事件などもあったわけですが、日本人は順番に出て行けということになった。門のところで、中国人が並んでいて、出てくる日本人のひとりひとりについて、この人はいい人か悪い人かを聞く。悪い人だということになるとその場で射殺されたとか聞いたことがあります。だけど日本人全体に対して強い復讐心があったというふうには感じられなかった。

水　野　実態としてはそういうところがもちろん多かったと思います。ただ、日本政府なり日本の支配層は非常におそれを抱いていて、敗戦直後の議会で引揚げ促進の決議をしているんですね。

長　尾　だから、引揚という話は、中国側が追い出したというより、日本政府、それに現地の日本人の間で盛り上がってきたのではないですか。確かに、終戦後一年もたつと、鳥が飛び立つように、もう帰るのだという意識が高まってきましたね。ソ連の略奪と国共内戦を経験したしね。

浅　野　さっき台湾の話がちらっと出たんですけれど、先生の論文の中では、在日台湾人が中華民国代表部に登録をして、即座に連合国の国民待遇で、食糧配給も外国人として多いほうですし、さらに治外法権で日本の管轄権から免責されたと書いてありますね。ある時においては渋谷事件で警官とあったりするのですけれど、じゃ、台湾人の場合というのは四五年、長さはちょっとわかりませんけど、五二年まで二重国籍状態であったとみてよろしいのでしょうか。

大　沼　台湾のほうはあんまり詳しく調べていないんですけど、ある意味ではそうだと思います。つまり、朝鮮の場合には日本の支配下にあった植民地でした。だから、戦後独立を達成したからといって直ちに連合国民になるものではないというのが総指令部の側で考えていたことで、だから「朝鮮人＝解放民族」という規定はそういう意味で非常にあいまいなんですね。ところが、台湾人の場合、これは中国の一部であって、中国は戦勝国で連合国民なんだから、当然連合国民として処遇であるというのはわりとすんなり考えられていた。基本的な線ではね。個々的にはもちろん違いはあるけど。

もう一つは、在日台湾人の場合は人数も少ないし、在日朝鮮人と違って秩序破壊的な行動も目立たなかったから、それほど秩序破壊という観点からの雰囲気がなかったということもあるのじゃないでしょうかね。

水　野　ただ、そういうふうに認められ、日本政府もそれを受け入れたのは一九四七年の初めぐらいのことです。何月だったかちょっと忘れましたが。

大　沼　結構時間がたって、一年半ぐらいたってからですかね。

水　野　それまでに日本政府と連合国との間にかなり折衝がありまして、それのきっかけになったのは渋谷事件という事件があって、裁判の管轄をどうするのかという問題があったんですね。中国が連合国の一員であるから、日本に住んでいる台湾人も連合国の人間として扱うという立場は、日本政府の側はとっていなかったんです。そういう立場ではなかったんです。連合間の側から言われて渋々認めざるを得ないという状況だったんです。それから、駐日代表部に登録して、その登録の証明書がないと連合国の人間としては認められないということでしたから、台湾出身者でも三～四割くらいで、そんなに多くはない。半分に満たないです。

大　沼　なるほど。

水　野　ええ。外国人登録令の中のみなし規定にそのことが出ているわけですね。朝鮮人はすべて外国人とみなすということですけれども、台湾人の場合は「内務大臣の定める者」いう部分があって。

大　沼　そうですか。私も、もう二十数年前に調べたことですから細かいことは自信をもって言えませんが。

水　野　台湾の出身者の法的地位はむしろ朝鮮人よりも複雑な面があると思うんです。まだ研究はないのですけれども。

大　沼　台湾人というのは内務大臣が定める者という、そういう縛りですね。

水　野　ええ。

それと、この機会に大沼先生にお伺いしたいのですけれども、例の「第三国人」という言葉の問題なんです。去年問題になって私も論文を書いたのですけれども、わりに常識的にＧＨＱ側がそういう言葉を使っていたというふうに言われてきたと思います。けれども、私が調べた限りでは、ＧＨＱの側が朝鮮人や台湾人を「第三国人」と規定した文書は見当たらないと結論づけたのですけれども、その点はいかがですか。大沼先生はアメリカの側の文書をかなり見ておられますので。

大沼　記録として「a third party national」という表現はあったような気もするんですけれども、確言はできない。僕が非常に印象として強く残っているのは、朝鮮民族は解放民族であるという大枠の規定があって、その内実がほとんど満たされていない。かなり場当たり的で、さっき森山さんが言ったように、日本政府がそこをうまく抜け道として突いている。

連合国の側に、戦勝国と戦敗国があって、そのいずれにも入らない人々がいるという認識があったことは確かです。それでも、第三国人というふうに最初から表現が一貫していたというものではなかったように思います。ただ、全くそういう表現が全くなかったかと言われると、ちょっと自信がない。『法律時報』連載の資料を見てもらって、そこに出ていなければ多分ないと思います。翻訳していない部分は随分ありますけれど、主要な大事だと思うのはほとんどこれに入れてありますので、なければ、特に重要な意味ある形としては連合国側は使っていなかったと言っていいのではないかと思います。

浅野　確か、第一に日本人、第二に連合国民としての外国人、それと中立国人、…。

水野　そのように、ＧＨＱの側が幾つかに分けている文書、指令があるのですが、そこには第三国というのは出てこないです。

大沼　そうですか。ここではドイツ、連合国、戦敗国、中立国、その他ですね。

水野　その他のところで、「その地位が未だ決定されていない国」という表現が出てくる。ただ、それを「第三国」だという表現で言ったことはないようですね。

大沼　日本がそれを翻訳という形でそういう表現をしたということでしょうか。

浅　野　私は個人的にですけど、第三国人の起源は日満特殊関係にあると思っています。当時、そういう日満の特殊関係に入らない外国人のことを第三国人と呼んでいて、そういう観念を頭に染み込ませた人々が外地から帰ってきて、戦後の在日の方々をそういうふうに呼んだのだろうと推測しています。

大　沼　それはかなり満州では使われていた言葉であったわけですか。

浅　野　満州国国籍法を論じた当時の論文の中にそういう記載があるのです。

水　野　むしろ中国の占領地で、使われ出したのではと私は思っています。日本と中国以外の国の国民を指す言葉として。

大　沼　国民党政府が戦後使ったということですか。

水　野　いや、それは日中戦争の時期に日本側が使ったのであって、そこでは「第三国」とか「第三国人」という言葉が使われていたようです。

大　沼　そうですか。もう三七年の日中戦争の時代に。

水　野　はい。

大　沼　それならむしろ満州も含まれる。

浅　野　満州から始まって、日中戦争のときに拡大したのかもしれませんけど。

大　沼　もっと早いわけ?

水　野　言葉の起源はそういうところにあることは確かなんです。ただ、戦後の状況で朝鮮半島、台湾出身者を「第三国人」だというふうに言ったのは、どうもやっぱり非常に意図的に日本側がこれらの人たちの権利というものを抑える、そういう意図があったと私は思っています。連合国の側の公的な用語ではない。

大沼　一般に「第三国人」というのは、占領期の法的な含意とは別にもっぱらネガティブな意味を含んだ言葉として染み込んだようです。日本人一般も、第三国人というのは明らかにマイナスイメージをもって使ってきたわけです。

水野　石原慎太郎氏はアメリカの軍人も含めて言っていますけれど、あれはむちゃくちゃです。

浅野　第三国人の問題とも関連するんですけれど、先生は国籍というのは包括的な地位として丸抱えで扱うべきではない、特に民族自決原則によって独立した国家の場合にはそうだとおっしゃっています。今まで、国籍選択の話が出ていたのですけど、国籍というものを単なる包括的な地位とか、むしろ民族的なアイデンティティみたいなものとすぐにくっつけてしまうのではなくて、国籍というものが社会生活上のいろんな権利、待遇、そういったものとどういうふうに結びついているのか国籍の機能を分解して扱うべきだというふうにおっしゃっていますね。ですから、第三国人という言葉も単なる外国人としての地位にあるものでもないし、国内人とかでもない、中間という意味で使われているのだと思うんですけど、国籍をそんなふうに機能別に分けて、どういう法制とリンクしいるかということを見るべきだという指摘と、妙に重なる所があると思うのです。

国籍による差別の根拠としては、日本国憲法で国民と使われたり、全ての人と使われたりと区別されていることがあるのですが、他に国際連合の世界人権宣言やA規約がどこまで国内法制に及ぶかという問題もありますが、例えば、今の地方参政権の問題みたいなものもそういう法的な問題に絡まるとすると、どうやって、国籍でもって差別して良い分野と悪い分野を分けるのか、誰が決めるのかという問題が出てくると思うのです。先生は、国の側がむしろ国籍で差別するのは正当だということを証明する義務がある、差別するのだったら国の側にそれを証明する責任があるとおっしゃっておりますけれど、これが今は国際法学界の主流になっていると考えてよろしいのでしょうか。

大　沼　私はほとんど常に少数説なので、余り主流という言葉とは縁がないのですが、私がこれまで主張してきた中で数少ない多数説として確立しているのは、外国人のカテゴリーを一様なものとしてみなさずに、外国人を類型化しなければならないという点です。昔のスローガン的な言葉で言うと、三日間滞在する観光客と、曾おじいさんの時代から日本に定着している外国人を同じ外国人という言葉で法的な地位を論じるのはナンセンスだということです。これは私の主張を憲法の芦部先生が全面的に支持してくださって、芦部先生の影響で多数説になったと言えます。それは同時に、基本的に包括的地位としての国籍と、それから機能の束としての国籍というのは、今まで全く一緒にして考えられてきたが、それを分けて考えるべきだという主張にもなっています。よく国籍というと、みんな国籍が具体的に担っている機能とリンクして考えがちなんです。国籍を持っているからには参政権と徴兵義務があるんだみたいなセットした形で。あるいは、国籍を持っている国民であるということは出入国の自由があるのだというように。でも、これはいずれも歴史的に異なる現象を思い込んでいるにすぎないわけで、参政権を持たない国民というのは歴史上ざらにいたし、徴兵義務を負わない国民もいる。日本国民は現在すべてそうですね。出入国管理についてだって、日本もそうだったし、英国などの植民地帝国はほとんどそうでしたけど、国際法上同じ自国民であっても、例えば朝鮮半島から日本に来る手続というのは一種の出入国管理に服したわけです。だから、そういう個々的に国籍がどういう具体的な権利義務関係が結びつくかというのは一般論というのはほとんど不可能であるということなんです。

浅　野　先生は機能の束としての国籍ということについて一つ質問があります。機能として主に焦点を当てられたのは社会保障の側面、それから職業選択とか営業の自由、それから出入国管理、あと参政権と義務の問題ですね。これらは、主に公法か、もしくは公法としてもあいまいな部分ですね。なぜ、私法の領域に余り踏み込んでいらっしゃらないのでしょうか。私法の面でも、実は外国人にはさまざまな権利の制限がありますね。つい最近まで韓国では外国人がマンションを所有することさえ出来ず、今も宅地・農地は所有出来ませんし、台湾では不動産全般について外国人は無権利状態です。もちろん、日本でも外国人が農地を所有することは禁止されており、いまようやく、外国人労働者を農業に導入するという話題が出ているような状況です。また、電気・水道・鉄道・電話などの「重要産業」から外国資本もしくは外国人の経営権を占めだしている状況はグローバル化の現代においても、銀行証券、そして電話が自由化されたぐらいでほとんど変わっていないですね。こうした外国人の私権の制限という面はどうなのですか。

大沼　それはまたもう一つ別の問題があります。つまり、実質的な外国支配を排除するために私法上も重要な財産権を国民に留保するということが、国際社会で特に弱小国の経済的な自立権を守るために認めなければならないという部分があるわけです。米国とか日本の巨大企業がナウルとかフィジーとかで、すべての土地を買い占めてしまうと事実上植民地化してしまうということは十分可能なわけですよ。あるいはそういう小国の重要産業の全株をもつ株主になってしまうとか。だから、その問題はもう一つ複雑な、かなり包括的な研究を必要として、私は「外国人の人権論再構成の試み」の中ではちょっとその問題にも触れて、一定の領域では違憲の疑いがあるのではないかという議論はしておりますが、それ以上は踏み込んでいない。

私が一九七五〜七六年から八〇年ぐらいまでに書いたものを、今日お配りしてあるものですけど、その頃の非常に重要な実践的課題というのは、まず日本政府に社会保障を認めさせること、それから出入国管理と外登法を抑圧的な性格をできるだけ除いていくというものでした。これはほとんど実現したんですね。

だからこそ、地方参政権が問題になって上ってくるわけです。ある意味で地方参政権がこれだけ問題になったということは、過去三〇年近くの間、日本社会がかなり誠実にこの問題について法的な改善をしてきて、参政権以外の部分ではかなり問題が少なくなったということのあらわれであるわけです。そういう意味では日本社会は十分誇っていいと思うのです。

浅　野　先生は一九七〇年代の実践的な課題にあわせて法的な地位にかかわる分野を選択して、その結果選ばれたのが出入国管理と外登法の問題だということですね。

大　沼　そうですね。包括的にやろうとするからには、あなたのおっしゃるように私法上の制限というものを当然視野に含めなければならないけれども、それは在日に対する差別の問題とは別個の問題も含んでいる。もっと一般社会において大国の小国支配を経済局面でどうコントロールするか、それを人権の問題とどう調和させるかという別の問題が出てくるものだから、そこのところはカバーできなかった。

浅　野　植民地法制の問題というのはそういうところにもかかわるという気が私はしています。つまり国籍を戸籍に変えてみれば、植民地における外地と内地との関係に非常によく対応すると通俗的には言われるのですが、実はその際の国籍は単純な包括的な地位を意味するものとして誤解されがちです。戸籍によって、外地法域の中では、個人が法制上の単位法律関係に対応した機能別に区分けされることが可能となっていたわけなんですね。つまり外地戸籍に入っている人は兵役の義務がないとか、日本内地にいれば参政権も与えられると。属人的属地的に法制が構成されて、例えば出版関係の言論の取り締まりに関しては、外地において属人的に分かれているのが在朝日本人と在朝朝鮮人とに分かれていますし、教育に関しても学校組合令のもとで在朝日本人の学校組合をつくって、日本人たちが独自の教育を日本人の師弟だけに行う。日本人は税金を、もしくは税金に準じる負担を沢山負うことによって、国家に貢献している、だからいい学校で、施設もいいということになるのですし、出版や逮捕に関する規則とかも。

大沼　それは属人的ですね。

浅野　公法上の待遇においても戸籍が連結点となって明らかに差別が制度化されている部分がたくさんあるわけですね。

大沼　なるほどね。

浅野　日本が植民地化を開始したというのも、当時はまだ小っぽけな帝国ですよね。要するにインドネシアが東チモールを併合したみたいなものです、台湾を併合したというのは。当時のヨーロッパの列強から見たら本当に取るに足らない話で、でも、それがいつの間にか朝鮮を併合し、満州を建国し、中規模な帝国となった。要するに、まだ当時の日本の初期の帝国というのは、いわゆる先生のおっしゃった小国というか、重要産業を保護しなくちゃいけないし、いろんな制限を抱えて、東西両ドイツの統合に見られるように丸抱えで同じ国民待遇でもって、ある新しいルールをつくらなくてはいけないというふうな場合にはものすごい負担がかかってしまって、そこで差別が起きたりする。小さい帝国の構造というのは、現代におけるフィジーやナウルほどではないにせよ、国籍に基づいて外国人の土地所有権を、北海道、南樺太、台湾で制限しているような状態です。そういう帝国全体の構造の中で外国人の法的地位が非常に厳しいものとして作られたわけです。条約励行が叫ばれた時代の産物といってもいいでしょう。この法的な地位に、旧外地人を押し込めたということなんだと思います。現代、戦争の記憶とか植民地の記憶ということでいろんな市民意識の問題、国籍が課題になっているのですが、差別というものが公法上・私法上の法律的な地位とからまって、どういうふうに張りめぐらされていたのか、それを立証していけば、やたら感情が対立しなくなるのかなというのが研究会で私が提起した素朴な出発点なんです。

長尾　さっき大沼さんが「僕は少数派だ」とおっしゃたことについてですが、国際法学界というのは世界の学界で、多数派・少数派というのも世界でのことかと思ったら、日本の国際法コミュニティーの中にそれとは別の多数派・少数派があるんですね。

大沼　事実上はね。おっしゃるとおり建前から言えばそのとおりだけど。実際上は、日本の中ではやっぱり多数説、少数説はある。要するに日本語で書いている者の中で多数説、少数説があるということです。

浅野　外国人の法的地位とか元植民地人の法的地位というのは、現代の法学界においては、国際私法の分野ですか、国際公法ですか。

大沼　外国人の法的地位は、これは国際法と憲法の分野ですね。旧植民地法というのは、日本は戦後、本来ならやるべきことを切り捨ててきた部分で、どこもやっていない。

浅野　最近、コロニアルスタディーというのがものすごく盛んで、アメリカから広がって、日本やヨーロッパでも、主に社会史的なアプローチがされているんですけど、法制史とか憲法史でも、そうした法制への関心が出つつあるのでしょうか。

大沼　コロニアルスタディーとかポストコロニアルと言われるのは、規範科学、規範認識としての研究ですね。戦後のヨーロッパの歴史学は、自分自身欧州中心主義批判をして、その点はすばらしい。ただそこには十分見えていなかった、また見ようともしなかった、見たくもなかったものもあったんじゃないですかね。

浅野　外国人の法的地位という問題ですが、外国人の教員が国公立大学に、明治時代のような特別の枠ではなく、一般の教員として勤めて公務員になれるまでも大変だったのですよね。

大沼　戦後、政府の見解があって、それは、公権力の行使又は国家意思の形成に参画するためには日本国民でなければならないという見解です。その見解によれば、国公立大学の教授の場合には、教授会の構成員として決定に参加ということは大学の管理権という形で公権力の行使に当たる、であるから、国公立大学の教授にはなれない。これが政府の解釈であったわけです。

私は、この解釈は、「忠実無定量」という戦前の官吏の観念をそのまま使っていることからしても、およそ信じ難いほど時代錯誤的な見解であると、非常に強い批判を持っておりました。万一これが認められるとしても、国公立大学の場合にはそう簡単に教授会構成メンバーだから管理権限があるというふうには言えないだろうという主張もしてきました。実際に、事実上そういう人事院の見解を破って国公立大学の助教授になっていた例もあったんです。

最終的には、一九八六年に国公立大学教員特別任用法という法律ができました。これは、桃山学院大学の徐龍達教授が非常に努力なさって、私なども一緒に運動してできた法律ですが、これで明確に国公立大学で外国人を教授にすることができるようになった。私から言うと、これは当然それまでもできたことを確認する立法である。政府の見解から言うと創設立法ということなんですけどね。

それがつくられたときに、文部省は各国公立大学の事務局を通して、任期付きで任用するようにという行政指導を行ったんです。東大にもそういうお達しがあって、東大の中で内規をつくるときにたいへんな問題がありました。つまり、事務局がつくった原案は、すべて任期付きで任用するという原案でした。

当時東大は刑法の平野龍一先生が総長で、英米法田中英夫先生が学部長で、お二人とも、とてもリベラルな方でした。私はお二人を口説いて、任期付きで外国人を任用することを原則にするのは絶対だめだと主張したわけです。お二人は非常によくわかってくれて、かなりすったもんだがあったあげく、東大では、任期付きで採るか任期なしで採るかは各部局に委ねるという扱いにしたのです。東大の法学部は任期なしで、その後まもなくポール・チェンという外国人の教授を任用しました。これは徐さんもしばしば引用されて、「東大は偉い」というふうに褒めていただいています。東大が褒められるという、めったにないケースになったんですけれども（笑い）、ほかの大学や学部はほとんど残念ながら任期付きで、結局文部省の指導になかなか勝てなかったんです。

公立学校の教師、これも非常に長い間文部省との戦いが続いていて、文部省は正規の教員として、とにかく認めまいとする姿勢をずっと一貫していて、我々はそれに対して正規の教員として認められるはずだということで戦ってきた。高校以下の教員には特別法がないんです。だから理論的には古色蒼然という人事院総裁の見解がまだ生き残っているんですね。それで、代用教員としてだけ認めるとか、すったもんだして、この問題はまだ続いています。任用するかどうかは各都道府県の教育委員会が決めるんです。権限的には都道府県の教育委員会なんですが、文部省が国公立学校については大きな影響力をもっています。

浅　野　官庁の場合はどうでしょうか。

大　沼　官庁の場合は、まさに公権力の行使の問題がもろに絡んでくるわけですね。それで、我々が議論したのは、国公立病院の例えば医師と看護婦はどうか、注射をするのが公権力の行使に当たるのかどうかなど、議論したことがありました。今の状況ではお医者様は…。

水　野　医師は別に国立病院では問題がないと思うんですが。ただ、公立の看護学校に入って看護婦になれるかどうか。入学は認められるようになったのですが、看護婦の国家試験を受けられるかどうかというのがまだ実ははっきりしていません。

大　沼　国籍要件があるのですか。

水野　あるらしいんです。まだそこのところは変わっていません。さっきの国立大学の教員の話ですが、あの特別任用法ができて最初に内規をつくったのがどうも京都大学らしいんですね。文部省の通知に基づいて京大で最初に内規をつくったのですが、実は私のところの研究所で最初の採用が行われました。その方は任期付きでした。その後東大で内規ができたので、それに合わせて京大も変えたんです。すぐだったかどうかは正確に覚えていませんが。ですから、今はほとんどの国立大学で東大型の内規になっています。

大沼　先ほど言ったように、あれは平野さんと田中さんの功績が非常に大きい。東大がああいう望ましい形をつくったという事実は非常に大きな意味があった。

水野　それから、ちょっとついでにお伺いしたいのですけれども、公務員就任に関する内閣法制局の見解がありますね。あれは法律に基づくものではなくて当然の法理だと政府側は説明しているわけですけれども、当然の法理というのは私にはどうも納得ができないのです。ほかの問題についてそういうことが言われることがあるんですか。それから、あの内閣法制局の見解が五三年でしたか、出るまでの経過というのはほとんど研究がないようなんですけれども。

大沼　あれは本当にずさんな法理ですね。あそこまで当然の法理と居直っているほどずさんなのは珍しいんじゃないですか。日本政府はわりとそういう点はきっちり正当化しますからね。

水野　法律で規定するとかいうことをせずに、何であれでずっとやっているのですか。

大沼　一九五二年の民事局長通達と同じ「解釈」です。あれは国家公務員法の解釈として出されているんだったと思いますよ。

水野　国家公務員法のところに国籍条項を設けるとか。

大　沼　そうではなくて、国家公務員法の解釈で、これが正しい解釈だ、だから別に法律条文は要らないのだというのが政府の立場だと思います。

長　尾　他官庁との権限問題は生じなかったのですか。

水　野　ちょっと私もそれが気になって見ていたんですけれども、法制局が、それが出る何年か前から、その問題で研究をしているんです。法制局の立場はどうも最初は若干違っていたようですね。外国人が日本の公務員になるということを認める、ただし、その場合は法律によって規定すると、そういうことを書いた文書がありまして、そこからどういうふうに変わっていったのかということがまだわからないのですけれども。

長　尾　法制局はただ立法案を技術的にポリッシュする機関のように見えて、実は相当巨大な権力をもっています。

大　沼　当時の時代状況にかかわるんですが、「出入国管理法制の成立過程」という論文を書く際に、出入国管理令と外登法の制定に携わった人たちにインタビューしたんです。当時まだ存命の方が随分おられたので。そのときに感じたのは、出入国管理令、外国人登録法の立案にかかわったのは、大日本帝国の特高外事課の系譜を引く人たちだったんですね。インタビューをして、大日本帝国の特高官僚の心理をまざまざと感じさせられましたね。一人だけ三宅さんという方が比較的リベラルで、これが唯一の例外。あとは聞いていて苦痛なぐらい極端な人たちだった。

浅　野　最後にひとつ、時流に相応しいような、しかし、すこし抽象的な質問をしたいのですけれど、最近の歴史認識の問題で大問題になっている教科書問題や靖国参拝問題について、先生のご見解を簡単に伺ってもよろしいでしょうか。……。

大沼　この間朝日新聞にも書いたんですけれども、靖国参拝問題については、小泉首相の政治家としての未熟さのあらわれだという印象が強い。ただ他方で、これまで問題をこじらせてしまった中国、韓国の側の雰囲気というのも、きっちりと批判しなければならないだろうというふうに思っているんですよ。

韓国の場合、私自身がこういう問題をずっとやってきたからよくわかるわけですけれども、日本が一九八二年の教科書検定の問題以来約二〇年間にわたってかなり努力をして、いろんな面で改善を行って、歴史教科書にしたって、つい最近までは改善されてきているわけですね。ところが、韓国の側では、それを評価する姿勢がほとんどなかった。

中国も、かつては日本に対して信じられないぐらい寛大な政策で、戦前の軍国主義と戦後の日本人は違うのだということで七二年には賠償を放棄しました。日本の側では、心の奥底では、さすが中国は大国であると感心して、言葉には出さないけれども、経済援助というのは事実上の賠償であるということで、それなりの努力をしてきたわけですね。それなのに、九〇年代になると中国では共産主義では国民を統合できなくなってしまって、愛国主義に走って、国内の強硬な意見に突き上げられて、せっかく今まで中国が営々として築いてきた寛大な大国中国というイメージを江沢民が台無しにしてしまった。そういう下敷きがあるものだから、反動として、新しい歴史教科書を作る会の意見などが日本の一般の市民もとらえてしまう素地ができてしまった。

韓国の支配的メディア、中国の対日強硬派と日本の右翼的言論というのは、言ってみれば相似形で、お互いにお互いをあおり立てて国家間の関係を悪くしているというところがある。そういうことを日本の側がきっちり言わないで済ますとかえってよくないので、私は、今回こういうことがあったことについては、韓国の側も中国の側も反省してほしい、とはっきり言ったほうがいいだろうと思っています。

韓国政府も非常に気の毒な立場にあることはわかるのですが、検定をやり直せという要求というのは、日本としてはとうてい呑めない要求であるわけです。かつて中国政府が光華寮の問題で裁判所に介入しろと日本政府に要求したことがありましたけれども、あれと同じですね。私なんかは家永裁判から文部省の介入を批判してずっとやってきているわけだから、韓国政府の要求を聞くと、「何を言っているんだ、せっかく我々が教科書の内容には文部省に口出しさせないということを勝ちとったのに、何でそういうことを言うのか」という気持ちです。幾ら「作る会」の教科書を批判する側だって、検定をやり直せという外国からの要求に対して、「そうですか」というふうにはとてもいかない。

ただ、私が朝日新聞に書いたのは、そういう意味で教科書問題で日本政府が譲れる余地はほとんどない、だったら、せめて国民レベルでは言っておくべきだと考えたわけです。小泉首相はどうせ靖国に行くだろうけれど、その悪影響を最小化したいという気持ちで書いたわけです。外務省の中にも、私と同じような意見はかなりあることはあるのです。そういう点から言うと、ここしばらくは状況がかなり悪くなってもしょうがない。その中で、日本の知識人も韓国、中国に対しても言うべきことは言いながら、日本側の改めるべきことをきっちり改めていくという、ごく平凡な形で対応すべきなのに、多くの知識人がそうできないのは問題だと思うのです。

僕が最近いろんな人に勧めている本は、道上尚史氏という外務省の、ついこの間までソウルにいた人が書いた『日本外交官韓国奮闘記』です。彼もやっぱり認めるべきところはきっちり認めた上で、言うべきところも言わないとだめだということを言っている。力点の置き方に配慮する必要はありますが、日本側が改めるべき点への反省と、言うべき点についての自己主張と、両方が必要だということだと思います。中国のメディアの場合は今の体制からして、ある程度しょうがないのだけれども、自由を享受している韓国のメディアはその自由を濫用してナショナリスティックな感情に身を委ねて、余りにも無責任です。このことは否定できない。そこは非常に強く感じますね。すこし「反動的」な議論になるかもしれないけれども。

浅野　本日は、大沼先生の今までのご研究の土台の上に、ご講演と諸問題への貴重なコメントを賜ることができましたこと、まことにありがとうございました。研究の積み重ね、土台の上に、具体的な言動を展開されていることがよくわかったように思います。政治の世界では、誤解されたり、利用されたりという状況が、日本であれ、韓国であれ、どこでも一般的だと思いますが、何とか将来的に改善していくための可能性を切り開く礎石となるような研究をこれからも続けていきたいものだと感じます。重ね重ね、本日は、長時間にわたってありがとうございました。

付録写真

以下の写真は、編者の一人浅野豊美が2004年３月に米国への出張の際に見つけた米国国立公文書館所蔵のもので、日本帝国全体の解体と混乱を象徴する貴重な写真と考え、収録した。

日本から引揚げる朝鮮人の乗船中の政治演説場面（朝鮮から日本への帰りの船には日本人引揚者が乗船）（上）と、38度線付近の難民キャンプ（下）（日本人難民が峠をこえて持ってきた荷物の検査と消毒作業）。

朝鮮半島の38度線南側付近に山脈をこえて北から南下した日本人難民（上）と、それを収容した米国キャンプ（下）。DDTを吹きかけている米兵は日系人か、表情が柔かい。

釜山港の難民送還センターでのひとコマ、寄り添う日本人引揚者家族。

釜山での送還前の日本人引揚者、「孫を抱く老婆」は明治の帝国的膨張と戦後日本の新生を象徴しているように思える。この子供達が高度成長を下支えすることとなる。

あとがき

一　忘却からの再生？

まず何よりも関心があるのは、このような本が出ること自体である。

私が大学の教壇に立ち始めた一九六〇年代中頃以来、毎年ゼミコンパで、年中行事のように次のような対話がある。

学生「先生ご出身はどちらですか？」

私「出身といってもなあ、父親の故郷は九州だが、子供の頃数年居ただけだし、生まれは満洲だし……」

このあとどうなるかは年によって違うが、「九州はどちらですか？」と、そちらの方に話がいくことも多い。満洲と聞くと何となく困惑したような雰囲気が流れ、何歳までいたのか、覚えているかとお義理で訊ねて、早々に別の話題に移っていく。かつては、「そうですか、叔父が大連から引き揚げてきて」とかいう学生もいたが、最近は殆んどいなくなった。この私自身も、社会哲学者の谷嶋喬四郎先生が青年時代の台湾の話をされたり、憲法学者の故尾吹善人氏が子供の頃の朝鮮の話をしてくれたりしても、それとなくお義理で聞いているようなところがあった。

かつて父に連れられて満洲関係者の会合などに行くと、老人たちが「石原閣下は偉かった、満洲でやめておけばよかったのに、支那本土に手を出したのが失敗だった」とか、言い合っている。私は「こういう人たちが死に絶えたら、誰もこんなことに興味をもたなくなるなあ」と思いながら聞いていた。そしてその人たちは大体死に絶えてしまった。

私は学生時代以来、自分の幼児体験の世界を歴史の中で再確認しようと、少しずつ古本屋などで満洲関係の書物を買い集め、まわりの人々が何も知らないことをいいことに、いっぱし満洲通づらをしていた。しかし、それは私が鈍感だったからで、森山茂徳氏や水野直樹氏は、その頃から本格的な旧植民地研究を始めていたのである。今にして思えば、私の関連蔵書は、戦前の満洲国宣伝的書物と、戦後の感傷的回想録ばかりで、同時代的一次史料など殆んどないのである。

そのような私でも、何だか様子が変ってきたと感ずるようになったのは、十五年くらい前のことであろうか。研究会やゼミの発表や、送られてくる抜刷などに、旧植民地や満洲、更に戦時期における日本の支配地域に関連するものが眼につきはじめ、それが段々雪だるま式に増えてきたことである。そして今、戦後生れの研究者たちが集まってこのような本が出る。類書も色々あって、若い研究者の間で、このような主題について、ある程度厚い層が成立しつつあるようである。

二　臆説—再生の理由

植民地も満洲国もなくなって一世代も経った頃に生れた人々の間で、なぜこのような主題について研究意欲が生じてきたのであろうか。私が、法哲学という、世の中に起ることに何でも関係がない訳ではないが、さし当たって専門から遠いこの研究グループに参加させて頂いた動機の一つは、そのことに関心があったからである。

第一に考えられるのは、中国や韓国による日本の過去糾弾である。中国は、戦後しばらく内戦・文革・

四人組騒動などで忙しく、「歴史認識」で日本を追及することに本腰を入れ始めたのは、比較的最近のことである。一九九一年に私が瀋陽を訪れたとき、張作霖事件の現場には小さな立て札が立っているだけで、柳条湖事件の場所に、巨大な「九・一八歴史博物館」の建設がようやく始まっていた。朝鮮戦争の傷跡から立ち直ることに精力を傾注していた韓国でも多少似たような事情があり、その間日本人は、「米国との和解」のみに専心していればよかった。平和で豊かな日本で育った青年知識人たちが、自分個人には身に覚えの無い、自国に対する激しい糾弾に遭って、衝撃を受け、自国が一体何をしたのか、知りたく思ったことは充分考えられる。

第二に、これと関連して、留学生たちの刺激がある。台湾本省人たちは、国民党独裁下で、自分たちの歴史の研究を禁止されていた。長い間台湾史研究は、東京がそのセンターであった。彼等の研究に協力した日本人の友人たちなどは、自らも日本の台湾統治に関心を寄せるようになった。「国民党に比べれば、日本統治はよかった」などと言う人もいて、この協力は比較的無難であったが……。

韓国留学生の影響は、ずっと強烈であった。彼らのある者は、祖国において教えられた、植民地支配の罪悪について、戦後育ちの日本人が何も知らないことにショックを受け、「日本の旧世代は、自分たちの罪悪史を次の世代に対して隠している。自分たちが教えてやる」という態度で臨んだ。実際日本の青年知識層は、少なくとも十数年前まで、そういう事実を殆んど知らなかったから、またショックを受け、他方で「彼らの知識もまた一面的ではないか」という漠然たる印象を持つ者もおり、そこで、祖先は実際に何をしたのか、自分たちの眼で確かめてやろう、という意欲が起ってきたのである。

第三に、世界的に過去の植民地支配に関する知的関心が復活したことである。アフリカなど、第二次大戦後名目的に独立しても、旧宗主国の経済的・政治的支配を受けている国も少なくなく、そうでない諸国でも、植民地支配の痕跡が想像以上に大きかったことが、今更感じられてきたという面もある。ソ連崩壊によって、「西側の新植民地主義糾弾」という、冷戦と結びついた政治宣伝が退潮し、ある程度没政治的・没情緒的に植民地支配に対する知的関心を追求できるようになったという面もあるであろう。教条的政治主義・道徳主義の時代から、知的関心の時代に少しずつ移行してきたのである。インドなどのエリート層の間では、英国植民地支配再評価の機運もあるという。

その傾向と関連して、第四に、旧世代の心理的トラウマから自由になった若い研究者たちを導いている重要な要素として、純粋な知的好奇心がある。総督府とか拓務省とか、満鉄とか関東軍とか、現在どこにもない組織の中で、日本人たちが立ち働いていた様子は、一種の知的エクゾティシズムを刺激するところがあるのだろう。満洲競馬に関する「山崎有恒論文」（関東軍の肝煎りで、寒さに強い蒙古馬の、しかも牝馬だけを走らせた）などは、その成功した例である。

そして、もとより重要な要因の一つは、日本近代史にとって、植民地や満洲問題は、それ自体として重要な主題であり、伝統的な近代史学の中に、研究の伝統が存在することである。徹底的な史料実証主義を特色とする近年の日本史学のスタイルは、もとより植民地研究のスタイルともなっている。国籍法成立（一八九八年）以前の国籍問題に関する、（「本論」はこれから発表するという）「山口輝臣論文」の徹底的な史料探索ぶりには、驚嘆を禁じ得ない。

三　若き研究者たち

本書の寄稿者たちなど、この世代の植民地史研究者たちには、幾つかの特徴が感じられる。

その第一は、彼らが一般に value-free であることである。もう少し前に日本の植民地支配を論じた人々は、自国の犯した罪悪に憤り、また良心の呵責を感ずる道徳家であり、良心派であった。現在の個々の研究者の奥底にはこのような動機が息づいているのかも知れないが、表面的には、何よりも文献実証主義的叙述を通じてしかそれを表明しない。この領域の研究の先達の一人である森山氏の論文が、従来の研究が「植民地統治の抑圧的側面」と「朝鮮側の抵抗的側面」に集中し、「実態」を「客観的・相対的」「内在的」に究明していないと批判しているのは、その潮流を象徴している。

そのような態度をもたらした源泉については、色々考えられる。一つには、イデオロギー過剰であった旧世代に対して、現在の世代が「醒めた」世代に属するということがあるのかも知れない。これはもとより、知識人の信仰であったマルクス主義の退潮の後、「認識と実践を弁証法的に統合する」、依拠すべきgrand theoryが存在しなくなったからである。

また「良心派」の先輩たちが、旧日本の病理の根源を過剰なナショナリズムに求め、ナショナリズムを超えた普遍的価値から自国を裁こうと努力したのに、それをもてはやす先方の知識人たちが超ナショナリストで、段々辟易してきたこともある。中国人たちは、漢民族が異民族を支配するのは正義だが、その逆は極悪非道だという図式に立って、「歴史認識」を押し付けようとし、韓国人たちもまた、あらゆる悪を日本のせいにする「唯日史観」の図式を逸脱した認識を、それが一面の事実であっても、「妄言」として攻撃する。ナショナリズムを超え、事実に忠実であろうとする研究者が、確かに旧日本の行動がそのような批判に値することを自覚していても、このような態度に「つきあいきれない」と感じて、戦線から後退することもある。

留学生の間でも、政治的価値判断は括弧に入れて、研究業績か学位論文などを発表する研究者が登場している（中には、そうしないと学位が取れないから心ならずも、というような人もあるのかも知れない）。もとより実証主義は日本の学界の専売ではなく、各国歴史学は各々「事実そのもの」に迫ろうとする研究を蓄積しており、「日帝時代」についての、多面的視野からする実証研究の動向も生じてきている。中国や韓国で史料集の刊行が相次いでおり、日本の旧満洲関係者が編集した『満洲国史』（一九七〇年）の翻訳などもその一例であろう。史料を拾い読みして、読者に特定の観点を押し付けるような論説と異なり、史料は多様な観点に向って開かれている。本書の外国人執筆者たちの作品も、客観性への志向という点において、そのような潮流と結びついている。

他方右派よりの「自虐史観」に対する攻撃も激しさを増している。「岩波文化」と「講談社文化」の間に深淵があり、後者を無視することが知識人の特権であり、誇りであった時代は過去のものとなった。膨大な大学卒業者を擁するこの社会は、広汎な層の知的読者層を生み出し、書斎人以上に鋭く現実を観察し、広く世界を認識する実務家知識人たちが、書斎の知識人を包囲している。学会誌などとは桁違いの発行部数を誇る月刊誌・週刊誌の世界は、基本的に右派ナショナリズムの支配下にある。「良心派」の政治的拠点であった日本社会党の後身社会民主党は、世論調査で二％の支持率である。こうした中で、植民地史研究者は、外国の日本糾弾者たちと、国内の右派ナショナリズムの間に立って、value-free に振舞うことを余儀なくされている。

植民地研究者が研究者として承認されるためには、何よりもいい史料を発掘しなければならない。そのようなものは、新刊の書店はもとより、古書店にもそうころがっているものではない。また戦後に発足した図書館（大学図書館を含む）のどこを探しても、質のよい第一次史料は殆んど見当たらないだろう。「足を使って」国会図書館や文書館、更には現地の図書館や文書館などを遍歴する以外に、体系的な研究は不可能である。

この点も、漫然と思い出話を語るていの、旧派の論者たちとの相違である。筆者の父親たちの世代の議論が体験主義的であるとすれば、この世代の研究者たちは徹底して文献主義的である。本書の読者は、執筆者たち（筆者（＝長尾）を除く）が何れも足を使って、文書館などの奥に眠っていた史料を発掘し、それをもとに論文を組み立てていることを見るであろう（些か日本側史料に偏している嫌いはあるが。そしてそのことが、対日協力者や迎合者の存在を過大視する傾向を生んでいる印象もないとはいえないが）。

本書の中から、著者群の政治的傾向を探り出して、それを毀誉褒貶の対象にすることにもっぱら関心を持つ読者には、本書は余り面白いものではないかも知れない（各作品を精読すれば、著者たちの秘めた情熱を感知することができるかも知れないが）。しかし、旧日本人たちが、植民地支配という膨大な問題群に対して、どのような発想から、どのような行動をとったかをまず知ろうとする読者にとっては、殆んど無数の興味深い鉱脈の露頭に接することができるであろう。

四　植民地問題の法的側面①（「文明」の支配としての国際法）

ところで、本書は植民地支配の歴史に「法的」側面から接近しようとするものである。一見すると、帝国主義は法を無視して進行した超法的現象のように見える。しかし超法的現象も、どの法がどのように超えられたかが法的側面からの考察対象となるという意味で、広義の法的現象である。そして、植民地支配体制も、それが「体制」となるためには、法秩序とならなければならない。

法はイデオロギーと現実の中間的存在である。それは、権力や民衆のサボタージュ等によって完全な実効性をもちえないという点では観念的存在であるが、官僚組織という権力機構が適用する義務を負うという意味では、一つの重要な現実である。しかも歴史研究の対象という見地からすると、法は公文書として確定されているという点で、イデオロギーや民衆意識などよりも確固とした対象である。また法と法学の体系性の故に、法的アプローチは、問題を体系的に捉える視点を提供する。立法や解釈・運用に際してはある程度の公的討論が行なわれるから、その討論を検討することによって、当時何が問題であったかが体系的に浮き彫りになる。

以下、思いつくままに、この姉妹編の両書の内容について、法的観点を主軸として、紹介・論評してみたい。

ウェストファリア条約（一六四八年）以降の西洋的国際法秩序は、地域主権をもつ平等な主権国家間の関係を、私法原則によって体系化したものであったといわれる。国家が個人に、領土権が所有権に、条約が契約に、国際不法行為が民事上の不法行為に類比されて、その原則が転用されたのである。ところが、この体系には、いわば権利無能力者・行為無能力者としての、西洋世界外の民族や民衆に関する規範体系が附随しており、その法原則によって、西洋「文明国」が、「非文明地域」を植民地として支配していた。酒井（哲）論文がこの体制を「帝国秩序」と性格づけているのは、そのためである。

西洋列強はまた、「半文明国」と位置づけた諸国との間で不平等条約を締結した。「半文明国」は、地域主権という属地的管轄権を貫徹できず、「治外法権」という属人的支配権を甘受させられた。近代中国及び近代日本は、このような「半文明国」として、不平等条約体制下において発足したのである。

中国が阿片戦争（一八四〇年）によって不平等条約の締結を余儀なくされたことは、幕末の日本知識層・支配層に非常な衝撃を与え、それより一世代を経ないうちに、彼らの世界認識のパラダイムが根本的に転換した。このような西洋文明に対する感受性の背景としては、戦国末期の体験（宣教師たちが持ち込んだ武器は、織田信長らの「天下統一」に決定的な意味をもった）、蘭学の存在などが考えられる。

明治期日本における最大の外交課題は不平等条約の改正であり、性急な西洋法継受の主要な動因の一つは、条約改正問題にある。他方中国の支配者清朝は、容易に中華帝国的世界像を転換しなかった。特に、不平等条約改正のために西洋法を継受するという発想は、日清戦争後に日本の刺激で漸く生じた。中国の不平等条約改正のための長い苦闘の歴史については「馬論文」が追跡している。「森山論文」は、朝鮮における西洋列強の治外法権を撤廃するとことが、「保護条約」時代（一九〇五～一〇）の伊藤博文らが朝鮮の司法改革を重視した動機であるとしている。

日本が「文明国」として承認され、条約改正に成功する時期と殆んど時を同じくして、日本の植民地支配が始まった。「文明」は帝国主義のパスポートで、日本はそれを入手すると同時に帝国主義に乗り出したのである。

西洋諸国の植民地支配が、他の大陸を舞台としたのに対し、日本の植民地支配は、同じ中国文化圏に属する隣接地域を対象とした点に、その特色がある。ある意味で「弟の兄に対する支配」ともいうべきこの支配は、独特の心理的屈曲を伴っていた。先進性の誇示、被支配者の「非文明性」の強調は、植民地支配に一般的に見られることであるが、日本においては特に、一時代前まで文化的にほぼ同水準であった民衆を支配しようとするものであるから、「背伸び」をする必要があった。中国の後進性を強調し、独立国家として存立する能力がないため、列国が共同管理するか、日本がパトロンとなるべきだ、というような発想が大正期の日本を支配していた状況は、「酒井(一)論文」からも窺える。

日本が植民地支配に乗り出した十九世紀末は、西洋における攻撃的帝国主義の末期にあたっていた。英国はボーア戦争（一八九九～一九〇二年）の後、これに反対したロイド＝ジョージなどの率いる「小英国主義」が主導権を握り、一九〇六年の下院選挙に圧勝した。この時期に攻撃的帝国主義に乗り出そうとしたヴィルヘルム二世のドイツは、第一次大戦に敗れ、ウィルソン米大統領の掲げた「民族自決」原則は、植民地支配の終焉への方向を示唆した。この時期に日本が朝鮮を領有し、更に中国に野心を抱いたことが、後の国際的孤立を招いたのである（米国のフィリピン領有（一八九八年）は、少なくとも米国の主観においては、他の帝国主義国の支配を避け、早めに独立させる趣旨であったようである（長尾「『アメリカの世紀』は幕切れ近く」『中央公論』一九九一年二月号、『されど、アメリカ』信山社（一九九九年）に再録））。

四　植民地問題の法的側面②（国内法の中の植民地法）

明治憲法（一八八九年公布）に植民地領有を予想する規定が全く存在しないように、日清戦争の勃発から台湾領有に至る過程は、支配層にとっても予想外の展開であった（下関条約の締結者伊藤博文は、憲法起草の中心人物であった）。台湾領有は準備不足の中で突如として起ったことで、西洋植民地支配に関する俄か勉強と「出たとこ勝負」でこれに対応した。「近藤論文」は、現地人の軍隊を兵士として養成する試み（一八九七年からの数年間）が、どれもうまくいかず、転々と方針が変更された後、結局撤回された過程を描いている（もっとも台湾に対する領土的関心は、台湾事件（一八七三年）当時から存在した（長尾『思想としての日本憲法史』信山社、一九九七年、三五頁））。

他大陸を植民地とした西洋列強と異なり、容貌等人種的にも近く、同じ漢字文化圏に属する隣接諸国を植民地とした日本においては、長期的展望として植民地住民を同化するか否かが、大きな論点となった。これは、植民地をあくまで日本帝国の「国防圏」として、即ち統治の客体として捉える山縣有朋と、これを民族的自我の拡大として捉える伊藤博文の発想の相違と結び付く。大隈内閣が「二十一箇条要求」によって対中関係を破綻させ、それに山縣が反対したように、西洋かぶれの者の方が「国粋主義者」よりも概して攻撃的帝国主義者であった。

植民地支配は、異民族に対する支配であるから、武断的・軍事的性格をもつのは当然である。他方、英国人が「白人の責務」(white men's burden) と称したような使命感が、偽善と自己欺瞞に覆われながらも、一定の影響力をもったことも事実であろう。これは、宣教師やアフリカ探検家たちの伝記を読めば知られることである。皮肉な米国人は、「東亜解放」という日本人の使命感を yellow men's burden と呼んで嘲笑した。この使命感には、「アジア唯一の近代国家」としての自負からの近代化の試みと、天皇崇拝など「日本精神」の押し付けとがある。

「英国は差別する代りに同化を試みず、フランスは同化を強制するが、その代りに同化した植民地住民を対等に処遇した。ところが日本は、同化を強制しながら、同化した者を対等に処遇しなかった」といわれる。この命題は、英仏両国について多分に神話の面もあり、日本に関しても細部にわたっては色々問題もあるが、「松田論文」が示すように、植民地住民への選挙権賦与や植民地議会創設への希望(普遍的な希望ではなく、特に朝鮮では「対日協力者」と見られた人々のものであったが)は、一部の指導層のリップサーヴィスにも拘らず、日本帝国が追い詰められた最後の時期まで裏切られ続けたのである。

四―二 「共通法」

法の側面から見ると、①支配体制樹立のための権力性、②摩擦回避のための現地慣習の尊重、③長期的には同化を視野に入れた日本法体制への組み入れなど、多元的な要請のもとで、各植民地の法体制の整備は曲折に富んだ過程を辿った。具体的には、まず憲法が植民地に適用されるか否かという形で問題が提出され、結果としては、明治二九年法律六三号（「台湾ニ施行スヘキ法令ニ関スル法律」）という帝国議会の協賛を経た法律によって、憲法上の「法律事項」の立法をも総督に授権した。

この①と②の要請から、具体的には「六三法」（及びそれを後継した法律）の授権によって、各地域には「内地法」とは異なった法体制が成立することになり、そのことが複雑な法律関係を生み出した。「文論文」は、台湾の司法制度を日本の司法体系に統合しようとする試み（上告審を大審院とする制度等）が、紆余曲折を経て結局結実しなかった過程を描いている。また「洪論文」は、三種類ある台湾の養女制度について、法院の理解不足から生じた混乱について、叙述している。

朝鮮については「森山論文」は、「保護条約」期における司法改革問題の、併合への前史としての重要性を論じている。「李論文」は、明治以降の軽犯罪取締立法が、日本が治外法権をもつ朝鮮の日本人取締りに転用され、「日韓併合」とともに朝鮮人に適用されて、政治的抑圧の手段に転ずるまでの経過を描いている。また「水野論文」は、「国体」変革の試みを罰する治安維持法が、植民地独立運動に適用されるのかをめぐって、「内地」と朝鮮法院とで解釈・判例が分岐していった過程を描いている。

こうして植民地の法制が、実体法上も手続法上も「内地」と異なったものとなると、「異法地域間の法的調整」の必要が生じてくる。そのために制定されたのが、「共通法」（大正七年法律三九号）である。共通法を軸とする旧日本の植民地支配の法的構造を理解するに当って、考慮すべきパラダイムは、少なくとも五つある。

① 国際私法―これは、西洋諸国の間で発展してきた、複数の対等な主権国家の国民の間での私法的関係に関する規範である。サヴィニー以後の体系においては、国家から独立した汎ヨーロッパ的市

民社会（広くは文明諸国の私法共同体）の存在が想定され、その中で、複数の国家法の関係する法律問題は、問題に最もふさわしい準拠法によって解決さるべきだとする。「法例」（一八九九年）は、条約改正によって family of nations に迎え入れられた日本が、その見返りとして制定した国際私法法典であるが、このサヴィニー的体系に忠実に作られている。これは元来植民地支配と無関係なはずであるが、共通法二条が国内異法地域間の準拠法選択原理として準用したところから、（また、法例と共通法の両者の実質上の起草者が、同じ山田三良であったことから）、日本植民地法の基本パラダイムであるかのような外見を呈した。

② 米国州際私法―これは、対等な国内異法地域間の準国際私法である。元来非対等な本国対植民地関係とは異なるが、共通法が「内地」「朝鮮」「台湾」「関東州」「南洋群島」を、一見対等な異法地域であるかのように規定したため、このパラダイムに従っているような外見を呈する。例えば「民事ニ関シ『一ノ地域』(a)ニ於テ『他ノ地域』(b)ノ法令ニ依ルコトヲ定メタル場合ニ於テハ『各地域』ニ於テ『其ノ地』ノ法令ヲ適用ス『二以上ノ地域』(a)(c)ニ於テ『同一ノ他ノ地域』ノ法令ニ依ルコトヲ定メタル場合ニ於テ其ノ相互ノ間亦同シ」（二条一項、二重カギは長尾が附した）という規定は、一見たまたまニュージャージー州法がニューヨーク州法に依るとか、あるいはその逆とかが定められているかのような、即ち「内地」もその他も対等であるかのような印象を受けるが、実際には(a)（台湾）や(c)（朝鮮）の法令において、「(b)（内地法）に依る」という規定がある場合をもっぱら念頭に置いている。即ち本国法の実質的優位が隠蔽されているのである。

③ 領事裁判権―これは、「非文明地域」において、治外法権に基づき、「文明国民」が、属人的に、現地の裁判管轄でなく、領事裁判所において自国法の適用を受ける制度である。ドイツのように、

植民地法が領事裁判法を準用したところでは、「本国人」や欧米諸国民がこの「文明国民」に、植民地住民が現地人に読み替えられる。そのことを露骨に表明することを避けることが、②のような形式をとった理由の一つと思われる。また、日本の伝統を尊重したとされる民法親族・相続篇が、台湾・朝鮮の慣習法と実際上異なっており、その場合には「近代法」対「前近代法」の関係というよりも、対等な慣習法のように見えることも、このような形式をとった重要な理由であろう。

④　西洋植民地―③が民刑事法の適用に当って属人的に「本国人」などが領事裁判権に服する制度であるのに対し、④は本国が属地的な包括的統治権をもち、その上で民刑事法について「文明人法」と「現地人法」を属人的に分ける制度である。植民地法学者江木翼は、この体系をもって日本の植民地法体制を理解しようとした。即ち日本人のみをアジアの「文明国民」であるとする図式を、海外の租借地や租界にも一貫して貫徹しようとしたのである。

⑤　「強者・勝者の権利」の法哲学―子羊を喰おうとした狼が、最初はその正当性を説得しようとするが、論争に敗れると、「理屈があろうとなかろうと、どうせお前を喰うのだ」と嘯いて喰ってしまう話（『イソップ物語』）。下関条約交渉において伊藤博文は李鴻章に「日本は戦勝者にして清国は戦敗者たり」「今回の談判破裂するの暁に於ては、一命の下に、我六七十艘の運漕船は、増派の大軍を搭載して、舳艫相銜み、直に戦地に継発すべし。果して然らは、北京の安危亦言ふに忍びざるものあり」と言った（陸奥宗光『蹇蹇録』第十八章、句読点長尾）。理屈はともかく参政権は与えない、という日本政府の態度もこの一例であろう。

①②は平等主義的パラダイム、③④は不平等主義的パラダイムで、不平等主義を一見平等主義的に見える法制によって実施したところに、問題そのものの、従って「浅野論文」の難解さの根源がある。

五 「満洲国」

長く「満洲」とよばれ、中華民国以来「東三省」とよばれている地域は、多数の民族の混住地であったが、清朝期には支配者である満洲族の故地として、山海関以東への漢族の立ち入りを禁じ、「封禁」の地とされていた。しかし実際には山東半島などから大量の人口が流入し、既に辛亥革命以前から漢民族が多数を占めていた。「封禁」の地であったにせよ、清朝政府は中国政府に他ならないのであるから、国際法上この地が中国領であることは疑いない。

三国干渉（一八九五年）の後、ロシアは清国から関東州を二十五年間の期限で租借、また東清鉄道南部支線（哈爾濱～旅順）の敷設権を獲得し（一八九八年）、更に義和団事件（一八九九～一九〇〇年）を契機として満洲を占領したことから、日英との関係が悪化し、遂に日露戦争に突入した。英米の支援などあって、日本は辛勝し、満洲におけるロシアの利権を基本的に承継した（関東州租借は九十九年に延長された）。多大の犠牲を払って、ロシアからこの地を護った（アジア人の手に確保した）と考えた日本は、この地に対する権利意識をもった。

まず実定法上の権利としては、関東州に対する租借権と、千キロ以上に亘る、大都市圏を含む満鉄附属地の行政権・警察権があり、その範囲について日中間で争いが絶えなかった。そのため、第一次大戦で膠州湾のドイツ租借地を攻撃した際、大隈内閣は「懸案の一括解決」と称して、最後通牒をもって、成立早々で弱体の袁世凱政権に「二十一箇条要求」を受諾させた（受諾して「条約」となる）。一九二三年三月、中国は日本に対し、同条約の廃棄を通告、日本がこれを拒否したことから、法的基礎についての両国の解釈が根本的に対立し、係争事件が続出した。

憲政会（一九二七年より民政党）の幣原喜重郎外相は、話合い路線を基本とし、若き昭和天皇もそれを支持したが、話し合いにより満洲の権益を維持しようとする政策を国民政府が受け容れず、一九三一年に行き詰った。当時の政府（及び天皇）に不信感をもった関東軍は、政府の承認、天皇の裁可（「奉勅命令」）なしに、短期間で満洲を占領し、天津にいた清朝最後の皇帝溥儀を擁立して「満洲国」を作った。

名目上は「五族協和」の多民族国家でありながら、実態は日本の植民地に近かったこの「満洲国」において、法的にも様々な奇現象が生じた。（実際上日本が動かしている）満洲国政府、満鉄、関東軍、日本政府、それに関東庁などが権限争いを繰り返したこともその一つで、「山崎論文」は競馬に関してこの過程を面白く描いている。また、日本人の二重国籍問題（「満洲国民」となっても日本国籍を手放さない）の故に、国籍法が成立しないまま終末を迎えたことも通常の国家ではありえないことであり（浅野『満洲国』における治外法権問題と国籍法」『渋沢研究』第一一号（一九九八年））、関連問題の一つに「治外法権問題」がある。これは、関東州や満鉄附属地に日本が有していた特権を、名目であるにせよ多民族国家である「満洲国」に譲渡したくない、というムシのいい欲望から生じたもので、「田浦論文」は課税権に関して、関係諸機関が争った過程を辿っている。

六　「大東亜共栄圏」

「ロシアもルクセンブルグも同等に処遇する」ウェストファリア体制が、強国にとって「実情に合わない」と感じられたとしても不思議でない。それに、この体制は、宗教戦争期に、他国の同信者（「真の正しき信仰」の持ち主）に対する迫害を救うためとして内政干渉を繰り返したことから生じた惨禍に懲りたヨーロッパの大陸諸国が、平和のために相互に同信者を見殺しにすることを不承不承約束して成立したものである。不承不承の約束であるから、後世の強国が「正義」に基づく内政干渉権を主張・行使する衝動を抑えきれるとは限らない。

一九〇三年、台湾総督府民政長官後藤新平は、京大教授織田萬に清国行政法の調査を依頼するに当り次のように言ったという。

清国制度ヲ調査スルノ容易ナラサルコト吾亦之ヲ知ル。然レトモ其事業ハ固ヨリ今ノ支那人ノ能クスル所ニ非ス。又之ヲ西洋人ニ望ムヘカラス。我邦人ノ近世法理ニ通シ且漢文ヲ解スル者ニシテ始メテ此ニ任スルコトヲ得ヘシ。支那ノ開発ハ其物質上ニ於ケルト精神上ニ於ケルトニ論ナク繋リテ日本人ノ雙肩ニ在リ。豈此天職ヲ棄テテ可ナランヤ。今我台湾旧慣調査会カ清国制度ノ調査ヲ企画スルハ固ヨリ台湾旧慣ノ淵源ヲ尋ヌルノ意ニ出ツト雖モ、又以テ支那ノ開発カ日本人ノ天職タル所以ヲ中外ニ表明スルノ一端ト為サントスルモノナリ。君能ク此意ヲ体セヨ。（『清国行政法』第一巻上（一九一四年）、一頁（句読点長尾））

日露戦争の前から既に、台湾を超えて中国本土の開発を日本の「天職」と考えていたのである。宗教戦争の体験もなく、鎖国の中で国際関係の難しさを知らずに過ごしてきた日本は、今や極東の覇者として、隣接諸国に対する内政干渉権を主張した。強国の隣接諸国に対する内政干渉権の主張には先例がある。中規模国家の力の均衡の秩序であったヨーロッパと異なり、新大陸における米国は小人国のガリヴァーであり、いわゆる「モンロー原則」に従って、外よりの干渉を排しつつ、中南米諸国に対する内政干渉権を主張した。

極東に対する日本の覇権主張は、一方で中国ナショナリズムとの、他方で西洋列強、特に米国との敵対関係を招いた。日本が西洋列強の干渉を排除しつつ、中国ナショナリズムを武力的に制圧し、極東を覇権的に支配しようとして唱えたのが、「アジア・モンロー主義」、続いては「大東亜共栄圏」というスローガンであった。この主張は、ナチ・ドイツが中欧・東欧、更にはヨーロッパ大陸の大半を征服し、それを正当化するために唱えた「圏域」（Grossraum）論と連動し、また戦後ソ連による中欧・東欧支配に承継された。現在のEUは、非覇権的圏域思想の実現と見ることもできよう。

「圏域論」を正当化する「理論」は色々あり得る。「酒井（哲）論文」は、当時の蠟山政道・平野義太郎などの議論を近代日本国際思想史の脈絡の中で論じ、「波多野論文」は日本の国際法学界の周辺や外務官僚の間で論じられた「大東亜共栄圏」論を検討している。議論の中には、覇権性の濃厚なものと、それほどでもない（「共栄圏」構成諸国の主体性をある程度尊重する）ものとが存在した。後者の代表者として重光葵がおり、彼のイニシアティヴで「大東亜会議」が開催された。「田浦論文」においては、重光は、満洲国に独立国家たる実質を与えるために、日本の治外法権の早急な撤廃を主張した人物として登場し、「馬論文」には中国の治外法権撤廃を促進するために尽力した人物として登場する。

七　戦後

終戦の詔勅に次のような言葉がある。

朕ハ、帝国ト共ニ終始東亜ノ解放ニ協力セル諸盟邦ニ対シ、遺憾ノ意ヲ表セサルヲ得ス。帝国臣民ニシテ、戦陣ニ死シ、職域ニ殉シ、非命ニ斃レタル者及其ノ遺族ニ想ヲ致セハ、五内為ニ裂ク。且ツ戦傷ヲ負ヒ、災禍ヲ蒙リ、家業ヲ失ヒタル者ノ厚生ニ至リテハ、朕ノ深ク軫念スルトコロナリ。（句読点長尾）

これが発表された当時、植民地の民衆は「帝国臣民」であったが、彼らのうち戦後日本に帰化しなかった者は、「厚生」の対象とならなかった。今は「臣民」であるが、講和条約締結後は選択によって他国国籍となる可能性のある者であるから、当面国民としても権利を停止する、というのがその理由づけであったらしい。戦後における旧植民地人の処遇については、「大沼報告」をめぐる討論が問題点を論じている。

終戦時、数百万人の日本人が東アジア諸地に定住し、あるいは一次滞在していた。日本の敗戦によって起った大民族移動が「引揚げ」である。これは連合国の決定に基づく強制的な移送で、数十年に亘って現地に定住していた人々も日本に送還された（もっとも医師・技術者など「留用」として現地の残された者、戦犯として抑留・裁判・服役の対象となった者もあり、数十万の軍人・兵士はシベリア・外モンゴルに連行されて奴隷労働に服した）。（連合国、現地政権、日本政府、現地日本人等の）誰が引揚げについてどの程度積極的であったのか、については、「大沼討論」で諸説が論じられている。いずれにせよ、数百万の「外地」住民が殆んど根こそぎ帰国したことが、「外地」でなしたことを現在に繋がりのない過去のことのように感ずる意識を生み出した。

日本人の「忘却」、特に諸々の悪行の忘却は、国際的な非難の対象になっている。これについては、「都合の悪いことは忘れたい」「心のトラウマには触れたくない」という心理的説明もあるが、一方にはまた意図的な揉み消し、他方には罪悪意識の欠如という問題がある。

大部分のドイツ人がアウシュヴィッツを知らなかったのと同様に、大部分の日本人は七三一部隊を知らなかった、という弁解もある。しかし大部分のドイツ人が、ユダヤ人の公職罷免、商店襲撃などを知っていたように、多くの日本人は中国大陸における日本兵の狼藉や、徴用労働者の奴隷労働などを直接間接に知っていた。私事に亘るが、熱河作戦（一九三二年）に参加した私の父は、朝鮮人慰安婦が随行中死亡したことを聞いており、戦末にソ満国境で塹壕掘りに使われた労働者たちが、秘密保持のためとして作業後に銃殺されたという話を聞いていた。長沙作戦に参加した叔父は、毎晩略奪に出かけた様子を自慢話していた。

叔父たちの自己正当化の論理は、「自分は戦地で言うに言えない苦労をした、それは自分のためではなく、国のため、天皇陛下のためだったのだ」というところにある。戦前の日本人が道徳的でなかった訳ではない。父たちが嘆いたように、ある意味では戦前人の方が、戦後の我々より高い道徳性をもっていたかもしれない。ただ彼らは、国家を超える道徳をもたなかった。

対外接触の経験を切断した二世紀以上の鎖国時代から、一世代も経たない時期に、日本は植民地支配に乗り出した。中国や英国と異なり、文化を輸入するばかりで、輸出したことがなかったから（H. G. Wells, *A Short History of the World*, 1922, Chap. 43)、「長く培われた文化的プレスティジ」などあるはずもなかった。そういう日本人が俄かに「文明先進国」という self-appointed authority を標榜して隣接諸国に臨んでも、「野蛮な闖入者」としてしか受け容れられなかったのは不思議でない。

明治国家の日本人は、他人の心を知らない世間知らずの青年であった。それ故に、自国のナショナリズムを至高の価値としつつ、朝鮮人や中国人は、そのナショナリズムを蹂躙されても、日本人の施す多少の恩恵に感謝して、従順に服従すると信じたのである。

長尾龍一

執筆者紹介

酒井哲哉　(さかい　てつや)

東京大学教授（専攻　近代日本研究）
1983年東京大学大学院法学政治学研究科修士課程修了
[主著]『大正デモクラシー体制の崩壊』（東京大学出版会、1992年）、「戦後外交論の形成」（北岡伸一、御厨貴編）『戦後復興・発展』（東京大学出版会、2000年）。

長尾龍一　(ながお　りゅういち)

日本大学法学部教授（専攻　法哲学、政治思想史、憲法思想史）
1938年中国東北部斉々哈爾市生れ。1961年東京大学法学部卒業。東京大学助教授を経て、1980年より東京大学教養学部教授、1998年より現職
[主著]『ケルゼンの周辺』（木鐸社、1980年)、『日本法思想史研究』（創文社、1981年)、『リヴァイアサン』（講談社、1994年)、『日本憲法思想史』（講談社、1997年)、『思想としての日本憲法史』（信山社、1997年)、『西洋思想家のアジア』（信山社、1998年）ほか。

浅野豊美　(あさの　とよみ)

中京大学助教授（専攻　東アジア国際関係史、日本政治外交史）
1998年東京大学大学院総合文化研究科国際社会学専攻博士課程単位取得退学
[主著]「蜃気楼に消えた『独立』—満州国の条約改正と国籍法」『日本人の自己認識』（岩波書店、1999年)、「戦場の盾にされた『慰安婦』たち」『世界』（岩波書店、1999年11月号)、「折りたたまれた帝国—戦後日本における『引揚』の記憶と戦後的価値」『記憶としてのパールハーバー』（ミネルヴァ書房、2004年)。

酒井一臣　(さかい　かずおみ)

京都大学・中京大学・近畿大学 非常勤講師（専攻　日本政治外交史）
2002年大阪大学文学研究科文化形態論専攻博士課程学位取得修了
[主著]「新四国借款団と国際金融家—国際協調主義の論理と限界—」『史林』第84巻2号（2001年3月)、「交錯する脅威—E・L・ピースと日豪関係—」『オーストラリア研究』第14号（2002年3月)。

山崎有恒　(やまざき　ゆうこう)

立命館大学文学部助教授（専攻　日本近代政治史）
1994年東京大学大学院人文科学研究科日本史学専攻博士課程単位取得退学
[主著]「日本近代化手法をめぐる相克」『工部省とその時代』（山川出版社、2002年)、「明治末期の治水問題」『地域政治と近代日本』（日本経済評論社、1998年)、「内務省の河川政策」『道と川の近代』（山川出版社、1996年)。

田浦雅徳　(たうら　まさのり)

皇學館大学助教授（専攻　日本近代政治外交史）
1996年東京大学大学院人文社会系研究科日本文化研究専攻日本史学専門分野博士課程単位取得退学
[主著]「昭和十年代外務省革新派の情勢認識と政策」『日本歴史』（1989年6月号)、「日伊関係（1935-1936年）とその態様—エチオピア戦争をめぐる日本側対応から—」『日本近代史の再構築』（山川出版社、1993年)、「日本・エチオピア関係にみる1930年代通商外交の位相」『年報・近代日本研究17　政府と民間』（山川出版社、1993年)。

馬　暁華　(ま　しゃおふぁ)

大阪教育大学助教授（専攻　国際関係史、アメリカ政治外交史）
1998年お茶の水女子大学大学院人間文化研究科比較文化学専攻博士課程修了（歴史学博士）
[主著]『幻の新秩序とアジア・太平洋—第二次世界大戦期の米中同盟の軋轢』（彩

流社、2000年)、「『アメリカの世紀』と中国—大戦期タイム社の中国報道を通じて」『浸透するアメリカ、拒まれるアメリカ—世界史の中のアメリカニゼション』(東京大学出版会、2003年)、The Sino-American Alliance During World War II and the Lifting of the Chinese Exclusion in 1943, *American Studies International,* 38, No. 2, June 2000. ほか。

波多野澄雄 (はたの すみお)

筑波大学教授 (専攻 日本政治外交史、国際関係史)
1979年慶應義塾大学大学院法学研究科政治学専攻修了
[主著]『池田・佐藤政権期の日本外交』((編) ミネルヴァ書房、2004年)、『太平洋戦争とアジア外交』(東京大学出版会、1996年)、『日英交流史1600—2000 軍事編』((共編) 東京大学出版会、2002年)。

大沼保昭 (おおぬま やすあき)

東京大学教授 (専攻 国際法)
1970年東京大学法学部卒業
[主著]『単一民族社会の神話を超えて』(東信堂、1997年 (第4版))、『東京裁判から戦後責任の思想へ』(東信堂、1993年 (新版))、『人権、国家、文明』(筑摩書房、1998年)。

索　引

あ　行

さ　行

な　行

は　行

ま　行

や　行

ら　行

わ　行

浅野豊美　松田利彦
編集
植民地帝国日本の法的展開

2004年6月20日　初版第1刷

編　者
浅野豊美　松田利彦

発行者
袖　山　貴＝村岡侖衛
発行所
信山社出版株式会社
〒113-0033　東京都文京区本郷 6-2-9-102
TEL　03-3818-1019　FAX　03-3818-0344
印刷・製本　松澤印刷株式会社
PRINTED IN JAPAN

ISBN 4-7972-5278-2-C3032